U0628137

智慧众筹

互联网金融早餐会

霍学文 沈鸿 黄震 易欢欢 蔡凯龙 主编

中国金融出版社

责任编辑：张智慧　王雪珂
责任校对：李俊英
责任印制：丁淮宾

图书在版编目（CIP）数据

智慧众筹：互联网金融早餐会（Zhihui Zhongchou：Hulianwang Jinrong Zaocanhui）/霍学文等主编．—北京：中国金融出版社，2014．11
ISBN 978－7－5049－7663－5

Ⅰ．①智…　Ⅱ．①霍…　Ⅲ．①互联网络—应用—金融—研究
Ⅳ．①F830．49

中国版本图书馆CIP数据核字（2014）第213888号

出版发行　中国金融出版社
社址　北京市丰台区益泽路2号
市场开发部　（010）63266347，63805472，63439533（传真）
网上书店　http：//www.chinafph.com
　　　　　（010）63286832，63365686（传真）
读者服务部　（010）66070833，62568380
邮编　100071
经销　新华书店
印刷　保利达印务有限公司
尺寸　169毫米×239毫米
印张　31
字数　530千
版次　2014年11月第1版
印次　2014年11月第1次印刷
定价　59．00元
ISBN 978－7－5049－7663－5/F．7223

从互联网金融看新金融的发展空间（序一）

互联网金融激发了一批年轻人的学术探讨和实践的热情，互联网金融的创新和发展得到了各方面的大力支持和积极探索，出现了很多互联网时代新的学术交流形式，互联网金融早餐会就是其中之一。互联网金融早餐会是一群业内人士和专家学者，利用每天早晨早起到上班路上这段时间，每天请一个业界人士或专家学者，每周一个主题，利用微信群形式，讨论交流互联网金融的学术前沿、创新思维、心得体会和实践经验。这也是一种互联网金融的智慧众筹的形式。他们从200多期中精选出些精彩观点编辑成册，并邀我作序。我很喜欢早餐会这种形式，更赞赏他们的敬业干劲和创新精神。我想就以今年6月29日在新金融联盟第一届成立大会上的发言——《从互联网金融看新金融的发展空间》，与大家分享。

一、互联网跨界金融是未来新金融发展的重要方向

互联网金融是利用互联网技术和移动通信技术为客户提供服务的新型金融业务模式，既包括传统金融机构通过互联网开展的金融业务，也包括互联网企业利用互联网技术开展的跨界金融业务。

过去，大家一直在争的一个问题，就是互联网金融和金融互联网。经过2013年这一年的互联网金融爆炸式的增长，社会逐渐统一了认识，就是互联网金融其实包括了两个方面，一是传统金融运用互联网技术和新型的移动通信技术，另一是互联网企业从事着金融业务，这就是大家当前所讲的互联网跨界金融。

传统金融业仍将是互联网金融的主体，市场的竞争将迫使其强化互联网技术和多种通信技术在金融业务中的运用。2013年是互联网金融的元年，传统金融受到极大冲击和震撼。大家看到了互联网企业利用互联

网的技术，为很多过去不能够享受到金融服务的群体提供了金融服务，创造了很多奇迹，包括阿里金融，通过支付宝来销售天弘增利基金，起名叫余额宝，给金融带来的震撼使传统金融界在思考自己的服务模式和怎样更好地与互联网技术和移动通信技术结合。应该说，在未来可见的时间之内，传统金融机构会在产品的销售、风险控制还有业务创新方面更多地运用互联网技术和移动通信技术。

互联网跨界金融的直接融资是未来的发展方向。面对未来，传统金融会在互联网企业的冲击下奋起直追，改变自己的业务模式和服务方式，未来在传统金融自我变革之后，留给互联网企业的是什么样的发展空间呢？我认为互联网跨界金融中的直接融资是未来发展的主要方向。

首先，第三方支付会回归专业支付领域。现在的第三方支付企业，过去是在专门的领域当中进行的，包括发展比较好的支付宝，它是在为淘宝上的企业，还有商户进行交易的时候完成它的支付功能。但从销售基金开始，就已经突破了商品交易服务，走向了金融产品的买卖，开展更多的支付业务。

银行是创造信用货币的机构，在银行的存款、贷款和结算三项业务中，支付结算既是银行的核心业务，也是所有金融产品、金融交易的一个命脉。所有的经济活动最终能够顺利进行，交易能够顺利完成，都取决于货币的支付结算功能。为了保证支付安全，不出现洗钱等犯罪行为，监管部门会对第三方支付业务进行比较严格的管理。央行在发放第三方支付牌照时，非常清晰地要求第三方支付仅仅是完成小额支付，而且要求第三方支付的资本金要和客户的沉淀资金有一定的比例，是沉淀资金的十分之一。其连接的银行也有一定的限制，是五家银行，超出五家银行之外是要增加对资本金和备付金的要求的。现在如果要第三方支付严格地执行央行发牌照的初衷的话，第三方支付逐渐地都会回归到专业支付领域当中去。这样第三方支付销售金融产品会在传统金融业务的网上销售中失去强劲的势头。2013 年余额宝和各种“宝宝”们表现强劲，它们的本质就是在第三方支付平台上销售金融产品、理财产品。传统金融机构掌握着非常健全的支付结算系统和几亿的客户账户，当它们认识到这个问题时，凭借着其支付能力和众多的账户数量，在网上销售金融产品应该说是有强大的竞争优势的。因而，第三方支付在网上的基金销售方面也没有特别大的发展余地，我认为余额宝已基本做到极致了。

二、网络借贷与众筹发展前景广阔

我认为网络借贷和众筹资金会有广阔的发展前景，它的融资量不会高于传统金融，但它服务的人群会有极大的扩展空间。

首先，分析一下网络借贷。由于我国征信体系的缺失，使得P2P很难健康发展。很多公司都走向了间接融资的误区，只有具备征信能力的公司，才能最终走向正确的方向。P2P公司已有上千家，但到目前为止国内真正做到点对点的P2P业务的公司，几乎没有了。

有几个做得比较好的，都遇到了一个瓶颈制约，就是投资者总希望自己的本金能够有人来替他担保。从市场上看，有两类对本金承诺担保的模式：一种是借助第三方的担保，一种是靠风险准备金的提取来保证对投资人本金的担保。应该说这两种模式都有它业务的局限性。

如果通过第三方担保，随着P2P业务的增加，担保机构资本金的存量要求很大，就算是拿银行12倍的杠杆率来做担保，那么也顶多是资本金的12倍。10亿元的资本金只能够做到120亿元的业务量，应该说担保机构的资本筹措量决定了P2P平台所发展的业务量。这其中有一个悖论，即当担保公司的资本金越来越大时，可以担保的量是越来越大的。但是当有这么巨额的资本金时，怎么保证资本金安全？就是把钱放在银行，吃存款利息、买国债吗？这个是安全的，但收益是很少的，要想支撑担保公司的发展，是非常困难的。这也使很多担保公司最后不得不走向变相放贷和投资的歧路。因而，通过第三方担保公司让P2P平台业务更好地发展是难以为继的。

如果通过提取风险准备金的方式来保障客户的本金安全，则随着不良贷款的产生，风险准备金的提取比例也要上升。什么才能够支撑保证准确地提取存款准备金呢？是对客户信用的分析，这种方式也要受制于信用征信的发展。

在我国征信体系缺失的情况下，很难对借款人的资信进行比较好的分析。我国也缺少财产登记制度，对出借人的资产情况和有多大的风险承受能力，也难以作出准确的判断。这两条是制约P2P发展的很大的瓶颈。而基于电商平台的网上借贷，有其特有的征信体系来保证其健康发展。

其次，再来分析一下众筹模式。最初的众筹是大家筹钱来办一些事情，有的是有偿的，有的是捐献的。而现在更多是通过众筹的方式做债权众筹和股权众筹，债权众筹基本上就是刚才说的P2P，现在有更多的人在做股权众筹。在我国多层次资本市场发展还不够健全的情况下，应该说股权众筹有它广阔的发展前景。在本次《证券法》的修法当中，也借鉴了国际经验，希望通过修法给股权众筹留下空间。

三、网络借贷与众筹融资的监管建议及发展方向

第一，纯信息平台是P2P和众筹监管的基本底线。现在很多P2P公司最大的风险点就在于有资金池，而且资金池的资金、平台是可以动用的。现在有很多想自己健康发展、稳健发展的P2P公司，主动提出来要把它们的资金由第三方去存管，由第三方对资金进行监督，这是防止风险非常好的措施。但是它仅仅是防止卷款逃跑的风险，而不能够很好地控制出借人的风险。真正要控制出借人的风险，还有赖于征信系统的建立。

第二，小额分散是对投资人保护的重要方法。信息真实披露是对融资方的基本要求，需对借款人信息认真地披露。对于股权众筹来说，信息的披露就更重要了。这是对融资方筹资的要求。限制投资方的金额是

降低信息披露成本的重要前提。如果投资方的投资金额比较低、比较少，那么这时候即便是出现了风险，影响也不大。因为金额小，对投资者的影响小，这种情况下对于信息披露就可以适当地降低一些标准，不是说主观上想降低标准，而是说现在的征信系统使得难以真正完全地充分披露。在不能够真实、完全地披露所有信息时，对投资人最好的保护就是让他少投一点。

在财产登记制度不健全的情况下，用较低额度与财产比例相结合的方式较为现实。大家都知道，国外的P2P和众筹对投资人都有一个投资金额不能够超过他可支配财产一定比例的限制。就是说一旦投资失败了，也不会受到很大的伤害。但是我们国家的财产登记制度是缺失的，很难知道一个人的真实财产总额。因而，从法规上说，可以规定一定的财产比例，但是从现实上来说，规定一个额度比较小的绝对额可能更安全一些。财产比例可适当扩大，但也应该有封顶的金额。财产比例在国外可能占整个财产的5%，有些人就说这样的话我的可投资金额太小了，所以希望在规定财产比例的时候能够高一些。但我认为从有效控制风险的角度出发，还是应该有一个封顶的绝对额度。所以，我们在讨论法规时，在《证券法》修法过程当中，尽管会对众筹留下一定的法律空间，但是，可能也会从财产的比例和绝对的金额上面来做一定的控制。这是大家在修法时的建议。

第三，鼓励民间建立征信公司。这有利于促进直接融资的发展。现在大家都在呼吁，希望央行管的信贷登记系统能够对社会开放，能够对P2P、小贷公司开放。但是也应该知道，这个系统开放了以后，因为数量众多、金额很小，其实成本是非常高的。而且仅仅查询借贷的金额，也不能完全控制一个人的信用风险，因此发展征信公司是非常重要的。在国家规定政务信息要以公开为一般、不公开为特例的情况下，很多违反纪律和法规的行为都会在网上查询到。在这样的情况下，鼓励民间征信公司的发展，整理众多的负面信息，对个人信用情况作出报告，对于发展民间各种金融活动来说是非常有利的。所以，一方面我们应该呼吁央行的信贷登记系统向社会开放，另一方面我们更要着力于建立民间的征信系统。央行已经开始在准备发放这方面的牌照。网络公司有众多的信息、有大数据处理的能力，应该利用这些能力和信息，来建立民间的征信公司，帮助金融业更健康地发展。

这就是我对互联网金融等新金融发展方向的一点意见。可能我说得比较保守，因为新金融真正的发展余地，我认为是直接融资的P2P和众筹，传统金融应该说是互联网金融最大的一块，但是，要想进入到那里去是不太容易的。而刚才我说到的一般银行所没有做到的一些小的P2P和众筹，虽然量小，但是人数众多，也可以集腋成裘，单是看余额宝从一块钱销售起，就成就了5 000多亿元的销售量。如果民间能够在13亿人口的小额借贷和股权投资方面做一些事情的话，我想发展空间会更大一些。

这是我不成熟的意见，希望大家批评指正。

清华大学五道口金融学院院长
全国人大财经委副主任委员
中国人民银行原副行长

吴晓灵

2014年10月21日

序　言（二）

第一次接触到“互联网金融”这个概念是在去年夏末秋初的时候，我的学术秘书告诉我，他的老师和一些朋友共同组织了一个“互联网金融千人会”，专门从事互联网金融的研究和推广活动。出于一个长期从事改革研究学者的直觉，我当时就认为这种推广普惠金融的新生事物是值得支持和鼓励的。此后不久，有关互联网金融的信息就开始爆炸性增长，我这样的“80后”都受到很大的启发和影响。经过一年多的观察，我愈加肯定地认为，互联网金融将是推动中国新一轮改革和发展的重要力量之一。

作出这样的判断，是因为我国当前的经济新常态，非常急迫地需要金融领域能够有切实的变革以促进实体经济的繁荣和发展。过去三十多年来，我国金融领域的改革已经取得了很大的成就：从单独的一家中国人民银行发展到一个较为完整的央行和商业银行体系，突破意识形态领域的纠葛从无到有建立证券、期货市场，从完全管控的利率到逐步市场化的利率等等。但是金融领域的改革还远未到位，金融二元化结构十分明显，而且还是国有与民营、城市与农村、发达地区与不发达地区等多重不协调、不均衡的混合型二元结构。虽然这样的金融市场结构非常扭曲，但在过去的几年当中，它却恰恰迎合了房地产驱动型的中国经济旧常态，为其提供了金融支撑。然而，伴随着房地产拐点的到来和货币政策的调整，传统的金融体系越来越难以适应当前经济结构转型和促进经济可持续发展的需要。

首先，政府融资平台和房地产长期挤占大量的信贷资源，产生“黑洞”效应，使能够供给实体经济的资金量和整体货币供应量之间完全不对称。供给无论怎么调整，都难以满足需求，各种利率政策工具在解决中国实体经济融资难、融资贵的问题当中基本都难以奏效，货币政策难以解决经济结构问题。在全球经济疲软、劳动力成本日益高涨的情况下，中小企业得以生存的夹缝空间越来越小，中小企业成片出现经营困难。

其次，房地产的下滑使原来稳定的混合二元结构中的优势部分也出现崩塌。起初是影子银行不再安全，各种信托理财产品的兑付危机不断涌现，而后是银行业坏账率显著攀升，原有金融体系的资产端和负债端都出现越来越多的问题。传统多层级金融机构对这些问题的应对是对实体企业的“惜贷”，在正常渠道严控对房地产企业和基层中小企业贷款的同时，把更多的信贷资源投放到“可靠的”政府平台。东部沿海一些省份的政策银行，原来专门对接地方政府平台的业务，受到商业的银行巨大冲击，业务量大幅减少，而基层的中小企业则更加难以从正常的银行渠道获得资金。

最后，在普遍去杠杆的情形下，部分产能过剩行业难以从金融系统获得资金扶持被淘汰本属于正常现象，但是中国式混合金融二元结构导致的结果却首先是实体经济中大量中小企业的破产和跑路，与此相伴随的是大量底层民间借贷、高利贷的崩盘，整个地区金融环境、信用环境的垮塌。

与传统金融体系在经济新常态下显现出的疲态相反，互联网金融从小荷才露尖尖角到今天的不断发展壮大，成为构建经济新常态的重要力量。互联网金融之所以能够焕发出这样炫目的光彩，在我看来主要是得益于以下几个因素。

第一，互联网金融草根特质使它从一开始就是为中下层服务的，而且在资产端和客户端都提供了有效的服务，既满足理财需求，也满足大量中小企业的融资需求。在金融抑制的条件下，互联网金融极大地补充了对草根民众和中小企业的金融服务的欠缺，互联网金融因此能够不断发展壮大。

第二，互联网金融依靠互联网技术在金融服务的特定范围内能够更大程度地减轻信息不对称。非正规金融在传统二元结构下的夹缝中得以生存的关键本来就是非正规金融相对于正规金融在处理隐性信息上的绝对优势。当这种优势被互联网不断放大，比如基于大数据的征信手段不断提高，互联网金融就有可能后来者居上，打破原有的力量对比，金融二元结构就有可能被改变。

第三，一些敏锐的传统金融机构在时代浪潮下及时跟进互联网金融，在原有电子银行的基础上通过互联网技术不断提高自身的服务水平和理念，促使传统金融体系发挥出符合时代的服务效率。

在我为互联网金融给中国经济带来的新机遇感到兴奋的时刻，互联网金融千人会的朋友们又一次给我带来了惊喜。北京市金融工作局和互联网金融千人会通力合作，借助移动互联网的便利，组建了互联网金融早餐会微信群，在过去的一年多时间里，每天早上邀请一位互联网金融专家来早餐会微信群演讲，由此累积了海量的有关互联网金融的智慧结晶，产生了极其深远的社会影响。今天，他们又将早餐会微信群演讲的精华部分汇集出版，形成了《智慧众筹——互联网金融早餐会》这本书，其内容囊括了互联网金融的概念特征、存在形式和发展方向、监管方式以及政策解读等有关互联网金融这个新生事物的方方面面。我认为这可能是互联网金融发展历史上的一个非常重要事件。

我还了解到，这本书是以目前最流行也是互联网金融模式中的一种——众筹方式出版的，书还没最后定稿付印就已经被订购了几千本。新生事物总是有这样令人赞叹的勃勃生机。最后我想说的是，推动中国发展进步的不仅仅是互联网金融这样的新生事物本身，更宝贵的是这群充满朝气、充满理想、充满活力和创造力的年轻人。

努力吧！年轻的朋友们，国家的改革进步需要你们，国家的光明未来属于你们！

中国经济体制改革研究会原会长
原国家体改委副主任　　　　　　　　　高尚全
中国（海南）改革发展研究院董事局主席

2014年10月13日　北京

“互联网+”时代的金融创新与服务（序三）

移动互联网已经开启了全面渗透到各个产业的进程。在PC时代，各个行业基本都完成了一定程度的信息化，而在当前的“互联网+”时代，各个行业的信息孤岛被互联网连接起来，行业间信息交互融合形成新的行业生态。互联网通过打破信息不对称，为用户提供精准、个性化的服务，缔造了一个又一个产业的新机遇、新生命。

互联网使金融回归了金融的本质。一方面，互联网降低了金融市场信息不对称的门槛，以更高效、更低成本的方式进行资金的多方匹配。同时，越来越强大的信息处理能力成为互联网金融的重要保障。另一方面，互联网金融更好地回归到服务实体经济的需求中去。中国90%以上的企业都是中小微企业，随着实体经济的快速发展，这些中小微企业和社会个人对金融服务的需求进一步扩大。互联网金融可以通过创新的平台和融资渠道为实体经济持续输血。同时，各个层次金融服务也可以在互联网金融的舞台上加快实现，这正是互联网助力金融行业在成本、速度、数据分析上进行提升的优势，中低收入人群的金融需求可以进一步被满足，这就是一个长尾的市场。个别用户的需求不大，聚集起来却是惊人的。互联网金融平台使金融服务的边际效益趋近于零，正是满足小微群体的良好平台。

金融的核心要素之一在于风险控制，在这方面，互联网为金融行业提供了创新的平台——建立基于互联网的征信体系。新的风险评估系统将被建立，例如，可以通过用户的网络社交行为、购物行为、信贷记录来以一个新的视角和维度建立征信系统，满足更广泛的个性化的金融需求。互联网企业多年来积累了大量的用户使用数据，例如可以精准分析用户的社交和消费习惯，在满足人们需求的同时也进一步挖掘和刺激人们的需求、优化资源的配置。互联网金融未来会更多地以大数据为依托，以用户需求为根本，通过公开透明的信息平台在用户中建立口碑和信任，切实提供优质的金融服务。

人们的需求也正在被互联网时代更加便捷、快速、低成本的服务改变着。现如今，人们对于服务的要求越来越高，对于个人的需求和意愿越来越重视。有一句说得很好，“我要的现在就要”。这就很好地反映了互联网时代人们对于产品和服务的要求，快速便捷成为必备的因素。而用户在需求上的转变，正是商业机构、政府、各类组织甚至整个产业链都需要紧紧跟上的。互联网为各方转型提供了良好的平台和机遇。随着用户痛点一个一个被创新的产品所攻破，新的商业生态系统也就被重新塑造出来了。

移动互联网进一步将时间和空间的限制打破。互联网金融千人会依托于微信平台设立的“互联网金融早餐会”，使行业专家、监管者、企业家们每天可以通过微信群分享心得见解，提问交流，打破了地域的限制，充分利用了大家的碎片化时间，实现了思想的碰撞。这是一件好事，也很高兴我们的产品可以为大家提供这样的平台。

我很喜欢这本书的书名《智慧众筹》，既有与移动互联网一样的开放思想，利用互联网众筹平台筹资出书，众筹大家的智慧、分享精神食粮；又是另一种O2O的体现，线上线下互动交流，碰撞思想，交流见解，成为我们实践的指引。沟通无处不在，希望我们可以创新出更多的应用产品，为用户创造更加便捷的生活工作环境。正如这本书的书名一样——智慧众筹，移动互联网时代需要各个产业集结自身的优势，发挥智慧，共同为这个伟大的互联网时代创造新的生命力。

腾讯董事局主席　马化腾

2014年11月3日

目　　录

互联网金融的概述

互联网金融的形式

P2P

产业互联网

互联网金融改造传统行业

互联网金融法规监管和风控

宏观政策研究

法规监管

风险控制和管理

互联网金融的案例

案例

互联网金融的概述

互联网金融理论的昨天、今天和明天

谢尔曼*

今天分享的内容，是我们研究团队在《金融论坛》2013 年第 12 期上发表的原文，被列为当期的开篇文章，足见理论界对于互联网金融还是很重视的。

总体上分为以下三个部分：

1. 互联网金融的界定及发展现状。
2. 互联网金融发展规律及趋势分析。
3. 互联网金融两大主体之间的竞争推演。

（由于《金融论坛》并不是 Open Access 的，因此，尽管可能有些矫情，还是请大家不要在网络转载，谢谢大家理解啊！）

一、互联网金融的界定及发展现状

谢平于 2012 年 8 月在金融四十人论坛的课题研究报告中最先提出了“互联网金融”这一概念。谢平认为，在一般均衡定理的经典表述中，金融中介是不存在的，目前之所以存在金融中介，是因为金融中介具有规模经济和专门技术以及专业的信息处理能力，以缓解储蓄者和融资者之间的信息不对称以及由此引发的逆向选择和道德风险问题。随着互联网技术的发展，在网络支付、社交网络和搜索引擎、云计算三大支柱的支撑下，将使市场信息不对称程度、资金供需双方在资金期限匹配以及风险分担上的成本非常低，中介机构将因为没有存在的必要而消失。

这种依靠互联网摆脱了金融中介机构的金融新模式，就是互联网金融。

在谢平之后，很多学者都提出了自己对于互联网金融的定义，归纳起来可以分

---

* 谢尔曼，中国工商银行博士后，互联网金融千人会研究员，国际金融论坛（IFF）互联网金融中心研究员，研究方向互联网金融，发表互联网金融相关论文十余篇，《互联网金融》金融互联网与信息安全板块审稿人，参与《互联网挑战银行——谁是 21 世纪的恐龙》一书的撰写。

为三个流派：一是支持谢平教授的“未来派”，即将互联网金融定义为未来社会可能出现的一种不同于当今的金融形态；二是“网络企业派”，即将互联网金融定义为互联网企业开展的一系列金融业务形态；三是“融合派”，强调将传统金融机构利用互联网进行技术与服务革新也纳入互联网金融的范畴。

比较三种流派，“未来派”的定义理论价值较高，利用到实际业务中有一定难度；“网络企业派”的定义过于局限，因为如果没有十几年前商业银行的全面信息化，目前互联网企业的创新将无从谈起。追本溯源地讲，商业银行的全面信息化，是这轮金融革新的重要基础。

本文将互联网金融定义为：互联网金融，是使用互联网的技术来实现资金融通的行为总和，是在互联网技术高速发展、信息传播扁平化的大背景下，为了满足人们日益丰富的金融需求而创造出的一系列金融新概念、新产品、新模式、新流程等。在这个定义之下，传统金融机构利用互联网提高自身的效率的行为，也属于互联网金融的范畴，互联网金融还包括但不限于第三方支付、网络借贷、网络资产管理平台等模式。

理解“互联网金融”的要义，需要注意以下三点。

首先，谢平所提的互联网金融，是金融脱媒完成之后的金融形态，可以划归到直接融资的范畴。

其次，“互联网金融”可以理解为“电子金融”（Electronic Finance，E－Finance）的升级版。在国内外学术界的金融研究领域内，之前并没有出现“互联网金融”（Internet Finance）这一概念，相关的研究内容多以“电子金融”作为关键词，用于描述20世纪90年代前后开始的第一轮互联网革新。然而，随着互联网技术的迅速发展，特别是移动互联网、大数据、云计算的快速普及，金融世界迎来了第二轮技术革新的热潮，原有的“电子金融”概念已经不能全面覆盖新兴的互联网金融的理念与业态，“互联网金融”概念的出现，恰恰弥补了上述理论与现实之间的缺口，为第二轮金融技术革命奠定了理论基础。

最后，商业银行一直是互联网金融的推动者和积极参与者。尽管“互联网金融”这一概念在2012年才被广泛认可，但国内的商业银行从20世纪末数据大集中（欧美的商业银行从20世纪90年代初）开始，就已经成为第一轮互联网金融革新的发起者和推动者。

近年来，一大批非金融企业在网络支付、网络借贷、网络理财等金融领域获得了高速的发展。

网络支付方面，截至2013年7月，年内网络支付的总额大约为6万亿元，大约占到总支付额的0.5%。虽然规模还小，但是其互联网的长尾特性明显，单笔金额很小，交易海量，未来的成长空间还很大。

网络借贷方面，目前国内活跃的P2P平台已经超过300家，2012年整个P2P网贷的成交量达到200亿元，2013年5月11日、11月1日《新闻联播》对于翼龙贷、天使汇的报道，更是为P2P网贷和众筹模式给出了正面的评价。据估计，2013年P2P网贷规模有望达到千亿元规模。

网络理财方面，以阿里集团的“余额宝”最为典型，这只2013年6月13日上线的货币基金产品，在11月初收到了超过3 000万客户的1 000亿元的认购总额，成为中国第一只规模过千亿元的货币基金。

从业务总金额来看，商业银行仍然占据着支付、借贷、理财市场的绝对优势。支付方面，2013年上半年，全国电子支付总额为468.61万亿元，第三方支付机构6万亿元的支付总额仅占1.3%；在借贷方面，根据中国人民银行披露的数据，2012年全年人民币贷款增加额为8.20万亿元，同期P2P借贷总额（200亿元）的占比仅为0.24%，即使以2013年预计的1 000亿元规模计算，占比也仅为1.2%；理财产品方面，截至2012年末，全国存续银行理财产品资金余额6.7万亿元，截至2013年10月底，全国公募基金规模2.8万亿元，虽然目前互联网金融渠道销售的基金产品总额目前尚没有准确的统计数据，但从总量上来看，公募基金规模尚小于银行理财产品，且公募基金分销渠道中，银行仍占主体地位。

尽管互联网金融的总体规模尚不足以与商业银行相提并论，但这样的规模就是在仅仅几年内快速形成的，其增长速度的确令传统金融机构深感压力。

回顾历史，互联网正在以一种难以阻挡的态势改变一个又一个传统行业：网络书店的出现，彻底重塑了传统图书行业；数字音乐的出现，彻底颠覆了整个音乐行业；免费杀毒软件的出现，逼迫传统杀毒软件企业纷纷转型——在互联网浪潮面前，金融行业是否会面临同样的挑战？

二、互联网金融发展规律及趋势分析

（一）从国家战略的视角，互联网金融有助于提升国家金融核心竞争力

回顾国内外社会发展的历程，任何国家经济的可持续发展都离不开稳健的金融

体系。在经济全球化、利率市场化、人民币国际化的大背景下，中国金融机构已经进入全面的国际竞争阶段，如何提升服务质量和效率，应对国际金融巨头的挑战，是摆在国内金融机构面前的重要课题。

作为互联网技术融入金融领域的产物，互联网金融的相关思路和方法有利于降低服务成本、扩大服务范围、增加服务类别、提高资源配置效率、降低交易和成本；同时，互联网金融在产品和服务方面的有益尝试也有助于加速金融产品创新、提高金融产品的风控和定价能力、促进监管的自动化。

事实上，我国相关监管部门对于互联网企业从事金融服务、提高金融业活力等方面一直保持着宽松和积极的态度。为了推动和规范网络支付机构的发展，央行从2010年开始发放支付牌照，截至2013年6月底，已经陆续发放了250张；证监会为了推动基金销售机构通过第三方电子商务平台开展网上基金销售业务，于2013年3月制定发布了《证券投资基金销售机构通过第三方电子商务平台开展业务管理暂行规定》；为了规范互联网保险营销业务，保监会2012年1月1日正式实行《保险代理、经纪公司互联网保险业务监管办法（试行）》，截至2013年11月，已经公布了60家保险代理、经纪公司的互联网业务备案情况。

（二）从风险防范的视角，互联网金融离不开兼顾安全与效率的监管

金融行业的风险特性决定了金融监管的重要地位，面对互联网金融的发展，国内外学者都对监管的重要性进行了研究和讨论。谢平在对互联网金融理论的论述中，对金融监管作出了“由审慎监管转向行为监管和消费者权益保护”的预测。

由于互联网金融具有创新产品多、更新速度快等特点，监管机构往往落后于行业发展，这一滞后往往会造成消费者利益受损，甚至引发系统性风险，这就要求金融监管必须能够快速跟进，在风险聚集之前给予正确的引导；另一方面，如果监管过于严格，金融创新又会受到限制。因此在互联网金融时代，监管部门需要在控制风险和鼓励创新之间做好权衡。

三、互联网金融两大主体之间的竞争推演

作为互联网金融的两大主体，互联网企业和以商业银行为代表的传统金融机构之间的竞争已经日趋激烈。

假定国内政策、信用环境、法律体系不发生明显改变，以目前互联网金融领域的发展情况来看，商业银行和互联网企业这两大参与主体各具优势。为了厘清二者各自的核心竞争力，进而对当前互联网金融竞争的竞争态势加以分析，不妨从“资金的时空再匹配”这一角度入手。

陈志武先生在其著作中指出，资金的时空再匹配，是金融的基本逻辑。所谓空间再匹配，就是将资金从一个账户转移到另一个账户，例如从交易一方转移到对手方（支付、汇兑），从投资者转移到资金需求者（借贷、投资）。所谓时间再匹配，就是按照风险与收益相匹配的原则对资金的使用期限进行整合与拆分，例如将不同期限的储蓄资金汇集起来，依据期限与风险设计成期限与收益各异的投资（贷款、债券）；将不同期限的债权整合起来，拆分成不同风险及收益的金融产品（资产证券化、衍生品）；将客户的资产代为投资为不同期限和收益的金融产品（资产管理、现金管理）等。

将上述基本观点应用在互联网金融领域，就很容易对目前的竞争态势进行静态分析。在空间再匹配方面，以信息处理为核心技术的互联网企业具有明显的优势；而在时间再匹配方面，商业银行的优势在短时间内难以被超越。

1. 时间再匹配：商业银行的核心竞争力。有观点认为，当前国内环境下，互联网企业短时间内难以获得银行牌照，因此商业银行最大的优势是牌照许可；本文认为，商业银行在牌照、资金和信用等方面的优势，归根到底，是其在资金的时间再匹配方面的优势积累。

2. 空间再匹配：互联网企业的相对优势。在互联网技术的背景下，资金空间再匹配的效率得到了显著提升——这既是互联网企业借助电商平台或者支付平台快速切入金融服务领域的“杀手锏”，也是他们在互联网金融的一些细分领域中占据主动的基础。

3. 双方将要展开激烈竞争的领域。由以上分析可知，互联网企业拥有资金的空间再匹配的相对优势，并在网络平台通用性、产品风格亲民化、低成本试错创新等方面占优，商业银行难以在短时间内赶超；而商业银行拥有资金时间再匹配的相对优势，在风控体系、资本积累、大客户基础等方面占优，互联网企业无法快速复制。换言之，互联网企业在简单化、标准化的金融产品销售和服务上具有相对优势；商业银行在复杂化、大资金的金融领域具有绝对优势。然而，在互联网金融竞争不断发展演变的过程中，互联网企业与商业银行这两个主体必将在各自的核心业务之外的交叉领域相互借鉴，寻求突破点开展竞争，形成多个竞争热点。一是互联网平台建设。二是网上支付业务。三是标准化金融产品的营销。四是小微贷款业务。

上一部分的分析是建立在“国内政策、信用环境、法律体系不发生明显改变”这一假定的基础之上，如果这些条件发生变化，互联网金融的竞争态势会发生怎样的变化？

1. 如果互联网企业获得银行牌照，可以从事存款业务，一方面，可以从根本上解决互联网企业在小微贷款方面的资金来源问题，增加互联网企业的信用，对于贷款、大额支付等业务具有推动作用；另一方面，牌照的下发意味着互联网企业将真正成为一家银行，将不得不满足资本充足率、拨备覆盖率、存贷比等监管要求，从而导致监管套利的优势将不复存在，一些目前正在开展的业务将不得不停止或者改进，以符合监管的要求。

2. 如果支付机构获得信用卡发放许可，将对商业银行现有的信用卡业务体系造成冲击。

3. 如果网络支付机构获得全民信用，将使网络支付机构可以凭借自身跨行资金划转、支付便利性等方面的优势，积极参与到额度和信用要求较高的支付业务当中，从而以大额支付为起点，进一步挤压商业银行的代收付、企业现金管理、国际结算等业务。商业银行可以通过升级支付软件、优化支付流程等方法逐渐赶超网络支付平台的用户体验，但在跨行资金管理方面的劣势，并不能得到圆满地解决。

4. 如果互联网企业拥有银行级别的风险定价能力。很多评论认为，互联网企业无法快速掌握商业银行在风控定价方面的核心竞争力——如果互联网企业通过人才招募（例如对商业银行风控团队实施整体“收编”）、控股商业银行等方法，大幅提升自身的风险定价能力，将对信息化程度相对较低的商业银行形成很强的相对竞争优势。事实上，在个别互联网企业的产品当中，我们已经能够看到这一趋势的端倪：依托于天猫、淘宝、阿里巴巴交易平台的商家信用贷款，就是阿里金融在风险控制和产品定价方面走出的重要一步，这样的举措不仅实现了借贷效率与资产安全的权衡，更开创了不同于传统信贷的征信方式和风险定价模型。

5. 如果P2P网络借贷获得监管机构认可，纳入监管体系。长期以来，P2P网络借贷平台处于“三无”状态，导致该领域的企业发展受到多重限制。一方面，由于政策不明朗，企业不敢将业务规模做得过大，以防政策性风险；另一方面，由于身份不确定，一些风险偏好并非特别激进的投资者不敢在 P2P 平台上进行投资。如果 P2P 网络借贷获得监管机构认可，将从政策层面上消除企业和投资者的观望情绪，有利于业务的快速开展。同时，透明、受监管的借贷业务也将更阳光地服务资金需求者。

（2013－12－11）

互联网寻根之旅和互联网精神

余　晨*

前一段时间我在美国走访了好几个月，采访了七十多位互联网方面的先驱、企业家、投资者还有学者，比如《失控》的作者凯文·凯利、Facebook 的 CEO 扎克伯格、互联网之父之一的鲍勃·泰勒等等。这次采访的目的主要是关于历史、人文方面的思考，而不太侧重技术和业务。

潜藏多种可能性的未来

和如此多的互联网“大拿”聊下来，我总体的感受是，回顾历史：互联网的起源不是一个点，其本身就是一个网络，所以有若干互联网之父。赢得这一称号的包括鲍勃·泰勒、温顿·瑟夫、蒂姆·伯纳斯·李等等。互联网诞生自身就是互联网精神的产物。或者用西班牙裔社会学家卡斯特尔的观点从一个更宏大的视野来看，网络自古以来就有，只是现代信息技术的发展催生了互联网，让网络的重要性史无前例地凸显出来。

但对互联网而言，重要的不是过往的历史，而更是未知的未来。

凯文·凯利在《失控》里用进化论的思想审视了技术的发展，当然也包括互联网。互联网的演进，或者说未来包含着多种多样的可能性，因此“未来”在互联网发展中意义非凡。只是展望未来，大家心态各不相同，总体来说企业家、投资者充满信心，学者则更多是忧患意识。

---

* 余晨，易宝支付高级副总裁及联合创始人。余晨在互联网、电子商务和软件领域有近 20 年的经验。创建易宝支付之前曾任美国甲骨文总公司主管、产品市场经理。此外，余晨曾先后在 John Deere，AT&T 贝尔实验室担任职位，还曾任美国硅谷中国无线协会理事。余晨获得美国伊州理工学院的电脑硕士学位和北京大学的计算机学士学位。作为互联网的布道师及深富人文精神的互联网创业者和开拓者，余晨致力于互联网、金融、经济和社会的创新与探索。余晨还就互联网的过去和未来从科技、社会、经济乃至哲学等多个层面与多位互联网先驱、商界及学界领袖进行交流。

未来没有互联网

历史没有脚本，未来充满意想不到的惊喜，互联网上面永远有新的机会，每过三五年就会有一个新的范型、一波新的浪潮。

归纳起来，对互联网未来的看法大体会分为两种。

第一种看法认为互联网只是一种工具，可以用来改造传统行业，但是最终每个行业还是要回归到自己本真的业态。

比如雅虎在刚刚成立的时候，大家都认为它是个互联网IT企业，而今天我们对雅虎的定位更多的是个媒体；亚马逊刚刚起步的时候，大家也认为它是个互联网IT企业，而今天的定位是网上零售商。

不管你用互联网来做什么，最后还是要回归那个本来的行业，互联网本身不是个行业，而只是一个工具。或者说，未来没有互联网，因为所有行业都将互联网化。

第二种更激进的看法则认为：互联网不只是一种技术和工具，而是一种新的范型、新的理念和思维模式，会从根本上颠覆传统的行业，带来结构性的变化。

传媒理论家麦克卢汉说：媒介即讯息。有时候媒介会反过来代表讯息，形式会反过来改变内容。互联网这种新媒介，会从根本上冲击各个传统行业的内容。一个传统行业的互联网化，不只是简单地把业务从线下搬到线上，而是需要进行理念和结构性的变化。

所以对传统行业的改造往往来自于外部。我们去采访了Lending Club的创始人雷诺·拉普兰赫（Renaud Laplanche），Lending Club从事P2P业务，是互联网金融的楷模，他特别强调自己最大的优势就是以前没有金融和银行的背景，完全没有经验，这样才能大胆地跳出框框想问题，才会看到事情应该是怎么做和可能是怎么做，而不是看到只能是怎么做。

所谓无畏的外行，总会问“为什么不能这样呢?”看到“应然”而不是“实然”。当然再细追问，Lending Club还是雇了不少金融行业的老兵，所以愿景靠外行，执行要靠内行。

互联网进入深水区

所谓互联网进入深水区，是互联网从比特世界，又重新回到原子世界。移动互联网、O2O、传统行业互联网化，都是这个趋势。前10年互联网基本上是脱离开物理世界（原子）的虚拟世界（比特），而现在互联网又回到了现实世界，反过来改造所有的传统行业。比如通过移动和O2O，与传统的店面又发生了关系。

典型的代表如“长尾理论”的提出者克里斯·安德森，他最早敏锐地把握了由于互联网兴起而出现的长尾现象，提出了颇具影响力的“长尾理论”，但他没有局限在比特世界里去理解长尾，而是把目光移向了传统的制造业。2012年，克里斯·安德森辞去《连线》杂志主编的职位，毅然投身3D打印。克里斯·安德森从现实原子世界更宏大的视野去理解和实践长尾理论。

传统互联网是消除地理的隔阂，你在哪里没有关系；而移动互联网则提供基于位置信息服务。所以过去关于Web 1.0有一个很著名的说法——在互联网上没人知道你是一条狗，但现在移动手机已成为人的第二标示。

移动互联网可以做到随身、随地、随时、随感（感应器），所以移动互联网不是互联网简单的移动化，把网络从桌面搬到手机上就可以了，而是带来了新的特质和模式。

类似的道理，任何传统行业的网络化不是简单地把业务从线下搬到网上，而是需要思维和机构的转变。

互联网化有不同的阶段，一些传统的行业开始只是在网上做做广告，另一些会在网上直接做业务和交易，像小米这样的企业更是把互联网做到了基因里，从后场的设计到前端的客户问答都渗透着互联网的精神。

管底线而不是上线

互联网的精神包括：开放、透明、分享、协作、去中心化、自下而上、草根、长尾、多元价值等。

如前所述，即使是回顾历史，互联网的诞生本来也是互联网精神的产物。我们都知道互联网开始来自于美国国防部的经费支持，而阿帕网（ARPANET）项目的负责人、互联网的元老鲍勃·泰勒（Bob Taylor）特别强调他自己是文职人员，还是反越战的。互联网能够成功，正是因为军方什么都没管，也根本不知道他们在干什么，只知道傻给钱。

1957年苏联成功发射了第一颗人造卫星，美国人受刺激了，为了赶超苏联，国防部大撒把式地给了众多大学和研究机构大把大把的钱，但国防部对于阿帕网做什么没有横加干涉。于是，才有了互联网的诞生。

用鲍勃·泰勒的话讲：最好的管理就是没管理。

这个对金融行业的监管也是有启示的。理想的监管，应该是管底线，而不管顶线。监管规则，而不是监管结果。监管机构的职责，是保证大家都按游戏规则去玩，而不是决定谁赢谁输。

凯文·凯利举了个很形象的例子：我们之所以能够有如此多的诗歌小说充满创造力的文学作品，是因为大家有一个标准化的字母表。无论你写诗歌还是小说，用的字母都得在这个字母表里，这是底线。但最后用这些字母写出的诗歌和小说是什么样，这就不应该是这个字母表规定的了。

互联网金融的未来

从一个更加广义的范围来看，金融业也很具有网络特点，这自打金融业诞生那天起就注定了。道理很简单，一个孤点不可能有金融的存在。没有离开投资者的融资者，也没有离开融资者的投资者，且不说在其中还存在诸多如银行这样的中介。早在互联网兴起之前，金融本身就织成了一张网。

金融的互联网化必将到来，互联网金融必将崛起。互联网化是发生在各个行业里的变革，金融业也不会例外。而金融业还具有更加适于互联网化的特点，包括如前所述的网络性质，互联网的融入将会放大这一特性。此外，金融业还是一个数据密集型行业，服务可以高度数据化。金融本身应该是普惠的，服务的对象要包括更大数量和范围的中小微企业和个人。

这些特点注定金融和互联网不会是泛泛的结合，而是深度的基因融合。

互联网金融在中国尤其有远大前景。

从市场基础来看，中国有非常庞大数量的中小微企业和个人对互联网金融服务有需求。中国有1 500万家企业，4 500万个体工商户，总量在6 000万家左右，其中99%是中小微企业。大部分中小微企业难以从传统金融机构获益。从个人来看，中国近4亿的城镇就业人口，月平均工资只是4 000元左右。从整个近8亿的就业人口来看平均工资会更低。

所以在中国，互联网金融面向了一个极其庞大的市场。虽然中小微企业的业务量往往不大，但是这就是一个典型的“长尾”市场，聚集起来量是非常惊人的。关键在于能不能通过互联网创新，实现高效低成本的服务，甚至在业务递增时边际成本增量近乎为零。

互联网金融的意义还不仅在这里。我们都知道，金融的本质在于经营风险，而互联网金融在风险管理上就颇有创新。我们老说第三方支付是互联网金融的核心。为什么是核心呢？难道仅仅因为第三方支付总量在互联网金融里占比大吗？

不是的。风险控制首先要有征信体系，美国有三大征信局，有FICO信用评分，个人信用体系非常完善，而中国的征信体系确实还有待提升。第三方支付在这个方向上就可以有作为。我们知道，无论麦肯锡提供咨询服务，还是街边的成都小吃招揽客户，所有商业的核心目的最终都是为了进行交易，而交易最终都是通过支付实现的，所以支付数据是商业里很核心的数据。

如易宝支付这样，自2003年成立，我们累积了大量的交易数据，在这个基础上我们就能做信用管理和风险控制。互联网金融无论做到多大，这都是最基础的基石。

如蒂姆·奥莱利所观察到的，谷歌和亚马逊等企业，之所以能在互联网Web 1.0时代的泡沫大破灭中幸存下来，并且还发展得越来越好，就是因为从开始起这些互联网企业就明白让用户参与的重要性，通过用户的参与生成更多的数据，反过来推动网站本身建设更好。互联网金融的道理也是如此，尤其在大数据兴起的时代，就更不容忽视用户参与的数据战略，传统金融在这个方向是显得不足的。

如前所述，互联网是在“进化”的，未来呈现各种各样的可能性，因此我们难以穷尽描述互联网金融将带来的改变，许多特点往往出乎我们意料。例如长尾理论的提出者克里斯·安德森就谈到了Kickstarter的意义，众筹平台推动了创业门槛的降低，并为创新的产品赢得了第一批客户，顺带可以实战地检验这些新产品究竟受不受市场欢迎，而不是在批量生产投放市场后才去证明成败，那样将会造成巨大的浪费。

1969年，第一次成功的互联网实验，其实仅仅传输了两个字母“L”和“O”。

但今天，互联网从地域上席卷了全球；从时间上占满了我们工作生活乃至碎片时间；从形式上早就超越Web让一切都实现联网；从深度上更加切入各个行业的基因。传媒也好，金融也罢，一切可能性均在声势浩大或悄无声息地发生！

（2013-10-24）

互联网重构金融的十大要点

李明顺*

从2012年11月开始准备，到2013年3月23日正式上线，好贷在自身发展的同时，也见证了中国互联网金融最为快速发展的开始阶段。我也从一个完全的金融外行，在结合互联网进入互联网金融之后，对互联网重构金融业有了一些自己的体会。

下面，我将从“互联网重构金融的十大要点”，一一谈起。

第一，互联网将重新定义金融行业的常识。何为常识，真正的常识？我认为消费者理解中的常识才是真正的常识。在传统的金融行业，“小”企业是对年收入5亿元企业的定义，年收入5 000万元的是指微企业，这大大地超出了我的常识。金融行业的这种常识不是老百姓所理解的。此外还有一个例子，银行贷款中有“等额本金，等额本息”的说法，我以前也贷款买过房，但真的不理解这两种方式的差异，也没人真正从常识的角度帮我理解。事实上，如果我选了等额本息，我20年内要多还很多利息。典型的互联网与金融行业差别就在于此：金融是喜欢把一个事情从简单变复杂，而互联网更习惯把一些事情从复杂变简单。

苹果为什么打败诺基亚？苹果就一个键，而诺基亚那么多按钮。支付宝为什么打败了传统银行的网银？支付宝在支付时比传统网银更便捷，并且，用户不需要记住“货币基金”这样复杂的词汇，“余额宝”好记又好用。对于用户而言，只要时刻知道余额宝里的钱在增加，收益率比银行传统的存款利息高就好了。所以，简单是一种力量，用普通人理解的常识去做简单的表现，是互联网精神的一个重要表现。

---

* 李明顺，好贷网CEO、创始人。拥有14年互联网经验的李明顺是互联网创业者，前康盛创想董事、副总裁，成功将Discuz，打造成为了全球市场占有率最高的社区建站平台，连续创办五届中国互联网站长年会，并将其打造成为了中国最具影响力的站长年度盛会，后康盛联想被腾讯收购。作为资深互联网人及媒体人，其还曾服务过网易、CBSi、中国青年报等网站和媒体。李明顺还同时担任了互联网金融千人会的执行秘书长一职。

第二，互联网将重新定义成本和速度。以往，传统银行的优势区别是网点开的多少。中国有5家国有银行，通过几十年的积累，每家的网点都超过10 000个，所以，在过去这么多年，5家国有银行的存款最多、客户最多、赚钱最多。在传统银行业，要超过工、农、中、建、交是一个很难完成的事情，因为要开那么多的网点，对于传统银行而言，压力太大了。尽管招商银行和民生银行在传统银行业已经发展得很快，但到现在还不到1 000个网点，仍然无法超越5家大行，因为每开设一个物理网点就需要面临大量的网点费用，以及烦琐的审批程序等，所以很难有效率和速度上的提升。互联网行业则不一样了，既没有地域之分，也没有网点数的概念，只要加服务器，理论上用户是可以无限累加的。余额宝从0到1 000亿元据说就是从17台服务器增加到了450台。成本与银行开网点比起来，简直是小巫见大巫，而且不需要增加过多的人。这就是互联网的优势。

继续拿余额宝举例，它的规模在11月（2013年）超过1 000亿元。另一方面传统银行业居民储蓄在今年（2013年）10月同比下降了8 960亿元。我想，余额宝是起到了改变消费习惯的带动作用。除了余额宝的1 000亿元之外近8 000亿元，我估计大部分都到了互联网金融的其他理财平台上，这种增长很可怕，未来的趋势将会更快。上周我代表好贷网参加Techcruch在上海的座谈会上，和余额宝的负责人进行了沟通，他们私下认为2014年余额宝的规模起码达到5 000亿元人民币。也就是说，增长至少是今年的5倍。这么推算的话，银行业的存款至少再减少8倍，即4万亿元的传统银行存款要转移到互联网上。这对银行业而言，是非常大的挑战，同时是互联网金融的大机遇。我们可以看到，互联网巨头已经群起进入理财领域了。包括阿里百度腾讯等BAT做了，还有传统金融门户网站东方财富网、创业公司如铜板街，甚至连新浪和搜狐等传统的巨头也加入了互联网金融领域。未来，会有更多的企业加入这场争夺理财存款的大军。加速度会越来越快。

第三，互联网将重新定义金融行业的甲乙方，什么叫甲乙方？我们在和传统银行签署协议时，我们的名字都写在了甲方的位置，但实际上，银行总认为自己是资金方、是真正的甲方。事实上，我认为这完全是颠倒了现代商业的逻辑，现代商业文明的一个重要特点就是，谁真正贡献了利润，谁是真正的甲方。企业和个人客户向银行提供了利息的收入，为银行创造了利润，理应就是甲方。

现实情况是，用户去银行大厅，完全是仰视着去面见那些银行的客户经理，银行的有些规定让人欲哭不能，个人用户需要不断接受银行的各种“拷问”，提供各种材料，换一家银行就要提交一次材料。之前 CCTV 报道过一条新闻，说一个病危的老人为了去银行取款，不得不被家人抬着担架从医院送到银行柜台捺手印，结果因为折腾太厉害死在了银行的大厅。我觉得这是银行把自己的规定当“天条”最为严重的一个讽刺案例。

在传统家电业，苏宁和国美一度改变了消费者的习惯，让用户不必去每一家电商品牌专卖店比对价格，而是利用卖场和超市一站式服务解决了问题，用户只要提出一个需求，之后就有各种解决方案，后来线下卖场又变成了线上的京东卖场。在互联网时代，我觉得金融业不需要再重新发展苏宁和国美的线下模式了，直接跳跃到京东模式。就像好贷网不到 1 年时间，发展了全国近百个城市、近 5 000 家银行等信贷机构进行合作，这是传统的方式无法解决的。在这个平台上，用户提出一次需求，就有人来为你解决，A 银行不给贷款，可以找 B 银行，B 银行不行则再找 C 银行，以此类推。用户此时才是真正的甲方、上帝。我想，商业文明的发展就是让真正的权利对等，银行本来就没钱，其实是储户的钱，如果银行再不给它的衣食父母贷款，只给大企业贷款，就不符合权利对等的初衷，就无法实现普惠金融。用户要改变这样只有存款的权利、没有贷款的自由的状况，就只能靠互联网来改变，好贷网正是提供了这样的机会，让用户重新做一次甲方。

第四，互联网也将重新定义金融业的很多定价规则。以真正的市场化来定义，让真正的风险定价由市场决定。党的十八届三中全会把市场化从“基础性”作用提升到了“决定性”作用，我认为对金融行业很有启发作用。什么是最充分的市场化？我认为首先要重新理解高利贷。什么是高、什么是低，以何为对比？是固定的规定还是以市场化为决定？我举一个例子，好贷网有很多客户都是做家庭作坊贸易的，比如一位卖服装的阿姨希望贷款 10 万元，用于进冬装，她认为三个月之后，这批冬装能卖出去变成 20 万元。这笔贷款如果是在传统的银行体系内，是很难贷到的，因为没有银行需要的“信用记录和流水”，这位阿姨之前都是用现金做结算的。现在她愿意支付 1 万～2 万元的利息来借这个钱，如果算利息 1 万元的话，贷款 10 万元三个月，那月息其实就是 3.3 分，年化 40% 左右了，这在传统意义上是绝对的高利贷。但是如果没有这个 10 万元，这个阿姨就无法进货赚钱养家糊口，对她而言，利率的高低是以自己能不能赚到这笔钱为比较的，而不是我们理解的定义。

互联网带来了一种可能，让更多的贷款需求和机会可以灵活匹配，比如让一个懂得这个服装行业的人贷款给这位阿姨，利用专业的贷款机构平台或者 P2P 平台，不仅解决了所谓的风控问题，也解决了市场化定义利息的问题。以往没有互联网，人们只能在身边借贷，现在可以打破地域、打破生疏、打破僵化的规定。

第五，互联网也将重新定义金融行业的赚钱途径。以往金融行业主要赚钱的模式之一就是通过信息不对称赚钱，就是你不懂的地方我懂，我不告诉你，以此为你提供服务从而赚钱。现在和未来，随着互联网开启民智、数据开始无所不在，用户有了更多的信息知情能力和渠道，可以借助第三方工具来判断，这样一来，互联网颠覆了过去金融业的信息不对称收益模式。未来真正的赚钱之道，不是靠信息不对称赚钱，更不是靠政策性扶持和利差赚钱，而是靠服务。银行业靠着 2% 的年化低成本资金以此贷款出去赚取至少 4% 的息差、一年几十万亿元的存款马上就能赚 2 万亿元左右的政策性息差的时代即将过去。

用服务赚钱，就是真正站在消费者的角度，让他们更简单更方便地获得、接受服务，让他们“懒”一点、“爽”一点。所以我认为互联网行业的体验，本质上就是让人爽。

第六，互联网将重新定义金融的服务文化。我认为现在的银行文化是彻底坏掉的文化。以前的传统金融行业人，是以银行业为荣的，认为在银行工作是更高端更体面的。但如果传统银行文化不进行改变，那么未来将有人以做银行人为羞。当下的银行文化是“等”文化、是“坐商”文化。坐在办公室里面等你来，等你不断按照我的要求来。相比较而言，银行文化就弱于保险文化，保险文化是要走出去，是以用户服务为中心的文化。很多银行人认为平安是一家保险公司，不屑于与之比较，但我认为，今天的银行业内，最好的文化就是平安的文化，最好的小微贷款服务商就是平安。因为平安是保险文化，他们愿意走出去，愿意上门服务，愿意站在消费者的角度考虑问题。比如买车险，平安的做法是，到你指定的地方给顾客拍照片、提供上门付款服务。但保险文化比之互联网文化，又缺少了一些：比如，尽管上门了，但还是需要用户签署大量的文件、复杂的条条框框，我觉得未来应该让用户按个键，就完成了。让服务变成产品，变成可以复制和更简单的操作，甚至远程操作，这就是互联网。互联网的文化将激励保险文化，改造传统的银行业文化。

第七，互联网将重新定义金融行业的品牌信任。传统品牌自上而下的定义将被颠覆，重建信任将不再自上而下，而是自下而上。如果说金融是一种信任中介的话，那么，我认为未来互联网有机会去重新定义这种“信任”。在传统金融行业，比如你能不能做银行，那是由有关部门去敲定和授权的，信任是基于此产生的，是自上而下的，信任是被灌输了很多年的所谓品牌建立的。相反，在互联网行业，比如你吃饭选餐馆去大众点评，不是卫生部决定让你去的；你愿意去携程买机票而不是去航空公司，这也不是交通部决定的。消费者信任大众点评、携程的过程是基于自然的用户体验选择，是通过市场竞争的结果导致的，这是自下而上的过程。

比如银行贷款，这么多银行哪个贷款的品牌好？品牌好不好不是所谓的品牌价值多少钱的评比，也不是广告做得多就是好，更不是哪个部门给的一份证书和特权就代表好，而是客户对你的口碑好坏决定的。除了贷款是不是可以获得之外，还得看贷款的过程爽不爽，用得爽了，就是好，就有品牌的信任。

好贷网未来就是要推动这个方向的变化，成为这个趋势的一个积极促进者。我相信这就是未来“90后”的口味，“00后”的体验。我们以往认为某些机构就是大品牌，这是我们过去几十年被教育的习惯而已。随着体验时代的到来将被彻底颠覆掉。互联网就是体验经济的最佳使者和工具。

第八，我认为互联网将重新定义满意度和体验。继续强调，体验是站在用户角度爽不爽的问题，是感性问题，这才是真正的满意度。以为服务功能有了、全了就认为OK的满意度的理解，看似是很理性的逻辑分析，但事实上是已经OUT的方式。银行业的人经常说一句话，“我们做了十多年的电子银行和网银了，我们也是做互联网的”。他们只说对了一半，他们仅仅是做了但没有做好。传统的银行人一直不理解，我拿“为什么男人爱美女”作个比喻。为什么女人爱帅哥？要我说，如果男人和女人仅仅因为有了功能，就跑到一起，这个社会的婚姻爱情问题就太简单了，但事实上，不仅要有功能，而且有最佳体验，双方都在追求。这就是为什么大多数都喜欢选择美一点、帅一点的对方的原因。体验，不是为了满足有没有一个功能，功能大家都有的，关键是爽不爽。

第九，我认为互联网将重新定义传统金融业对资产的资产，传统的银行业仅仅考虑过去和现在的资产，而不是看其成长性和未来的价值。这是他们最糟糕的一个特点。传统金融如何看待资产？一般就是看看固定资产、产值、流水等。我认为，这种看产值的时代终将过去，未来互联网将促进金融业看未来，甚至看估值。什么叫产值？传统的银行把大量的贷款都给了地方政府和大量的国有企业、高耗能企业，最后带来的是什么？是资金利用率极低的各种现象、各地的重复建设、是烂尾楼、是“鬼城”，还有我们不断创新高的$PM_{2.5}$。这就是我们传统金融的衡量标准导致的恶果，因为这些企业都有抵押物，都有所谓的资产。这些真的有价值吗？有创新力吗？有未来吗？我们可以看到，身边的朋友的公司，包括有价值的科技企业、互联网企业，几乎没有通过银行贷到款——因为房子是租的、服务器也是租的，甚至员工的电脑也不是公司的，在这样的企业中，人是最值钱的，但在银行眼里，人并不值钱，这就是差别。

今天的传统金融业没有办法去衡量这个，没有办法去辨别创新和人的价值，这就是这个行业的技术落后之处。中国有无数这样的具有服务意识的创新企业在诞生，但我们最大的银行体系缺席了。这就是最大的悲剧，不要说美国也是这样，如果这么比，我只能说咱们的银行人没有上进心，为什么中国的银行业必须学国外，就不能是第一呢？我觉得现在中国的互联网和移动互联网在很多领域都领先全球了，传统的银行业也有机会去变化，在市场化、全球化的今天，重新以未来的观点来看世界，重新定价未来，取得领先。

第十，互联网将重新定义人的资产价值。刚才我提到了，人的资产价值在传统的银行业是没被计价的，即使计算，以信用的价值也是非常的低。除此之外，即便银行人工资薪酬挺高，但如果这个行业内从业者的真正价值不能被衡量，那么，传统金融业也很难发展起来。为什么马明哲拿千万年薪会引来议论？马明哲创造了这么大的平安，年薪几个亿都是应该的，千万薪酬又算什么呢！

而在传统的大银行，更不可能像马明哲这样。相比于他们管理的庞大资产，可谓杯水车薪了。对于人的价值，这完全是一种不对称的理解。造成的结果是，金融行业的很多人都是在为短期利益服务和打工，很少有为长期利益打工的。不能为长期利益服务就不会为用户更好地服务。

微信是免费的，但为什么服务这么好？因为微信解决了用户的痛点，让用户爽，就创造了长期价值，为互联网企业创造的机制反过来会让微信的创造者和团队获得充分大的长期利益。微信 200 人团队，单独上市的话，我觉得最起码 200 亿美元，每名员工就为公司创造了 1 亿美元的平均价值，这个一定会获得腾讯很大的机制保护的。

反过来看在传统银行业，我接触有一些银行最近在做 P2P 的时候，连团队期权都没有，甚至连 CEO 是谁都没有就开始做了，这是埋没人的价值。这样会导致传统金融就无法吸引优秀的人，就不会创造好的机制留下人为长期利益服务，金融行业的人的价值就不会真正在未来体现！

我觉得传统金融业将会受到互联网行业非常直接的冲击，互联网行业会更快地把团队里面每个人的估值与公司的长期利益绑定，这解决了所有者是谁的问题，而没有所有者就没有长远利益，就没有未来！经常有人说互联网代表技术先进，也有人说互联网是文化先进，更有人说互联网思维先进，而我认为最先进的，还是互联网利益机制。我们从硅谷学会的既不是技术也不是文化，而是机制，用一种全新的机制，肯定了创新者作为公司主人的法定机制，并基于此建立了全新的游戏规则。

一家没有任何收入的公司可以估值数亿元，投资人投了几千万元只拿少数股份，为什么？这就是硅谷和互联网带来的机制，让人的价值获得肯定。我们的好贷网就是这样的案例，通过不到一年的努力，我们取得了一些成绩，在刚刚做、什么都没有的阶段，就得到了很多来自著名投资机构的钱。在这种机制下，投资者不是为了你的短期利益，而是真正考虑了你的长期价值，考虑了人的价值。只有这样，公司才能真正为用户的长远利益服务。互联网改变金融，最大的改变就是重新衡量人的资产价值。这就是互联网最大的本质。

（2013－11－28）

中美互联网金融之比较

蔡凯龙*

一、中美互联网金融的四个差异

其一，制度基础是最大的区别。美国金融监管组织从保护个人财产和隐私上入手，有一套相对健全和完善的体制。体系内各种法律法规之间相互配合协调较好，能大体涵盖接纳互联网金融新形式，使之能在美国平稳有序发展。而中国的体制和监管相对年轻，对互联网金融基本上是空白，所以政府出台的政策法规不仅在时间上滞后，而且相互之间过于僵硬，且不具有配合的弹性。就好像一块块有棱有角的积木堆在一起，里面的空隙非常大，这给中国互联网金融提供了足够的空间来野蛮生长。

其二，经济结构。美国相对自由的市场机制让各行各业根据市场调配资源。其中两大支柱产业——科技和金融，在竞争下均衡发展、互相交融，但又各自专注于自己的领域，根深蒂固，谁也动不了谁的奶酪。而中国的行业发展很不平衡。特别是金融业过多依靠政策扶持保护形成行业垄断，造成资源配置不当、服务跟不上大众需求、竞争力不高的尴尬局面。中国的科技业凭借自身优势在互联网特别是移动互联网上蓬勃发展，侵吞和蚕食传统金融业是水到渠成的事。当然，其中也包含政府试图用互联网金融倒逼金融体制改革的战略意图。

其三，金融市场。美国金融市场经过百年发展，提供比较完善的、全方位的产品和服务。各家百年老店的银行金融机构也是实力雄厚极具竞争力。由于竞争激

---

* 蔡凯龙，互联网金融千人会执行秘书长，互联网金融千人会华尔街分会秘书长，国际金融论坛互联网金融研究中心研究员，注册金融分析师（CFA），金融风险管理师（FRM），经济和计算机双硕士，金融博士生。曾任德意志银行（美国）战略科技部副总裁助理，点石资产管理公司的创始人、合伙人兼任投资总监，美国能源公司 MXEnergy 风控经理，担任休斯顿大学商学院金融系助理教授。厦门开元期货交易员。

烈，他们一直以来都很积极拥抱和利用互联网，进行金融服务创新。所以美国的互联网金融行业，只能在有限的传统大金融企业涉及不到的新领域里发展。比如说成熟的信用卡市场就抑制了第三方支付的发展，因此发展的空间和规模不能和中国同行相提并论。反观中国的金融市场，由于对外政策保护，对内行业垄断，造成普通老百姓只能被迫接受高收费和低质量服务的双重压榨。中国互联网金融以她独有的普惠、方便、快捷的特点，点燃民众被压抑多年的对创新金融服务的极大需求，因此瞬间爆发出巨大发展潜力和规模。

其四，个人习惯也是影响中美互联网金融的发展。美国人因为有完善社保养老医疗教育体制，喜欢花光每月收入，甚至借债过日子，因此民众普遍没有储蓄投资习惯。而且大部分政府支持的退休养老教育的投资计划都由机构操作，造成美国的资本市场上以机构为主。个人作为互联网金融服务的主要对象，在美国资本市场并不是主角。反之，国内的社会保障体制不够完善，中国人都要存钱，为养老、儿女教育、医疗等做准备，因此具有很高的储蓄率和庞大的可投资个人资产。故而互联网金融在中国有更加广阔的市场和更迫切的大众需要。

其他习惯，比如美国民众爱打电话，不爱发短信，对智能手机接受度不如中国，爱去商店挑东西等习惯也间接影响美国互联网金融的发展程度。如果在华尔街上随便找几个美国金融人士来问，没多少人知道互联网金融，有限的知道的那几个一定是中国人。所以只有在中国这个独特的环境和时代里，才能产生这么朝气蓬勃的互联网金融产业。

二、美国互联网金融的实例分析和对中国的启示

虽然中美有很多不同，但是互联网是无国界的，金融的本质和服务人的金融需求是一致的。他山之石，可以攻玉，所以我们接下来看几个美国互联网金融的具体形式，也许能带来一些对中国互联网金融未来发展的启示。

其一，货币市场基金 MMF（Money Market Fund）里 Paypal 的兴衰

大名鼎鼎的第三方支付先驱 Paypal 在 1999 年创立第一只 MMF，到 2007 年规模达到 10 亿美元。不仅仅 Paypal，美国市场上 MMF 规模蓬勃发展，在 8 年内从政策开放时的一片空白到 2008 年 3.75 万亿美元规模。但是在 2008 年金融危机时，撑起 MMF 快速成长的两大基石——现金级别流动性和保本纷纷垮掉。由于 MMF 为了

提供给客户比市场无风险基准利率更高的回报，不可避免地投资了短期的政府债券、企业短期商业票据等高质量短期资产。在2008—2009年金融危机期间，以往被认为安全的资产全部陷入困境，大量MMF破天荒第一次Break the Buck（1元MMF不值票面价），不再保本了。投资者习惯假定MMF是保本的，哪怕损失一点都会产生极大恐慌。在当时金融危机环境下，Only Cash is the King，只有手里持有现金才是王道。大量投资者的蜂拥赎回让另一块基石——流动性也垮了。最后美国财政部和美联储不得不联手对其中一小部分MMF提供暂时担保，保住72个MMF的命运。当时MMF市场也被毁得差不多了。后来再加上美联储为了刺激经济，把短期利率压至接近0%，Paypal和其他在金融风暴后幸存的MMF大幅亏本，先后都无奈地退出这个市场。

国内MMF最近如火如荼，7%甚至10%的MMF铺天盖地而来。但是投资者应该保持清醒的头脑，谨记金融界最重要一条金科玉律：No Risk No Return。任何高回报都伴随着高风险。由于新事物没有严格的监管，国内的业者为了抢夺MMF这个大蛋糕，用了各种各样办法“创造”出较高的回报率：协议存款，用回购方式加大杠杆，买卖上的时间差，收益和成本的不同计价方法，甚至自己倒贴钱的方式等等，这些都是以投资者承担较大隐性风险换来的，这种方式在美国的监管体系里是不可能被允许的。业者为了让投资者放心，有的MMF还提供企业担保。但是这些担保在真正危机和风险来临的时候，企业还能独善其身吗？他的担保有多少可信度呢？Lehman（雷曼兄弟）在倒掉以前够大牌，它担保的企业债券最后还不是惨不忍睹！只有央行和美联储动用国家信用的担保才是唯一可以靠得住的。

不过，国内MMF倒是有一个得天独厚的优势，那就是国内利率水平整体偏高（一年SHIBOR，即上海银行间同业拆放利率都可以在5%），这给老百姓摆脱低存款利率创造了良好的条件。虽然目前短期看不到市场下跌的趋势，但是利率本身上下波动也是一种风险。美国的经历对国内MMF从业者的启示在于：注意市场和信用风险的防范，加大教育大众关注其产品风险并彻底公开其操作方式，同时注意监管的变化。

其二，纯网络银行SFNB的消失和网络券商E*trade的挑战

SFNB（Security First Network Bank）在1995年建立第一家纯网络银行，开创无柜台全天候交易的先河。由于成本低，所以它的费用和存贷款回报率都很有竞争力，再加上其在当时是新兴模式，没有任何竞争者，大银行也还没电子互联网化，

一时吸引众多用户，股价扶摇直上。可惜好景不长，随着竞争者的竞相模仿和大银行加快电子银行布局并降低成本，纯网络银行的优势逐渐消失。在 1998 年 SFNB 不得不把自己卖给加拿大皇家银行（Royal Bank of Cananda）。

E * trade 成立于 1992 年，是以网络经营为主的券商，为目前美国三大网络券商之一，美国低佣金券商的先驱。其版图曾经囊括美国、澳大利亚、加拿大、德国等十多个国家，最近几年一直在收缩，成长缓慢，股价也相对萎靡，高层变动频繁。原因在于，虽然 E * trade 在开始依靠互联网的技术优势拥有低成本和低佣金，迅速在经纪业务上占有一席之地。但是后来各大银行和券商迎头赶上，不仅依靠互联网技术降低成本和佣金，而且整合本身线下优势，并利用长期积累的资源提供强大的投资咨询和丰富的投资产品，夺回大部分市场。

对此笔者有亲身体会。2002—2005 年，笔者也使用过一家类似 SFNB 的纯网络银行叫 Virtual Bank 的产品，后来转至美国 3 大银行之一美国银行（Bank of America，BOA），因为 BOA 整合了包括网络银行在内的所有资源，其优势是别的小银行无法比拟的。2009 年，我把自己用了多年的 E * trade 资金转移到 BOA 里的 Merril Lynch（大名鼎鼎的美林投行，在金融风暴中被 BOA 收购）的投资账号。这里不仅有高端的一站式全方位产品和服务，而且我可以进行全部免费交易，只要保持数额不高的一定资产数额。

对国内银行业来说，SFNB 和 E * trade 的境遇说明，互联网金融的挑战并不可怕，虽然现在声势浩大，其实互联网金融如果一定要选边站，还是更多属于金融业，只不过加入了互联网的思维和技术。只要传统金融业能以此为契机，在保持自身优势的前提下，真正拥抱互联网，虽然现在看似输在起跑线上，但是最终谁笑到最后还不一定。这方面我更看好银行业，相对来说，互联网企业开银行的难度比金融企业拥抱互联网的难度大多了。国内这些争先恐后准备开银行的互联网企业，你们真的准备好了吗?

其三，P2P 的宠儿 Lending Club（LC）和慈善家 Kiva

LC 成立于 2006 年，目前已经获得 6 轮融资，最新一轮投资方是谷歌（google），融资估值是 15.5 亿美元，LC 有非常多的知名投资机构和个人。KPCB、摩根士丹利前 CEO John Mack、美国前财政部长 Larry Summers 等。2013 年，LC 已经达成 20 亿美元的贷款。LC 通过网络平台和社交平台接受借款客户的借款请求，并在得到用户授权后获取用户的信用分数，将高于某个分数线的借款人的借款请求放置于平台上进行筹资，筹款主要用来支付高息的信用卡债，LC 只收中介服务费，不提供担保。截至 2013 年 3 月底，LC 的借款者用户平均 FICO 信用积分为 706，他们负债收入比（除房屋贷款之外）为 16%，人均 14 年以上的信用记录，个人人均年收入为 70 491 美元，平均违约率 4%，贷款年利率 6% 到 30%，平均 16.34%。LC 2014 年准备上市。

国内 P2P 由于没有成熟的监管，这一两年如雨后春笋般冒出 2 000 多家，里面龙蛇混杂良莠不齐，欺诈、倒逼跑路时有发生，违规长债短借、自营资金池的屡见不鲜。贷款利率高的吓人，年率 20% 以上都不少见。国内 P2P 一窝蜂地盲目发展，终将损害投资人的信心，也必将引起监管的强硬介入，对 P2P 行业来说这不是一件好事。

LC 的迅速崛起有 3 个重要因素值得国内借鉴和参考：（1）充分利用政府支持的信用系统和社交网络的大数据来评价风险，给每一笔贷款制定精准的利率，并能保持非常低的违约率，既能让需要的人贷到款，又能保护贷款人的权益。（2）利用互联网和社交渠道高效运作和几乎为零的边际成本，支撑极低贷款利率和手续费，让利于借款人和贷款人。(3) 严格遵守法律和监管，只做中介不担保，不碰资金。曾经在 2008 年 4 月，LC 全面无限期停止公司所有新贷款业务，就是为了向 SEC（美国证券交易管理委员会）申请新的 6 亿美元 "Member Payment Dependent Notes" 众人支付票据，同时申请改变贷款利率的计算公式。直到同年 10 月 SEC 批准才全面恢复营业。这种做法对比国内 P2P 现状实属罕见。

Kiva 是比较另类的公益慈善性质的 P2P 模式。其成立于 2005 年，通过互联网和全世界众多的小微机构，发放贷款帮助发展中国家的弱势群体摆脱贫穷。Kiva 现在遍布 5 大洲 73 个国家，已经有 100 万出资者，最低出资 25 美元，总共贷出 5 亿美元，只有 1% 违约率。近几年国内的慈善业丑闻不断，饱受公众诟病。如果我们也能发起个类似公益慈善性质的 P2P 来降低成本提高透明度，恢复公众对慈善机构的信心，那将是国内亟待帮助者的福音。

其四，众筹明星 KickStarter（KS）

KS 于 2009 年在纽约曼哈顿的下东城成立。笔者认识的一个朋友刚好在 KS，说他们明年准备搬到 Brooklyn（布鲁克林），据说是因为 CEO Perry Chen（一个华裔美国人）想工作时离家近些。KS 经过短短 4 年迅速发展，到今天为止已经筹到 9 亿美元，资助 500 万个大小项目。KS 通过网络平台面对公众募集小额资金，致力于支持和鼓励创新。成功融资项目涉猎电影、音乐、视频、游戏和创新科技等。最大的众筹项目是 2012 年的 Pebble 蓝牙智能手机及手表，筹到 1 030 万美元。在这个众筹的资金帮助下，Pebble 终于能如期在 2013 年把产品推出，现在已经成为美国圣诞节最火热的礼品之一。这个成功案例体现了众筹对创新和中小企业的巨大推动力，完美演示众筹平台连接筹资人和出资人的巨大魅力。

以 KS 为代表的众筹快速发展，离不开美国政府的大力支持。2012 年 4 月，美国通过 JOBS 法案（Jumpstart Our Business Startups Act），允许小企业通过众筹融资获得股权资本，今年 10 月 SEC（美国证监会）依据 JOBS 法案公布细则，使得众筹融资替代部分传统证券业务成为可能。虽然 KS 目前业务还只限于融资（回报只限于产品服务），而没有像 Angelist 已经开始涉及股权资本的众筹，但在监管上已经铺平道路的条件下，可以预见众筹将把股权资本作为下一步重点。从这可以看出，美国政府的政策制定者为新兴行业的发展所做的努力，及时地制定法律法规从而合理引导行业发展，而不是让行业无序发展触到红线后，才用法律法规来严惩和治理，这个值得中国监管者学习。

KS 在其发展过程中，还有一个很明显的特点值得借鉴，就是它非常注重利用其社交性。Creator 筹款人最开始在 KS 上设立一个项目的时候，支持者主要来自于 Creator 的社交网。随着一传十、十传百，最终好的项目通过社交网和 KS 打造的互联网平台筹集所需的资金。很有意思的是，KS 不经常做广告，也许是在美国众筹竞争没有国内激烈，或者 KS 已经是龙头老大没有压力。

其五，最负盛名的理财门户 Mint 和独具特色的财富管理网站 WealthFront

美国最负盛名的免费个人理财网 Mint 于 2007 年 9 月上线，至今注册用户超过 1 000 万户，2010 年 10 月被著名的会计软件公司 Intuit 以 1.7 亿美元收购。Mint 的特色在于，它创造性地把客户收支资产状况有机联系起来。通过授权，把用户的所有账户信息（例如支票、信用卡、储蓄、投资、教育和退休金等）全部与 Mint 的账户连接起来，自动更新用户的财务信息和分类收支详细情况。通过对个人财务数据的整合，让用户在 Mint 上感觉就像拥有了个人财务中心，可对自己的财务状况与日常收支一目了然。在此基础上 Mint 利用数据统计等功能，帮助用户分析各项开支的比重、制订个性化的省钱方案和理财计划等衍生服务。

相比个人理财网 Mint，WealthFront 更加注重财富管理，致力于提供投资组合的专业意见来最大化客户的税后收益。WealthFront 根据用户的投资额收费，低于 1 万美元的投资不收取任何费用，超过这个额度则每年收取 0.25% 的服务费。截至今年 6 月，WealthFront 管理的资产超过 2.5 亿美元，仅在 2013 年就增长了 150%。

从 Mint 和 WealthFront 成功的经验看，Mint 利用联网个人财务信息，提供平常需要雇佣专门的 Financial Planner 做的个人理财工作，让个人理财更加普惠和大众化。而 WealthFront 其实就是把专业投资人士提供的财富管理互联网化、数据化、模型化，从而来减少投资分析的服务费，降低资产管理的服务门槛。两者皆可称之为小微理财，服务于普通大众。这方面很适合作为中国互联网金融进一步发展的契机。如上面对中美互联网对比的分析，中国民众极其渴望有门槛低、普惠的金融服务，特别是理财投资服务，而银行这类的服务门槛之高让大众望而却步。但是有一点极大阻碍中国互联网金融在这个领域的发展，那就是数据的共享。国内各个银行各自为政，为了自己利益不会轻易共享客户财务数据。在美国，由于法律规定，个人的财务数据最终拥有权属于个人，因此法律保障个人授权使用任何跟自己有关的金融数据的权利。这个符合互联网金融共享开放的精神。希望国内监管部门能在这方面有所作为，为个人理财和投资扫除最大的障碍。

（2013－12－09）

关于互联网金融的几个观点

陈 宇*

我的观点比较保守，属于顽固派。我基本认同最近杨凯生行长和刘明康主席的大部分观点，所以，大家估计也都听腻了，将就着听吧。

第一是互联网金融的几个核心观点。最早比较有影响力的是谢平。其核心是去中介，就是指互联网技术会使得金融脱媒，中介在未来会失去作用，资金供需双方直接发生关系。关于这个目前他有篇文章很火。2012 年他有篇论文开创互联网金融的第一个概念。

第二是马云的互联网金融和金融互联网论。这个金融互联网我在 2012 年 12 月 19 日，去阿里的时候也曾经提出来过，我当时说阿里金融做得更像金融业务的网络化，所以是金融互联网，当时阿里金融自己也认为他们做的应该是金融互联网。后来他们搞了次大讨论，开始界定他们是做互联网金融，金融机构做的才是金融互联网，不知道中间发生了什么。不过我感觉两个命题之间更多的还是立场之争，应该无实质区别。马云的这个观点主要核心如果非要说，则在于他期望创造出一种区别于传统金融机构的运行方式做金融。这样才能有效区别金融互联网和互联网金融。否则，就是字面之争，应该是殊途同归、大融合趋势。但是在过去一年，马云利用民众对传统金融机构的误解和不喜欢的情绪赚足眼球。

第三是媒体论。媒体论是我关注的重点。目前看来互联网金融最大的意义在于两点。第一点是给了大量非金融机构进入金融领域的机会，大大降低了金融的专业

---

* 陈宇，毕业于人民银行直属院校中国金融学院，全国本土私募股权机构五十强单位德弘资产管理有限公司创始人，仁和智本资产管理集团合伙人，管理资产规模近百亿元，在中国香港、美国、澳大利亚都设有分支机构。目前投资三十余家互联网企业，担任京东金融、挖财、施乐会等十多家知名互联网金融企业的首席战略顾问。2012 年起，以江南愤青笔名在互联网上发表各类金融文章一百多篇，为中国互联网金融最为知名的意见领袖，互联网金融千人会核心发起人，刘鸿儒金融研究院特约研究员，《支付革命》核心作者，个人金融文集《风吹江南之互联网金融》，2012 年、2013 年在全球各地演讲 130 多场。

性门槛和资金门槛。第二点是倒逼传统金融机构加快转型升级的步伐。媒体目前报道的互联网金融模式奇多。几乎所有涉及互联网和金融的都叫互联网金融。所以目前一般有 P2P、众筹、支付、渠道、比价、小贷、征信等模式。P2P 这种就不细谈了。核心观点是 P2P 符合谢平论，但是他们只是中介替代并无去中介。这里面反映的核心点是谢平的中介会消失观点是否成立？我有个观点，就是中介的存在是无法消除的。这里其实本质是人类生活的经济活动必然存在。

事实上，我自己对于金融的理解，金融的本质存在于人类社会资源的稀缺性，有效进行资源分配是金融的基础，可以说，在人类实现按需分配之前，金融就有存在的基础，从这个角度来看，金融本身是不会消失的，也不会被颠覆。而从金融中介在期间扮演的角色来看，金融中介本质是更有效帮助发挥金融资源调配能力的相关机构，跟金融扮演的角色其实是一样的。金融机构之所以可以提升调配资源的效率背后一般需要具备两个优势：第一个是功能性优势，第二个是比较性优势。简单理解前者是只有我能做，而你做不了，这个可能是有能力问题，也可能是牌照问题，以及其他一些问题。能力问题好理解，例如有些专业机构，是需要非常资深的专业能力才能进入，别人一般做不了；牌照问题比较容易理解，就是我做是合法的，你做是非法的。这些问题导致了这个事情，我可以扮演这样的角色，你来扮演就是非法的。后者的理解是，我能做的，你也能做，大家都一样。那很多人说既然都能做，这类机构就可以被取消了，因为这类机构的中介意义不大。怎么说呢？举个例子吧。黄牛，他排队买票的事情，其实你也会去做。快递，也是一样，都是简单生产的工具，但是事实上，你不可能去做这些事情。两个原因，第一个原因，机会成本不一样，你去连夜排队买票的代价很大，你就少赚很多钱，他无所谓。你们的成本不一样。第二个原因，事实上，因为术业有专攻，虽然都是排队，人家就是排得比你好。熟能生巧之后形成的一些基本优势还是有的。从这个意义上讲，大家都认为去了中介成本最低，我反倒不这么看，哪怕在流通环节，也是要做区分的，不是每个事物去了中介成本都最低。目前我们看到哪怕在 P2P 典范的 Lending Club 都出现了机构化的趋势。我去美国 Lending Club，他们也日益专业化，一般投资人大幅度减少。

互联网创造了一部分人的低成本的时候，给更多人留的是高成本。最终社会是博弈的。即使如同淘宝，从目前来看，更多反映的还是一种掌握了互联网技术的中介（淘宝店铺）打败了另外一个不具备互联网技术（线下店铺）的情况，也并非是去中介的概念，另外，从一定意义来讲，淘宝本身也是个大中介。天猫倒是部分具备去中介的特征（很多店铺是直接生产商开店铺，也有很多也并非是生产商）。但是京东整体并不反映，京东的背后是线上中介打败线下中介。这里核心讲述的其实是，无论什么原因，撇开专业性和非专业性，牌照和非牌照的原因，就在能力一致的情况下，中介都是不会被取代的，背后其实反映的是比较性优势的不同，从这个角度而言，去中介在资源相对稀缺的情况下，都是不现实的。

我们学经济学，最基本两大假设，第一是理性人假设。大多数人都是理性选择的。第二是资源稀缺性和人类欲望无穷假设。所以，只要是资源稀缺的情况下，比较性优势就是不会消失的，那背后中介体系必然是不可被取代的。从这个角度上来看，金融这个事物的产生背后的逻辑就是社会资源稀缺，这个大前提的存在，我个人认为"去中介化"就是不可实现的，必然需要中介存在。哪怕现在的金融中介消失了，事实上还是会出现一系列别的中介业态，可能叫法发生改变而已。但是其本质还是中介，而且还是金融中介。互联网创造一个市场，其实也留下一个长尾市场。目前互联网给予了更多信息传递的可能性但是反过来获取信息成本更高了，要找到你想要的也更难了。很快那些做精选信息做大入口的 APP 都会有很大价值。他们也都反映了专业中介的价值。不存在传统和非传统，都是融合。因为毕竟人不会存线上生活。

从这个角度阐述，谢平教授的去中介论，我个人就不太赞同了，而且，谢平教授所说的信息不对称程度极低，是促成中介消失的主要因素，我个人也是不赞同的。信息不对称这个事情反倒可能是金融中介产生的一个因素。为什么这么说呢？事实上，信息不对称的大幅度降低是社会进行风险定价的前提，只有信息充分之后，风险定价其实才有可能，而风险定价的背后就是对风险差异的认知，不同的人对同一信息的看法不同而产生的风险判断不一致。这个其实是市场化定价的基础。市场上非常普遍的情况是，同样的基本面情况下，有人卖出，有人买入，大家对其的风险预期是不一致的，最终博弈之后形成市场均衡的看法，其实恰恰反倒说明了信息对称之后，也无法解答风险判断的问题，纯信息不对称的解决就可以使得资金自由往来于不同主体是不现实的。信息不对称只是构建人类风险认知的一个很小的部分因素，同样的西湖边的一块土地，由于各自过去专业不同、经历不同，甚至背后的资源不同，最后都是会产生不同的看法，信息不对称是无法抹平这之间的差异的，这种差异的认知的解决需要专业机构的参与。所以，关于互联网是否可以使得金融去掉中介这个争论，个人感觉没有太多的可以值得争论的地方。但是这个问题扩展开去，我并不是认为互联网不影响金融格局，恰恰相反，我个人倒是觉得因为有了互联网的出现，虽然不可能去中介，但是互联网改变了中介的产生方式，也改变了中介的运营方式，互联网的出现，会不断瓦解大中介体系。

而从这个角度看，互联网这种改变中介的生产方式对金融格局的影响要远远大于简单地去中介这个提法。这个是中介部分观点。未来互联网一个很大意义是打掉大中介，形成众多小中介，然后把原先的好人认定模式改为能力认定。那些依靠牌照生存空间会被压缩，证券公司首当其冲。互联网世界里是反权威的，是崇尚颠覆和自我颠覆的。大的机构会越来越不被认同，尤其是非能力因素所形成的机构，这个现象很有意思。我们看到很多名牌其实随着互联网越来越呈现去名牌化也是差不多这个意思，就是人随着互联网越来越出现多样化趋势。对一个事物看法不再单一，人的自主意识增加。

那么，模式里面，最能做大的是哪几个？从规模上以及创业角度来看，P2P 会具备优势。这是第一个可行的模式。但是需要有极强的专业性优势的人来操作。我今年投资了两家 P2P。切入的是慈善和消费信贷领域。第二类模式是第三方支付，第三方支付是互联网金融的利器，但是这个利器投入很大，盈利很小，十分苦逼。生存概率很低，市场两百多家，我估计最后能活下来的互联网支付公司不会超过三十家，估计二十家都不会有。市场最终的格局是赢者通吃的格局，因为太同质化竞争了，线上本质上还是要靠规模取胜，做大是冲动。一大，二中，N 小，一大铁定是支付宝了，只要他不犯错，没人能比得了他。二中，还不知道。N 小，就是那些依附于特定垂直型市场的支付模式，捆绑式应用的支付流程系统，不具备太大的想象空间。很砸钱，门槛很高，投资价值有。现在这个观点稍微改变一下，微信支付可能超越。我不看好单一账户体系。所有账户体系都是自建体系，这个可以看我写的微信支付和支付宝大战。支付宝的理念是打倒文化，腾讯是合作文化。一个打倒别人，一个帮助别人。第三方支付可以看我最新出的那本书《支付革命》，是个很好的行业，但是存活率太低、门槛太高。

互联网渠道是第三个重点。先谈余额宝，今年余额宝所做的事情，最大的意义在于成功地将在我国存续了很多年的货币基金，正式推到了大众面前，使得以前银行藏着掖着一直不愿意推向大众的货币基金，正式向屌丝们拉开了序幕。由于货币基金的高安全性加上基金公司推出的 T+0 制度，使得货币基金基本可以替代存款，虽然两者并不是一样的东西，但是从效果来看，近乎于替代品了，余额宝以其极为便捷的适用性和极为猛烈的PR宣传方式，“忽如一夜春风来，千树万树梨花开”的局面终于开始了。各种宝集体面世，造成的结果是货币基金替代存款的趋势极大地提前，这个反映的其实是倒逼了我国的存款利率市场化的提前到来。从理财角度来看，使得大量的屌丝们都具备了理财的机会，一元理财成为了现实，从社会角度来看，也倒逼了之前银行一直不愿意推行的货币基金，也到了不得不推行的地步，建行版的余额宝推出，反映的是银行应变的方式，因为银行不推出的，钱都会留到别人的货币基金上去了，只能这么做。而且因为余额宝是余额管理的概念，我很早就提出过，能打败支付宝的余额宝的产品，只能是余额比他大的机构，想来也就只有银行了。无论便捷性和安全性，银行的余额宝都会比支付宝的余额宝要高，但是这个替换是极为惨烈的，因为银行的吸储成本大幅度提高，所以，我觉得大多数银行并不太会实质跟进，因为意义不大。存款的货币基金化，美国在很早前就实现了，我们现在看来也要开始了。

跟业界对这个事情的一致好评来看，我个人看法还是不同的，因为确切地说，由于货币基金最终投向还是到同业资金等相对稳定的市场中去，最终反映的实际上是银行业的整体吸储成本的抬升。而我们说，存款必须在最终贷款出去之后，才能创造效益，否则对银行来说就只是负债，那么在贷款领域来看，因为无人可以跟银行进行抗衡。所以，存款的利率抬升，最终迫使的是我国银行的贷款端利率也会相应提高，从而反映为市场实体企业的成本在大幅度的抬高，进一步加剧了我国信贷市场的脆弱性。反正最终羊毛、羊肉都出在羊身上，我国的实体企业就是那只可怜的羊，被压迫得基本无法生存了，奄奄一息，还不知道能被宰割多久?

其实余额宝确切地说，不属于渠道发售行为，虽然它扮演了渠道的角色，但是事实上这种渠道更多属于“搭便车”行为，怎么理解这个行为呢?简单地说，就是你开了个网吧，顺带着在里面卖方便面，卖可乐。这个行为是立足于更好地服务客户角度出发，提供给客户更多的对于客户起增值作用的产品，从而促进良性循环。这种行为需要有几个基础。

第一要有足够的客户基础，一个没有流量的网吧，你放再多的方便面也卖不出去，还占地方，没有基础客户谈“搭便车”是奢侈的行为。第二提供的产品必须有正的相关性，不伤害客户基础，例如你卖方便面，卖水都是好的，但是如果你每隔几分钟就放个广播，问大家有没有买理财产品的需求，估计客户会烦死，不但卖不出去理财产品，人也走了大半。所以，余额宝的本意就是如何给既有的客户体系提供增值产品的行为，让停留在其支付宝上的客户有更多的选择。这个选择，如果选得好，成本会很低，近乎于零；选不好的话，成本可能本身不高，但是反过来会造成客户损失。例如，那天如果给支付宝的客户挂钩了股票型基金，结果最后佣金收的不多，但是大量客户出现亏损，估计也就连带着支付宝给一起恨上了。这种“搭便车”行为，还体现在客户目的上，客户到网吧里顺手买方便面，本意必然不是来买方便面，而是上网，你如果把卖方便面当成了主业，那也就可以关门大吉了。所以，余额宝的最终目的，必然不是销售基金，销售基金是顺带的行为。而客户也一样，到支付宝上来，主要还是本来就依赖支付宝进行资金划转的人群，纯粹买货币基金的人，相对还是少，对于他们而言，有余额宝最好，没有也还是会用，不会因为别的地方出现更高的收益就大面积划转。只有那些以投资为目的的人群，才会进行转移，也就只有这部分的人群才可能形成余额宝跟百发的正面对抗。这部分人群在余额宝上应该不会多，两者之间的正面对抗很有限，打不起来。

另外一类模式是自己建平台，专门做销售，数米网、好买网、铜板街，都是这个模式，这里面其实也有分化，有走专业化路径的，例如数米网；也有走基金超市模式，如铜板街。我自己的感觉，走专业化路径的模式，前期容易生存，如果专业化优势能得到体现的话，但是成败都在于是否能建立持久的专业化盈利模式，感觉难度是挺大的。这类模式其实跟资产管理方式是一样的，如果业绩好，客户就多；业绩不好，客户就丧失。他们的核心在于是否能真正做到为客户持续盈利，太考验专业性了，互联网的优势其实没得到发挥，很难说是互联网模式。但是如果做得好，他们会成长为很优秀的机构。只是个人不是很看好这类以能力为基础的互联网模式，因为互联网必然是去能力化的，互联网没有办法给你提供挑选能力的方式方法。至于后者，可能是以搭建了平台和超市的方式，给客户进行更好的体验，包括从逻辑上来帮助客户挑选合适的产品，这类模式，有可能成功。但是如果仅仅只是扮演渠道的话，难度还是很大的。因为作为渠道商，好产品，一般不需要你，你也很难拿到，能拿到的话，价格也被压得很低；差产品其实是降低了你的客户体验的，也反倒让你的口碑得到损失。金融产品其实很难适应渠道为王的特征，尤其未来金融利率市场化后，个人感觉金融产品的差异化会不断得到体现，差异化主要体现为风险定价不一，这类产品，很难适用渠道为王的特征。

第四是以信息匹配为特征的方式，融360和好贷网，符合双边市场的特征。双边市场，其实要有几个前提特征，第一个是供需都是海量需求，第二个是两者最终能达到基本上一比一的需求解决状态，例如淘宝，平台型应用生存基础就是供需之间存在严重的信息不对称的问题，需要一个中立的平台作为集散地，进行交互。而贷款这种行为，供需从大的架构来看，很难说是海量需求，贷款本身是一次性消费行为，缺乏稳定性和持续性，而作为供给方，更是如此，贷款供给应该较长一段时间内都是稀缺性资源，未来利率市场化后，贷款的稀缺性会下来，需求方的需求也会下来，因为通过市场化的行为，更会出现需求被满足的可能性。确切地说，这个模式可以容纳一到两家类似的匹配网站，但是感觉不会多，国外有成功的模式，但是不局限在金融产品比价，还涵盖了更多的内容，机票、保险、度假、租车等等。这也说明金融产品的需求并非是海量。

对于众筹我还是很有期待，它可以让很多原先不靠谱的项目具备靠谱性，我也投资了一个。这里还有几个关键点包括大数据在信贷文化中的使用，相对意义有限。总之，目前互联网金融理论先行，实践落后。噱头过多，实质不足。要潜心研究，精耕细作。呵护发展，争取赶超英美。最好的呵护发展就是“泼冷水”，不要揠苗助长。好东西是不需要政府扶持的，自然就能好。当然，政府不能拉后腿。对一个企业扶持就是对另外一个企业不公平，更何况这里谁来界定谁值得扶持？谁不值得？政府搞个产业园请一堆专家评审，这算啥？专家看几眼讲一通就能选出好项目了？选得好他也没利益。选不好拍拍屁股也没惩罚，怎么可能会选得出好企业？不符合互联网思维嘛。互联网还是很讲究利益机制平衡的。你让懂得的人去也不会做得太好，因为没约束机制、平衡利益和违约成本。

最近研究屌丝文化，有些想法，整理之后跟你们分享。最近还有篇文章，互联网会颠覆慈善行业。

（2013－12－31）

互联网金融的革命性意义

杨 东*

一、2014 年是互联网金融监管的元年

我个人认为，如果说 2013 年是互联网金融发展的元年，那么 2014 年就是互联网金融监管的元年。我 10 日在中国人民大学法学院举办了一个对国办 107 号文（对影子银行监管的文件）解读的研讨会，一下子来了 100 多人，实务界等都高度关注包括互联网金融在内的影子银行体系的监管问题。107 号文就是一个信号，对互联网金融肯定要进行监管，是必需的。所以，虽然我是学法律的，但是一方面受"一行三会"相关部门的委托做一些课题，另一方面受相关企业、互联网金融一些业界人士的委托，因为他们在运营过程当中碰到很多法律问题需要请我们做些指导。所以，互联网金融其实就是跨界精神，我一个学习法律的人，这一年多来到互联网金融相关行业调研比较多，也了解了很多情况，跟监管部门也在汇报交流。

必须用法制的思维去监管金融创新、互联网金融，对于处理好互联网创新和金融监管的关系是非常重要的。我顺便介绍一下，我为什么对这个问题很关注，因为

* 杨东，中国人民大学法学院教授、博士生导师、日本一桥大学法学博士、法学院副院长、亚太法学研究院副院长、金融法研究所和竞争法研究所副所长兼秘书长、中国人民大学金融研究院研究员。中国证券法学研究会常务理事兼副秘书长、中国银行法学研究会理事、中国保险法学研究会理事、北京消费者保护法学会常务理事等。在 *Hong Kong Law Journal*（*SSCI*）、《中国法学》等发表《论金融法的重构》、《互联网金融推动金融法体系变革》、《互联网金融监管体制分析》、《互联网信息服务市场支配地位的认定及法律调整》、《论金融危机与反垄断执法、竞争政策之关系》、《论反垄断法与行业监管法的协调关系》等中外论文 50 多篇，并出版《金融消费者保护统合法论》、《金融服务统合法论》、《互联网金融第三浪：众筹崛起》等著作。提出的"金融统合法"、"众筹金融"理论为立法界、学术界以及政府和实务界所瞩目。担任金融 315 网站（http：//jinrong315. com/）的首席学术顾问。并创办中国反垄断法网：http：//www. antimonopolylaw. org/，是目前中国最具影响力的反垄断法信息网。他是最早研究互联网金融、移动金融、众筹金融的监管和法律的学者之一。全国人大财经委"电子商务法"专家咨询组成员之一。

我是研究2008年金融危机之后的金融法体系和金融监管的重构的，我主要是从金融消费者保护和金融服务两个关键词开展研究的。从2000年英国《金融服务与市场法》开始，包括最近几年的日本《金融商品交易法》、韩国《资本市场统合法》等国家和地区的资本市场法制的发展趋势就是，以《金融服务法》取代证券法、期货法、金融衍生品法等。我2013年8月出版了50万字的《金融消费者保护统合法论》，还有即将出版的《金融服务统合法》理论，也是提出对金融监管和整个法律的重构（将近有65万字）。

从我对金融危机的研究，金融消费保护和金融服务的统合理论研究，写完这两本著作以后，突然发现去年上半年，互联网金融发展如雨后春笋，迅速崛起，从我的角度理解互联网金融就是一个大融合，我是从金融大统合（Legal integration）的角度理解，这跟中国人民大学陈雨露校长提出的《大金融理论》有点相似。因为互联网金融就是一个产业和金融的大融合，所以监管互联网金融必须有一个大金融的思维，必须有金融统合监管和统合规则的思路。

个人认为，目前互联网金融发展中的监管套利问题比较严重。也就是立法者和政府还没有明白怎么监管的时候，大量的P2P公司、第三方理财、证券化交易等互联网金融已经开始做起来了，已经把这个规模和市场做得非常大了，一定程度上“绑架”了政府监管部门等。实质造成美国金融危机过程中的“大而不能倒”问题。这也是比较严重的监管套利问题。所以，2014年是互联网金融监管元年。监管必须出手了。

二、互联网金融的革命性（颠覆性）意义

从金融的角度来说（我不是专门研究金融的，只是研究金融法和金融监管的时候，不得不涉及），我也认为互联网金融不可能取代、颠覆传统金融。但是，我从法律和法制的角度来看，从一个宏观层面来看，互联网金融具有五个根本性、革命性、颠覆性的意义。

第一，它能够使金融回归金融的本质，或者叫回归金融的本来面目，或者说回归金融的原点。金融的原点是什么？我认为就是说使金融服务实体经济这一点更加体现。美国金融危机为什么爆发？就是过度的金融衍生品的创新，我们原来研究美国的金融危机发现，世界上最为优秀的学生，最聪明的人都去华尔街从事金融衍生

品创新工作了。可是互联网金融之后，我们发现金融发展的趋势从过去设计研发金融衍生品和金融工具等，到设计、融合、整合一个互联网金融大平台，通过互联网技术、渠道和互联网精神去设计新金融管道和平台。个人认为，互联网金融的崛起，代表了金融创新从资产证券化、金融衍生品的产品工具创新（也可以称之为风险防范、风险管理和利用），到金融平台的创新的转变。使得金融真正服务于实体经济，是资金提供者直接对接资金需求者。从风险防范、风险管理和利用到资金融通，这是不是金融的本质回归？或者叫回归金融的原点？

第二，互联网金融能够真正实现金融普惠，也就是屌丝和农民、下岗工人等都能够获得金融服务，所以联合国文件里面提出金融普惠是一种人权，人的基本权利，我觉得是有道理的。因为传统金融无法真正实现普惠金融，不仅仅大型金融机构，小贷公司、典当行等民间金融组织也没有完成其服务于小微企业，服务于农民、下岗工人、妇女、屌丝的任务。而互联网金融特别是移动互联网、移动支付等，可以真正实现普惠金融。

第三，能够真正实现金融民主化，这一点它能够倒逼金融垄断改革。我们国家的金融监管，特别是金融国有的垄断体制靠其自身的革命和自我改革是不可能完成的。而互联网金融能够打破中国的金融垄断，自下而上推进金融改革，实现金融民主化。这一点具有革命性。

第四，能够真正实现我国的金融体制改革。包括人民币国际化都推进得非常慢，但是余额宝、第三方支付等互联网金融的崛起，能够有效推动利率市场化，推动中国的人民币国际化等金融体制的一系列改革。

第五，能够真正实现我们金融大国和金融强国的中国梦。阿里巴巴能够成为全世界最大的电商，使中国经济获得一个非常强大的驱动力。如果互联网金融发展好了，我个人认为是自鸦片战争以来，使得中国成为能够与美国抗衡，或者说能够超过美国，至少能够和美国相提并论的一个金融大国（强国）的历史性机遇。弯道超车这样一个思维，我认为阿里巴巴已经超过了美国其他的一些发达的互联网企业。我们完全可以在某种领域，从某一个角度超越美国，成为世界的金融强国，这是我个人的观点。

三、互联网金融是对传统金融的重构

互联网金融是对传统金融的重构，注意，我没有用颠覆或取代。我个人的理解是互联网金融是对传统金融的三大板块进行重构（也是我目前做的六个课题）。

第一大板块是金融市场基础设施的重构。（1）支付清算市场的重构。银联与第三方支付的关系问题，第三方支付的崛起，不能说颠覆银联，取代银联。我一直在研究银联的地位，支付清算市场的开放和发展问题，银行卡卡号、账号等所有权的问题，第三方支付与银联，应该是互补共存的关系。（2）移动金融和普惠金融的关系问题，也就是未来的互联网，就是移动互联网，移动金融的发展必然会带给互联网金融一个巨大的前途。我最近在研究移动金融与普惠金融、金融包容。特别是农村、农民、农民工、贫困大学生的金融权利问题。（3）虚拟货币包括比特币的法律问题。

第二大板块是对间接金融模式的重构。第一个如果说是一个第三方支付的崛起，对银联是一个重构，从某种意义上说，P2P、第三方理财、阿里小贷等一些互联网金融形态也是对传统银行的重构。

第三大板块是对直接金融模式的重构，主要是众筹模式。因为去年肖钢主席专门讲到众筹模式对未来资本市场革命性的意义，我想先讲一些其他的问题。众筹模式的崛起，就是可能会取代交易所，未来可能不需要线下的上交所、深交所，这样的实体线下交易所可能会被取代，或者可能会被重构。那么，线上的这种交易形态，美国 Leading Club 的 P2P 实际上就是《证券法》的管辖，SEC 的监管理念监管它，这未来恐怕是互联网金融发展的一种模式，是证券的概念，用证券的监管理念监管它，恐怕是未来的一个模式。我觉得整个互联网金融的发展未来可能是证券的发展模式，就是脱交易所，一个是金融脱媒，我认为它是脱交易所的模式。重庆资产交易所他们做的是线下的互联网金融资产交易所的形态，他们现在希望做网上的资产交易，我个人认为未来网上的脱交易所的互联网金融革命是必然的。

总结一下，我虽然不是学金融的，但我从多年来的调查和研究来看，在关于互联网产业发展与竞争政策规制的时候，比如 360 和腾讯大战等案例，涉及互联网巨头的反垄断问题，我们要界定相关市场、分析相关的互联网经济的时候发现一个重要的难题就是互联网有双边市场问题，互联网是一个平台经济。那么，对传统的监管造成巨大的冲击，而互联网金融也是一个平台金融，是一个大数据金融。对这样一个大数据金融、平台金融，如何去监管，怎么识别风险，怎么管控风险，是我们监管者要面临的大问题。

众筹模式的崛起，个人认为对整个的资本市场会造成一个重构和变革。证监会去年已经成立了《证券法》修改小组，《证券法》修改小组专门会对证券交易所和证券修改，它不可能把很多交易所都监管起来，但是对证券的概念扩大这是一个必然的趋势。也就是不把你当作交易所的监管，而把你当作证券份额来监管，这是未来的一个趋势，证券概念的扩大肯定是立法修改的一个重点。

另外，随着金融创新，场内与场外的界限越来越模糊，这是互联网金融带来的巨大革命。我们要思考，金融产品的创新是不是还是那么重要。也就是互联网金融崛起使得原有的衍生品创新可能不是那么重要了，重要的是你怎么黏住客户，形成一个互联网的大平台，保证这个大平台的数据是安全的，可靠的，这点是不是新的金融创新，是不是从金融创新、产品创新到一个平台的创新、一个大数据的创新。接下来就是金融风险的管理和资金融通，金融的功能当中，一个是资金融通，一个是风险管理，资金融通和风险管理到底哪个更重要。最后一个就是风险防范的一个变革，也就是传统的风险防范是强调对金融产品的风险管控，但互联网金融是一个大平台，互联网金融平台的风险管理是一个新的挑战。如果未来非常庞大的金融产品有一个大的平台成立之后，跟原有的双十一的电商的平台有什么区别，恐怕不是一个简单的数据了。大的数据平台、金融交易平台形成，其实也是一个非常危险的事情。所以，风险的管控和防范需要思考和研究。

我个人在立法者和监管者还没有搞清楚互联网金融怎么监管的时候，我非常赞同金融消费者视角的观点。因为整个互联网经济、金融的核心就是用户，就是消费者。所以，我个人认为监管的核心也是金融消费者。关于一些互联网金融怎么监管，我认为第一平台不能提供担保；第二，不能有资金池；第三，不能有非法集资，不能有庞氏骗局，要确保数据、信息的安全以及金融消费者分类、适当性制度、金融产品分级分类监管等等。

（2014－01－08）

C 经济时代二十大趋势观察

曾　光*

今天的分享是最近的一些思考和感想总结，结合自己的体会和对技术创新趋势的研判，一家之言，因为成文比较仓促，很多观点没有来得及打磨和仔细思考，在此抛砖引玉。今天给大家汇报的主题是“C 经济时代的趋势观察”。在产品和服务供给不足时，产品和服务的生产者、贸易者、投资者在市场中总体处于主导地位，消费者处于被动选择地位，产品和服务滞后于市场需求，个性化较少。企业利润率较高，市场总体属于生产投资拉动型。我们称为 B 经济。B 经济时代的思维讲究大而全、讲究周密控制，做决策时往往要通盘考虑各方面的影响，调动各方面的资源，很难快得起来。

当进入的企业越来越多，产品和服务供给逐渐过剩，价格逐渐下降，消费者越来越挑，需求越来越个性化。消费者地位逐渐重要。企业只有提供差异化个性化的服务才能提升竞争力。我们称为 C 经济。C 经济时代讲究小步快跑、快速迭代，奔跑中调整节奏。在 C 经济时代人人都是设计师，人人都是创意师，人人成为裁缝，人人都是销售，人人都是消费者。越来越追求个性化，越来越追求自己的消费、自己做主。

中国近些年正在从 B 经济时代向 C 经济时代跨越，但还不够快。无时无刻，无处不在的移动互联网加速了这个演变进程。移动互联时代，人们的在线时间大幅增加，时间更碎片化，anywhere anytime，时间大于空间价值，数据更加海量，人与人之间链接度更高，C 端需求可以被更好地获取和满足。可以这么说，移动互联网加速了 C 经济时代趋势，未来是得 C 者得天下。那么怎么得 C，又有哪些值得关注的趋势呢？

---

* 曾光，嘉实基金嘉实证券筹备组成员（嘉实基金部门总监级），国际金融论坛互联网金融研究中心研究员，互联网金融千人会华南秘书长，深圳互联网金融协会筹备组秘书长。从事互联网金融的研究与实践工作。

第一部分我想谈谈如何得C。马化腾非常精辟地说过一句话，移动互联网本身就是链接一切。链接人，链接物，链接信息，所以在移动互联网时代，你运用社交网络的技术跟你的客户，跟你的用户建立多么长、多么强、多么深、多么有黏度的关系链就决定了你的价值有多大，有多高。

第一是要抓入口及流量。入口怎么抓？一定要紧密围绕衣食住行玩、社交、获取信息、理财等刚性且持续的需求。用良好的客户体验和技术手段，用移动互联网延伸客户服务，用社交网络增强平台黏性，并且持续不断地服务，提升交互频率。如果在这么短的时间里，不能打动她，甚至让她尖叫，不能持续抓住用户的碎片化时间，把用户在碎片时间产生的反馈和信息收集整理出来串联起来，还原出一个真实的顾客的需求，就会离客户越来越远。海量、高频、亲密地接触用户，不断地还原和满足客户真实需求是获取入口与流量的关键。“注意力资源”是最宝贵的资源。

第二是要抓数据及账户。在海量、高频、亲密地接触用户过程中，会产生大量的信息数据，比如用户在网络上一般会产生交易信息、浏览信息、购买行为、购买场景和社交关系等多个方面的大数据，这些数据的沉淀，有助于企业进行预测和决策。一切皆可被数据化，企业必须构建自己的大数据平台。如果不能动态、实时记录和分析这些数据，解构并重构它们，就不能很好地分析用户的喜好及行为方式，大数据分析结果要讲求对用户温度和湿度的感知，温度就是对用户需求感知的敏锐度，湿度就是分析目的是要增强对客户的黏性。为每个客户建立账户是一个必备步骤，建立账户的目的是为了给客户提供一个个性化的服务入口和承载平台，用账户把“用户是谁”“用户想做什么”及“我们能提供什么结合起来”。通过账户积累网络化非结构化的数据。数据积累是形成活跃账户的前提，账户体系的完善会积累更多的数据。

第三是要抓产品和服务。有了流量，知道用户的偏好之后，我们需要理解如何去满足用户的需求。用户的需求是迭代的、模糊的，他们自己也不清楚的。需要有包括线上、线下一体化的服务去满足他们，满足挖掘引导他们的需求。标准化简单的服务可以在线上完成，个性化复杂的可以在线下完成。产品和服务必须是快捷简单的，对一个人而不是一群人的，是直达用户内心的，让用户尖叫的。特别是要用好移动互联技术，中国有全球最大的智能机使用人群，人均在线时间也超过其他国家的平均水平。移动互联网不但是传统服务手段的延伸，也是搜集客户信息数据的入口，是链接人、物、网的工具。

第二部分我想谈谈未来值得关注的趋势。未来的机会除了传统行业的互联网化之外，还有C端用户需求被更精准地满足，更多需求被释放，需求满足方式和种类的升级，潜在需求的放大等方面，谁离C端越近，获取和传播C端需求信息越精确，谁就卡住了时代的脉搏。因为商业的本质是通过交换的方式满足人的各种需求，特别是衣食住行财信六大刚性需求。

我认为有以下一些趋势值得关注：

1. 互联网金融必将成为C经济时代最华丽的篇章。互联网金融，以互联网简单，快捷，方便的用户体验，链接一切的特点，极大地降低了金融的门槛，丰富了金融服务用户的范围和广度。如果说以前的金融服务的是B和高端客户，那么今天就是服务C端才有前景，这一趋势随着互联网工具和技术的广泛使用会愈发明显。

2. 移动支付。移动支付有最大的市场，理论上只要有手机，都能成为移动支付争夺的用户。微信支付与支付宝之间的移动支付争夺战可能是2014年最惨烈的一场战役。移动支付的争夺战关乎谁能把握移动流量的变现入口，是你死我活的斗争。

3. 最后一公里行业。即围绕社区的金融，医疗，教育，餐饮，家政等服务或者配送。人们越来越懒，要求越来越挑，通过在线上购买、线下配送到家的方式，解决了很多行业不能送货（服务）到家的需求。

4. 泛美容行业。如美容理发，汽车美容，整容，装修。这些行业一直存在我们的社会生活中，但发展并不好，同质化严重。随着人们需求的释放，会有更多的差异化的公司脱颖而出。

5. 个性定制消费行业。个性定制消费行业从来被认为是小众市场，在中国被认为是发烧友市场。未来会有更多的个性化生产线，整个工厂完全用信息流来统率工业流水线和驱动后台的供应链。流水线上每一件衣服都有一个电子标签，每一个电子标签连接的都是一个活生生的顾客，这些标签记录着这位顾客在每个工序个性化定制的全部生产数据（包括布料、体型、纽扣和款式等上百个数据）。包括金融产品在内的产品服务会越来越有针对性，产品针对的客群会逐步特定化。高端私人定制会越来越多。

6. 数据分析行业。如亿赞普，通过分析电信运营商的数据实现精准广告营销。

数据是精准把握 C 需求的基础。数据获取，搜索，存储，分析，加工，传输，安全行业未来是大蓝海。每个细分领域蕴藏无数机会。包括征信数据体系的建立，会是一个去中心、自组织、网络化的过程。

7. 增值服务会越来越重要，产品卖出后所能产生的衍生服务比产品本身更值得关注。未来企业收入主要来自于服务而不是产品销售收入。价值链将会多元化，而不仅仅是产品销售收入。硬件免费，软件收费会是一个趋势。服务是产品的延伸。卖出产品那一刻，产品服务周期才刚刚开始，人们会对服务越来越感冒。

8. 移动互联 O2O。这个领域已经谈得比较多了，已有很多成功实践，不再多做阐述，移动互联做入口，导入线下具体的服务。这块在餐饮、打车、医疗、购物等领域应用得比较多，未来还会进一步深化。深化的方向是移动端会和可穿戴设备、物联网、移动办公设备等链接起来，用户活跃在多条链上，设备也被多条链所连接。

9. 人人组织会大规模兴起。人人组织就是通过平台链接起来的地位均等的一群人，有点类似于群蜂，看似个体无意识，能力小。但群体是有意识，能量大。有点类似蚂蚁搬家，人人组织通过自组织模式，按照兴趣、地域、行业或者其他不断组合。人人组织的最大意义在于部分改变社会组织形式，使之更有效率，精神实质是众筹。

10. 粉丝经济会产生价值。褚橙在销售的过程中，动用了韩寒等几个网络意见领袖进行营销，效果非常显著。每个群体都有其特定的代表，即意见领袖，抓住了意见领袖，即抓住了整个粉丝群体，对意见领袖营销的效率要远远高于对整个粉丝群体的营销。

11. 社交媒体化，媒体社交化。社交网络具有媒体属性，未来一切线上行为都围绕社交开展，信息、资金流从一个移动终端通过社交网络到达另一个移动终端。而传播渠道越来越社交化。信息的传播原来是通过传统的媒体，覆盖人群有限，速度不快，很难到达用户内心深处。更有效率的传播方式是通过社交网络进行病毒式的口碑营销。陌生人的意见和熟人的意见，你更愿意相信谁？未来是全渠道、全媒体（包括传统媒体、BBS、微博、微信等社交媒体）营销。

12. 层级越来越扁平，但越来越网络化。从组织形式上看，随着信息不对称越来越低，层级会越来越少，去组织、去结构化，人类社会的关系结构和组织结构、时空的结构，正在改变我们人类的生活方式和信息传播的途径。

13. 消费一定会放杠杆，消费习惯一定会改变，消费能力正逐渐被释放。中国人的消费能力和理财能力都正在释放且加杠杆，13 亿中国人每年多花 100 元就有 1 300 亿元空间，未来消费信贷，消费金融产品会越来越多。原来是产能过剩，未来有可能产生过度消费。消费会决定生产。

14. 用户参与感和主动创造越来越多。原来是用户被动接受产品和服务，现在提倡 F2C，用户主动参与到产品的改进和反馈过程，甚至由用户来主导设计生产产品。在产品还没有交到他们的手上之前的供应链上游就开始邀请粉丝参与到企业的价值创造中。移动互联网时代生产者和用户之间的界限被打通了。

15. 线下世界逐步迁移到线上，线上虚拟世界线下化。线下的生活和工作都可以搬到线上。线上的虚拟场景逐步现实化。线上和线下界限逐步模糊，逐步融合。未来任何一个公司，不管是处于哪个行业，都是互联网公司。

16. 解决信息不对称的渠道越来越垂直和专业。信息送达的方式越来越多，个性化垂直化搜索平台越来越多。小而美的搜索平台会越来越多，人们越来越没有耐心在几十个搜索结果里挑选自己想要的。他们想按一下搜索，马上就出来自己想要的。

17. 云端和终端逐步分化。云端会越来越集中，终端会越来越“瘦”，因为云和云交换数据的成本比较高，终端种类会越来越多，未来任何一个会动、不会动的东西都可以做成智能终端。

18. 产品的情绪体验越来越重要，最重要的购买力是满足人的情绪体验。满足人情感需要的产品服务越来越多。以后产品不再是冷冰冰的，而是带着感情、情绪体验的，是能与人交流感情的。以人为主的商业模式大行其道。私人秘书服务等以人为主的行业会兴起，《私人定制》的场景有望实现。

19. 产品，设备会越来越智能，链接性越来越强。社交性越来越强，产品是信息的出口，也是入口。物联网会更大规模地应用到日常生活中。便携移动终端的种类会越来越多。而不仅仅是手机。

20. 增强虚拟现实技术会越来越多，增强现实是利用计算机生成一种逼真的视、听、力、触和动等感觉的虚拟环境，通过各种传感设备使用户“沉浸”到该环境中，实现用户和环境直接进行自然交互。这种技术使得人的产品体验越来越真实。

21. 可穿戴设备成为人体的延伸，成为身体的一部分。可穿戴设备可能会改变传统的手机通讯产业，可穿戴设备比手机更能成为人体的一部分。比手机更能链接人和外界。离人体更近也更为敏感。

因为这真的是一个大时代，一个激烈变革的时代。一个不容错过，必须有所作为的时代。洞察未来，把握趋势比努力更为重要。

（2014－01－21）

商业模式创新

——互联网金融

张旭光*

我想与大家分享交流商业模式创新，互联网金融就是一种商业模式创新。2014年又是什么关键词呢？是移动互联？是商业模式创新？是颠覆？我们大家都在探寻和总结一个好的商业模式，既能卖现在，也能卖未来，使未来收益的贴现值做到最大。一个好的商业模式，就是怎么样把“一票子”买卖，变为“一辈子”买卖，美国苹果公司乔布斯设计 iPhone 手机，就是把“一票子”单一手机硬件买卖，变成了 APP STORE 的“一辈子”买卖。

十多年以前，那会儿马云还是个小弟弟，他当时创业才有 50 万元起家。他当时就梦想说，阿里巴巴未来要做成一个市值 500 亿元以上的公司。当时不少人觉得这简直是天方夜谭，马云是在吹牛和忽悠。但实际的结果，马云的阿里集团今天的市值已经远远超过 500 亿元。这种变革性的增长，马云他们首先考虑的是客户价值主张，如何让小企业客户在网上诚信做买卖？如何体现卖家客户的低成本营销客户新价值主张？如何体现买家客户便捷与实惠的客户新价值主张。马云开始做淘宝网，他是把美国互联网 Ebay B2C 网站最基本的模式模仿引入到了中国，将它们与中国的实际环境和具体实践做了很好的落地结合，支付宝信用评价信用支付，对网上诚信交易与支付起到关键作用。当你考虑企业的盈利模式或你想怎么去赚钱时，里面很关键的一点是关键资源整合。你有没有本事四两拨千斤？你有没有本事去整合新的资源？站在客户价值新主张的角度而不是企业自身的角度去思考和设计客户价值，去整合后面的产业链或服务链资源，是商业模式创新的关键要素之一。

---

* 张旭光，教授、高级工程师，浙江大学网新创建科技总裁。智能卡与移动互联网专家、智慧城市专家，杭州市等八个城市政府的信息化高级顾问。中国数字城市专业委员会城市决策组副组长，中国信息产业商会常务理事，中国智能卡专业委员会常务理事，中国电子学会计算机应用分会委员、高级会员，浙江省行为科学研究会常务理事。被业界尊称为“中国市民卡工程之父”。

在商业模式创新里面，现在有一个新的时髦词："跨界打劫。"在十年以前，我们都知道自己这个行业里面，竞争对手是谁，谁比我强，谁排在前三位；但未来的十年，你也许根本就不知道你的竞争对手会是谁，兴许会横向杀出一个或若干个新的竞争对手来，而且越来越跨界。举个例子，今天中国移动怕谁，不是怕中国电信，也不是怕中国联通，开始怕腾讯了。一个腾讯的微信，就把它搞得短信收入急剧下降，通信话费下降。所以我去年在北京工信部参加中国信息化百人会闭门会，听领导和专家们在会上都在讨论微信要不要收费的事情。一个腾讯，竟能和巨无霸央企中国移动集团较上劲！我看都是跨界创新、跨界竞争惹的祸，这叫"跨界打劫"。跨界资源整合创新，能打造出新客户价值主张，能创造或挖掘出新客户需求。

今天这个时代变化真的很快，我们大家一定要认识到！过去大家一定听说过这样一种评价企业的流行说法："一流企业做标准，二流企业做品牌，三流企业做产品。"可是对不起，今天这个说法也似乎已经过时，现在评价企业的说法是："一流企业创造需求，二流企业挖掘需求，三流企业满足需求。"所以这个时代创造新需求很重要！在体现客户价值主张中，不是客户告诉你他有什么需求，然后我来给客户做，这样做都太慢了。现在真正要实现变革性增长，创造蓝海，是要彻底了解客户需求，洞察人性，你要千方百计去创造或挖掘客户的潜在需求，甚至你比客户还要早知道客户之需求。美国苹果公司的教主乔布斯不就是这样吗？在 iPhone 手机出来之前，我们会想到手机能这样玩或使用吗？他创造了手机新的客户价值主张，让移动电话延展为信息消费终端，创造了"关联便捷"新需求。苹果创造了手机或 PAD 终端的"APP 经济"。真是"软件定义世界，数据成就未来"啊！

商业模式不是一成不变的，它是始终存在我们人类的进化、社会发展和我们人的不断需求满足的过程当中，是一个持续发展过程。所以，商业模式创新非常重要！特别是在今天这个互联网时代。放到 20 年前，中国不可能会有像阿里和马云、腾讯和马化腾、百度和李彦红这样的神话，任何一个行业都不可能有如此大的变革性的快速增长。正因为互联网，它改变了这一切。

2012 年 12 月 12 日央视"中国经济年度人物颁奖典礼"上马云跟王健林两个年度经济人物获奖者在发表感言中互相打赌，马云说未来十年到 2022 年中国的商业零售业 50% 以上会在互联网上交易。王健林则说不大可能，认为线下交易仍占较大比例，有很多商品和服务是无法搬到互联网上去的。万达集团董事长王健林代表的是“传统商业综合体”，阿里集团董事长马云则代表的是“网上商业综合体”。这场赌局谁输谁赢？我们只能走着瞧。事实上，王健林在赌局后这一年多时间开始悄声用互联网思维部署自己的万达商业广场O2O平台，2014年号称要投资50亿元做O2O电商。马云今年入股银泰（百货）集团，我们看到了一些端倪。也许，谁都是赢家！

我们不可否认的是，互联网和基于互联网应用的新型“传统企业”，改变了商业竞争的环境和规则。比如新华书店，幸亏这个“新华书店”是国营，如果不是国营的，也许早倒闭了。因为像我们现在很多人都在亚马逊等网站上买书了，直接寄到你家，网上运营成本要比线下书店低得多且更方便，当然新华书店它也在思考转型升级。

再举个例子，大家也知道，原来苏宁电器是做线下的大卖场。但现在，苏宁易购在网上卖家电已经排在电商前六位或以上了，苏宁还开始涉足互联网金融。还有银泰，银泰原来也是做百货商业综合体，但沈国军董事长大力发展互联网上业务，也很红火，马云入股了银泰。许多传统企业大家都在部署与互联网融合，开展O2O服务。所以这种创新，已经让很多人意识到，互联网技术的出现，特别是当今的移动互联网，它会影响到各行各业，只是用不同的方式或商业模式创新模式在影响而已。

所以说商业模式创新，是企业赢得竞争的一个战略性举措，也是新时期企业应该具备的一个关键能力。那我们怎么去创新？商业模式创新又是怎么样的？第一，过去我们都针对产品搞创新，现在要针对消费者搞创新，这是一种转变。第二，以往以企业为中心的创新模式要转变到以客户需求为中心的模式。怎么样来更好地提升客户的体验，特别是做一个服务性的企业，体验式的营销，就显得尤其重要。第三，我们从产品驱动型的商业模式，怎么样转到或延展到服务驱动型的商业模式。

总而言之就是一句话，也是一个重要观点：要以客户而不是以企业自身为出发点，要有一整套的服务解决方案，而不是一个单纯的产品来满足消费者。此群群友的大部分都是企业家或高管或技术专家，我自己也是搞企业兼做学问的，但我们并不是就理论而理论，而是希望大家一定要有这样的一种变革思想，用新的一种思维方式去思考。现在的商业模式创新里面，跨界创新往往不是来自本行业或本专业的。跨界创新是以前所未有的迅猛，从一个领域进入到另一个领域。你说今天银行最怕的是谁，最怕的可能就是阿里的“支付宝”或“余额宝”。“支付宝”很快就可能成为一家中国巨大的网上银行，“余额宝”可能将成为中国最大的基金公司。现在各种“宝”层出不穷。核心需求就是满足人性。把人性研究透，去创造需求，挖掘需求，最低也要满足需求。腾讯微信团队张小龙，很懂得人性，产品设计非常符合用户需求。

我们来看手机，过去手机厂商，一个手机出来，卖完就完了。但今天苹果公司做的iPhone，它里面有那么多方框，一个方框就是一个应用软件，我们称它为APP，你每下载一个APP苹果公司都要收钱，但也有免费的，但软件开发商要向苹果公司交钱，苹果公司它做了一个iCould平台，也叫APP STORE（应用软件商店），这个平台就是手机硬件卖完以后，他还可以持续卖他的APP软件和他的服务。这个时候，它就变成了一个持续盈利的商业模式。用户可在手机上享受更多的服务与体验。我们称为众包式“APP经济”，苹果公司在2013年APP应用软件和服务就卖了100亿美元。

原来支付宝仅仅是为了淘宝网上购物解决诚信支付问题、信用中介问题，在网上买东西，一个卖一个买，它来做一个信用中介，大家有一个三方契约的方式，通过互联网来实现。今后，手机的移动互联网广泛应用，如果你的产品或者服务，不去关注这些平台和工具，你自己和你的企业不去武装互联网思维，也许就会丧失巨大的转型机会和商机。至于你要怎么去关注或参与，首先要以开放心态去学习；其次，还得靠你自己去琢磨、去实践、去迭代！我想送给大家四个字“整、借、学、变”，也就是要学会整合资源、借势发展、不断学习、以变求变。

未来十年，是中国商业领域一个大规模被跨界打劫的时代。大企业的粮仓，都有可能被打劫。电信运营商现在慌了吧，原来三大电信运营商一个春节就可以赚100多亿元的短信服务费。现在呢，我们的短信还发不发？发还在发，只是越来越少发了。三大运营商不得不匆忙应战，中国移动集团努力开发“微信式短信”、中国电信集团与网易合资开发“易信”、中国联通集团与腾讯合作推出“沃微信流量卡”等等，可惜似乎晚了点！

在一个大规模的变革时代中，无论哪一家公司，都应该意识到金钱正在随着消费体验的改变而转变流向。现在行业门缝正在裂开，也就是说行业边界在打开、变得模糊不清。比如说，电梯口视频广告。我预测，这种电梯口视频广告，不到五年也许会消亡。原来我们等电梯没事干无聊时，这里电梯门口有一个视频小广告，或许我们还会关注一下。现在呢？大家在等电梯的时候，估计都会在看手机吧，因为手机中的信息越来越丰富，越来越互动。我想未来广告流量会转向智能手机，WIFI 入口的广告价值也许将大大超越电梯口视频广告价值。

（2014－05－12）

互联网金融的形式

P2P
产业互联网
众筹
大数据
第三方支付
虚拟币

P2P 网络借贷

——互联网时代不需要资金池的银行

徐红伟*

传统民间借贷与网贷的对比

一个简单的例子对比：在我们现实的生活中，总会有很多人有自己剩余的钱要借出，也同样有不少人因为各种需要要借入。假如甲有 10 000 元出借，乙需要借入 10 000 元，全社会有成千上万的甲和乙。甲有两种选择：①直接把 10 000 元借给乙；②甲把 10 000 元分成 100 份，分别借给 100 个包括乙在内的人。假设所有借款人违约的概率平均为 2%，那么，选择①，甲有两种可能，要么本金加利息分文不少收回，这种概率为 98%；另一种可能是本金利息全无，概率为 2%。选择②，甲只有一种可能，拿回 98% 的本金及其收益，损失 2% 的本金。

上文中选择①的情况，就是传统的民间借贷模式，一旦发生风险，对于出借人来说，即成为不可承受之重，如前两年温州借贷跑路事件，坏账历史上一直存在，因为近期银行紧缩政策，民间借贷坏账发生的概率大大上升（比如从 2% 升高到 5% 以上），被媒体人为扩大了影响。

上文中选择②，即是现在的 P2P 网络借贷模式。这种模式具有分散风险的优势，能够满足市场资金避险、择优（高回报）的需求。

但在网络还不发达的时期，由于人与人沟通、通信不发达，甲很难找到 100 个那么多的乙，选择②是不可能的，甲只能借助某个具有许多借款需求的机构将其资

---

* 徐红伟（网贷之家创始人，CEO）硕士学历，曾就职于世界 500 强企业宝钢集团中央研究院，价值需求论倡导者。早前曾从事信用卡投资理财研究及实践，精通价格投资。2011 年 10 月创办网贷之家网站，在国内首次提出网贷指数、时间加权成交量等网贷专业名词，2012 年初设立网贷研究院，主编国内第一本网贷投资手册《P2P 网贷投资手册》，主编《2013 网络借贷行业蓝皮书》。担任新浪财经专栏作家，在《中国征信》、第一财经日报《财商》等权威期刊、媒体发表多篇网贷行业研究文章。

金分散出去，尽可能获取较高的收益，这种需求实际导致了现代银行的诞生。

商业银行解决的三大问题

商业银行存在于现代商业社会600年之久，之所以能够生生不息并不断发展壮大得益于其资金池模式。银行是先吸收资金然后贷出资金，从中赚取利差作为收入的金融机构，商业银行的这种资金池模式，使银行一直持有一部分资金随时可用，因此能够解决三个问题。

1. 对借款人而言，能高效借款（短时间内获得大金额的资金）。在商业银行出现之前，资金需求方只能通过亲朋好友或民间借贷机构借到钱，很多时候，亲朋好友没有钱，民间借贷机构资金规模小，也难以满足大金额的借款需求，因此借款人很难在短时间内获得大量资金。商业银行的出现，能够有效解决这个难题，因为国家允许商业银行吸储，商业银行面对广大储户，能够吸收大规模资金，满足借款人短时间获得大额资金的需求。

2. 对出借人而言能有效分散风险。商业银行出现之前，如引例中所述，迫于沟通、通讯的不便，出借人很难找到足够多的借款人分散风险，但商业银行凭借其强大的客户量先吸收公众资金，形成资金池，将资金池资金分散给诸多有资金需求的借款人，资金得到有效分散。

3. 起着跨时间、空间的融通汇兑作用。商业银行出现之前，借出者只能与借款人见面然后把资金给到借款人，跨时间和跨空间的借贷存在一定难度。商业银行汇兑业务的出现使双方异地异时汇款成为现实，上海的借出者可以通过存款、填写汇款单将资金划转到北京的借款人名下，并且借出者也可以告知银行何时将资金划转到借款人名下。虽然资金池有上述优势，但我们也知道，大量资金池的闲置会降低资本的利用率。

P2P网络借贷能够解决商业银行解决的问题，却无须建资金池

随着网络的发展，人与人之间沟通、通讯变得更加便捷、更加低成本，这种高效性使得不凭借传统商业银行的资金池也能解决上述三个问题。

1. P2P 网络借贷能够解决第一个问题——借款人高效借款。商业银行先把钱归集起来（建资金池），再找借款人，而 P2P 网络借贷先找到借款人，将借款需求发布，即可在有限的时间内收到足够大数额的借款，这主要得益于网络信息交换的高效、资金的大量供给和投资可观的收益率。目前比较好的 P2P 网络借贷平台，一个标一般 1 ~ 2 天即可满标，甚至很多标都是秒满，即借款人从发布资金需求到拿到资金一般只需 1 ~ 2 天，刚过去的 4 月底，红岭创投发了一个 1 亿多元的标，当天即满。

2. P2P 网络借贷能够解决第二个问题——出借人能有效分散风险。因为网络信息交换的高效，平台将所有借款需求发布在网上，出借人 1 元即可投资。出借人能够在千百家 P2P 网络借贷平台中选择尽可能多的借款人，把自己不多的资金，借贷给尽可能多的借款人，做到足够分散。

3. 网银和第三方支付能够解决第三个问题——跨时间、空间的融通汇兑。伴随货币数字化，网银和第三方支付的发展已经有效解决跨时间、空间的融通汇兑问题。现在由于网银的存在，资金供求双方只需要通过操作网银上的数字，即能够将上海出借人账户上的资金划转到北京借款人账户上，借款者通过操作账户上的数字即能够运用此资金，借出者也能通过网银操作委托第三方某时将资金划转到对方账户上。第三方支付的出现使整个过程不需要纸币的同步流动，大大缩短了业务办理时间，提升了效率。

可见，P2P 网络借贷同样可以解决商业银行解决的问题，却不需要像商业银行那样先建资金池，P2P 网络借贷有效地增强了资金的利用率，盘活民间资本，因此近两年发展迅猛，成为互联网时代不需要资金池的银行。当然，可能有朋友会提到风控问题，这里不展开详述，一句话，车到山前必有路，要相信民营企业的智慧。特别要提到的一点，灵活、有竞争力的薪资是民企 P2P 网贷平台在人才竞争中的优势，目前 P2P 网贷风控碰到的问题以后随时间都会逐步化解。

P2P 网络借贷模式

国内目前对于网贷平台模式有如下分类。

1. 从有无垫付的角度

（1）纯粹的 P2P 网络借贷模式。最早传入中国的网贷模式，即是纯粹的 P2P

网络借贷模式，平台只做中介方，借款人通过平台提交借款需求，平台方做线上审核，然后发布借款标，出借人投标，平台不参与到借贷的资金交易中，对于借款人逾期对出借人造成的损失，平台也不给予垫付。拍拍贷早在2007年就引入了传统的P2P网络借贷模式，但因为中国信用体系不完善，借款人的违约成本过低，出借人也难以通过互联网对借款人进行必要的风险判断，出借人面临着本金损失的可能性较高。所以此时的网贷一直不温不火。

（2）垫付本金的P2P网络借贷模式。2009年红岭创投提出了本金垫付的规则，出借人对于本金安全的担忧得到了很大程度的改善，网贷行业也逐步进入人们的视野。从此，中国的网络借贷开始分化成有无垫付两种模式，而之后围绕着P2P网络借贷（第一个“P”，出借人；“2”，平台方；第二个“P”，借款人），开始衍生出各种不同的其他模式。垫付模式又出现以红岭创投为代表的担保公司垫付，以及以人人贷为代表的风险准备金垫付两种模式。借款人这端，从最开始的来源于线上，转变到去线下开发，从开设直营业务点去发展业务，到引入加盟商提供借款人资源，后来又衍生出以开鑫贷、有利网为代表的P2N模式，即借款人来源于合作的小贷及担保公司，并由小贷及担保公司提供担保，平台不参与借款人的开发及本金垫付。

2. 从网贷平台的扩张角度

（1）直营模式。直营模式指平台设立一些分公司来扩张规模，负责分公司的运营，如人人贷、红岭创投、宜人贷等。（2）加盟模式。加盟模式指平台扩张时，为了借力当地现有民间借贷资源，平台将自己的商标、品牌及平台以加盟连锁经营合同的形式授予加盟者使用，如365易贷、翼龙贷等。

3. 从业务流程的角度

（1）P2P网络借贷全流程模式。P2P模式即从线下开发到线上资金筹集都由平台完成，平台垫付本息，如红岭创投、宜人贷等。（2）P2N模式。P2N模式即业务来自于线下担保及小贷公司，资金筹集来自线上平台，线下担保公司或者小贷公司垫付本息，如有利网、开鑫贷等。

4. 从平台功能的角度

平台功能角度即平台从事的借款业务类型，业务有个人信用贷款、房产抵押贷款、车辆抵押贷款、动产抵押贷款、股权质押贷款、银行过桥业务、供应链金融等。(1) 专供细分领域。只做单一贷款类型的平台，如微贷（车贷业务)，热贷、诚信贷（房贷)，涌金贷（金融仓储）等。(2) 混合业务模式。综合不同业务类型的平台，如车贷、房贷、动产质押、转贷、票据、股权质押、金融仓储、上下游产业链货款等超过20种业务类型。

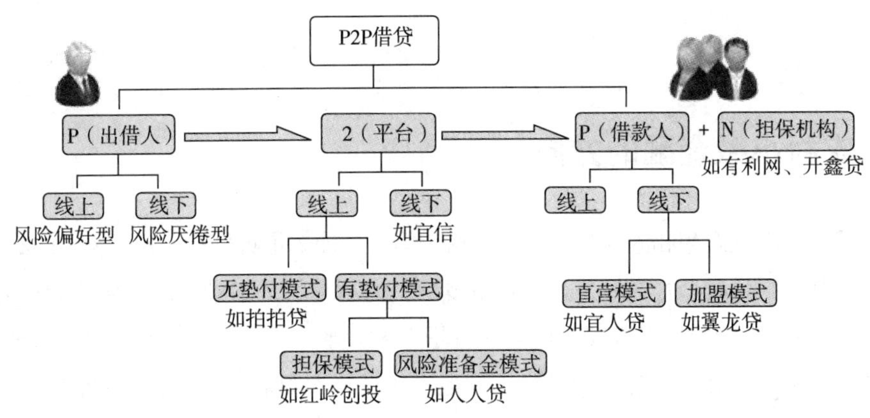

资料来源：网贷之家。

图1　P2P网络借贷生态图

（2014－05－22）

全面解析农村小微金融

尹　飞*

农村小微金融的方向

我有三个问题想和大家一起交流讨论。第一，什么是农村？大家印象中的农村是一个什么样的概念？农村是不是就是乡下？是不是就是指种田的人居住的地方？第二，“三农”问题。“三农”问题一直是个老大难，“三农”最重要的问题是什么？“三农”中最需要解决的是什么问题？第三，农村和农业的主要产出是农产品，农产品是农村和农民收入的主要来源。目前市场上的农产品价格，是偏高还是偏低？原因是什么？

农村，是个相对于城市的概念。如果说农村在一头，则城市在另一头，而中间还有不少过渡状态，这就是一线二线城市的提法。大概来说，一线是北上广深，二线是省会城市或其他发达的地级市，三线是欠发达的地级市，四线是县城，五线是乡镇，六线是村组。我们大多数人心目中的农村，是指村组。在金融监管部门的划分中，县和县以下都划归为农村金融。中国目前有 2 861 个县，44 067 个乡镇，66. 3 万个村委会，农村户籍人口有大约 8 亿人（2003 年数据）。

“三农”是指农村、农业、农民。我认为最重要的是农民，只要农民的生活改善了，其他“两农”问题都是次要问题。解决“三农”问题，不是狭义的指“让农民在农村从事农业”，而应该是：农村更美、农民更富，农业是相对次要的问题。

我们要解决“三农”问题，就应该改善农村地区的创业和就业环境，引导农村青壮年劳动力能够离土不离乡地建设家乡。在这个前提下，农村小额信贷、小微金融就有了方向。农村小微金融的方向就是：顺应农村城镇化的趋势，为本地创业

---

* 贷帮网创始人、CEO。

的农民，特别是掌握了一定技能的返乡创业的农民，提供小额信贷支持和小微金融服务，鼓励他们健康发展各种小微经济，在自己致富的同时，能带动本地的就业，从而推动农村发展。所以，农村小额信贷的主要服务对象是在县城和乡镇做小生意的小商小贩（这些人大多数是周边乡村的农户）。

农村小微金融的供给

县域以下，四大行在20世纪90年代就基本收缩了。欠发达的县域，中行、建行的网点也不多。农行涉农信贷的比重很低。农村金融的主力军是邮储和农信社。

邮储有一个两难问题：如果商业化改制，恐怕也会从乡镇撤并网点；如果以社会绩效为先，效率问题又被诟病。现在邮储的下一步改革方向貌似也不太明确。信用社的问题更头疼。全国独立法人的农信社大概两千多家，普遍存在所有者缺位、代理人不负责、资产质量差等问题。农信社的改制也是银监部门的一个艰巨的挑战。

另外，和慈善组织合作做农村小额信贷，努力了好几年，最后发现还不如找商业组织。国内慈善组织的效率很低，而国外慈善组织的资金很难进入国内。

农村小微金融的风控

诚信总体上而言，是一个交易概念，不是一个道德概念。从博弈论角度看，理性人在长期交易预期的前提下，都会选择诚信而不是欺诈。能否长期交易，和一个社区的流动性负相关。总体而言，农村地区的流动性比城市弱，所以一般来说，农村地区的信用情况会好一些。

在农村小额信贷的信贷风控技术上，贷帮其实没什么秘诀，主要是要建立好一套体系和流程以打破信息不对称。具体来说，我们的经验是：聘请本地员工，通常是农村妇女，去和社区范围内的各种小生意人频繁沟通，以了解他们的各种信息，不管是贷前还是贷后，甚至是没有发生任何信贷关系。

对于小微经济的生产经营性贷款，我们主要关注两个问题：一个是人，一个是事。对于借款人，我们主要依托于上述调查所获得的社区信息或者一些第三方证据，而不是借款人的自我表达（这是和城市小微信贷的主要区别）。对于事，我们在前期做了大量调查工作，对农村常见的各种盈利性项目做了项目信息库。因为农村大部分行业都没什么秘密，都是充分竞争的行业，所以这些信息很容易收集。我们会拿我们的信息库和借款人陈述的项目情况做对比，防止借款人为了获得贷款编造一些我们信贷员不懂的情况。对事的情况掌握后，财务上主要是分析未来预期现金流是否能覆盖还款，其他还有一些辅助性的财务分析，如负债率等等。

农村小微金融的挑战

贷帮早期的主要难题是信贷风险控制，但这个比较容易解决。中期主要问题是操作成本。由于农村居住比较分散，我们经常碰到办理一个客户要跋山涉水走很远的情况。有的借款人在大别山，要翻山越岭；有的在洞庭湖，要坐船才能进去，等等。另外，农村的交通成本比较高，比如坐车坐船，按里程和时间计算，比大城市贵多了。再加上我们对贷后管理的要求比较频繁，我们的信贷员逐渐就不太愿意做比较远的客户。如果一个偏远的村庄只有几百户人家，是不够支撑一个专业化的员工，以及这个员工的管理成本的。这也是其他农村小微信贷机构面临的同样问题，目前还是无解。后期面临的主要难题就是资金成本问题。农村大部分小生意利润率不高，对借款的资金成本比较敏感，但农村信贷的资金来源比大城市而言要狭窄得多，造成农村民间借贷市场的资金成本相对较高。大多数农村民间借贷的月息在三分以上，熟人之间一分左右的借贷也很少，而亲友之间的人情债等实际成本也不低。

农村小微金融的前景

未来三十年，八亿农民大概有六亿会脱离农业，集中居住在县城和小城镇，在我们今天认为的农村地区，从事小型工商业或服务业。他们的金融需求和大城市会有不同，这就需要能适应这个市场的新型金融机构。

这个市场将是一个不断增长的蓝海市场，但需要付出艰苦细致耐心的长期工作。贷帮会一直坚定地做“服务农村城镇化的互联网小微金融机构”。

（2013－11－04）

美国 P2P 的监管模式及对中国的借鉴意义

万颖玲*

一、美国 P2P 个人金融现状

美国个人金融业相当发达。2013 年第四季度美国个人金融金额 11.5 万亿美元，美国 70% 的经济增长由消费贡献，美国 GDP 总额 15.56 万亿美元，个人金融资产规模占 GDP 总额的 70%，资产规模相当可观。个人金融中最大的消费是房屋贷款，占个人金融的 70%，此外还有 1.1 万亿美元的学生贷款，0.8 万亿美元的汽车贷款和 0.7 万亿美元的信用卡贷款。P2P 是对现有个人金融体系的一种补充。美国 P2P 公司放贷总量多于中国，中国 P2P 公司放贷增量惊人。美国 P2P 开始时间并不长，到现在为止较大的 P2P 公司有 Lending Club、Prosper 两家，其他 P2P 公司还有 Social Finance、Common Bond、Funding Circle。2007 年拍拍贷将 P2P 引入国内，截至 2013 年，中国 P2P 公司 800 ~ 2 000 家，放贷金额据说超过 1 000 亿元。而最早成立的 Lending Club 累计放贷 37 亿美元，Prosper 累计放贷 7 亿美元，虽然比中国任何一家 P2P 公司放贷总额多，但中国公司的增速惊人。

P2P 公司有自己的定位，针对的客户群体不同。Lending Club 更注重中小企业和个人贷款，Funding Circle 更加针对小企业和加盟店。Lending Club 贷款平均余额 1 万美元，与人人贷人均 5 万元人民币的贷款额相近。Funding Circle 贷款平均余额 2.5 万 ~ 50 万美元，与国内点融网 10 万 ~ 200 万元的规模相近。Lending Club 是美国最大的 P2P 公司，在行业中最具代表性。Lending Club 成立于 2006 年，总部在旧

---

* 作者在美国从事个人消费信贷的资产证券化工作多年，是这方面的资深人士。之前，在美国花旗集团所属信用卡公司的风险管理部门工作数年，侧重于风险预测跟踪，市场细分，模型和政策的评估修订工作。万颖玲获得北京对外经济贸易大学的经济学学士学位和美国耶鲁大学商学院的工商管理硕士学位。她是美国注册金融分析师（CFA）。同时，万颖玲曾担任亚洲金融协会的前会长，现在是其董事会成员。

金山，每天放款金额7 800万美元，每月放款额2.5亿美元。2013年5月Google参股Lending Club，对其估值15.5亿美元，预计2014年可以上市。Lending Club是个人金融行业领头羊，具有行业指向标的意义。Lending Club主营业务为无抵押个人贷款，金额从1 000～35 000美元不等，可以为美国43个州提供居民贷款，贷款期限3～5年，借款人提前偿还没有罚金，利率由消费者风险水平决定，一般情况下6%～25%不等。投资者在网上看到借款列表后，可以决定投资金额，最低金额25美元。借款人信用评分普遍较高。借款人平均信用分数706，按照信用卡行业来说，660以上就是良好贷款，所以信用分数不低。此外，借款人平均债务比例只有16%，并且有平均14年的信用历史。借款人平均收入14万美元，平均借款金额12 000美元，可以说借款人资质不错，属于优良贷款。

信用卡市场客户是Lending Club的目标客户群。美国使用该平台的客户中80%是用来偿还信用卡债务。美国信用卡非常普及，每个人都有4～5张信用卡，信用卡利率一般是从14%到25%，平均利率达到18%。美国信用卡市场非常发达，人均数量多，市场接受度也很高，绝大部分商店都可以接受信用卡，是一个覆盖面非常广的市场。国内因为个人金融不发达给予了P2P发展的空间，而美国市场不同，更多的是市场进一步细分。美国信用卡市场因为高利率而特别赚钱，所以银行不会为了抢夺客户而轻易降低利率。美国银行有余额转账业务，但只做短期（争取其他银行的客户，提供较低的利率），不会长期给予客户低利率，因为这会蚕食自己的利润。信用卡公司的不作为给了Lending Club机会，Lending Club为这些客户提供低利率融资，这是Lending Club在美国的商业模式。

高等级学生贷款市场是Social Finance的目标客户群。Social Finance是斯坦福商学院毕业生们成立的公司，目前员工只有65人。该公司的目标客户是顶级的、已经毕业的，并且找到很好工作的MBA学生，针对这些客户，该公司为他们的学生贷款提供较低利率的重新融资。

美国学生贷款市场余额已经达到1万亿美元，其中大部分通过联邦政府发放，联邦政府不管学生信用水平如何，每名学生的贷款利率无区别，这导致了学生贷款基本没有按风险定价，没有实现最有效的资金配置。Social Finance利用了市场失效下的机会，为已经工作的低风险毕业生提供低利率重新融资。其最初的运作方式是在网上成立不同校友社区，通过校友给校友融资。

Lending Club的P2P模式与Social Finance的商业模式有区别。Lending Club借

款人向平台申请借款，平台进行信用审核，平台把借款人列表放在网站上供投资者选择。一旦投资者确认购买，第三方银行将转移资金，发放给借款人，借款人定时还款。Social Finance 作为贷款公司发放贷款，校友作为投资人只负责将资金投入资金池，投资人收益按照投资比例发放，校友和学生之间没有一对一的关系。本质上，Social Finance 不是狭义上的 P2P 概念。

二、美国 P2P 市场的监管模式

1. 贷款的性质

以 Lending Club 的发展为例，美国 P2P 贷款分为三个阶段。第一阶段是 2007 年 5 ~ 12 月，P2P 贷款被视作民间借贷形式，与国内接近。2007 年时公司允许投资人买断贷款本票（promissory note），本票是美国证明贷款成立的法律文件。一旦消费者贷款需求被成功认购后，借款人会向平台签发贷款本票，Lending Club 向会员发放贷款的同时将本票转让给投资的会员。在这种模式下，会员直接拥有对应的债权，平台只承担服务者的角色，所以此时是个人对个人贷款的形式。

Lending Club 在 2008 年初改变了贷款模式，通过租借银行渠道，解决贷款执照问题，并规避利率上限问题。由于 Lending Club 先要取得贷款本票后再转让，所以在短时间内成为贷款方，美国法律规定贷款方需要有贷款执照。美国每个州的法律不同，公司需要在每个州申请执照，成本很高。由于银行有贷款执照，为了降低成本，所以 Lending Club 租借了 WebBank，通过该银行发放贷款，发放后银行把贷款本票转让给 Lending Club，成功解决了申请贷款执照的问题。此外，美国银行规定，利率上限取决于本州利率上限或者银行注册州利率上限。由于 WebBank 是一家成立在犹他州的银行，而犹他州没有利率上限，所以可以规避利率上限问题。

第三阶段，Lending Club 向 SEC 登记，在 2008 年 10 月发行了以公司为发行主体的会员偿付支持债券。债券不是以借款人为主体，而是以公司为主体发行的无抵押债券。投资收益依然取决于贷款表现，但不再是投资人和借款人直接的债权关系。在会员偿付支持债券中，债券利率与借款人所付利率一样，债权人收益取决于借款人的还款和逾期费减去 1% 的 Lending Club 的服务费。一旦贷款发生了违约，债权人收益也会相应减少。Lending Club 产品期限 3 年至 5 年，因为债券是公司的无抵押债券，只有有限的追索权，所以借款人风险有两层，借款人违约或者P2P平台破产都会使其遭受损失。

美国证监会将P2P视为证券发行并要求平台在证监会注册的依据有四点：投资人有投资回报预期；P2P平台向公众销售，基本没有资质限制；通常投资者会将P2P视为投资；现有的管理框架中没有其他方式可以减少投资人的风险。基于这四点，证监会认定P2P交易为债券发行。

由于是债券发行，P2P需要遵守联邦证券法，需要在SEC注册。注册耗时长，信息披露多。信息披露包括具体公司介绍、公司财务状况、最近运用状况、风险因素、公司高管、内部交易等等。Lending Club的披露发行书有120多页，需要花费人力物力的准备。当然，证监会允许发行框架协议，公司可以建立大框架，未来只要在此框架中发行就不用每次都登记。发行债券还需要在各州登记，每个州对于投资是否合规还有特殊的规定。如果发行人对披露有不符实的情况，发行人需要承担民事责任，真实性的高要求对很多P2P公司来说是一个很大的门槛。

2. 公司的性质

P2P公司是不是贷款公司？美国贷款公司需要在各州有牌照，P2P公司没有牌照。每个州的利率不同，有存款保险的州银行在不超过利率上限的情况下有利率输出能力，所以P2P公司租用了有牌照的银行。因此，美国的P2P公司本身不是贷款公司，银行是贷款公司。银行受到很多法律法规的限制，包括利率、消费者保护、爱国法、反洗钱法方面的规定。中国对贷款公司是有较严格的杠杆限制，所以P2P公司也不想把自己归类于贷款公司。

P2P公司是不是投资公司？Lending Club平台可以直接放款，享有和其他投资人一样的权利。尽管如此，P2P公司不是投资公司。美国对投资公司有详细的规定，公司投资和贷款超过公司资产的40%就有可能被定义为投资公司。投资公司在交易和负债水平上有相应的限制，对P2P公司不利。所以P2P公司通过条款细则尽量避免将自己登记为投资公司，常用的免责条款有：持有贷款不是为了获取利息收入，而是通过平台把贷款人和借款人配对，收入来源于收取服务费；公司业务是发放个人小额贷款。此外，如果投资者限于合规投资者，即家庭资产在100万美元以上，家庭收入30万美元以上或个人收入20万美元以上的，则视为私募，P2P公司不用登记为投资公司。

P2P 公司是不是券商？P2P 公司很多工作与券商有相似的地方，例如 P2P 公司通过网站发行债券、公司设计证券、为债券定价等。但是在美国一般情况下不把 P2P 公司划分为券商，主要原因是 P2P 公司的这些活动基本上是免费的。

P2P 公司是不是投资顾问？P2P 公司提供了贷款的评级服务并且把信用评级公布在网上。尽管如此，P2P 公司并没有为这种服务收取费用，所以在美国 P2P 公司一般不被认定为投资顾问。Lending Club 旗下子公司 LC Advisors LLC 专门从事投资顾问工作。美国 P2P 公司中相当一部分借款人来自于机构投资者，机构投资者成立专门的基金购买 P2P 公司产生的贷款。LC Advisor 就是给这类基金充当投资顾问的角色。投资顾问的出发点是保护投资者，这与 P2P 公司纯粹的中介角色有利益冲突。在此情况下，监管机构对投资基金有严格的规定。基金需要提前设定投资策略，策略不可影响散户投资者的利益。策略制定后不可随便更改，只有按照策略规定买卖才不被认为侵犯了其他人的收益。这对中国目前 P2P 产业有很强的借鉴意义，中国很多 P2P 设置了理财计划业务（有自动投资的选项），在设计自动投资的过程中，不应该损害到其他散户投资者的利益。

3. 需要接受的监管

P2P 公司通过银行或其他金融机构发放贷款时，机构需要严格遵守消费者保护方面的法律。真实借贷法案要求用消费者可以理解的方式来提供贷款的标准信息，保证信息披露的方式合乎规范。联邦交易法禁止交易中的不公平和欺诈行为，借贷合同中对消费者不公平的条款不受保护。对于贷款条款的具体披露要求有：不得对提前付款有过度的惩罚，特定情况下需要补偿借款人损失。公平贷款法案禁止贷款公司基于种族、人种、性别、年龄、宗教、国籍、婚姻状态作出信贷决定。公平催收账款的法案规定在催收账款方面不能过度扰民；如果借款者申请了破产，公司不可以继续催收。此外，法律还对催收通知和应收账款的确认以及和第三方分享信息方面有具体要求。公平信用报告法案对获取和使用消费者的信用报告有很多限制；客户有获取不利信息的权利和第三方或者兄弟公司分享客户信息的限制；公司有防止信息被窃的保护措施；如果客户申请信贷被拒或信贷条款不利，消费者有知情权；贷款公司在提交消费者逾期或违约信息的要求。隐私保护法限制了把非公开信息给完全没有关联关系的第三方；要求建立信息安全系统；发布了保护消费者信息的跨部门的规则；要求金融机构建立一套反应机制来处理未经授权使用客户信息的事件。电子商务法对用电子记录和电子签名生成的合同有具体规定。电子支付法案对使用电子支付的消费者的权利、义务和责任有具体规定；对信息披露和争议的解决有规定；自动转账需要客户的书面同意。

P2P 公司最主要的监管者是美国证监会（SEC）。由于确认了 P2P 公司发行性质为债券，所以需要遵守交易法、证券法。消费者金融保护局（CFPB）是贷款机构的监管者，这两个机构监管重点不一样。SEC 考虑更多的是投资人的保护，消费者金融保护局更多考虑的是借款人。美国 P2P 公司未来是否也会转到侧重消费者的保护下也在讨论之中。

P2P 债券为公司无抵押债券，存在借款人不能还款和 P2P 公司破产两层风险。如果 P2P 公司破产，借款人的还款作为公司资产，需要偿还其他债权人的义务，或者需要与其他还款糅合在一起承担整个贷款池的风险。基本上所有的 P2P 公司在第三方银行进行资金托管，例如 Lending Club 将资金托管至富国银行。托管后投资者的钱存在集合投资账户中，平台无权占有，账户与平台资金不混合，受到美国联邦存款保险公司（FDIC）的保护。但是在借款人还款时，还款还是会先转入 P2P 公司账户上，在一段时间内还是会和公司资金混在一起。Lending Club 承诺在收到还款四天后将钱打入投资者账户，所以有四天风险敞口。另外，如果在此期间公司破产，服务商平台无法运转，将影响收款和支付。为减少此风险，Lending Club 与 Portfolio Financial Service Company 签订了后续服务协议，如果 Lending Club 破产，这家公司可以在五天内继续服务现有借款，减轻投资者的风险。此外，破产法中的自动滞留条款使投资者不能采取合法方式获得还款。所有资金将全部被冻结，投资者无法按时收到还款。

三、中美 P2P 公司的区别

1. 牌照问题：中国没有租用银行牌照的问题。但是如果 P2P 公司自投，是否需要贷款公司的牌照?

2. 贷款性质：中国目前将贷款定义为个人与个人之间的民间借贷，简单明了，但 P2P 比普通的民间借贷更复杂，覆盖人群众多，需要更明确的监管细则，规范此类金融创新行为。美国将贷款定义为 P2P 公司发行的无抵押债券，收益取决于贷款的还款现金流。因为是向公众发行的债券，所以发行手续繁琐，耗时冗长，但披露详细，有利于保护投资者。

3. 盈利模式：中美 P2P 公司大都是通过个人审批费和管理费盈利。有些国内公司还收取借款人部分利息收入为收入来源。从公司的定义上看，如果 P2P 公司把自己定义为信息中介，则盈利应该以收取中介服务费为主。如果大部分收入来自于利差，则 P2P 公司更接近于金融机构，是否应按金融机构进行监管？

4. 信息披露：美国公司的发行书中披露的多是风险，不承诺回报。国内更强调收益，对风险披露不足。国内很多公司提供本金保障，这在美国几乎不存在。中国的本金保障方式有第三方担保和风险保证金两种。风险保证金一般有一定额度的限制，如果坏账比例高于保证金比例，则意味着本金失去了保障，可这些风险在信息披露中基本没有说明。

5. 风险承担：美国的 P2P 公司是不承担信用风险的，风险均由投资人承担。纯中介的 P2P 平台不应该承担信用风险和流动性风险。如果投资和借款不是一一对应，平台承担了期限配置和金额配置的功能（比如拆标），提供了担保或承担了信用风险，从监管的角度讲就更像是金融机构。有些平台推出的理财计划虽然是投资和借款的一一对应，但是理财计划有时限限制，理财计划到期日平台承担了流动性风险来应对资金赎回，如果没有新资金入场，平台也必然在赎回期间承担信用风险，这种情况下如何监管应有明确的方向。同理，对于平台破产以后的清偿顺序，也应该有明确的规则，才能保护投资人的利益。

6. 资金托管和归属：美国基本上所有的 P2P 公司在第三方银行进行资金托管，托管后投资者的钱存在集合投资账户中，在投资前平台无权占有，账户与平台资金不混合，受到美国联邦存款保险公司（FDIC）的保护。客户还款目前没有直接打入投资人账户，但技术上是可行的。

中国好的平台公司也已经把投资人资金交第三方银行进行资金托管，但还没有完全成为行业规范。特别在中国把 P2P 定义为信息中介平台，借贷定义为投资人和借款人之间的民间借贷，投资者的资金就更需要和平台的自有资金完全剥离。

这其中包括对风险保证金所有权的界定。如果属于投资者自己的内部增信，也应该属于投资者，交第三方银行托管。

7. 追讨欠款的权利：在美国，投资人和借款人都是匿名的，以保护隐私。投资人无权直接向借款人追讨欠款，必须通过服务商。在中国，各网站做法不一，有通过服务商的，也有允许投资人个人追讨的。

为防止平台公司破产产生的服务中断，美国 P2P 公司一般签有后续服务协议，来保证服务的连续性。中国这方面还是空白。

8. 是否需要线下审核：由于美国征信系统发达，公司完全可以通过信用局渠道获取信用信息，给借款人很好的评估，所以不需要线下的审核。客户只要提供收入证明和工作证明即可。这样可以把信用评估成本降到很低，一个人的审核成本只需要几美元。国内的征信系统不发达，要想完全评估一个人的信用等级需要更多的尽职调查，成本较高。线下审核加大了公司的运营成本，但并不改变 P2P 公司的性质。

（2014 - 03 - 14）

对服务业转型与移动互联网及供应链金融关系的认知

孔令博*

大家好，我准备了一个PPT，使用图片的方式给大家分享，因为第一次使用这种方式，有表达不妥当的地方，请见谅。

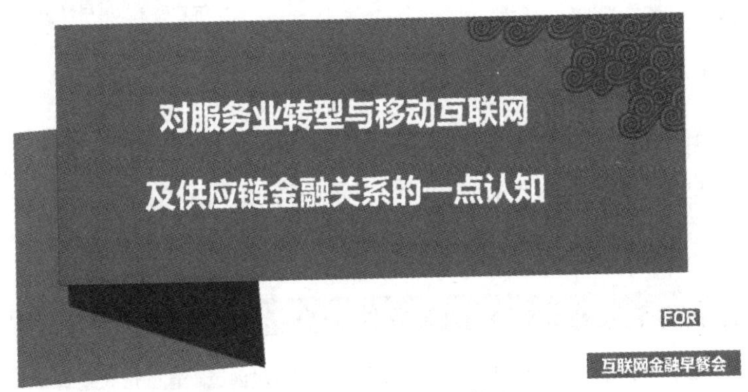

因为我本身技术出身，且一直在做最为传统的餐饮行业的信息化，所以给大家分享这个题目，只是一点粗浅认知。

---

* 孔令博，奥琦玮信息科技（北京）有限公司总经理，北京大学创业校友联合会副会长，曾任北京大学软微学院团委书记；自2008年起，孔令博带领团队在餐饮信息化领域进行了深度探索，并确立了发展方向，为连锁餐饮企业的规模化发展提供信息系统支撑；目前已经形成了围绕连锁餐饮企业的原材料集采、中央厨房加工、物流配送、门店成本管理、前厅运营以及网络营销、客户满意度管理等运营环节的整体解决方案。该系列产品曾获得国家级创新奖，并已获得18项国家专利、36项软件著作权，位居国内外餐饮信息化产品前列，引领餐饮信息化行业步入了“智能化”时代。奥琦玮曾在2012年为支付宝开发基于超极付款和扫码支付的收单渠道，曾为工商银行开发餐饮MIS系统，并通过所研发的整体解决方案成功服务了小南国、嘉和一品等大型连锁餐饮客户。于2013年12月，联手嘉和一品创新性推出了“自动售盒饭机”服务平台。奥琦玮信息科技（北京）有限公司被评为国家级高新技术企业、北京市海淀区创新企业，曾获北京市战略型新兴产业三十强、中关村中小十佳创新企业等荣誉称号，并经由清华大学经济管理学院推荐入选全国MBA百强教学案例。

服务业的范畴

本文档仅限于在互联网金融早餐会群成员交流使用

本讨论为非学术讨论，为便于表述，暂时简单地把服务业视同为第三产业。

现代服务业大体相当于现代第三产业。现代服务业是指以现代科学技术特别是信息网络技术为主要支撑，建立在新的商业模式、服务方式和管理方法基础上的服务产业。现代服务业既包括随着技术发展而产生的新兴服务业态，也包括运用现代技术对传统服务业的改造和提升。现代服务业有别于商贸、住宿、餐饮、仓储、交通运输等传统服务业，它是以金融保险业、信息传输和计算机软件业、租赁和商务服务业、科研技术服务和地质勘查业、文化体育和娱乐业、房地产业及居民社区服务业等为代表。

——摘自百度百科

因为题目的关系，涉及服务产业，很多时候又称为第三产业，所以前面先给出了我认为的范畴，便于后面交流观点。

经济体发展过程中财富的呈现形式

综合分析中外发达经济体成熟过程中，不同阶段创造财富的形式是有其共性规律的，可以简单总结为五波创富浪潮：

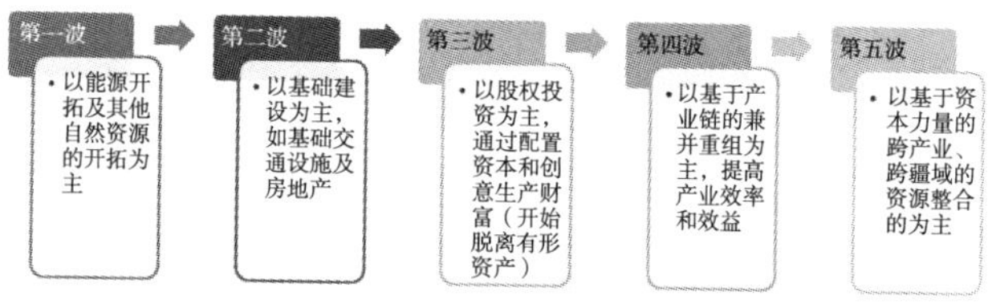

我简单用图示表达一下，发达国家在不同阶段创造财富的主要方式，这个规律我对比了三个发达国家，基本上都是吻合的。现在，中国处于第三波向第四波跃迁的过程，当然因为产业发展得不均衡，并不绝对，有的企业可能已经开始向第五波跃迁，比如中投，或者复星，已经开始进行全球资源配置的步伐。

发展服务行业的意义—经验借鉴

20世纪六七十年代，欧美发达国家与拉美、东亚国家在相近的时期均实现了人均GDP4 000美元的突破，日本、韩国和欧美发达国家通过大力调整产业结构，服务业所占比重迅速突破了50%（1980年，美国64.1%，英国 55.2%，日本 54.4% ），普遍保持了10年以上的高速增长，并很快实现人均GDP5 000美元甚至10 000美元的突破。而本来在当时处于相同起跑线上的阿根廷、墨西哥、智利等拉美国家，却因为没有实现产业结构的调整，导致经济陷入了长期“缓慢发展期”。

从发达国家发展实践看，在人均GDP4 000美元前，发达国家基本也处于资源驱动经济增长阶段，而人均GDP4 000美元后，发达经济体逐渐放弃“以资源促发展”、“以市场换技术”、“以利润换资本”等资源驱动和投资驱动的发展逻辑，逐步转向主要依靠内需驱动、依靠创新驱动的发展逻辑，在此基础上，迅速形成了服务产业快速增长的局面，创新特别是技术创新成了这些国家经济增长的重要力量。

在这个创造财富的形式跃迁过程中，对人的思维能力和自身实力要求越来越高。我们再来看一下发展服务行业对一个经济体走向发达、成熟的意义，以及可借鉴的一些经验。20 世纪六七十年代的一些国家，基本上是因为对产业结构调整的问题出现了后来的发展差异。

对比服务业所占GDP比重

服务业（第三产业）在不同期阶段所占GDP比重

	1980年	1998年	2001年	2012年
美国	64.1%	71.0%	79.2%	79.70%
中国	21.60%	36.23%	33.6%	44.60%
上海			50.2%	60%以上
北京			60.5%	76.1%

备注：尽管GDP不能全面反映人们的生活状态，但对于产业分析却可以给出很多启示 。

从横向不同国家、纵向的时间轴来看，服务行业（第三产业）在不同阶段的比例，再对比一下，我们国内一些城市的发展形态，基本可以解读我们现在面临的一些问题以及可能存在的解决方案。

中国产业发展环境的特殊性

今天中国的经济环境与美国20世纪七八十年代非常相似，从人均GDP 到产业环境，**最大的差异是，今天中国的互联网应用和美国当下是同步的，**甚至有些应用是领先的（但网络基础技术依然落后），所以对于今天中国的服务产业来说，将既拥有产业转型升级的战略机遇又同步拥有加速转型升级的工具 —— 移动互联网，所以有理由相信，在接下来的十年，中国的服务产业将会发生变革性的突破！

产业变革的战略机遇期 + 移动互联网发展的窗口期

尽管现在从产业积累状态以及人均 GDP 层面，中国和美国 20 世纪 80 年代很相似，但是由于新技术，尤其是互联网技术，中国和美国几乎是同步，甚至在应用层面领先，所以对中国的未来产业发展速度，可以抱以更积极一点的乐观，当然了，政策必须要落实到位。

发展服务业的必要性

只有旺盛的需求才是一切创新的原点，才是孕育伟大创新的土壤！

只有形成以服务经济为主导的状态，才能形成“消费黑洞”，不断地吸引全球的优秀人才、资本的群体性汇聚，因为只有好的消费享受环境才满足得了人们的内在本性！

发展服务产业，并不仅仅是经济发展的需要，实际上背后包含了很多国家发展为超级大国的必要性，因为只有旺盛的消费才能促进真正的创新、真正的繁荣，当然了，如果消费后期完全被金融虚拟产品引导，也会受到负面影响，但在发展过程

中，消费经济的形成，肯定是发展中国家向发达国家跃迁的重要因素。

服务业发展的必然——从消费者角度来看

穷人
- 节俭
- 能用就好

土豪
- 炫耀
- 满足虚荣心

富翁
- 理性
- 高品质舒服

消费者从感性消费向理性消费发展的过程

如果没有良好的消费环境，将会导致完成了原始积累的人们携带财富外流！单纯靠制度管制和道德教育是管不住的！

从人性的角度更是如此，其实，对于服务行业，很多时候，如果能够从个体、群体在掌握不同量级财富后的心态变化，就可以得出很多产业发展的基本规律。因为不管经济形态如何变化，人的本性变化是很少的，只是满足形式在不断改变。所以，从商业群体的角度，我总结了两个人类的特性。

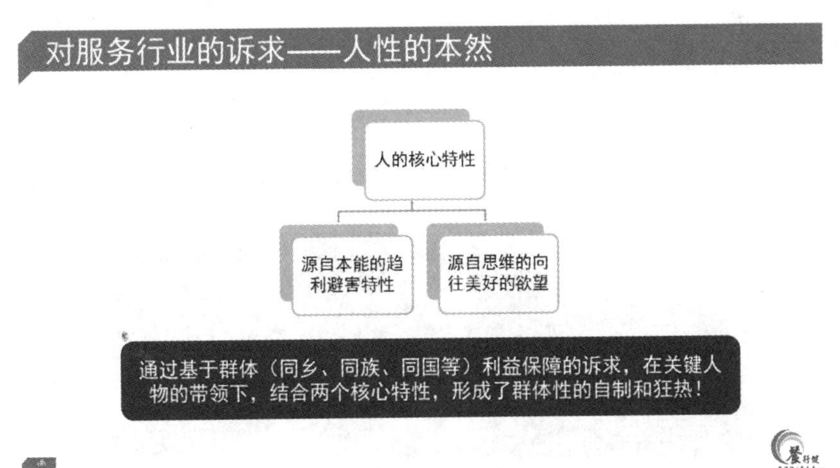

中国过去十多年，因为经济总量的提升，带动了很多人财富的积累，但是又由于消费环境的不成熟，或者政策引导的不成熟，导致很多优秀的人才和资金又流向

了国外，很遗憾，就像前面发出的第三产业在GDP中的比重，中国如果政策得当，完全可以在过去十年，比重整体达到50%以上，但很遗憾，最终还是徘徊在了40%多。这其实是人性自然特性的选择，光靠制度来管是不管用的，必须要营造良好的环境；尽管说我们又错失了十年，但是移动互联网再次给了我们机会！在看很多问题时，如果我们多从人的本性、多从财富对人、对群体的影响层面上分析，那就会少很多主义的争辩或者民族特性的争辩。在当前的国际环境下，发展是硬道理比以前更加令人清醒。对于服务业来说，人的注意力在哪里，服务业的入口就在哪里。

“人流”经济

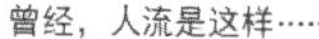

曾经，人流是这样……

后来，变成了这样……

曾经我们在街边、在门店、在终端享受各种服务。但移动互联网出现后……

人流经济

现在，他们都成了这样……

宽泛意义上说，服务业的原点，是个体或者群体的需求，还有或者企业发展的需求。

服务行业与人流

在服务行业中，人的注意力在哪里，哪里就是最大的入口！

移动互联技术，作为技术升级变迁的阶段，将进一步释放人们被“生理特性”所束缚的“向往美好的巨大欲望”并逐走向步实现的过程！

金融服务作为资金、资源的配置工具，将会在技术应用落地的过程中发挥提高效率、加速发展的作用！

因为移动互联网、物联网的出现，人们可以逐步实现随时、随地、随需的娱乐、学习、工作了！千里眼、顺风耳都已不在是梦想！

就现在来讲，不管大家从事哪一类的服务，2C 或者 2B，都要考虑群体关注、使用工具、消费、获取信息等入口发生的变化。几千年来，都是我们看到什么就可以享受什么服务，后来出现了 PC 端网络，让我们可以坐在那里享受很多的服务，但是，人毕竟是人，电脑不能解决所有问题，那么移动互联网、物联网和未来的可穿戴设备，既释放了人的自由，又让人与世界息息相连，不管是在眼前还是遥远。

移动互联技术的意义

服务行业的产生源自于人们欲望的诉求，而移动互联网将进一步挖掘人们以前得不到满足的隐形诉求并变革传统的服务载体！

现代金融服务，也将在配置资金、资源的过程中，因为移动互联网技术而变革原有的服务载体和配置工具！

现在大家经常讲变革，讲颠覆，但到底变革什么，颠覆什么，从商业的角度，

我们来看几个基本环节，这是我们每个人耳熟能详的。

由商业的本质环节看变革关系

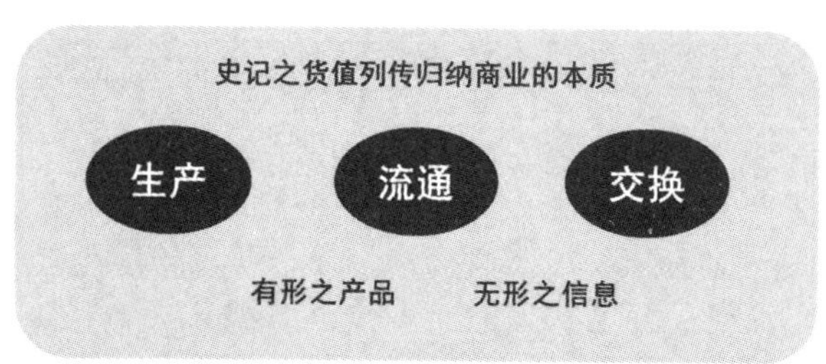

很多服务行业，都可以从这三个环节去分析移动互联网和现代金融服务所带来的变革形式以及发展机会！

生产、流通、交换，是商业的本质环节，只不过现在多了很多无形的信息产品，而在古代，这类商品受制于传播技术非常少，但本质还是可以借鉴的。这三个环节，在不同的产业、不同的领域，因为供需关系的不同而各有利润的侧重，在需求大于供给的时候，一般生产的利润最高，这也可以说明为什么在互联网早期，输出内容的门户网站获得很高的溢价，而到了后来就变成了服务于流通和交换的物流平台和电商平台。

简要举例——移动互联对纸质媒体的革新

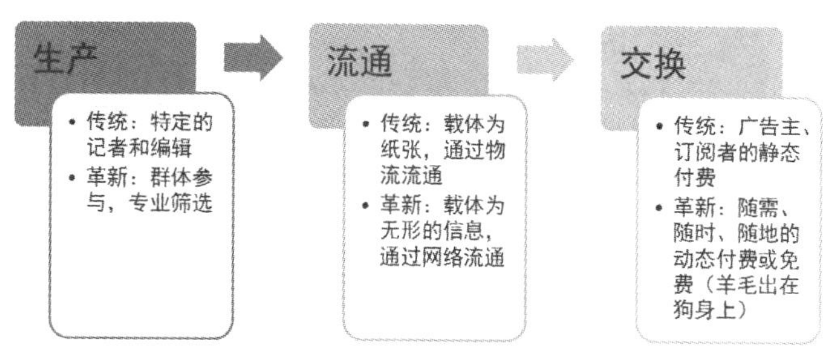

从这三个环节去分析变革的着力点会清晰很多。我举几个例子，比如媒体，大

家看图片应该可以看得清楚，就不多写。

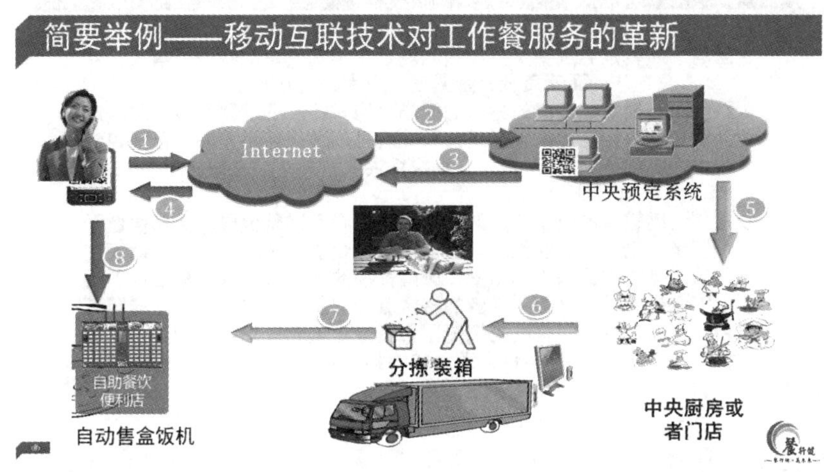

再举个自动售盒饭机的平台，利用移动互联网解决了人们点餐场所的局限，并利用 IT 技术解决了最后 100 米配送成本高的问题。

举例——移动互联对金融行业的革新

大家都是专家，在金融领域，我就不对三个环节展开分析了，今天所有的各种互联网公司推出的“XXX宝”，主要就是革新了交换环节的信息沟通形式和服务载体（购买方式和地点）,其他的大家自己分析或有机会一起探讨……

而且我相信，对金融行业也是如此，从这三个环节去看，很好玩，而且也都会得出很多思路，大家都是专家，对金融我们就没详细分解了，要不有班门弄斧之嫌。我对金融是门外汉，只有一点肤浅认知。

对现代金融的基本认知

金融的本质就是通过把资金、资源配置给更高效率的企业或者人，从而使资金、资源创造更大的财富。

金融业配置资源、资金的方式必须吻合当时的产业发展环境并跟随产业环境变化先行变化配置形式，如此就可以加速经济发展，否则将会极大影响经济发展！

现在探讨比较多的或者金融的互联网化或者互联网金融，大都偏重于“消费者”端的变革和创新，而实质上，金融服务的革新，关键还在于要通过互联网重构内部审批、风险管控的业务流程以及建立基于企业上下游或者基于产业上下游的资金流、信息流、物流、人流的服务平台，进而在更大的范围内把资源、资金配置到效率更高的企业，这可能是供应链金融的真正立足点！

在现代经济结构中，金融作为引擎和助推器，配置资金的方式必须要和社会整体产业环境的迁移吻合，甚至要领先才行。但是我们国家现在，显然是有点滞后的，整体经济的发展引擎已经开始快速向服务产业转移，但我们金融领域配置资金还停留在第一、第二产业和偏计划经济产物的国企时代，所以在过去十几年，一定程度上影响了经济的更进一步健康发展。如果要真正的持续发展，首先要改变这个配置资金、资源的方法，否则，再多理念、口号、政策都最终将有疾而终，影响成为超级大国的进程。今天很多金融领域的讨论，应该有人沉下心来研究更深层次的规律，而不要只是围绕着传播和销售端搞来搞去，那个搞不大的，最多挣得一时眼球，难以成为大气候，我举两个使用移动互联网改造企业的例子。

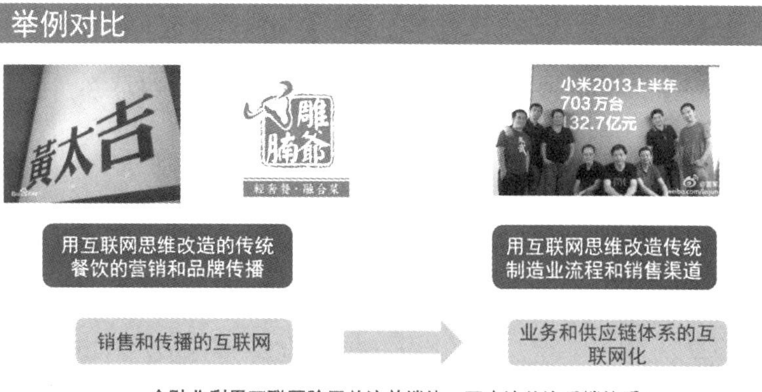

尽管我们很多的软文都在分析黄太吉，但是他们如果不沉到餐饮行业的本质规律里面，是不可能做大的；而小米的核心在于一开始不仅仅重构和消费接触的模式，而且重构后端的供应链体系和渠道体系，这些案例本身不一定能够走多远，但是他们善于发挥新的技术来引领消费心理的运作手法，是很多产业的从业者都应该学习的……这对志存高远的兄弟们应该有很多启发，到底从哪里入手才能够厚积薄发……互联网金融也好，金融互联网也好，新创业也好，传统老大也好，在新一轮的竞赛中，要保持不败，竞争的是对业务体系的深度理解和重构。

供应链金融对服务产业的促进

史记之货值列传归纳商业的本质

生产　流通　交换

有形之产品　无形之信息

支付融资等金融服务贯穿于三个环节之中

在任何一个产业，金融服务在这三个环节的配置效率和配置方式都将极大地影响这个产业的发展效率，对服务业更是如此！

从供应链金融的角度再来看三个环节。在这三个环节中，支付结算、金融服务贯穿其中，金融业自身要发展就必须要深入到自身的业务体系中、深入到服务行业的运作流程体系中，为他们提供服务。对服务行业来说，都不缺流动性资金，但是非常缺乏留存性资金，流动性资金可以通过金融服务变成可调动资金去发展，而后用发展中的利润去平衡各方利润，这是极为庞大的市场，但是需要银行能够像电商平台一样记录服务体系中的上下游交易过程。阿里之所以可以低成本、高效率地做小贷，就是因为他们记录了商家、消费者的真实交易记录，这个参考价值远超过传统的调研这些手段。那么多银行来讲，同样可以做到这一步，只要变革自己，就可以颠覆别人；比如说几乎所有的2C的服务行业，都会有收银台，而记录交易过程的起点就是收银系统，银行完全可以把这个系统革新掉，统一为和银行对接的系统，这样就可以向后延伸到采购和加工的结算过程，如此就有了交易记录，而且是实时动态的。我们现在给工行正在做类似事情，插一句，工行其实在深层次业务路径上的创新能力真是很强，只是有些时候产品不一定推向市场罢了。

对很多传统服务公司来说，关键要分析自己的核心优势是什么，然后运用新技术来重新发挥优势或者升级优势的载体，任何革新或者颠覆都不是要颠覆企业，而是业务思路、管理思路、战略模式等，只要转变了，严格意义上讲，传统的龙头企业更有优势，但转变因其思维惯性、资源惯性却很难发生，所以一再上演企业、企业家被颠覆的场景，只有极少数的企业可以不断地变革思路，拥抱变化，突破百年老店的瓶颈！

总结

根据发达国家的发展规律，可以看出服务行业将极大影响一个国家是否可以顺利从发展中国家向发达国家“跃迁”，因为只有形成“消费”的巨大吸力，才能够把世界的人才、财富吸引过来，从而形成更高级别的经济发展循环！

幸运的是，2013年5月29日，李克强总理，**在第二届京交会暨全球服务论坛北京峰会上的演讲中提到：**

“总之，中国将把发展服务业作为打造经济“升级版”的战略举措，作为推进“新四化”的重要方面，作为释放“改革红利”的重要突破口。”

但是，能不能真正的落地，还取决于金融服务配置资金、资源的方式是否可以匹配，还取决于是否能够真正地引导新技术力量向服务行业偏移，不过我相信，这一点在互联网金融早餐会的推动下，会越来越清晰可见！

以上可以得出：（1）服务业对于一个国家从发展中向发达国家的跃迁将有很大影响，只有发展服务业，营造良好的消费环境，才能真正地具备发展的动力，并在全球范围内吸引更好的人才和资金。（2）移动互联技术给中国的服务业实现跨越发展提供了绝佳的技术条件，只要能够洞察业务瓶颈，就可以创造下一个奇迹。

(3) 金融业要促进服务行业的发展，首先要转变配置资源的方式，否则提再多口号都没用，要么变革自己，颠覆别人，要么被别人颠覆。

最后分享

克里斯·安德森在《长尾理论》一书中写道：
“如果你可以大大降低供给与需求的链接成本，
那么你能改变的不仅仅是数字，还有市场的整个内涵。
这不仅是一个量的变化，也是一个质的变化。”

最后和大家分享，肯定都看过的一本书的一句话。克里斯·安德森在《长尾理论》一书中写道：“如果你可以大大降低供给与需求的链接成本，那么你能改变的不仅仅是数字，还有市场的整个内涵。这不仅是一个量的变化，也是一个质的变化。”我相信，所谓的质的变化，才是颠覆的核心，而不是那些口号；而对于产业来说，这个质就是“如果你可以大大降低供给与需求的链接成本”。

在行业发生战略变革的时候，不以创业者的创新心态去做些事情，是不是会遗憾终生？

祝大家在这个变革时代，都能走出属于自己的一条新路！非常希望大家提出讨论的意见，相信越讨论越清晰，今天的分享使我们的一些在实践中的思考，有机会再交流我们形成的一些具体做法，那里面既有和工行的深度的合作，也有和支付宝

在线下落地的摸索，再次感谢大家的时间！祝一天愉快！呼吁一句，实体的服务行业需要金融业的深度关注，那样既可以带动金融业的大发展，更可以促进服务业的大发展，从而使我们国家更快迈入强国之列！只有服务业的大发展，才能带动高精尖的持续发展！

（2014－03－19）

产业互联网蓝图与中间市场

赵国栋*

春季前后，有密集接触各类企业家，从原来以数据资产为核心的思维，逐步拓展到企业的战略和组织两个层面。

产业互联网也是我们团队杜撰的新词儿，反映企业在战略方面的顶层逻辑。中间市场则是从企业组织结构的演变方向出发，提出组织逐步向市场化方面过渡的观点，并用之来指代组织结构方面的变革。这两个概念不是凭空产生，而是大数据思维在不同领域的延续和升华。构成产业互联网的三个要素是“产业生态、大数据、生产性服务业”。借助大数据，对接产业生态和生产性服务业，是产业互联网的灵魂。产业互联网蓝图，也是跟我早期画的“大数据飞轮”图有异曲同工之妙。像用友软件、亚信联创等传统的 IT 巨头，看到产业互联网蓝图，都激动不已。他们终于找到可以和 BAT 抗衡的思想武器和行动指南。至少不是再低声下气地求人家合作。在蓝图指引下，他们有可能成长为新的 BAT（见图 1）。

团队会在第二篇关于产业互联网的报告中，反映今天讲的观点。《寻找产业界的 BAT》这篇报告重点还是概述一下现状。我以京东和苏宁为例，说明不同时代的两个零售巨头，对产业生态的做法的异同。产业生态是借用生物学的概念，万物共生，并行不悖。在生态中，应该是相互借力，制约。产业生态的恶化，往往来自环境的变化和食物链上顶层物种的失衡。

苏宁与其供应商之间的关心应该是经历三个阶段，蜜月期、剑拔弩张期，均衡期。苏宁国美发展之初，发展逻辑是开新店、吸引更多客流、销售额更大、采购规模更大。供应商与苏宁国美都皆大欢喜，是为蜜月期。但随着采购规模进一步增

---

* 赵国栋，中关村大数据产业联盟秘书长、中国计算机学会大数据专家委员会委员、北京邮电大学经济管理学院特聘导师、盘古智库学术委员，拥有 15 年的信息产业工作背景，国际信息系统审计协会（ISACA）会员。著有《大数据时代的历史机遇》一书（清华大学出版社，2013. 07）。系统提出大数据产业发展理论，在新型城镇化、产业互联网、云计算、大数据等新兴领域拥有深刻、独到的见解。兼任广东省应急产业协会专家会员、中国建投投资研究院特约研究员。

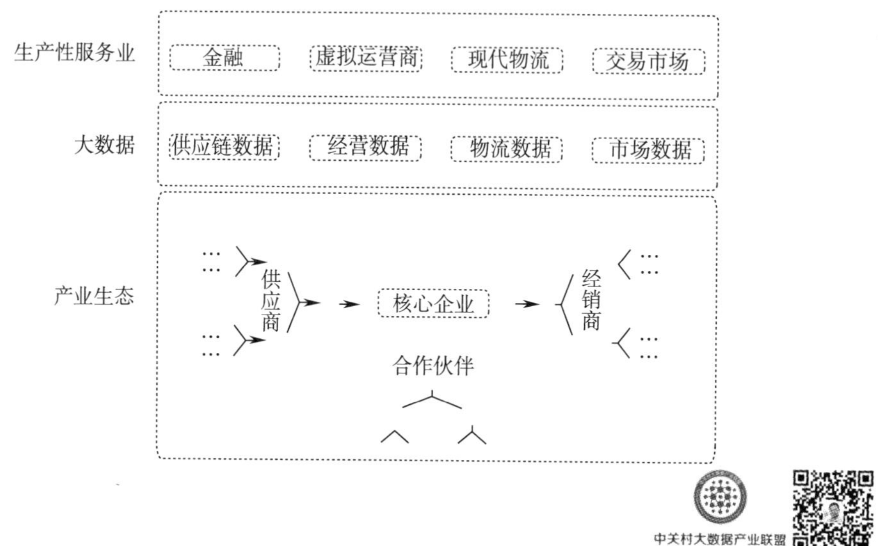

图1 产业互联网蓝图

加，苏宁国美对厂商的博弈能力不断增强，压低采购价格，设置各类隐形的费用等等，造成供应商的反弹。虽然剑拔弩张，但是谁也离不开谁。吵吵闹闹中一年又一年。等到苏宁国美店面扩张稳定，大家博弈达到均衡点。苏宁国美与供应商之所以存在如此激烈的博弈，根本原因在于他们分食家电等商品的利润。苏宁拿多了，厂商自然就拿少了。如果大家都想拿多，势必会对消费者涨价。所以，以苏宁、国美为核心的产业生态，处在紧绷绷的脆弱中。大家都在骑驴找马，寻找更好的出路。

京东则是另外一种局面。京东善用数据，预测消费者动向。他可以提前把消费者可能想买的货，送到离消费者最近的仓库去。一旦下单，最快速度送达。依托大数据发育的预测能力，使京东在产业生态中拥有“神”一般的能力。因为有了预测，他就可以对上游厂商做出指导性的指令，协调上游的设计和生产。京东这种能力，首先是从对数据流的掌控开始的，逐渐打通物流，现在发力资金流。“白条”金融服务是面对消费者的，促进消费用的。京东宝贝金融服务是对供应链的，促进生产用的。金融服务的利润，一定会超过商品销售的利润。所以对京东而言，为什么去压榨供应商呢？他最理智的做法，就是极大地扩大商品的销售，不断做大产业生态，他提供像阳光、空气、水一样的服务。也就是所谓的生产性服务业，金融、物流、通讯等等服务。这也回答了吴立提出的问题，核心企业必须辅助、扩大产业生态。甚至承担带动整个产业生态的升级、转型的责任。利莫大焉。

对电商的分析（见图2）。

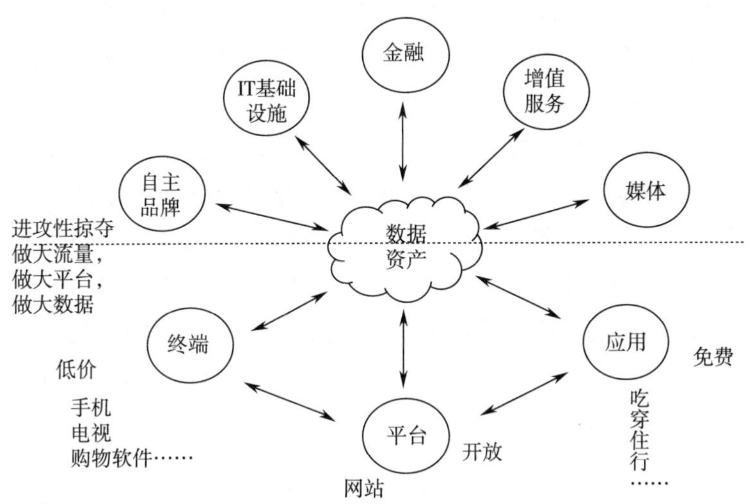

图2　电商的利基和扩张图

这是我前年画的。图中最顶上的圆圈和核心是标注为红色的，就是数据和金融。大平台核心竞争力是服务与管理能力。是基于信息流的管理与创造的商业模式。图2分为上下两个部分，虚线以下，就是扩大产业生态。虚线以上，才是未来赚钱的业务。首当其冲的就是金融。这就看出了苏宁和京东之间的本质差别。京东是以数据资产为核心，产业生态的扩张不受物理空间的限制；再者，京东不和产业生态中的伙伴争利，而是提供生态必需的空气、阳光、水。所以，企业家思考的出发原点应该是企业上游、下游、合作伙伴组成的产业生态圈。生态繁荣，才能基业长青。产业生态就说到这儿。

生产性服务业并不是新概念，早在1966年，美国经济学家H. Greenfield就提出这个概念。生产性服务业区别于消费性服务业，涵盖金融、通讯、物流、交易市场等现代服务业，主要服务于制造、流通等领域。京东宝贝产品属于生产性金融。直接帮助上游的伙伴激活生产。生产性金融，不是一般金融机构的强项。所谓数据流决定资金流。此之谓也！咱们这个群聚焦在金融，但物流、通讯、交易市场都是可以和生产紧密对接的，都是生产性服务业的核心组成部分。以前生产性服务业概念虽然有，但是难以落地。现在有了互联网、大数据，就可以紧密地把生产性服务业与产业生态对接在一起。京东就是很好的例子。各行各业都有零星的实践，所以我把这个抽象出来，画出产业互联网蓝图。

这个东西画出来，意义是很大的。上次我在佛山调研，许市长提到整个佛山的工业总产值达到1.5万亿元的惊人规模，但是金融服务业等仅仅占工业总产值的5%不到。也就是说，至少在佛山这个传统的以制造为核心的城市，金融服务业的发展空间巨大。如果看整体的生产性服务业，更是处于起步阶段。这就提出一个区域转型发展的大课题，如何发展生产性服务业，推动传统产业生态的升级和转型？在这个过程中，可能出现新型的服务业巨头，也可能再造传统的公司，再上新台阶。解决的思路就是产业生态、大数据、生产性服务业。借助大数据，对接产业生态和生产性服务业，是产业互联网的灵魂，也是区域经济转型升级的关键！

（2014－03－31）

产业互联网

易欢欢*

我首先分享一下，我是做科技行业研究的，在进入科技行业研究之前，我曾在多家跨国性科技公司，做过技术，做过销售，做过售前服务，积累了一定的IT基础。后来进入到证券行业，当时是2009年中，我那时候印象非常深刻，当时的温总理刚刚去无锡视察提出一个概念叫物联网，一下子二级市场整个反应是非常激烈。但是从2009年刚刚提出物联网，到2011年真正兴起用了两年时间。2010年我们发现，物联网带来什么问题：无处不在的传感器，无处不在的摄像头，它采集了大量的信息数据。需要一种新的传信的计算、存储、处理的能力，更便宜的成本。于是在2010年我们写了一篇报告“云计算是未来3~5年的技术革命”。云计算一方面解决了单位计算和存储的问题，另一方面，把我们每个人的在线基于APP，基于轻量级运用，复杂的业务流程放在云端，改变了用户在本地使用IT服务的习惯。这是在2010年我们的一个判断。到了2011年底，我们发现云计算，物联网它只解决一个核心的、我们称之为IT层面的问题，这时候囤积了大量的信息，这些信息怎么用呢？我们在2011年写出了一系列的报告，阐述大数据怎么用，如何改善管理，如何改善经营，如何延伸出新的商业模式。但是到了2013年，这时候有一个非常重要的契机，我们当时去了一家公司，他们做风险征信的时候，不再用银行的传统数据，他开始用谷歌，用亚马逊，包括UPS的数据判断个人和企业的征信，这时候你发现数据越来越可以描述企业的价值，代表未来的趋势越来越等同于资产，数据将越来越等同于金融。

我们在去年6月15日写了一篇报告，互联网金融火了起来。从数据量的采集

---

* 易欢欢，中国国内最具影响力的科技研究者之一，引导了中国资本市场互联网金融、大数据、云计算三次大潮，屡次获得权威机构评选的中国科技最佳分析师第一名称号。职位：宏源证券研究所副所长、互联网金融千人会秘书长、国际金融论坛互联网金融研究中心执行主任、中国财经青年学会执行主席。2013年腾讯互联网金融年度人物，多部委、地方政府、企业专家顾问。

到数据的处理，到数据的应用，再到数据的变现，这是相辅相成的过程。这就是我自己研究的脉络，自己的感受。今年我们有一个巨大的新发现之前很多变化首先是从消费者开始，完成了消费者的数据采集、处理、应用、变现之后，当前又进入到企业领域。围绕企业的数据采集、处理、应用、变现，当前就主体变化之后，我们在 2014 年以及未来的一个重点就是围绕产业的互联网化、围绕产业的金融化，提出了当前的命题。

1. 缘起

1995 年被称为世界互联网商业元年。在这 20 年中，以消费为主线，互联网迅速渗透人们生活的各个领域，极大地影响了人们生活和消费的习惯。消费互联网从提供资讯为主的门户网站发端，随着移动终端的多样化，智能终端的普及，目前已经可以满足人们绝大多数的消费需求，包括电子商务、社交网络、在线旅行等行业获得极大的发展，并从中诞生了多个巨头型企业。

消费互联网企业发展迅速，传统线下的规模经济演变成为多业务、多品种的范围经济。消费互联网的数字化、网络化，以及几乎为零的货架成本、库存成本，使得互联网公司在与传统公司的竞争中脱颖而出，零售、娱乐、旅游等领域传统企业受到极大的冲击，互联网公司已经成为这些领域的领头羊。

2. 互联网霸主消费端无所不能，产业端多次受伤

阿里和腾讯虽然在消费互联网领域牛气冲天，但是在产业互联网应用的尝试上均未取得好的效果。由于 BAT（百度、阿里巴巴、腾讯）的客户积累和运营经验主要集中在个人客户，其向产业互联网拓展过程中优势将不再明显。经过 20 多年的发展，消费互联网的格局已定，巨头已经牢牢把持住了行业发展的脉络。但是消费互联网巨头在向产业互联网领域拓展的时候原来的优势已经不在，产业互联网是一片蓝海。

3. 带来的结果：2014 年的趋势就是 BAT 不再是去做、去模仿，而是考虑收购、战略合作

曾经有人寄希望于移动互联网的发展能够打破 BAT 一统天下的格局，但是 2013 年互联网的并购热潮显然是这三家互联网巨头瓜分二线资产的圈地活动。

4. 产业互联网的概念内涵

产业互联网区别于消费互联网，泛指以生产者为用户，以生产活动为应用场景的互联网应用。体现在互联网对各产业的生产、交易、融资、流通等各个环节的改造。产业互联网时代的到来，意味着各行业如制造、医疗、农业、交通、运输、教育都将在未来 20 年被互联网化。产业互联网化体现为互联网的技术、商业模式、组织方法将成为各个行业的标准配置。三项关键技术与应用为产业互联网时代的到来创造了变革的基础。一是互联网的进程，包括传感的技术、可穿戴计算、智能家电、汽车或者制造业的先进技术；二是思维的方式，讲到互联网思维，我自己很赞同，互联网思维不仅仅是一个商业模式，而且是一种全新的文化，是一种产业，思考战略新的角度；三是互联网进入了传统行业。

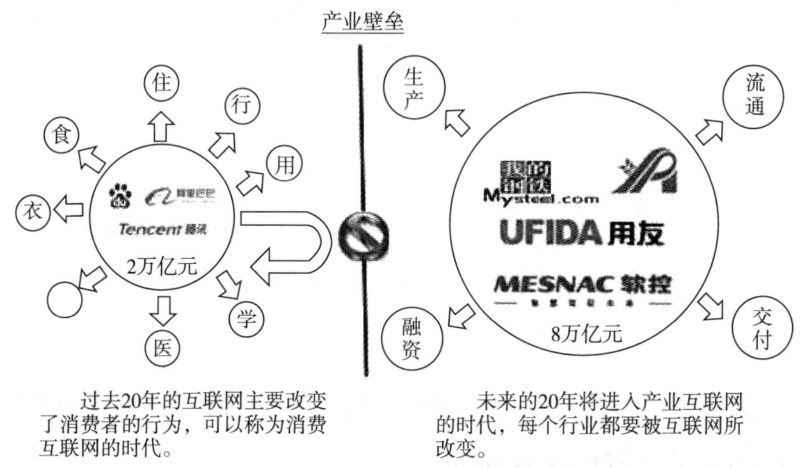

图 1　消费互联网巨头进入产业互联网有较高壁垒

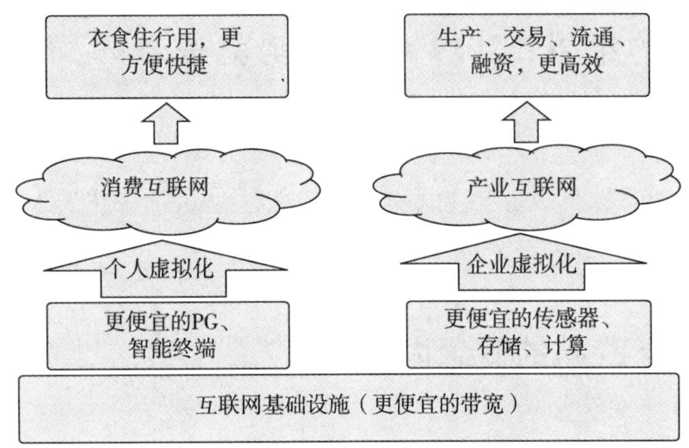

图2　消费互联网与产业互联网比较

5. 基础技术的完善性和应用技术的发展，带来虚拟化的进度从个人走向企业、走向产业链、走向集群

一是技术的发展，运算的技术、网络的技术，特别是现在可穿戴设备，现在怎么收集数据、怎么存储、怎么处理、管理，让这些数据变得有意义、有价值，这是非常重要的大数据的技巧和云计算存储的能力。二是一些理论，新的理论、算法、模型让技术实现的基础变为现实：（1）怎么样让机器和人一样的对话，应该是人的理解，大家触摸、表情包括感情，让机器变得像人一样交流；（2）机器变得像人一样思考，这个思考过去叫人工智能，现在叫人工智能都没有关系，这里面很重要的就是学习人的大脑思维模型。三是用大量数据去推断人的感知和未来的预测，这个是由于我们数据很多，人的数据、机器的数据、行为的数据，这些数据可以通过机器学习的方式然后来产生新的智能，这个智能比过去的模型更重要。比如现在的4G，4G用的模型和大数据的结合，模型，做深度的网络，这里面牵扯到的数据量、理论、学习，现在可以做了，然后语音识别，由量变到质变。

6. 中国从宏观环境、海外竞争、全球布局角度来看，产业互联网是必然的战略选择

德国将工业4.0提升到国家战略层次：智能制造为主导的第四次工业革命，或

革命性的生产方法。该战略旨在通过充分利用信息通讯技术和网络空间虚拟系统—信息物理系统（Cyber - Physical System）相结合的手段，将制造业向智能化转型。美国 GE 的工业互联网：开放、全球化的网络，将人、数据和机器链接起来。

中国工业化、信息化进程起步较发达国家晚几十年甚至上百年，而互联网化的滞后却并不明显，尤其在移动互联网领域的发展可以说是并驾齐驱。工业化与信息化进程的相对滞后，与互联网化进程的相对超前，两股浪潮的叠加激荡出产业互联网的广泛应用。在工业化、信息化程度达到一定水平后跨越进产业互联网时代，产生出很多有中国特色的产业互联网应用。

我国虽然是世界第二大经济体，但是在很多经济领域大而不强，受海外制约构建重要资源的产业平台，集合产业力量做大做强，抢夺在全球定价的话语权也是中国产业互联网发展的重要使命，未来比拼国家核心战斗力的就是在产业端的新竞争。德国提出的工业 4.0 与美国 GE 所倡导的工业互联网主要强调的就是对制造过程的互联网改造。

7. 产业互联网的影响将重构生产、销售流通、融资、交付，“微笑曲线”将会变得更加陡峭

互联网对产业的影响是全面而深入的，从细分领域来说可以从生产、销售流通、融资、交付四个大的领域进行分析。互联网本身的高效实时、跨区域、普惠等特性与生产活动中各环节的结合将有效提升生产效率。而互联网更是产业优势平台价值的催化剂，拥有线下优势资源的产业平台，借助互联网可以实现信息、交易、定价平台等多重功能，进一步增强对产业链的掌控能力。

（1）生产体系——从设计到制造。产业互联网对生产的影响不仅体现在制造过程中高度自动化、柔性化的生产方式，更体现在产品的设计上面，包括产品设计方式和功能设计等方面。在互联网时代产品设计上将会更加强调用户的参与，尊重用户的个性化需求。

（2）销售流通体系——特定商品领域的垂直企业电商平台深入发展，钢铁、化工品、农产品、中药等各种线上商品交易中心成立。个别平台已经打造成具有商品能力的电商平台，已经在产业里面起到了至关重要的作用。

（3）融资体系，电子商务 B2B 供应链协同形成产业生态链，企业间的竞争已

经演变成产业生态链的竞争，而供应链金融成为核心竞争要素。电子商务 B2B 企业不仅满足于一般的信息发布与交易平台，同时扮演着“第三方行业综合服务商”的重要角色，包括信息交易平台在内服务更综合化。

（4）物流交付体系，互联网对企业的物流体系和交付方式正在产生重大改变，无论电商平台还是企业自身都在构建适应互联网环境下的物流交付体系，实现 C2B2C。

8. 产业互联网真正的核心能力何在

（1）有优势产业资源地位。优势产业资源地位一方面体现在区域经济里面的优势地位，比如地理位置优势，邻近资源产地、消费地、存储地；另一方面体现在产业链中的核心位置，比如阿里和京东，在产业链中的地位有优势，凭借优势地位和信息优势对企业进行互联网融资服务；或者拥有广泛的渠道网点资源等。

（2）忠诚度相对较高的企业用户资源。从消费互联网的发展路径来看，掌握了客户资源，借助互联网手段可以更方便地对客户需求进行多维度的挖掘和服务，这个趋势正从 2C 向 2B 蔓延，拥有大量用户资源的软件企业价值面临重估。有的线下交易平台触网后往线上迁移，其本质是拥有大量的企业客户或者营销网络，借助互联网的力量提供更高效的服务，提高客户黏性。拥有企业用户资源是通向产业互联网之路的重要保障，可以发展针对细分行业的交易所模式的互联网应用，也可以发展针对通用行业的互联网金融、虚拟运营商、企业培训、企业社交等应用。

（3）具备互联网思维与互联网服务能力。具备了优势产业资源与企业客户资源并不意味着企业一定能够成功转型成产业互联网公司，企业还需要有互联网思维和互联网服务能力。企业的决策者需要以数字人的思维去部署决策，而不能停留在大规模生产、大规模销售和大规模传播的工业化思维时代。从企业的战略部署到组织结构都要进行适应互联网的改造，企业需要更开放、更关注用户的体验、组织结构扁平化。

9. 互联网＋金融＋X 是其核心

互联网和金融将成为产业互联网在各个领域发展的两大工具，互联网对应的是信息流，诠释了全新的技术手段（如云计算、大数据、移动互联网等）和思维模式（如长尾、众包、免费等），金融不仅体现在支付结算方面，而且还应用于资金融通，通过资金的流通引导其他生产要素的流动，推动整个产业的快速发展。抓住由于互联网化带来的数据，抓住新金融化带来的资源配置效率，就是产业互联网平台化，高议价能力的核心。

10. 产业互联网，我们总结了多种模式

先提示4种，分别为交易平台：体现为对产业信息的集成、产业技术的交易、产业商品定价的话语权。显示供求信息仅仅是交易平台最原始的功能；交易的撮合、支付的集成、线下物流仓储的集成是交易平台的中级模式；而对产品标准化、指数化、金融化，进而影响行业商品的定价是交易平台的高级模式。

增信融资平台：利用新技术方式来进行中小企业实时信用把控，信息化提升透明度，降低融资成本，提升融资杠杆，加快融资速度。

智能制造平台：其核心在于不仅能为企业提供制造装备，还能把握行业发展趋势，在原料技术、制造技术领域提供最新的解决方案，提高装备的智能化程度和联网能力，适应柔性化、个性化的制造趋势。

物流平台：适应在O2O趋势下，线上线下的一体化需求。

11. 风险在哪里

产业互联网化对应的是企业传统技术构架，商业模式及组织方式的变革观念之外的挑战，来源于企业的最高领导者及社会、政府各个方面，越是发展迅猛的领域越是反对剧烈。比如金融行业应对互联网金融的影响“安全威胁及不可靠”可能是最多涉及的问题。观念方面更大的挑战可能是对社会法律、规则制定的要求。

（2014－04－22）

众筹

——互联网思维下中小微企业融资的创新模式

李　祎*

一、什么是众筹

众筹译自英文Crowdfunding，广义的众筹是指利用互联网和社交网络传播的特性，让中小微企业家、艺术家和个人对公众展示他们的公司、创意或项目，争取公众的关注与支持，进而获得所需要的资金完成融资目标。

二、历史背景

从创业者角度分析，项目的融资可以通过家人、朋友和渴望参与投资但不懂投资的所谓的傻瓜（Triple F）。家人和朋友与创业者关系较近，创业开始时容易接触到，但是这一类非专业投资者往往可以同甘，但是不能共苦，在项目开展进程中遇到麻烦时无法用专业的语言进行沟通，Triple F很有可能撤出资金或者进行非理性的干预，导致创业者面对很大的风险。另外一个渠道是银行或小型企业贷款。但是银行审核过程繁琐，批复时间长。

从投资人角度分析，非合规投资人在美国现行法律规定下无法进行公开投资。非合规投资人只能通过线下私募的方式参与初创企业的融资，而合规投资人只占美

* 李祎，美国特许另类投资分析师，Lab［x］Lab创始人，众方俱乐部发起人。创业前在纽约摩根士丹利投资管理部负责1 300亿美元基本面分析驱动的主动型股票基金投资风险和估值，并作为定价委员会成员对高科技成长型股票进行从私募期到上市期的定价。此前李祎曾就职于美国保德信投资部、福特基金投资部以及联博，主要负责股市预测、资产配置及风险管理，赴美前曾在清华大学、中国科学院及NEC研究院进行模式识别创新研究工作。李祎从天津市南开中学理科实验班进入清华大学自动化系本科就读，并先后获得中国科学院计算所和美国哥伦比亚大学运筹学硕士学位。

国2%的人口。天使投资人进行尽职调查的时间开销大。如果对某个项目感兴趣，首先需要看商业计划书，再进行项目展示（Demo Show），然后还需要开展对团队特质、团队主要成员的背景、项目背景、以往信用、商业计划书的真实程度等方面的尽职调查，直到最后做决定。该过程需要很长时间，而且最终还有可能选择放弃。计算这一年中可以投资的项目再乘以投资项目成功的比例可以发现，这实际上相对而言并不是一种高效的投资方式。此外，在地理条件的限制下，在没有互联网的引导下，在没有信息共享的情况下并缺乏内部资源时，境外投资人投资美国本土初创企业的机会微乎其微，并且代价和成本较高，包括时间成本和机会成本，而且企业的信用风险和成功的概率难以估计。目前中国有大量的企业在美国进行收购并购，当然收购并购的标的比较成熟。未来可以尝试和关注成长中的公司，并通过互联网进行战略布局。

三、JOBS 法案

JOBS 法案一共有五项（另外两项由于不具广泛性在此略过），其中第二项（Title Ⅱ）和第三项（Title Ⅲ）与众筹平台相关。金融危机爆发后，小型公司融资渠道收窄，而且在通过上市获得资金较为困难的情况下，美国为了促进就业和增强创新能力，在2011年1月宣布了名为创业美国（Startup America）的计划，鼓励帮助小型公司的成长，创造更多的就业机会和创新能力。整个法案的推动过程是，2012年3月8日众议院通过法案，2012年3月22日参议院提出修改意见并在3月27日提交美国总统奥巴马。2012年4月5日，美国总统奥巴马签署了法案。

Title Ⅱ——针对合规投资人：以前针对于合规投资人的项目宣传只能私下进行，而现在法案规定允许对合规投资人进行一般劝诱和广告宣传活动。法案的规定默认了合规投资人有风险意识，或者说合规投资人在投资高风险项目时，即使有资产的损失也不会过于影响生活状态。Title Ⅱ已经获准通过并处于执行期。

Title Ⅲ——针对非合规投资人：Title Ⅲ中比较重要的规则有交易金额、公司披露和众筹平台三点。Title Ⅲ属于拟定规则（Proposed Rule），在2013年10月23日提出。从提出后到2014年2月初，已有一个大概三个月的审核期，由美国证券交易委员会（SEC）进行审核，同时收集受众反馈意见。受众人群包括投资人、创业者等中小微企业家、律师、教授、经济学家和该法案的关注者。目前来看通过时间还会延后，预计 2014 年的夏季才能修改完善并通过。

四、众筹的四种模式

奖励式：奖励式众筹平台回馈产品或服务。项目没有完全开始的情况下先筹资，在资金的驱动下产品成功地生产出来，并回馈给支持者。创业者起初只有一个想法，想法与消费者之间还有一条很长的资金链。奖励式的众筹可以让创业者的资金来自于购买产品的人，相当于支持者在产品和服务还没有被生产出来前直接预订这些产品和服务，缩短了资金链。比较著名的奖励式众筹平台有 Kickstarter、Indiegogo 和 Fundable。

捐赠式：捐赠式众筹基于公益和慈善筹资，捐赠人不期待任何回报。这一类平台在美国、英国、日本等国家有一定的发展，美国发展尤其成熟。这与美国税收政策和公益性的文化背景相关。比较著名的捐赠式众筹平台有 Gofundme 和 Crowdtilt。

债权式：互联网上的 P2P 公司属于债权式的众筹平台，平台返还本金和利息，例如 Lending Club 和 Prosper。

股权式：股权式众筹平台给予投资人股份。投资后公司成长空间、收入、花费和退出机制都将影响股权式众筹平台的发展。著名的股权式众筹平台有 CircleUp、AngelList、Wefunder 和 Fundable（Fundable 既是奖励式又是股权式平台）。

五、众筹的喜

首先，众筹降低了创业者的门槛，草根创业者可以更加容易地融到资金并且推出具有创新力的产品或服务。其次，众筹提供了从客户端到商务端的信息反馈。创业者还可以从项目受支持者的关注程度以及反馈判断项目定价是否合理。例如，支持者在一个激励式项目中可以支持 49 美元、99 美元和 199 美元，每一类支持所获得的回馈不同，在众筹平台入口能够较好地反映真实客户分布的前提下，通过观察哪一类产品的支持人数较多，可以在一定程度上说明受众市场对哪一类产品比较青睐。由于支持者采取直接预付模式，所以偏好的真实性和参考价值比调研要高。

此外，众筹还提供优秀的广告平台。在众筹融资成功可以拉动消费群，融资失败也可以吸引潜在投资人，所以众筹具有广告特质。很多具有影响力的网站会关注众筹平台，所以在此平台融资很容易获得爆发式的媒体传播效应，只要项目本身有一定的创新性、吸引力或者能解决用户某方面的市场需求，则可以得到比风险投资和天使投资更高的关注度，更强的传播效应。现在美国一些项目如果选择众筹式融资，策略上会通过公共关系（PR）在媒体上进行一轮预热，然后再在平台上筹资。

众筹帮助投资人降低了投资门槛，普通投资者可以参与到伟大产品的诞生中。众筹还可以分散投资者风险，尤其是对于专注某个行业的天使投资人。天使投资人可以在某个项目上与同行分摊股权池，以达到风险分散的目的。此外，众筹还可帮助投资人进行高效的尽职调查。帮助投资者筛选信息，同时实现信息的数据化、数据的透明化，并且规范简化流程。同时，投资者可以通过互联网挖掘全球优质项目，通过众筹平台实现跨地域投资和产业布局。

六、众筹的忧

创业者面临订单压力，尤其是预购式众筹。创业者需要在规定时间内完成产品或服务的设计、制作和发放，实现对支持者的承诺，否则信用将蒙损。创业者通过非合规投资者股权类众筹融资时，可能存在缺乏投资者具体的创业指导，难以获得天使投资人的行业人脉和经验积累。股东过多会影响决策，同时不能保证后续资金链的完整。传统意义上融资有天使轮、A 轮、B 轮、C 轮、D 轮、PE 轮和上市，而创业者无法一站式地在众筹平台上完成所有融资。创业者还需面对羊群效应。明星立项人或者项目会获得更多的资金，但是没有影响力的立项人或者项目会被排挤和忽略。

投资人首先面临的是项目风险，即公司信用及非专业投资人的判断。其次是平台风险，包括尽职调查的合理性、信息披露的真实性和全面性、平台的安全性。再次是估值风险，初创企业估值很难，其科学性、合理性是技术加艺术的问题。最后是退出风险。初期回报周期很长，目前缺乏二级市场流动性，股份如何转让是个问题。

七、众筹的发展

2013 年 10 月，世界银行最新发布的《发展中国家众筹发展潜力报告》显示，目前众筹模式已经在全球45个国家成为数十亿美元的产业。预计到2025年，中国众筹规模将达到460亿~500亿美元，全球发展中国家众筹规模将达到960亿美元，中国众筹规模将占到发展中国家众筹规模的一半左右。

全球通过众筹的筹资量呈逐年上升趋势。2010年为8 900万美元；2011年为15亿美元；2012年为27亿美元，其中16亿美元来自北美；2013年（预计）达到51亿美元。

世界领先众筹平台的数量比较集中。美国有344家，位列第一；英国有87家，位列第二；法国有53家，位列第三。

2009年至2012年期间，众筹平台的年复合增长率为63%。发展最快的是奖励式的平台，因约束较小，增长率为524%。股权平台排名第二，为114%，债券平台为78%，捐赠平台增长率为43%。

八、众筹在中国

众筹在中国发展存在一些不利条件。首先，国内相关法律并不完善，因此存在非法集资的风险。其次，国内缺乏信用体系，美国每个人都有一个社会安全号（SSN），通过社会安全号可以查询个人信用行为。公司的行为也有一套完善的系统进行记录、评价和约束。国内的P2P互联网金融模式下，每个P2P平台都建立自己的信用评价体系，但大都是在线下进行，这带来了成本的增加和人员管理复杂程度的提高。再次，国内大多数投资者存在保本意识，除非是非理性投资的暴富心理，否则高风险股权式的投资方式不具普遍接受性。最后，对于捐赠性平台，我国公益文化缺失，这些都是不太有利于各类众筹的大背景。

在中国发展比较好的或者已经有一段时间的众筹网站，其中股权式的有天使汇、大家投，还有近期浮出水面的原始会、银杏果，综合式的包括众筹网、梦想汇、中国梦网，以硬件为主的有点名时间，以文化为主的追梦网，以手艺为主的JUE. SO，以微电影为主的陶梦网，以音乐为主的乐童音乐，以大学生为主的酷望网。股权式的众筹主要针对天使投资人和风投。法律方面通过代持的方式可以把股权投资者的数量控制在200人以内。

（2014－04－21）

众筹

——天使汇模式

兰宁羽*

背景资料：为什么新闻联播会头条报道天使汇？

在我们的印象里，中央电视台《新闻联播》的头条基本都是党和国家领导人的活动报道。可是在11月1日，《新闻联播》却在头条报道了互联网金融领域冉冉升起的一颗明星——中国第一众筹平台天使汇（Angel Crunch）。大家都在疑惑，国内有那么多的投融资平台，可为什么会选择报道天使汇？

作为中关村互联网金融的代表性企业，天使汇自2011年11月11日正式上线运营以来，通过认证的天使投资人达700余人，登记的创业者33 000多个，登记的项目10 000多个，被审核通过可进行信息披露的项目有1 200多个，完成融资的项目70多个，其中14%的项目有创新发明意义，融资规模达2亿多元，逾八成项目的融资额在100万~500万元，这700多位天使投资人每年在天使汇上的投资能力达65亿元，成为中国早期投资领域排名第一的投融资互联网平台。

10月30日，天使汇正式宣布为了回报天使汇上的活跃投资人，为了感谢这些伯乐，天使汇计划在下一轮融资前，拿出一小部分份额，开放给能够帮助到天使汇的投资人，分享天使汇的成长。在自己的筹资平台启动众筹。上线两天，天使汇融资总额已经超过1 040万元，超过天使汇自己设定的融资目标500万元一倍多，创下最快速千万级融资纪录。天使汇究竟有什么魔力？

其实，天使汇的成功原因很简单，就是能够用互联网思维来切实解决当下天使投资人和创业者的痛点，并致力于打造成为中国融资能力最强、融资效率最高、挂牌企业质量最好的网络平台，让靠谱的项目找到靠谱的钱，而天使众筹则是天使汇的秘密武器。

---

* 兰宁羽，天使汇CEO。

天使众筹即多名投资人通过合投方式向中小企业进行天使轮和 A 轮投资的方式，相比传统的投融资方式，天使汇为创业者提供了一个更规范和方便的展示平台，并为创业者提供一站式的融资服务，尽量减少 VC 条款中不平等条款和陷阱合约，还帮助企业获得资金以外的战略资源，找到真正能帮助项目成长的天使投资人。实现创业项目的按需、快速、小额、多轮的融资。

对于投资人来说，选择天使众筹意味着可以用更少的资金投入更多的感兴趣领域，达到分散风险的目的，并在合投或跟投的过程中与优秀的创业团队和不同领域的优秀投资人共享经验、共同成长。

激活天使

其实在发达国家，天使投资是激励创新的重要力量，在美国就有 30 万左右的活跃天使投资人，而我国只有 1 000 多位，与中国庞大的高净值人群相比不成比例，据统计，个人资产在 600 万元以上的中国人就有 270 万人。不过这并不是主要问题，目前，我国的天使投资领域被一种被动和盲目的迷雾笼罩着，需要有一股力量吹散这些迷雾，来激活更多的潜在天使投资人。而天使汇则能够解决传统投资过程中的痛点和问题。就像天使汇 CEO 兰宁羽说的：国内创投的需求很旺盛，但由于信息不对称，信用体系、激励机制不完善等问题，需求没有被激活。在他看来，天使汇等在线创投平台所做的，就是以互联网思维解决困境，激活天使投资市场。

首先，线上规模使得投融资信息公开、透明，提高了创业者和投资人的对接效率。创业者不需要通过熟人介绍辗转联系，就可以获得上千位天使投资人的关注。在天使汇平台上，项目的商业计划书，常见的问题，投资人可以反复阅读，大大节省了线下沟通的成本。

其次，天使汇平台还能够提升资本的“智慧”程度，也就是让专业的投资人找到专业的项目。以往当投资人对所投的行业不了解时就会产生不信任感，比如有一位地方企业家就谈道：我特别想投资一些新科技创业公司，但是我不懂这个圈子，分不出哪个好，哪个有潜力。有朋友介绍给我一些项目，那些创业者也说得头头是道，我心里就特别矛盾，如果说有个圈内的人领投，或者和我合伙投，那么我会毫不犹豫投钱，钱对我来说并不是什么问题。

于是，天使汇就学习了国外的经验，采取了“领投 + 跟投”的机制，领头人专业背景相对深厚，可以为非专业投资人打消经验不足的顾虑，相对于跟投人，领头人虽然要承担更多的风险，但也能获得更多的收益。

再次，天使汇的服务功能和社交属性能帮助创投双方完善投融资能力。如初次创业者普遍缺乏融资经验，很可能因此与投资失之交臂，天使汇平台则可以提供行业咨询、公司治理、企业估值等服务，创业者也可以求助平台上的其他成员，提高融资成功率。入驻天使汇的乾龙创投创始合伙人查立便戏称天使众筹为创业“保姆”。

最后，改善投资环境，激活“天使”。天使投资在中国的发展受到诚信体系不完善、激励机制不足等现实问题的制约，对此，天使汇平台采取了一系列措施。如采用实名制，采用小额、快速、多轮的融资方式，降低投资风险，并积累用户信用情况。

创业保姆

其实众筹最大的受益者是广大的中小微企业和创业者们，就像中国社科院信息化研究中心秘书长姜奇平所说：“股权众筹模式高度体现了互联网金融的特征：去中心化、点对点直接交易，如果运行顺利，将改善我国天使投资环境，大大节省中小微企业的融资成本，也开拓了投资新渠道。”

《新闻联播》中提到的焦可就是个典型的例子，一个普通的上班族，看准了未来的发展方向，也为了自己的理想和亲朋好友东拼西凑了几万块钱来创业，两个月后，他在天使汇上拿到了上百万元的发展资金。其实，焦可的例子在天使汇上实在太多了。

经常用手机软件打车的人，恐怕对“嘀嘀打车”并不陌生。根据艾瑞咨询集团的统计结果，这款去年 9 月上线的软件，如今已占到国内打车应用软件市场的 6 成。但许多人可能并不知道，这款风靡大城市的打车软件，最初的融资是通过天使汇完成的。去年，“嘀嘀打车”在这一平台上完成了千万美元级别融资。

在北京寸土寸金的 CBD 核心区，有一家 10 多平方米的煎饼果子店“黄太吉”，13 个座位，煎饼果子能从早卖到晚，一到饭点，来就餐的人更是排着长龙，而且还有人专门打车、开车慕名而来，吃煎饼果子也成了一种时尚。开店 1 年，黄太吉收入超过 500 万元，被风投估值 4 000 万元人民币。如今成了品牌的黄太吉当初在天使汇上挂牌 10 天就融了 300 万元，这为黄太吉的发展注入了第一桶金，当时还是初创项目的黄太吉备受争议。

今年 1 月，天使汇创造性地推出“快速团购优质创业公司股权”的快速合投功能，上线仅仅 14 天就获得开门红，成功为创业项目 Lava Radio 募得 335 万元人民币的资金，比预定融资目标 250 万元超出 34%。这是国内第一个在网络平台上众筹成功的项目，也是天使众筹完成的第一单，从而使天使汇升级为众筹融资平台。

据了解，天使汇“快速合投”最快的项目仅用 40 分钟就融资到 100 万元，所有项目平均众筹融资时间是两周左右，融资最高的项目达 500 万元，最少的有 50 万元，平均一个项目的股东投资人数为 5 名。快速合投的精髓是领投人，领投人发挥定价作用，也会帮助项目完善 BP，确定跟投人。

兰宁羽表示，快速合投这种方式更灵活、更有效，也非常有潜力，为国内广大中小企业和创业团队带来一种全新的融资方式，大大降低了创业初期资金募集的门槛。它告诉创业者，没有钱不是问题，只要有靠谱的想法，有优质的团队，就可以获得融资。

综合投资人和创业者的评价，天使汇“快速合投”平台与以往的投融资方式相比有几个优势：方便快捷、分散风险、集体智慧、附加值服务、估值模式、高效个性化服务。通过天使投资，特别是通过具有丰富的创业经验、独立判断能力、风险承受能力、专业素质、丰富人脉资源和较多资金储备的领投人提供的附加值服务，即智慧资本，才能真正解决中小微企业的发展，解决融资难、创新难、创业难等问题，持续引导帮助企业健康成长，而不单单是给企业多少钱。起点创业营创始人查立表示，天使汇作为一个创业服务平台，为创业者和投资人搭建了一个发现价值、创造价值的舞台，让人人都能够当天使，对创业者提供了很多有价值的融资服务，天使汇是敬业的天使保姆。

超越梦想

天使汇并不只是一个简单的投融资平台，它能做到的还有更多。从今年开始，天使汇将逐步实现全流程服务，包括法律架设、公司治理的信息化托管、对接全球资本市场等。

兰宁羽表示，天使汇的定位是以互联网为手段，为中小微企业提供全生命周期的金融服务，从天使轮到 A 轮的在线众筹股权融资，再到 B 轮到 C 轮的股权 + 债权融资服务，最后到 C 轮到 Pre—IPO 的股权转让服务和 IPO 的转板服务。

由于天使汇的服务对象多数是初创者，融资成功后亟须成立公司，但对工商注册公司的手续和流程又不熟悉，即将上线的工商快速变更系统与天使汇的投融资平台融为一体，所有手续全部在互联网上解决，实现一站式服务，降低运营成本，提高办事效率。

此外，天使汇正在走向国际化，通过与美国同类平台的合作，连通全球资本市场，今后纳斯达克上的投资人都可以投资天使汇平台上的企业，中国的投资人也可以投资美国的未上市高科技公司，实现“走出去”和“引进来”。目前系统正在搭建。中国公司全球化是未来的一个趋势，通过天使汇的互联网金融平台，初创企业从一开始就可以迅速建立全球市场。据介绍，某网游公司在天使汇平台融资后，迅速找到了国外投资人，并与国外投资人的渠道资源对接起来，实现国际化跨越。这是传统金融渠道所不具备的。

所以，《新闻联播》头条报道天使汇看似意料之外，其实是在情理之中。如果说 2012 年微信改变了人们的生活，而在 2013 年，“互联网金融”的概念深入人心，互联网把普通人和高不可攀的“金融”之间的距离拉近。余额宝的诞生，打破了基金的售卖方式，掀起一股全民投资的浪潮。P2P 平台的发展，使得民间借贷更具有灵活性。天使汇的繁荣，则让股权众筹不再是一个概念，它不仅改变了投资人以往的投资方式，也改变了中小微企业融资难的困境。互联网金融还是一个新鲜事物，表面上看起来很风光，做起来其实很难，就像兰宁羽说的，做天使投资互联网平台实际很难，如果我们的团队改做其他项目，我们可能很快就会赚钱。天使投资人数量太少，为了这个平台发展，我们需要去教育市场，这是需要时间的，前途是光明的，道路是曲折的。

几个大家关心的问题：

1. 关于隐私保护，我们为客户提供的信息披露是分层分级的，也就是说，项目可以后台设置愿意披露给特定的投资人特定的信息。

2. 关于定价，我们不做影响，由领投人与项目协商定价，也可以根据认购情况进行两轮询价，超额认购后可以对价格进行有限度的上调，但需要提前告知上调的幅度，另外我们建议早期融资采取可转债的方法，按照下一轮估值的 × 折自动转化成股权，免去谈判的过程。

3. 天使汇回头会设立跟投指数基金，基金的运作全部透明，是一只半自动的跟投基金。这只基金的任何决策全部信息披露，有一定程度的盲跟，只要有领投人并且能 Close 的 Deal 都会去跟投。投后管理我们会推出相关的公司治理信息化系统，由领投人进行管理。

4. 任何人都可以通过跟投天使汇上的领投人做一只类似的基金。

两类项目适合众筹，高成长（例如 TMT），能赚钱（例如线下服务业）。我们的项目是高风险的直接股权投资，做出充分的信息披露，对投资人的审核很严格，一般人不能参与，风险由投资人自行判断，未来会出台一系列的风险防范机制和反欺诈机制，例如背书人、信息系统与公安联网、人肉搜索等。

项目来源分三类：（1）自己来的；（2）用户推荐；（3）我们的团队主动找。我们为项目提供深入的众筹服务，是一对多的服务，是全实名制的社区，另外包括股权托管等功能会逐步上线，不会存在跳单问题。

关于非法集资，我们严格遵守相关的规定，坚决不触碰红线，例如不超过 200 人，不承诺固定回报，不向非特定对象展示等，在此不详细回答。众筹平台目前不多，还不存在不够异化的问题。Kickstarter 是产品预售和相关的衍生权。我们主要是股权众筹，实质和私募股权一样。虽然目前这个领域的对手不多，但跟 P2P 一样，我们也同样担心劣币驱逐良币。

刚才我提了背书人，角色就类似保荐人。过度竞争对创业企业是有极大负面影响的，适度竞争才会有利，所以一窝蜂应该被引导，应该有在同一产业链的不同细分环节提供有效的服务，包括天使汇上的项目也一样，我们对细分行业做分析和引导，希望大家别一窝蜂，类似团购和 P2P。这个领域的风险确实比较大，我们也在一点一点尝试往前走，还有很多不确定因素。接下来的目标很多，也不详细回答了，一句话希望能为几百万家中小企业解决融资难、发展难的问题。anti—fraud 这个我们也在研究，有一些思路，目前还没有特别好的手段。

（2013－11－08）

美国 JOBS 法案及其影响

羌　笛*

羌笛，在2014年2月9日下午5点，于美国加州，向互联网千人会和早餐群的朋友们问好!

记得，三年前的3月，我在深圳的五洲宾馆，向前来参加我们 InvestWide 公司，中国区年会的朋友们，介绍当时美国众议院将要投票通过的，由代表美国北卡罗来州的众议员，Patrick McHenry 提出的“Entrepreneur Access to Capital”（企业家对接资本市场法案，H. R. 2930）及相关的众筹与众投的案例时，当时与会的一位重要的政府嘉宾，当即借故离开了会场。因为当时，关于吴英非法集资的判案，正引起社会各界广泛讨论。

将近三年过去了，由 Patrick McHenry 众议员引领的，以创造就业为关键诉求的，与众筹和众投模式相关的新法和修正，在美国朝野，受到了广泛的支持。因此而导致的，美国本土中小企业上市融资的规则的变革，也极大地加速了创新企业，尤其是生物医药企业，通过 IPO 获得融资的进度（Twitter 的 IPO，便是2012年4月5日，奥巴马签署：The Jobs Act – Jumpstart Our Business Startup 法案后，一个典型的成功案例）。

法案详述：

关于 The Jobs Act – Jumpstart Our Business Startup（强势启动我们的初创企业——法案）的基本介绍：

* 羌笛，自1987年起，在美国硅谷的重镇 Woodside，从事风险投资，并就硅谷科技的未来发展进行方向性的研究。同时，以斯坦福大学及加州州立大学旧金山分校为基地，探索“科技创新企业家集群”的培育。并为此，先后创办了 Power Partner Institute 和 Startup Prosperity 等天使机构。目前，除担任纳斯达克上市公司的独立董事、审计委员会委员、薪酬委员会主席等职务外，重点实施上市公司的法人治理和风险防范措施。此外，还作为微信公众号“我为创业代言”的独立撰稿人，每天一篇原创，系统阐述创业体系和创业生态的培育，以及对中国创业群体的意义。

1. An Act

To increase American job creation and economic growth by improving access to the public capital markets for emerging growth companies（立法目的：通过拓宽和改善全美初创，及高速成长企业在公众市场的融资渠道和环境，增添工作岗位，促进经济发展）。

2. 立法背景

美国众议院：在2011年11月通过的下述的三个法案是最后成型的，The JOBS法案的基础框架。

（1）Small Company Capital Formation（H. R. 1070）（小型企业融资法案）；

（2）Entrepreneur Access to Capital（H. R. 2930）Introduced by Patrick McHenry（R－NC），Revised in Collaboration with Carolyn Maloney（D－NY）（企业家对接资本市场法案）；

（3）Access to Capital for Job Creators（H. R. 2940）（创造就业企业融资法案）。

虽然，与众筹相关的上述三个法案在美国的众院通过后，被提交给参院的银行委员会，但直到2012年3月，该委员会没有采取任何行动。

在等待期间，田纳西州的共和党众议员Stephen Lee Fincher在2011年12月递交了H. R. 3606草案。试图让年销售额低于10亿美元的企业，既能通过公众市场融资，又能够在融资后的最初5年里，获得《萨班斯——奥克斯利法案》相关条款的豁免。该法案也在同一时间段，被提交给了众议院的财经委员会。

与此同时，上述法案，尤其是H. R. 2930法案在美国众议院的通过，极大地鼓舞了美国参议院的S. 1791和S. 1970法案的倡导者，Scott Brown和Jeff Markley。

2012年3月1日，美国众议院多数党领袖Eric将经过综合与修订的H. R. 3606重新提交并表决。该新版法案不仅包含了原版的H. R. 3606提案的主要内容，也包括了已被众议院通过的H. R. 1070，H. R. 2930，H. R. 2940法案的内容，以及待批准的H. R. 2167 — Private Company Flexibility and Growth草案和H. R. 4088 – Capital Expansion草案的精华部分。最后，该法案被定名为：Jumpstart Our Business Startups。然后，再通过组合该法案每一个词的首字母，将法案名称缩略为：The JOBS Act（完整名：强势启动我们的初创企业法案；缩略名：工作机会法案）。

纳维尔，Angel List（天使名册网）的共同创始人，为促使本法案的顺利通过，曾在华盛顿花了六个月的时间进行游说。他在事后的回忆，可以帮助我们了解美国立法的运作:“由山头林立的国会巨头们提出的多个法案，最终被整合在一起，又被担心如何能使该法案在国会参众两院顺利通过，那些天才般的议员助手们，缩略命名为: The JOBS Act(工作机会法案)。这是该法案急速闯关的关键。试问，有哪位国会议员会投票反对，能增加工作机会的法案? 这是一次奇迹般的两院运作。”

接下来，我们看一下国会两院的最终投票结果:

美国众议院总票数为435票。赞成票: 389; 反对票: 23; 弃权票: 21。

美国参议院总票数为100票。赞成票: 73; 反对票: 26。

The JOBS Act 法案目录(全法案共为7个部分、23章，总计22页):

TITLE I—REOPENING AMERICAN CAPITAL MARKETS TO EMERGING GROWTH COMPANIES(第一部分: 重新向高速成长企业，打开美国资本市场的大门)

Sec. 101. Definitions(定义)

Sec. 102. Disclosure obligations(信息披露的义务)

Sec. 103. Internal controls audit(内控与审计)

Sec. 104. Auditing standards(审计标准)

Sec. 105. Availability of information about emerging growth companies(高速成长企业信息的真实性与有效性)

Sec. 106. Other matters(其他事项)

Sec. 107. Opt - in right for emerging growth companies(高速成长企业在获得潜在投资者同意后，推送相关信息的权利)

Sec. 108. Review of Regulation S - K(对 S - K 条款的重温)

TITLE II—ACCESS TO CAPITAL FOR JOB CREATORS(第二部分: 工作岗位创造者的融资途径的开放)

Sec. 201. Modification of exemption.

TITLE III—CROWDFUNDING(第三部分: 众筹)

Sec. 301. Short title(简称)

Sec. 302. Crowdfunding exemption(众筹豁免权)

Sec. 303. Exclusion of crowdfunding investors from shareholder cap(排除股东作为众筹投资者)

Sec. 304. Funding portal regulation(资金流入监管)

Sec. 305. Relationship with State Law(与国家法律的关系)

TITLE IV—SMALL COMPANY CAPITAL FORMATION（第四部分：小企业的资本构成）

Sec. 401. Authority to exempt certain securities（授权豁免特定证券）

Sec. 402. Study on the impact of State Blue Sky laws on Regulation A offerings（研究国家股票买卖控制法对规则 A 的影响）

TITLE V—PRIVATE COMPANY FLEXIBILITY AND GROWTH（第五部分：未上市公司募资的灵活性和成长性）

Sec. 501. Threshold for registration（注册门槛）

Sec. 502. Employees（员工股）

Sec. 503. Commission rulemaking（证券交易委员会的规则制定）

Sec. 504. Commission study of enforcement authority under Rule 12g5 – 1（证券交易委员会对《12g5 – 1 规则》下执法授权的研究）

TITLE VI—CAPITAL EXPANSION（第六部分：资本的扩充）

Sec. 601. Shareholder threshold for registration（股东注册门槛）

Sec. 602. Rulemaking（立法规章）

TITLE VII—OUTREACH ON CHANGES TO THE LAW（第七部分：收集各界对本法案的反馈）

Sec. 701. Outreach by the Commission（证券交易委员会负责本法的后续完善）

为适应互联网时代，初创和快速成长企业，对融资的需求，Jumpstart Our Startup Business，作了如下的应景和调适（因互联网支付、信用评估、风险控制和金融消费者的保护等，在美国已有 Dodd – Frank Wall Street Reform and Consumer Protection Act 等众多的其他法律来规范，故不在此文赘述）。

法案的条款一规定：为减缓过去多年美国本土 IPO 企业数量不断下降的势头，将调整全年销售额低于十亿美元的、高速成长类企业信息披露的要求。同时，允许他们向有意向，并符合一定条件的投资者，试水推销他们的股票。只要他们能够至少提前 21 天，向美国证监会递交他们暂不对外披露的 IPO 注册文件（推特/Twitter便是此条款的第一个受益的 IPO 公司）。

条款二：尽管奥巴马总统在 2012 年 4 月 5 日已签署本法案，但本条款的实施细则，直到 2013 年 9 月 23 日才由美国证监会正式颁布。通过私募融资的公司，将被允许通过媒体的各类广告推销他们的股票，且有资格通过私募来投资此类公司的投资者，也不再像原来的规则 D－506 所要求的那样，其资产净值（不包括其长期居所），必须超过 100 万美元，或其个人的年收入必须超过 20 万美元（夫妻 30 万美元）。

条款三：与众筹对应的，是对众投的规定。众筹（Crowd Funding）允许私营公司，在 12 个月之内，可以通过互联网平台或经纪/中介，向公众募集的最高金额为 100 万美元。对投资者来说，他们需要接受相关的投资风险的教育，并有最高可投资额的限制。只是，Public Securities Crowd Investing（众投）的执行细则，目前尚未公布。

目前美国的成功众筹，主要还是集中在：（1）基于捐赠的（Donation－Based）和（2）非财务或股权回报类（Non－Financial－Return）的项目。所以，条款三，对这两类众筹（Crowd Funding）的推动，并非主流。

条款四：允许非公众公司，在向美国 SEC 递交一个简要申报，并遵守公司所在州相关法规的情况下，在一个会计年度内，可以通过线上或线下，向公众直接融资的最高额度，从 500 万美元增加到 5 000 万美元。但是，SEC 目前也还未公布此条款的实施细则。

条款五：以往的法律规定，即使您是一家私人或家族控股的公司，在您的股东人数达到 500 人时，您必须像上市公司一样，向美国证监会申报您的年度及季度财务报表（10K，10Q）。本法案生效后，此上限可从 500 人提高到 2 000 人；如果所有上述股东都符合合格投资者的标准。否则，有非合格投资者的公司的股东人数达到 500 人时，仍需申报 10K 和 10Q。

条款六：资本的扩充，及条款七：收集各界对本法案的反馈，留待以后详议。

案例讨论：

为什么说 The JOBS Act 是生物医药初创公司的速效救命丸？

在 The JOBS Act 法案被签署后，第一家成功上市和融资的，美国生物医药公司 Chimerix 的总裁，Kenneth Moch 对此作了如下的说明。

“拜新法案所赐，2013 年 5 月，是 2000 年以来，美国生物医药产业获得资金的最佳月份。仅在这一个月，就有美国本土的，8 家生物医药公司上市。2013 年上半年，美国共有本土的 19 家生物医药公司上市。在 2013 年下半年的最初几周，至少还有 5 家美国生物医药公司会 IPO。”

“我的公司，Chimerix，就是使用了新法案允许弯道超车/on－ramp 的新法则，在 2013 年 4 月 11 日 ，通过 IPO，募集了 1.17 亿美元。”

“对 Chimerix 这样的生物医药公司来说，通过 IPO 上市并募资，是一个关键的蜕变过程。创新型生物医药产品，从实验室研究到进入临床试验，平均历时十年，耗资数亿至数十亿美元。且随着时间的递延，需投入的资本，更是急速地增长。因此，除早期的私募之外，能在公众市场持续募资，对我们来说，关乎企业的生死存亡。”

“Chimerix 的一个防止病人，在肝细胞移植后感染的新药，“CMX001”，便是在公司的 IPO 融资后，获得了进入临床试验第三阶段的资金。”

“The JOBS Act 还有一个特点，便是她允许生物医药公司，先向美国证监会递交上市和融资申请，待公司和市场同时认为机会成熟时，再启动 IPO 程序，并披露相关信息。在 IPO 路演前，公司的所有敏感信息，都处于对竞争对手和公众的严格保密状态。”

“The JOBS Act 另外一个对高速成长公司很有帮助的规定：在上市后的最初五年，不需要把大量资金投入到‘萨班斯法案’对上市公司要求的合规管理中。这样，生物医药公司可以把节省下来的大量资金，投入到实验室研究和医院的新药临床试验。”

“最重要的是，新法案允许企业摸着石头过河（Testing - the - Waters）这样，公司就可以在向证监会提交上市申请时，给予潜在的投资者们相关的产品知识和培训。并同时评估他们对公司 IPO 的兴趣，这些在证监会开始讨论和审核公司的 IPO 文件时，仍可以继续，因为公司不需要在此阶段保持静默。”

“每一家生物医药公司，都有其独特的风险和机会，以往长达数季的‘静默期’，导致即使是极有经验的生物医药产业的投资者，也得不到足够的信息和时间，来消化拟议中的新产品和新技术。在正式 IPO 的路演开始时，如果投资机构不能够获得足够的时间和信息，以便对公司的管理层，及其新产品所应用的新技术和副作用做出评估，他们的投资决策便会中途夭折。”

新法案允许企业“摸着石头过河”，帮助 Chimerix 将全部事实摆在有兴趣的投资者面前。“早在正式启动 IPO 的数月前，我们就与潜在投资者们召开了无数次的会议。在正式 IPO 路演时，我们又与同一批投资者进行多次会谈。他们中的 50%，选择了入股并投资。我们的 IPO 的融资数额，也远远超出了我们的预期，我必须把所有这一切的红利，归功于 The JOBS Act，这一新法案。”

“对我们这样的，需要大量资本的创新型生物医药企业来说，新法案毫无疑问地帮助和促进了我们的成长。这将使美国，可以在新药的研究和开发方面，始终处于世界的领先地位，并最终改善人类的健康和拯救宝贵的生命。”

（2014 - 02 - 07）

奖励式众筹的价值和使用

张栋伟*

“众筹”是新兴的金融工具之一，与第三方支付、P2P 式个人贷款并成为互联网金融的三大应用。

作为互联网金融的特征，众筹同样是传统金融业务的补充，作为一种利用互联网工具而兴起的金融服务，只是一系列金融工具的一个组成部分，是针对小微企业、草根创业提供金融服务的方式。其特征是总体融资额度较小、融资对象广泛，适用于从创意初始到 A 轮融资之间。

众筹从回报方式的不同方面，分为“捐赠式众筹”、“债权式众筹”、“奖励式众筹”和“股权式众筹”四大类别。和创业融资最直接相关的“众筹”形式，包括“奖励众筹”和“股权众筹”。

“奖励众筹”是目前最受关注的融资方式，其直接表现形态乍看有些类似“团购”或者“预售”。但由于其本质不同，所以其价值提供和价值传递的方式均有显著的差别。概要地表达“奖励众筹”的价值，即以下五点：

1. 发现创意：众筹处于产业链的最前端，可以最快速地发现和发掘有潜力的产品项目。

2. 需求验证：通过用户拿真金白银的投票支持，可以验证项目是否符合市场需求，大大降低项目失败风险。

3. 粉丝获取：提供天然的路演平台，帮助发起人获得第一批忠实粉丝。

4. 融资背书：众筹后的数据结果，将为项目获得进一步融资提供最强有力的说明。

5. 融资合作：众筹网也会根据项目筹资表现的数据，提供借贷、孵化或投资

---

* 张栋伟，知名营销专家，网信金融集团众筹网合伙人。历任卓越网市场总监、中华英才网市场总监、风网 100TV 市场总监、网尚文化集团战略副总裁、A8 音乐集团 CEO 助理等，分管营销和新业务战略工作。DoNews 社区早期管理团队成员，网媒联谊会发起人和召集人。

等金融服务。

因此，“奖励式众筹”的核心诉求并不是直接的融资，而是“筹人、筹智、筹资”的过程。

“股权众筹”的直接表现形态则是完全集资。通过定向出让股权，为企业获得热定的股东群体，并由此获得特定的客户资源和资金资源。

这种集资处在具有“时间限制”和“规模限制”的基础条件下，并通过有关法规设置的界限内运作。“股权众筹”的详细法规目前还比较滞后，因此提醒在选择股权众筹服务商时，需要细致了解其中的法律风险。

按照标准的市场营销原理，我们可以更为快速地学习和理解如何使用“众筹”这一新兴的工具。我们可以按照“定位”、“3V”和“4P”三种最重要的营销法则，来规划和实施自己的众筹项目。

1. 如何规划众筹项目

1.1 确认自己想要什么价值

正如前文所述，以众筹网（奖励式众筹）为例，他可以按照循序渐进的方式为项目发起人获得五种价值提供机会。这些价值提供机会有的时候是全部存在，有的时候只能实现其中的一两个。如果你作为一个普通工作者或者是在校大学生，已经受到了足够多的“成功故事”洗礼，想看看苦思冥想出来的“产品”是不是“靠谱”，你就可以利用自己的周末，花上几个小时来“制作出你的众筹项目”，并通过十几天时间来验证，你究竟是下一个乔布斯还是下一个梦里的乔布斯。但是你已经确定自己就是乔布斯，来众筹网上准备花 5 分钟的“电梯陈述”来拿到数百万美元，强烈建议你选择适合的时间做项目发布尝试——比如半夜 1 点钟以后——这个时间认识你的朋友们会当成是在梦游状态下看到你的梦想，不至于影响到他们对你智力的怀疑。因此，你需要牢记在众筹网上，最核心的两个结果原则是“验证”和“路演”。

1.2 确认你能提供什么价值

忘记那些成功学的垃圾学说吧——你把玻璃放在众筹网上，不会自己变成钻石的。但是如果你将玻璃制作成了一件独一无二的艺术品，就一定会有慧眼识珠的人为你这个行为表达青睐——当然也许只是“1 元钱的赞”。众筹既然是一个验证的过程，其所验证的对象就是“价值”。你的项目，可能是商品，也可能是某种服务，都必须显著地、清晰地表达——将为用户带来什么价值?

关于价值的解释，普遍性的观点是“解决用户的痛点”，为用户带来便利性、安全性等等可见的利益回报。还有另外一种价值机会，是理工男们很少意识到，但是却是全世界最大产业之一的价值点，就是“触碰用户的 G 点”，为用户带来感官、情感等非物质化的利益回报。

不管是“解决用户的痛点”还是“触碰用户的 G 点”，这都是发起众筹项目的前提之一。如果连自己都没有办法让自己兴奋，请坚信：陌生人们一定不会用真金白银来贬低自己的智力。

1.3 不要低估了项目交付的困难度

“我发现年轻父母们特别关心宝宝的健康，尤其是在宝宝生病的时候。宝宝的体温是否正常？心率是否安好？是否正在哭闹？父母们一定愿意为解决这个‘痛点’付费。”“经过资料查阅，以及自己的学习知识，我们已经知道‘传感器技术’完全可以解决这些监测问题。通过实现手机上的 APP 实时监测，这将是一款革命性、颠覆性的创新产品，将满足每年数十万新增家庭的保健市场需求!”真是一个伟大的构想！事实上我已经接触过不下 3 个这样的团队，不但提出了构想，还都已经投入了资金研究出了工程机型（这就是在众筹网上“发现”的价值）。但是很遗憾，没有一个项目能通过众筹网项目发布的审核。要知道对于一个实验室产品来说，走向市场、进行量产是一个负责的系统工程。奖励式众筹的要点在于：该项目必须能够完成承诺的回报——至少从理论上要能实现。“请问：你们拿到了《医疗器械生产许可证》了吗？没有啊，那你知道这个证书如何取得吗?”Game Over。

2. 推广和实现众筹项目

导语已经讲过，作为产品/服务的缔造者，你需要非常清晰地知道这一项目面对的用户对象，以及所提供的价值。只有定位用户准确，你的产品设计、价格策略、渠道选择和推广方式才能依次展开。市场营销是一个负责的系统工程，有关在新媒体环境下，以及移动互联网时代如何推广你的众筹项目，同样是一个很系统复杂的行动。但是其原则必须谨记：

2.1 最支持你实现梦想的人，是你自己

所有成功的众筹项目，其最大的推动力来自于项目发起人本身。《社交红利》的作者徐志斌，在项目发起之后2周时间内，通过其微博、微信、QQ群发、新闻投稿和口头告知等一切手段，每天都在积极发布和推动众筹项目的宣传，取得了初步获得3 300名粉丝的成绩，继而再通过这3 300名初试粉丝的沟通，取得了总体印数超过5万册的成绩。

2.2 善待和团结你的第一批支持人

当众筹项目发布之时起，你的支持者就会开始在项目页进行留言互动。众筹平台上你的“个人中心”里也会显示出所有支持人的信息。及时联系你的支持人，向他们随时汇报项目的最新进展，他们会成为你稳定的传播宣传渠道。

2.3 向众筹网站申请得到支持

众筹网站的立意，就是帮助发起人实现梦想，也帮助那些投资人找到值得支持的项目。众筹网站本身拥有巨大的用户数据库，稳定且日益增长的宣传渠道，以及为了支持优质项目的市场费用预算。与平台方建立紧密的沟通，会为自己获得额外的支持资源。

最后要提示发起人的，就是实施节奏要快。在项目发起之前，应该深思熟虑，设计好文案、视频、图片、宣传文稿等等必要的营销工具，一旦发布就要迅速达成项目结果。被公开的项目创意，会有被别人仿效的风险。因此迅速推进，快速迭代，是吻合互联网时代产品思路的不二法则。这里的快速迭代，也包括你在设计回报时，回报项目应该可以迅速兑现，以实现自身的口碑。对于跨度周期很长的项目，可以分解为数期项目分步完成。

例如，网友杨易宇是一位旅行爱好者，他在拉萨选择了一个500平方米的空间，希望为“沙发客”建立一个小客栈。我们知道对于500平方米空间客栈的投资，需要较大的资金投入。为了验证这个想法的可行性，杨易宇首先在众筹网发起了募资5万元的众筹项目，设置了非常具有吸引力的回报模式。这个原定75天的

筹资项目，大约在 30 天就募资完成。由于有了实践经验和初期支持了 5 万元的“原始粉丝”，杨易宇立即发起 38 天 15 万元的第二期募资，结果以 17 万元超募完成。这是一个典型的“分期推进”案例。众筹网目前已经开设了“众筹大学”，《玩转众筹》筹委会也正在组建“网络商学院”，都会提供更多的众筹实战教学课程。

3. 股权众筹的设计要领和实践

股权众筹是现在社会媒体上广泛传播的“众筹”，可以理解为一种集资行为。这是和“奖励众筹”完全不同的一种“大资金”众筹模式。最早的股权众筹可以追溯到 20 世纪 80 年代的娱乐场所，例如夜总会、酒吧等领域。大股东在自身已经拥有足够资金的情况下，依然会拿出一部分股份，以优惠的价格转让给文化、艺术、关键领域的知名人士，以获得客户人脉资源。随着互联网时代的来临，空间和时间的区隔都被打破，投资人和项目所有者可以交往的机会大大增强，特别是互联网金融的发展，利用 P2P 交易平台和众筹平台，辅以征信、保险等预防风险措施，使得众筹式的股权融资开始快速发展。但是目前有关法规对于股权众筹还处于不确定的状态，因此关于众筹法规的风险需要有更深入的探讨。

在此，只简要提醒关于股权众筹设计时，区别于“非法集资”的必要红线：为了保障股权众筹集资的合法性和合规性，第一是股权众筹的交易不能在线上完成，即可以在线上路演，然后双方在线下通过一系列的法律文件合规交易；第二是股东人数不能超过 200 人（股份有限公司）或 50 人（有限责任公司）。还需要注意的是，大量的股东会降低经营决策的效率，所以在实践中应该通过“代理人”机制，将分散的投票权集中在少数人的手里，构成董事会和监事会。

但是，正如开篇所言，在你准备做众筹之前，是需要首先想好“我要通过众筹得到什么”的。众筹，特别是股权众筹是一个融资的行为，对于融资的方式有很多，你要确定，股权众筹是不是你想要的菜。

第一，融资最低的成本始终是贷款，尤其以银行贷款为最佳。股权众筹的本质是在增加股东，并不是借款。如果仅仅是因为钱，转让股份绝对不是最好的主意。

第二，金融工具有很多，VC、P2P、定向发债等等都是一种选择。如果仅仅是因为钱，股权众筹和奖励众筹价值根本是一致的：他是在完成验证你商业模式和获取粉丝（合作伙伴），而不是获得钱。

第三，因为第二条的原因，所以除非你没有更多次的融资需求，否则不应该选择股权众筹。专业投资机构不会喜欢太分散的股东结构；而众筹来的股东也大部分无法进一步提供更多的资源。众筹不是万能药，不管是奖励众筹，还是股权众筹，都是如此。只选对的，不选贵的。股权众筹的实例，可以参阅“原始会（www. yuanshihui. com）”，这是网信金融集团专注股权众筹的子公司。

4. 众筹产业生态圈初探

对于初次接触众筹行业的公众，很难分清楚“奖励众筹”和“电子商务”（包括团购和预售）的差异。但是实际上这之间有很大的逻辑差异。对于京东网或者天猫，它的前提是默认你已经有了成熟的产品，而它所需要的是：对接你的客户，完成交易（收款和发货）。足够多的客户订单、最低的交易成本和最快的交付时间，是它提供给商户的核心价值。你一定无法想象一个用户在京东或者当当买一本书，然后等着60天后拿到。但这是众筹网站的基本常态。所以，如果你的商品在电子商务网站上市之后，只卖掉了200份，你的公司可以考虑裁员转型的日期了。但如果是在众筹网上，恭喜你获得了200个初始铁杆用户，他们将协助你的商品研发，推动你的公司走向成功。

众筹网上的项目何以在没有实物的情况下，就可以获得这些初始用户的青睐？是因为每个筹资活动，归根结底算是一次市场营销行为，因为其过程涵盖了媒体曝光、获取顾客以及市场验证等多个环节。这也是为何市场营销在众筹行业显得尤为重要的原因。通过前文所述，我们知道一个众筹项目的成功，有创意仅仅是万里长征的第一步，更复杂的系统在于随后开展的一系列营销行为。这些行为贯穿了从文案设计、图片拍摄、视频制作到后期的营销推广、粉丝互动。这完全就是一个庞大商业帝国的全部。但实际的情况却是——要想实现这些系统功能，绝非一个人或者一个团队可以完成，每一个“江湖”都会有老大和他的兄弟们。创新的平台之外，都会围绕其诞生出支持附属行业。eBay 网站上有一块专门的区域来展示其生态系统中的合作伙伴，国内的企业很少这么做，但是关于“刷信用”、“淘女郎”这样的词汇早就是行业术语了。现在成立专门的众筹项目发起人服务商，也许还为时尚早。但是，你想想，你每天只能在京东或者天猫上去买“物美价廉的新东西”或者去淘宝买“赌人品的便宜货”，而在众筹网上可以去获得“未来的商品”，这不是一种人生的美妙吗？

众筹项目普遍体量很小，经验缺乏，资源有限。这也说明他们是最需要获得专业第三方服务的——只要你愿意接受按筹资比例支付费用。这些非常小众的需求，不会被大的服务商注意到，肯定是适合小团队甚至专业的个人服务来满足。在蓝色光标上市之前，公众只看到的是他的客户联想集团的辉煌。这家主要服务于国内IT企业和汽车企业的公关公司，受益于新媒体产业的突然爆发，总市值已达235亿元人民币。

在众筹行业，一个新兴的产业生态圈也正在形成。通过为创意创业团队撰写文案、设置众筹回报、发布和推广众筹项目，那么新的一类专门服务于众筹项目的“包装服务公司”会应运而生。这个服务产业的规模，将会十倍于众筹本身。

（2014－05－20）

大数据的当前现状与发展趋势

易欢欢*

大数据时代三大趋势、五大评价标准

2014年9月30日。习近平主席主持了中央政治局的学习会议，对大数据尤为关注。为此，我们在北京市金融局的霍学文书记主持下邀请了百度、京东、用友、拓尔思、亿赞普、小米的高管以及我们互联网金融千人会的众多发起人，还有智能化、支付等领域多位专家共同研讨，希望给未来发展大数据、互联网金融带来新方法、新思路。

总书记的两点和一行动确实很深刻

1. 创新驱动是大势所趋，新一轮科技革命和产业变革正在孕育兴起。

2. 一些重要科学问题和关键核心技术已经呈现出革命性突破的先兆，带动了关键技术交叉融合、群体跃进，变革突破的能量正在不断积累。不能等待、不能观望、不能懈怠。

新变革到来之前千万不要：第一，看不见；第二，看不起；第三，看不懂；第四，来不及。未来几个早餐会，我们集中研究大数据在中国和世界的发展及应用，包括大数据金融和其在互联网金融中的关键地位。

1. 存在的背景：基础设施的巨大飞跃、数据储存技术、网络技术的迅猛发展，为大数据时代的到来准备了物质基础。

---

* 易欢欢，中国国内最具影响力的科技研究者之一，引导了中国资本市场互联网金融、大数据、云计算三次大潮，屡次获得权威机构评选的中国科技最佳分析师第一名称号。职位：宏源证券研究所副所长、互联网金融千人会秘书长、国际金融论坛互联网金融研究中心执行主任、中国财经青年学会执行主席。2013年腾讯互联网金融年度人物，多部委、地方政府、企业专家顾问。

物联网本质上就是更多采集数据的入口和节点；云计算培养了服务的商业模式和集中建设降低单位计算和存储成本。到了移动互联网就更有意思了：第一个特点是身份，在合适的时间、合适的地点，将合适的信息送给合适的人，你要知道你的对方是谁，他有什么喜好，他现在是什么状态，没有这个精准身份的信息，一切都无从谈起。第二个就是连接，双向适时的互动连接，有了网络以后，你想要什么信息，就从个人计算机上去索取。我们用手机一半除了拿信息以外，另外一半推信息，但是这个带来的变化也就是信息流动能够更加适时了。第三个是手机的主要特性，信息是有位置属性的。第四个是感应，我们电脑上已经不会再有太多的感应器了，手机上的感应器角度会越来越多，可穿戴的产品，未来我们的手机可以闻到味道，可以感受到甲醛超标，可以感受到电磁辐射。这三样结合在一起本质上就是产生、处理和应用了大数据，通过各种各样新的技术来帮助我们解决各种各样的问题，重新构建信息流、资金流、物流。

2. 数据究竟有多大？大数据带动方法论上的变化，本质上是人的行为越来越被虚拟化，以前历史上谁都不知道你在互联网上是人还是狗，现在处处行迹处处痕，运用语言分析、自然语义处理、图像处理、信号处理、关系预测来精准预计，不仅知道是一条金毛还是哈巴狗，还知道其喜欢狗粮的口味。随着 iPhone 和各种安卓手机普及，每个人在云端都有几个 G 几个 T 的网盘，存着各种各样的信息，大到一定程度，根本没法处理，我们叫做狭义的大数据。有很多新的计算机的处理、存储和数学建模的方式去分析这些数据，数据根据访问频次又分冷数据和热数据。当年由于热数据所带来的信息量意义更大，关注度集中在此，数学上的方法也是基于统计抽样。奇妙的关联度：但随着计算和存储成本的降低，发现可以处理全量数据，全量数据堆积在一起发生了非常多奇妙的现象。有些对当前的科学有重大影响，当年基于统计、抽样建立起来的模型极有可能是错的，比如开普敦定律和冥王星的失误。这个可以参考我和国栋共著的大数据时代的历史机遇一书。所以在狭义的定义下会出现 IBM 和 IDC 定义的 4 个 V，数据规模（Volume）、快速（Velocity）、多样的类型（Variety）、数据价值（Value）。

3. 为什么大数据会如此轰动不只是有深远的社会背景，更重要的是数据思维。首先就是我一直提的数据思维，所谓的数据思维，要重视数据的全面性，而非随机的抽样性。其次就是关注数据的复杂性，弱化精确性，以前我们就有很多人要求一是一、二是二，现在大数据里面我们就不要求那么精了，我们要求一个大的框架，模糊的准确度趋势的判断。最后，大数据是一种重新评价企业、商业模式的新方法了，数据成为核心的资产，并将深刻影响企业的业务模式，甚至重构其文化和组织。

我从五大维度作了定义：活性、颗粒度、维度、时空、情绪，以此来描述互联网上的产品、服务、数据是否有效。第一个叫活性，你基本上在互联网公司里面，比如你用阿里的服务，可能每天使用3～5次，但是你知道银行的网点你可能一个月或者更多时间才去一次。第二个叫颗粒度，就是你在电商的平台上从你进店到购物、到形成采购、到物流、到运送、到配送、到最后的评价跟分享，所有的环节都给你充分地记录起来，这是很重要的，我称之为颗粒度，从银行我们现在看到的信息数据或者金融数据就是水电、煤气加成本，再加上你的工资到账日期，这个数据是非常粗糙的。第三个叫维度，像易宝支付，当你使用它的数据以后你的数据就留在那里，这样有更多的维度进行数据相关的处理和分析，互联网由于其开放的特性，融会了多维度数据，数据熵将指数级剧增。第四个叫时空。当某个人有贷款需求的时候，互联网公司因为每天的活跃度较高，很有可能是第一个能知道你有贷款需求的，或者在线的时候知道，我可能第一时间就知道这个客户的情况，银行知道这个过程中间还有很多比如第三方理财机构、渠道、支付机构、电商平台，信息的传输过程极有可能会发生衰竭，这是时空。第五个叫情绪，你在微博上发的任何一条信息都是带有情感的，你有情感之后就知道你的状态，就知道采取的营销措施是不是有用，能够快速反馈。

4. 接下来发生怎样的事情，泛互联网化：软件、硬件会免费，成为收集数据的入口；行业垂直整合：一开始是软件做硬件、互联网公司做硬件和软件，接下来就是电商做金融、金融做电商、软件公司提供增值服务。为什么？一旦需要无限地靠近客户之后，就要服务客户需求的一切，行业的边界在不断被打破，数据成为资产：数据会变得越来越重要，是一切商业模式起源和重构的基础。

5. 在中国和全球的情况。全球范围看，这种变革正在发生。互联网行业首当其冲，接着是商业智能与咨询服务领域、零售行业，还包括医疗、卫生、交通、物流甚至生物科技、天文…… 大数据催生的数据服务意识和能力，正在影响这个社会的方方面面，从商业科技到医疗、政府、教育、经济、人文以及社会的其他各个领域，并催生了各行各业的变革力量。也就是我们所说的跨界颠覆者。我把大数据技术分为传统企业级别和创新市场。企业级市场还是IBM、EMC、惠普、Oracle新瓶装旧酒，拿些商业智能数据处理的老产品来取代，更多的只是忽悠客户来干干数据分析的活。当然，像Google/Facebook，国内的BAT等是真正在考虑大数据的。而且以阿里引导的去IOE的大趋势，也是体现了在未来移动化和大数据浪潮下，老外的产品无法满足国内快速、开源、便捷的增长需求。在创新市场里面的大数据技术：一方面，以开源为主。即便是IBM、Oracle等行业巨擘，也同样是集成了开源技术和本公司原有产品更好地结合而已，在新兴的大数据处理领域，中外公司几乎站在同一起跑线。单纯考虑狭义的大数据处理技术（如Hadoop、MapReduce、模式识别、机器学习等），中外差距很小。如果考虑数字资产规模以及利用的技术，中外差距更多体现为意识上的差距。像阿里已经完全取代了IOE的产品，当前不仅自己用，而且还提供了阿里云对外输出。节省20亿元IT开支，像亚马逊已经把EC2和S3作为较大的盈利点。而且阿里现在的处理能力每秒达到1亿次，超过了四大行的总和。另一方面，中国人口和经济规模决定中国的数据资产规模，冠于全球。客观上为大数据技术的发展，提供了演练场。比如我之前在甲骨文的时候是三大运营商的咨询经理，每次遇到客户都提，我们的数据量全球第一。神枪手是靠子弹磨练出来的，好的产品也是靠数据量出来的。在阿里、京东、百度相关公司，不管是客户需求驱动还是成本驱动都开始了替代过程，我认为这个变化趋势会进一步传导到金融、电信、政府等重要IT投入行业中。

6. 几家典型公司的大数据。百度拥有中国最大的消费者行为数据库，覆盖95%的中国网民，日均响应50亿次搜索请求，搜索市场占比达80%；百度联盟，60万联盟合作伙伴每天有50亿次的日均行为产生，这些构成了巨大数据的基础。变现模式：推百度指数，并在百度指数的基础上建立百度风云榜；百度数据中心，研究机构的方式网络搜索咨询报告。广告站长和开发组提供的百度（移动）统计以及相关的开发者服务工具。

腾讯则超过7.836亿QQ活跃账户，4.69亿微博用户、6亿多微信用户和超过1亿的视频用户、5.976亿QQ空间用户，微信、手机管家等带来的移动用户也超过了4亿户，海外用户1亿户左右。除却海量用户，腾讯“N个产品×N个平台×N个终端×N个用户关系”的庞大服务矩阵，带来数据的非结构化、碎片化、海量化。变现工具只有：腾讯分析和腾讯罗盘。

马云宣称平台、金融和数据是阿里未来的三大战略方向。阿里未来本质上是一个数据公司，电商越来越离不开数据，金融的核心也是数据。收购的新浪微博、友盟、高德、丁丁等就是为了圈数据。有意思的产品：内部的淘数据、KPI 系统、数据门户、活动直播间、卖家云图、页面点击、黄金策；给客户提供的数据魔方、无量神针和类目 360、淘宝指数。最具备划时代意义的 2012 年阿里又推出了“聚石塔”产品，可提供数据存储、数据计算两类服务 2012 年“双 11”那次 191 亿元的大促销当天，“聚石塔”处理的订单超过天猫总量的 20%，比平时增长 20 倍。阿里金融是大数据衍生产品开发的一个范例。阿里由于电商特性在应用上走的是最远的。

7. 产业链的分类与规模。相关的基础产业还挺多的：一是数据技术产业，包括硬件方面的智能管道、物联网、服务器、存储、传输、智能移动设备等，软件方面的语言、数据平台、工具、结构与非结构数据库、应用软件等，服务方面的 IDC、云计算、Web 应用等；二是数据采集，包括定位、支付、SNS、邮件等行业；三是数据工业，包括数据挖掘、数据分析、数据咨询等产业；四是数据应用业：比如基于数据产生的互联网金融。

8. 我对大数据总结了一些东西，概括成为

一种思维：数据思维；

两大推动：极致体验、长尾效应；

三大趋势：泛互联网、垂直一体化、数据是资产；

四大步骤：入口、流量、数据、变现；

五大标准：活性、颗粒度、维度、时空、情绪；

六大模式：数据、信息、咨询、媒体、数据使能、技术；

七字心决：专注、极致、口碑、快。

其他重要观点：下一步国家必将在更高层次的产品和服务上替代外国的东西，就像电视、冰箱、汽车一样，主要体现在信息和精密制造方面。

谢谢精彩全面的分析，我想补充的一点是对于大数据，硬件上已经做好了准备。包括各种各样的传感器，mcu 嵌入式微控制器也开始运作在安卓系统上来提供更强大的处理和更开放性，与以前封闭的嵌入式系统将完全不一样，这表示全世界以前的嵌入式孤岛，会被联系起来。最后由于 4G 网络的快速到来，为高速数据传输铺好了道路。

各行业都会出现数据驱动的多边平台业务模式的企业，跨界融合快速创新基于设备交互和移动互联的数据信息点收集，以及大数据分析，会产生许多新的创新模

式，但是对应的信息泄露点也增加许多。

昨天手机下载一个银行的APP，发现要个人的手机通讯记录和地址等信息，从个人隐私角度看非常不安全。近日多家的手机支付安全出现问题，也说明原来的闭环或类闭环交易出现了第三方或信息转接机构后，安全性需要统筹考虑，否则对行业有重大影响。可能以往二十年我一直在做金融所以比较注意风险，但真正的大数据时代一定要把安全和保密做到位，否则棱镜门等类似的事件和黑客冲击一定会影响我们，这也算是一个卖水的产业吧。对应手机支付等还没有充分考虑到，双因素认证是我们今后一定要注意的安全事项。单要素认证短期看方便，包括和手机绑定，长期看一定会出大风险。在未来的可穿戴可传递设备和软硬交互中，设备唯一终端号是很重要的一个因素。同时任何的第一次的安全认证必须认真进行验证，包括第一次使用或中途更换设备等。

（2013－10－01）

软件定义世界，数据驱动未来

陈新河*

过去十年，IT 变化日新月异。如果我们回溯到 100 年前的 1900 年，也会感慨电对经济社会的改变同样如此之大，历史惊人的相似。尽管电和软件驱动世界的路径有所不同，但驱动进程非常相似。软件驱动世界的进程已进入深化发展阶段，原子世界正与比特世界展开深度交叉融合，数据是连接物理世界与网络世界的 DNA，数据使人类更容易量化自我、量化世界，从而更深刻洞察世界、改造世界。一切皆可量化，一切皆可函数，一切皆可重新被定义。未来软件将不断重新定义世界的万事万物，数据在软件冶炼工艺的作用下价值将不断被挖掘出来。

1. IT 变化令人惊叹的十年

过去十年，IT 对经济社会的影响比之前的 50 年还要显著。2012 年，美国国家科学院（United States National Academy of Sciences，NAS）对 IT 历史的研究表明，移动通信、微处理器、PC、互联网、企业 IT 系统和个人娱乐等多个领域尽管早在 20 世纪 80 年代前后便已形成产业化，但形成 100 亿美元规模产业却基本都是在 1995 年互联网爆发之后。微处理器在 1980 年开始批量进入市场，在 1986 年左右形

---

* 陈新河，中关村大数据产业联盟副秘书长，工业和信息化部电子科学技术情报研究所副主任，和君商学院社会导师，同时担任多家上市公司、大数据创业企业独立咨询顾问。

在 IT 领域超过 15 年的研究、观察和思考，多次参与软件·信息产业·信息经济·云·物·移·大·智等重大课题研究和产业促进政策制定工作，主持国家发改委“十三五”规划前期研究重大课题——《“十三五”信息经济发展研究》，2004 年主持完成的重大课题《未来 5～15 年电子信息技术发展趋势分析》获部级奖励。IT 思想贡献：互联网是以人均 GDP 为基数的产业，移动互联网是以人口数为基数的产业。已出版《世界信息产业概览》（2004 年）、《中国软件和信息服务业发展报告》（2011/2012/2013 年）、《数据驱动中国，创新成就未来》（2014 年 12 月出版）等。组织的“大数据 100 分”，已成为最知名、最活跃、最具影响力、最高端的大数据社区。运营的微信公众号：软件定义世界（SDX）已成为 SDX 的指南针、大数据思想的策源地、政府和企业家的智库、连接创业者与 VC 的桥梁、从业人员的加油站。

成 10 亿美元产业，在 1995 年形成 100 亿美元规模产业；PC 虽然在 1983 年便已形成 10 亿美元规模，但在 1998 年才达到 100 亿美元；企业 IT 系统在 1982 年产业化，在 1990 年才形成 10 亿美元产业，1997 年突破 100 亿美元；个人娱乐更是早在 1970 年便已产业化，在 1977 年就形成 10 亿美元产业，但在 2004 年才达到 100 亿美元。

全球网民从 2000 年的 2. 5 亿人增长到 2013 年的 26 亿人，手机用户更是从 5 亿人跃升至 68 亿人，无论是在纽约、伦敦、北京、里约热内卢，还是在摩加迪沙、开普敦，到处都能看到打电话、发短信的手机用户。移动互联网用户从无到有，规模在短短的 6 年时间，用户数量便达到 26 亿，已超过将近半个世纪历史的 PC 互联网用户，发展中国家的很多用户直接跨越 PC 互联网阶段进入移动互联网时代。中国国家互联网信息办公室发布的报告显示，截至 2013 年 9 月底，中国网民数量达到 6. 04 亿人，互联网普及率达到 45%；移动互联网用户达 8. 28 亿人，手机超越台式电脑成为第一大上网终端，中国互联网已进入移动互联网时代。

互联网经济呈现爆发式增长态势，波士顿（BCG）的研究显示，如果把互联网也当成一个国家经济体，它是仅次于美国、中国、日本以及德国的全球第五大经济体。2010 年中国的互联网经济价值约为 3 260 亿美元，占 GDP 的 5. 5%，成为支柱性产业。20 国集团的互联网经济在 2016 年之前的五年期间将以每年 10% 以上的速度增长，发达市场互联网经济将以每年 8% 左右的速度增长，而发展中经济体中，互联网经济的年均增长率将是发达市场的两倍以上，平均达到 18%。到 2016 年，互联网经济总共将为 20 国集团的 GDP 贡献 4. 2 万亿美元（见图 1）。

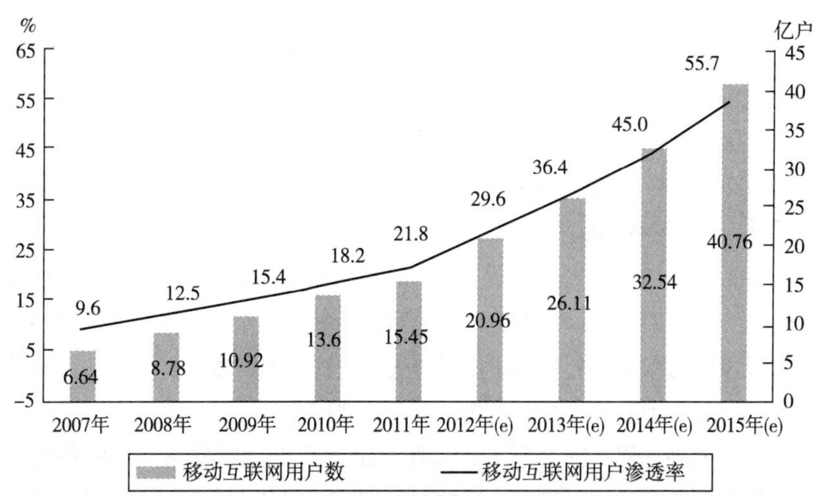

数据来源：Informa。

图 1　2007—2015 年全球的移动互联网用户增长趋势

从微观层面来看，光学相机被数码相机取代，智能手机大有取代数码相机之势，移动磁盘、光盘基本被 U 盘取代，以软件为核心的云计算存储（云盘）正在不断吞噬 U 盘市场。电子书没有红火两年，便基本被智能手机、平板电脑消灭掉，在操作系统上构建一个阅读软件比电子书便宜得多、功能丰富得多。2007 年，苹果公司以 iOS 重新定义智能手机后，PC 在信息化中的核心终端地位逐步被智能手机所取代。智能手机的性能更是日新月异，2007 年的 iPhone 的 CPU 性能便已相当于早期的奔腾 II 水平，目前智能手机的运算速度比 10 多年前的台式计算机要快若干倍，但体积仅有其键盘的八分之一，而价格仅有其十分之一。4 核心 CPU、64 位处理器、1080P 屏幕未来 1 ~2 年将成为高端智能手机的标准配置，即使 100 美元的智能手机，其性能也堪比 4 ~5 年前的 PC。

	iMac Bondi（2000年）	iPhone 4（2010年）	倍数
外观			1X /50
浮点性能	14.2Mflops/s	36.09Mflops/s	2.5X
重量	15 785克	136.9克	1X/115
内存	32MB	512M	16X
存储空间	4GB	32GB	8X
价格	1 299美元	699美元	1X/2

图 2　2000 年的 iMac Bondi 与 2010 年的 iPhone 4 对比

智能手机的出现也带来 IT 产业格局的重塑。诺基亚、摩托罗拉、黑莓从巅峰坠入谷底，落得被变卖的结局，微软、英特尔在苹果、谷歌、高通、联发科的冲击下，不知所措。曾经辉煌的 IBM、微软、英特尔、惠普、雅虎等被硅谷苹果、谷歌、亚马逊、Facebook 等新四强取代。

IT 产业巨变的核心动力来自于用户群体的快速增加，也可以说是 IT 扩散的范围迅速变大，核心 IT 设备 PC 从每个办公室扩展到每个家庭。软件从驱动办公室自动化办公设备，为数亿办公室白领用户、生产流程管理服务，扩展到软件驱动互联网为数十亿普通消费者的生活、娱乐、信息消费服务。

依照电的发展进程规律，未来十年 IT 产业、IT 对经济社会的影响不会比过去十年弱。移动互联网时代，软件驱动的对象转变为每人一部甚至多部的智能手机、多件可穿戴设备，IT从每个办公室一个（PC），到一个家庭一个（PC），再到一个人一个（手机），直至一个人多个（可穿戴设备），IT的影响也将更加广泛和深入。更为关键的是整个经济社会加快在网络空间的映射，形成现实社会与虚拟网络空间交融的数字世界，更进一步促进比特与原子的融合；各种数据将被软件定义的各种函数充分挖掘其潜在价值，将形成数据生产力，IT产业的未来图景也将更加广阔。

2. 软件驱动世界的进程与电非常相似

从历史的长周期来看，电脑普及的速度（从1971年到2001年）和电力技术普及的速度（从1894年到1924年）差不多。

电最初的使用局限于照明、电车等简单利用。在电灯发明的20年后的1899年，美国制造业所有动力中也仅有4.8%是由电力驱动的。之后电动机的发明、发电、输变电技术的进步、大规模集中电厂的出现推动电广泛进入生产领域，从而使电力的普及速度明显加快。1887年以后的15年时间里，对电的需求扩张5倍，年均增长为11%；从1902年到1917年的15年时间里，对电的需求增长了17.5倍，年均增长为21%。1902年前简单的照明是最大的用电需求，几乎占用电量的一半，制造、电化工、采矿等用电约占30%，交通等公共需求约占20%。之后电化工迅速发展，到1907年电化工成为最大的用电需求；1910年制造业电气化普及，制造业成为最大的用电需求。1917年，生产领域的用电赶超生活领域的用电，生产领域占半壁江山，而生活领域退缩到三分之一。2012年，全球45%的电被电动机消耗，照明占20%；美国工业用电占23.9%，商业用电占32.5%，居民用电占43.6%；中国工业用电占72%，居民用电占28%。

电重新定义动力（设备由蒸汽机变为电动机，资源由水变为电）之后，全要素生产率（Total Factor Productivity，TFP）明显提高。1870—1900年，第二次产业革命处于初始期，电力刚投入商用，电力对TFP影响有限，20年间美国TFP年增长1.5%左右（1870—2010年，美国TFP年增长率为1.5%～1.8%）。1920年之后电在工业领域广泛应用，TFP快速提高，1920—1940年TFP年均增长2.5%左右。

电驱动世界的路径——由简入繁、由浅入深，先从照明等生活领域开始，逐步进入生产领域，从而带动工业生产率的大幅提高，之后在生活领域进行深化应用，冰箱、电视、洗衣机等不断改善人类的生活条件。电的应用路径受人类认知过程、发明创新进程、基础设施建设进程、成本下降过程等多方因素影响。

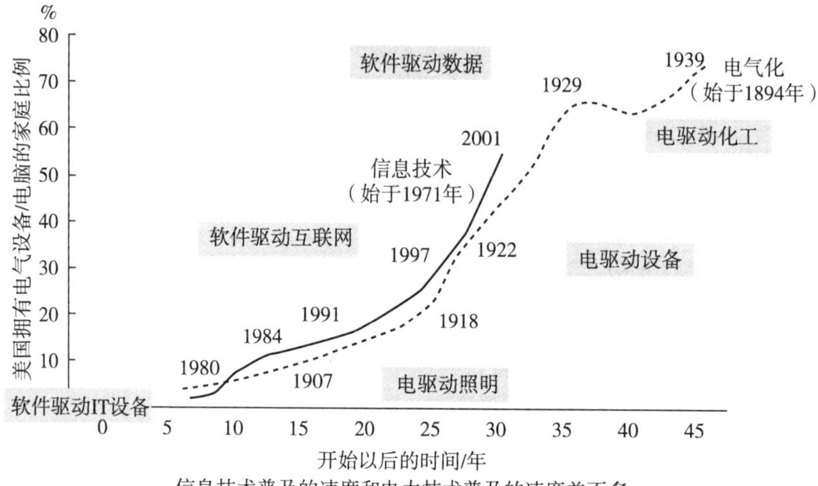

数据来源：Boyan Jovanovic Peter L. Rousseau，*General purpose technologies*。

图3　软件驱动世界与电驱动世界的进程非常相似

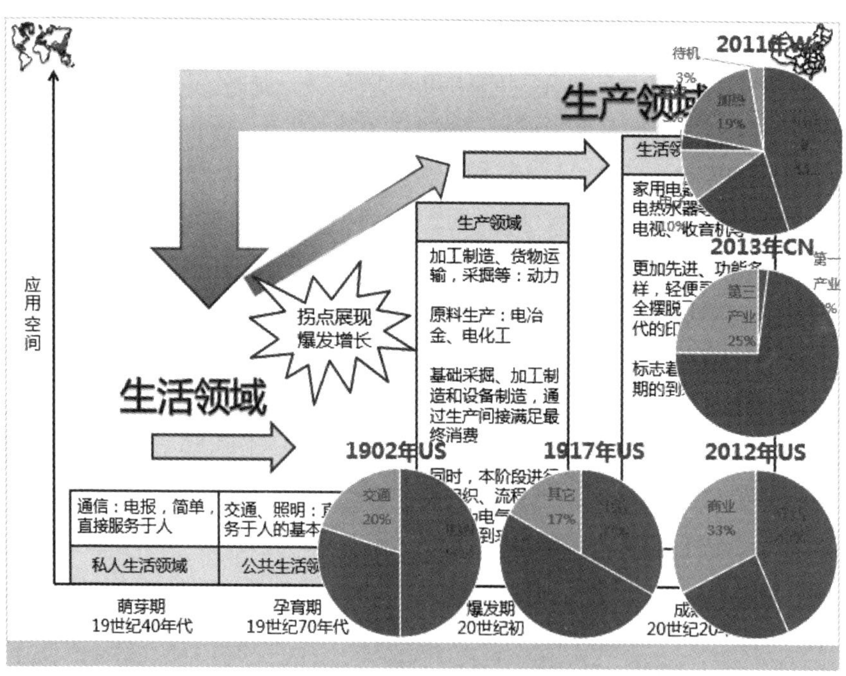

资料来源：International Energy Agency Report 2011，陈运红，《云端革命——全球 ICT 生态链下的中国突围》。

图4　电驱动世界的路径——由简入繁、由浅入深

3. 软件驱动世界与电的路径有所不同

软件驱动世界先从生产领域开始。软件驱动世界的路径先从军方、政府、大型企业组织等生产领域开始，因为其对价格敏感度低，能够承受几百上千人的IT支持队伍，这个阶段统称为企业IT时代。企业IT时代，软件最开始作为硬件的附加，提供计算功能，进入计算密集型领域，协助科研人员进行密集计算、方便政府部门进行统计；之后进入财务领域、工程设计等信息密集型领域来提高效率；再之后进入企业物料管理领域、办公自动化领域，来实现办公流程的自动化、生产管理的信息化。企业IT时代，软件驱动企业基本是外围的、辅助的，深入到生产流程的全面自动化还很有限，2007年，欧盟所有企业中，实现了全流程数字化的企业也只有20%～35%，2010年，北京市实现全流程数字化的企业比例尚不超过15%。企业IT时代，软件驱动世界非常像电驱动世界的早期阶段，渗透有限、功能有效、作用有限。

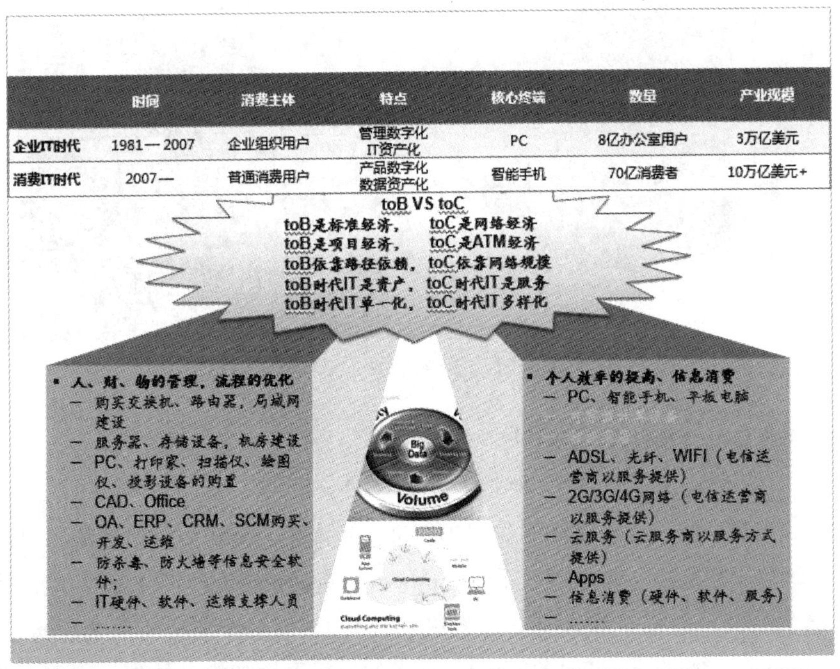

	时间	消费主体	特点	核心终端	数量	产业规模
企业IT时代	1981—2007	企业组织用户	管理数字化 IT资产化	PC	8亿办公室用户	3万亿美元
消费IT时代	2007—	普通消费用户	产品数字化 数据资产化	智能手机	70亿消费者	10万亿美元+

资料来源：陈新河，《软件和信息服务业中长期发展趋势前瞻性研究》。

图5　消费IT引领IT潮流

软件驱动世界的第二阶段是软件进入数以十亿计普通消费者的时候，也就是所谓的消费 IT 时代。互联网时代的到来逐步拉开消费 IT 时代的序幕，IT 加速进入生活领域，iPhone 的诞生标志消费 IT 时代进入新的发展阶段。企业 IT 时代向消费 IT 时代的转变，导致软件从硬件的附属变为硬件是软件的附庸，计算的软件变成软件的计算，近几年呈现的云计算、大数据的核心都是软件。这个阶段软件对经济社会的作用开始猛增，无论是互联网企业的人均生产效率，信息化进程，还是民众生活便捷等均发生明显变化。消费 IT 时代，软件驱动世界非常像电驱动世界的第二阶段，电机广泛被工厂作为电力，工业生产效率突飞猛进。

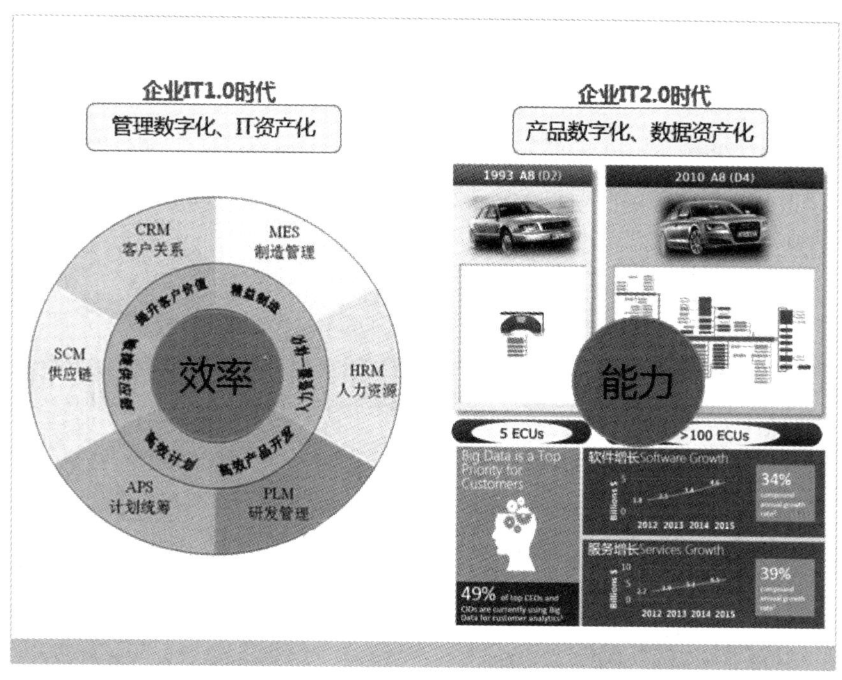

数据来源：STMicroelectronics、IDC。

图 6　企业 IT 由 1.0 进入 2.0 时代

与此同时，IT 在生产领域的作用仍在进一步深化，信息或网络系统与物理系统融合程度不断加深。信息物理系统（cyber physical system，CPS）很好地诠释了这一趋势。CPS 是一个综合计算、网络和物理环境的多维复杂系统，通过 3C（Computation、Communication、Control）技术的有机融合与深度协作，实现大型工程系统的实时感知、动态控制和信息服务。CPS 在交通控制、汽车行驶、工业过程控制、关键基础设施控制（电力、灌溉网络、通信系统）、机器人、防御系统等诸多领域已经展开应用。目前家庭 10 万元级轿车中标配的电喷发动机、ABS 刹车装置是 CPS 初级典范之作。通用电气、孟山都等传统企业争相在硅谷设立据点或巨资收购硅谷企业，以强化自己的 IT 能力。以汽车电子来改造汽车机械系统为己任的传统汽车企业开始意识到将被以 IT、互联网为中心的汽车企业特斯拉（Tesla）所挑战，这也难怪丰田会把谷歌列为潜在竞争对手，因为谷歌牌无人驾驶汽车正待上路。

4. 软件定义世界，数据驱动未来

软件正在重新定义一切（software defined anything，SDX）。继智能手机、平板电脑被软件重新定义之后，其他 IT 产品也在不断被软件重新定义。软件定义的网络（software defined networking ，SDN）、软件定义的数据中心（software - defined data center，SDDC）、软件定义的存储（software defined storage，SDS）、软件定义的路由器等思想、概念和产品不断涌现。电视机、冰箱、鞋子、手表、眼镜等传统工业产品也加入被定义的行列，甚至汽车都在被谷歌重新定义。为各类产品增加一个操作系统后，产品似乎有了魔力；物理功能可以尽量简单，应用功能可以无限丰富；功能可以无限拓展、能力可以不断升级。手机上安装操作系统后，简直成了一个移动计算机，计算、办公、支付、导航、视频、音乐等等功能无所不包。利用智能手机 APP 软件，通过特斯拉 Model S 的操作系统，能够控制多媒体功能、通信、客舱功能、车辆功能等，可以实现车辆的远程控制，可以通过互联网实时更新操作系统。

数据已经成为战略资产。数据是人类活动在网络空间的映射，蕴含人类生产、生活的规律，挖掘数据潜在价值，对国家治理、社会管理、企业决策和个人生活影响深远。世界经济论坛的报告认为大数据为新财富，价值堪比石油；商业版图由此被重新划定，通晓如何利用这些数据的企业将成为最强者。

人类进入大数据时代。随着互联网、移动互联网和物联网的广泛而深入地应用，人类活动的踪迹加快在网络空间的映射，网络浏览、行车轨迹、购物行为等等均留下数据记录。目前，全球数据呈现爆发式增长态势，人类社会迈入大数据时代；全球每 18 个月新增数据量是人类有史以来全部数据量的总和。大数据的核心

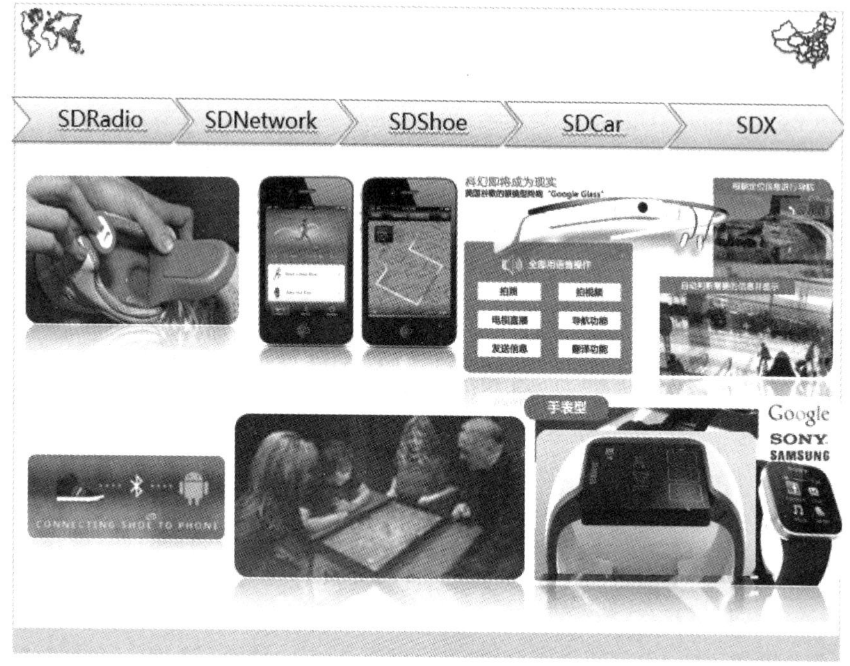

图 7　软件定义世界（Software Defined X，SDX）

是数据，与大小无关，为区别于大众思维中的“数据”、“海量数据”，业界发明“大数据”一词取而代之。

目前，大数据已经在各行各业展开应用，成效显著。美国通用电气公司通过每秒分析上万个数据点，融合能量储存和先进的预测算法，开发新型风机，效率与电力输出分别比现行风机提高了 25% 和 15%。UPS 通过行车整合优化和导航系统（On – Road Integrated Optimization and Navigation，ORION），利用安装在上千辆运输车辆上的传感器不断发回的数据流来优化线路，UPS 公司运输路线缩短了 530 万公里，引擎闲置时间减少了 1 000 万分钟，节省了 65 万加仑的油，碳排放量减少了 6 500 多公吨。

大数据在消费 IT 领域的作用更加明显。只要你用 PC 上网或手机浏览信息，你便在网络上处处留照了，性别、年龄、爱好、踪迹、信用等等便被大数据刻画得一览无余，恭喜你已经成为数字透明人了！可能你都不知道自己下一步要干什么，产品经销商借助搜索引擎、电子商务平台、旅游网站的数据根据你的浏览行为已经在为你张罗生日、餐饮、旅游、结婚、生子、购房、购车了，特价机票、婚纱、尿不

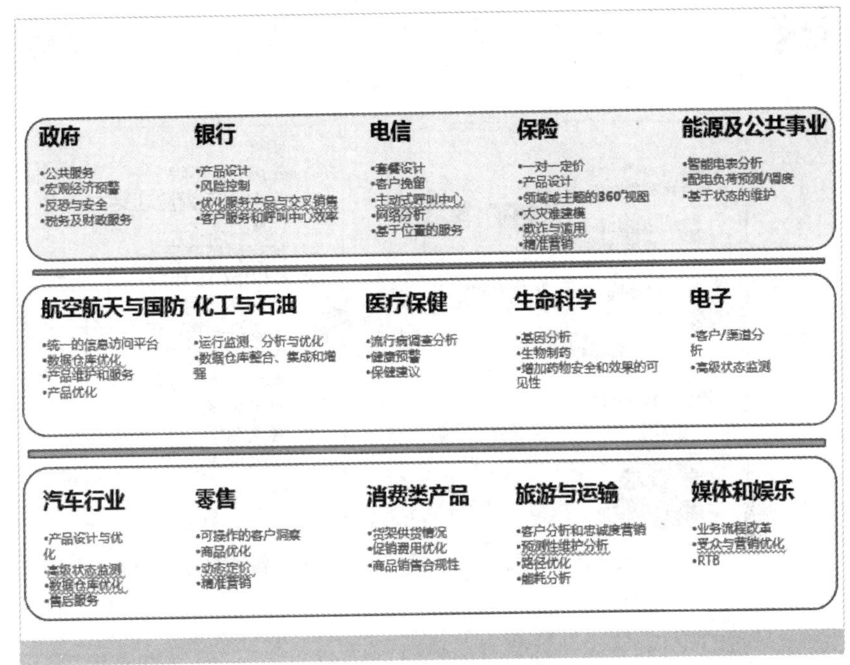

图8　各行各业都在展开大数据应用

湿、奶粉、海景房等广告已经为你编排好了。

数据不仅是传统产业升级的助推器，也是新兴产业孕育的催化剂。数据已成为与矿物和化学元素一样的原始材料，正在形成数据服务、数据探矿、数据化学、数据材料、数据制药等一系列战略性新兴产业，数据生产力效应开始显现。

总结一下：

电驱动世界的路径：首先由生活领域开始，开发、应用、影响有限，随后技术的不断创新推动电进入生产领域，从而实现生产力的跃升，进一步在生活领域深化。

软件驱动世界的路径：首先由成本承受力高、技术能力强的生产领域开始，技术的创新推动 IT 更加易用、产品的创新使产品价格持续降低，从而带动 IT 进入用户群体更大、应用范围更加广泛的生活领域，形成巨大的活力；其次，IT 进一步在生产领域深化，推动信息与材料的融合，形成无缝的信息物理系统（Cyber Physical System，CPS），从而大幅带动生产力的提升。

尽管电和软件进入生产、生活领域的路径有所不同，但驱动进程非常相似，因

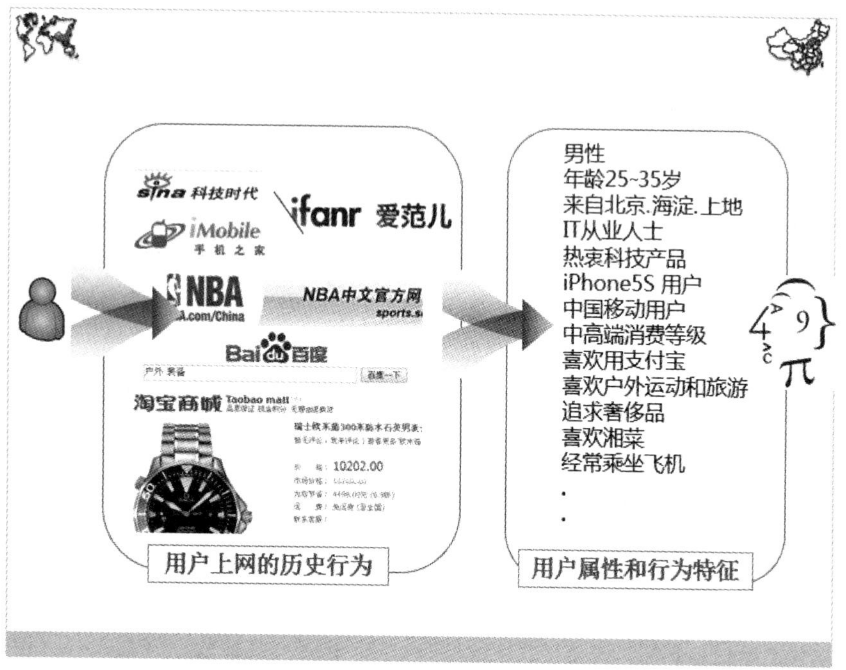

图9 网络画像

为人类的认知能力并不可能发生突飞猛进的变化，开山凿岩、架设电线、敷设光纤等基础设施建设过程无论哪个时代都不容易，产品的创新也不可能一蹴而就，成本的下降更是一个持续的过程。软件驱动世界的进程已进入深化发展阶段，原子世界正与比特世界深度交叉融合，形成人类更易洞察的数据世界；数据不仅是战略资产，更是生产力，人类全面进入信息社会。

迎接软件定义世界，数据驱动未来新 IT 时代！

（2013－12－13）

大数据在互联网金融的应用以及去 IOE

吴甘沙*

大家早上好，我是吴甘沙，来自英特尔。我有幸在 2011 年主导了英特尔的大数据长期战略发展规划，这几年一直在搞大数据的研发。今天不讲 hardcore 的技术，欢总让我谈谈对大数据的认识。

我这两年在不同场合讲大数据的理念、文化和方法，多数是人云亦云、偏理想化的，直到最近大半年才开始接地气，碰到不少现实的问题。

今年 Gartner 的 Hype Cycle 声称大数据进入“幻灭期”，确实，大数据有点被过度消费了。现在大数据黑也很有市场，基本观点包括：1. 早就存在。庞涓孙膑都搞量化分析。数据挖掘也搞了几十年了。2. 牵强附会。《纸牌屋》被说成是大数据的成功，而大数据只是决定了谁导谁演，创意是大数据不能做的。3. 无用论。魔兽 3 用大数据帮助设计，结果很失败。

我觉得 1 ~ 3 在现实中都有合理的地方，但也不够全面。比如 1，决策智能化确实早就存在，但数据本身的价值化是新的。而且传统数据分析是基于可量化的指标的，但对语义的把握是不够的。又如 3，魔兽 3 有没有用真正的大数据，有没有用好大数据是值得商榷的。

今天我想先说虚的，理想的大数据；再说实的，现实的大数据。

大数据能做什么？价值这个 V 怎么映射到其他 3V 和时空象限中？我画了个图。直接贴过来。

“见微”与“知著”在 Volume 的空间维度。小数据见微，作个人刻画，我曾

---

* 吴甘沙现任英特尔中国研究院院长。在此以前，吴甘沙作为首席工程师主持大数据方面的研究，工作重点为大数据内存分析与数据货币化。吴甘沙于 2000 年加入英特尔，先后在编程系统实验室与嵌入式软件实验室承担了技术与管理职位，其间参与或主持的研究项目有受控运行时、XScale 微架构、众核架构、数据并行编程及高生产率嵌入设备驱动程序开发工具等。吴甘沙于 2011 年晋升为首席工程师，同年，他共同领导了公司的大数据中长期技术规划。在英特尔工作期间，他发表了 10 余篇学术论文，有 22 项美国专利（10 余项成为国际专利），14 项专利进入审核期。

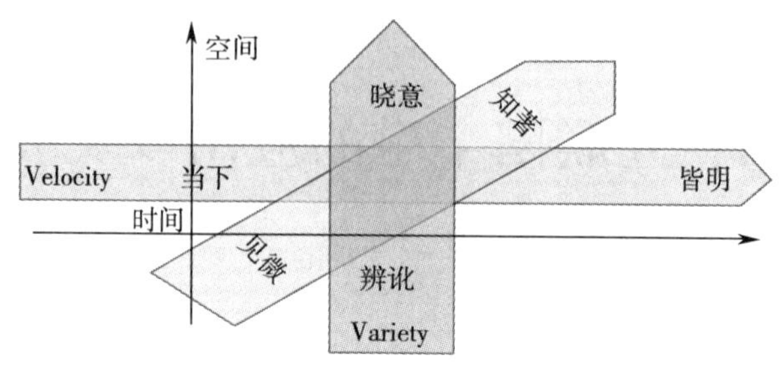

图1　大数据六大价值维度

用《一代宗师》中“见自己”形容之；大数据知著，反映自然和群体的特征和趋势，我以“见天地、见众生”比喻之。“著”推动“微”（如把人群细分为buckets），又拉动“微”（如推荐相似人群的偏好给个人）。“微”与“著”又反映了时间维度，数据刚产生时个人价值最大，随着时间decay最后退化为以集合价值为主。

“当下”和“皆明”在Velocity的时间维度。当下在时间原点，是闪念之间的实时智慧，结合过往（负轴）、预测未来（正轴），可以皆明，即获得perpetual智慧。《西游记》里形容真假孙悟空，一个是“知天时、通变化”，一个是“知前后、万物皆明”，正好对应。为达到皆明，需要全量分析、预测分析和处方式分析（prescriptive analytics，为让设定的未来发生，需要采取什么样的行动）。

“辨讹”和“晓意”在Variety的空间维度。基于大体量、多源异质的数据，辨讹过滤噪声、查漏补缺、去伪存真。晓意达到更高境界，从非结构数据中提取语义、使机器能够窥探人的思想境界，达到过去结构化数据分析不能达到之高度。理想的大数据可以实现这些价值，下面就要回到现实了。下面我想到哪里说到哪里，也欢迎大家提问、拍砖。

首先，大数据目前还并不普遍存在。大数据体量呈现幂律分布，即长尾形态。短头是互联网、科研、政府、电信、金融和部分医疗保健、零售领导者，长尾部还会嵌套式呈现幂律，长尾部的短头是上述产业的中等规模企业。

其实大数据是他们玩的。

即使是阿里的数据产品，如果按严格的大数据定义，可能在2011年前的什么淘数据、量子恒道和数据魔方都不算大数据，还是老式的BI。

绝大部分企业目前先要补走量化和BI的路，也许带上一些外部数据（如社交媒体/网络），加一起也谈不上大数据。我预计未来这些长尾部分的企业，会通过云服务实践大数据。比如现在网店直接购买阿里的数据产品，或把自己的 ERP 接到“聚石塔”里获得数据服务。

我觉得，既然大数据带来了数据的觉醒，就不用争辩什么是大数据，什么不是，姑且都用大数据概括之。

从大视野的角度，舍恩伯格（权且称为老舍）的三大思维无可挑剔，但目前来说，也未见得实用。

比如全集思维，没有几家企业有全集数据，一般企业如果都全面、客观地把数据存下来的话，在较长一段时间内存储成本与商业回报可能不平衡，而且实践中会发现，老数据当失去辨识度时，其实已成为负担。

再看混杂性，在“知著”的场景中混杂性固然无伤大雅，在“见微”中就未必了，看阿里花多大力气清洗数据就知道。老舍引用 Peter Norvig 的见解“大的相对低质量数据集 + 简单算法”优于“小的优质数据集 + 复杂算法”，也是过于简单化了。大数据、尤其是非结构化数据里蕴含的丰富信息维度，可能需要复杂的、高容量的、具有强大表达力的模型，如深度模型。又如要相关性不要因果性，除了向个性化推荐或关联分析不需要因果性，在很多决策支持的场景里决策者采取行动前还需要足够的理由（即使未必完全正确）。

大数据实践碰到的问题还有很多，比如 Hadoop 太难用、做分析的不懂数据管理、数据采集与数据分析脱节、业务与数据分析脱节等等。有些是跟人、文化、制度和组织结构有关的，就不说了。我关注的是人与机器的此消彼长，早先人在数据分析中是至关重要的因素：人提出假设、精挑细选获得数据、建立模型最后检验结果。数据科学家的直觉和灵感是数据分析成功的基础。在大数据时代，数据不再是稀缺资源，数据收集能力进入基础设施，社会个体在无意识中被数据化，机器无须人的介入直接访问散落各处的数据。这时候人的关键性作用被削弱了。人的假设或许以偏概全，人挑选数据可能带有主观色彩（像《Raw Data Is an Oxymoron?》里说的），而机器可以做到不偏不倚不漏。更重要的是，其以机械化的数据挖掘寻找相关性来替代主观假设，让“数据自己找到数据、相关性主动找到你”。Google Correlate 可以发现任意关键词之间的相关性，或关键词与任意输入曲线的相关性，这是传统的人主导的数据分析无法实现的。

有人说在涉及“晓意”的领域人是无法替代的。这在前大数据时代是事实。

《点球成金》讲的是数量化分析和预测对棒球运动的贡献，它在大数据背景下出现了传播的误区：一、它其实不是大数据，而是早已存在的数据思维和方法；二、它刻意或无意忽略了球探的作用。从读者看来，奥克兰竞技队的总经理比利·比恩用数量化分析取代了球探。而事实是，在运用数量化工具的同时，比恩也增加了球探的费用，军功章里有机器的一半，也有人的一半，因为球探对运动员定性指标（如竞争性、抗压力、意志力等）的衡量是少数结构化量化指标无法刻画的。大数据改变了这一切。人的数字足迹的无意识记录，以及机器学习（尤其是深度学习）晓意能力的增强，可能逐渐改变机器的劣势。今年我们看到基于大数据的情感分析、价值观分析和个人刻画，当这些应用于人力资源，已经或多或少体现了球探承担的作用。

在技术层面，人在机器学习中扮演的角色也在弱化。传统机器学习是特征加模型，模型大同小异，关键在特征。而特征抽取是人工工程，经验丰富的团队可以发掘出更好更多的特征，但也面临边际效益递减的情况，最后就无法提高了。数据样本的增加超出了人工提取有效特征的能力时，机器特征工程的优势就出来了。相比传统浅层学习，深度学习使得机器能够做特征的学习，从海量数据中构造海量的冗余特征，以数十亿计，加上非线性模型，优势一下体现了出来。当然，目前深度学习仍然需要人的经验，亟待理论上获得发展，未来机器的优势将更明显。

可以预见，在数据科学家的巨大缺口下，人与不断发展的机器分析工具将会磨合和重新分工。如果说一两年前国外的大数据技术公司主要着力于以 Hadoop 为主的基础设施，今年会看到更多的产品在数据分析工具上。传统的数据分析工具，如 R、S、SAS、SPSS 和 WEKA，与大数据基础设施结合，突破数据容量和单节点的限制。在研究界，MLBase 作出了很有价值的尝试，帮助终端用户（机器学习的小白）选择最佳的特征和模型。大数据的可视化也越来越强调交互式，即可视化不只展示答案，又是激发问题的过程，需要人与机器的协同。微软甚至在 Strata 上展示了一个工具利用自然语言对大数据集进行查询和可视化，显示了“让大数据达到十亿人”的潜力。

就不发散开来说了，下面不揣冒昧谈谈金融大数据或大数据金融方面的一些问题，未必全面和正确。也希望跟大家互动。

首先是数据源的问题。数据可以自己采，自觉、全面、客观地收集运营数据和网站/手机应用的客户行为数据。可以网络“爬虫”去采，尤其是社交媒体数据。

但现在数据肯定收不全了，意大利政府原来用一个叫 redditometro 的工具分析发票找偷税漏税的人，当新的支付方式出现时这个工具已经没用了。

我觉得金融方面很重要的是通过同业或供应链结盟（Mastercard 的做法）、跨业交换、中间商汇聚（如 Cardlytics）和从第三方数据提供商（如 Acxiom）购买。这在国外是很普遍的。互联网金融的征信最好是有数据交换的。上次峰会我听到点融和拍拍贷是有数据交换的，但主要是业务量、坏账率之类的，不涉及客户数据。客户数据主要的问题是数据安全和隐私，像 Acxiom 是不给数据的，客户要连到它的数据库里访问。

我觉得在国内，技术上可以通过 OAuth 等方式访问其他企业的数据，但实际上能访问的数据相当有限（开放平台未必都开放）。我有时乱想，如果数据权利/权力在法律上明晰后，也许会简单些。例如数据拥有权（作为资产的所有权）、隐私权（什么不给别人）、许可权（什么给别人）以及许可后的撤销和转移权、审计权（有权知道被许可方怎么使用数据）和分红权（数据具有外部性和持续产生价值，拥有者可以分享价值的权利）。如果明确淘宝上我的交易记录是我的数据，我可以要求把这些数据交给征信机构。征信机构可以拿用户主动提交的各类数据计算出类似 FICO 的积分。

当然，主动提交不是最完美的。数据可能造假。征信机构不能实时地跟踪潜在违约的迹象。我觉得最好的解决方案是多方进行自动的、可控的数据共享和安全计算。

关于多方安全计算，姚期智老先生 1982 年就提出了“百万富翁困境”问题，两个百万富翁要比富，但谁也不愿说出自己有多少钱。反映到时下的热点，就是美国国土安全部有恐怖分子名单，航空公司有乘客飞行记录，原来国土安全部霸王硬上弓强索数据，棱镜后航空公司硬气了说涉及客户隐私不给。但最终双方还是有共同的目的，即发现恐怖分子的行踪。推广开来，data hunger 是普遍的问题。这就需要可控的、确保数据保密性和完整性的数据共享。现在的技术解决方案有加密协议、支持直接查询的加密数据库和中间商的可信计算环境等。我们在后两项上有一些进展。征信并贷款成功之后的风控也很重要，需要实时监控，更新信用评分。余额宝有个例子，客户账号被盗，10 万被盗转，支付宝风控系统实时发现了异常，数秒内截下了其中的 6 万。

广义上的网络安全对互联网金融也非常重要，因为一旦有数据泄露或网站瘫痪

（如被 DDOS 攻击）可能就会导致恐慌，出现提现或其他的危机。

除了征信和风控，大数据的用途还有很多，产品设计、营销、个性化客服等等，就不深入说了。

关于去 IOE：这里抛开政治方面的因素，讲讲技术和经济方面。去 IOE 实际上是 X86 服务器 + 开源软件（其实淘宝用得很多的 MySQL 也是 O 记的），这个美国早就开始做了，在规模保证、IT 经验积累足够的前提下是省钱的。然而，这并不是放之四海而皆准的，IOE 贵不贵跟议价权有关，Amazon 也用 Oracle，交了一笔钱随便用，总比 MySQL 好。其次，去 IOE 需要很强的技术能力和决心，据说阿里巴巴投入 1.7 万名工程师（未经验证），耗时 3 年才去了 IOE，这个代价是相当昂贵的。对于中小机构，去 IOE 不是那么容易的。阿里云现在表示自己已经去完了，准备给中小金融机构提供服务。对于大银行的关键业务来说，需要慎重考虑，前一阵连 IOE 都出问题，搞得有时候升级都不敢做，建行还用着 IBM 在 20 世纪 60 年代为阿波罗登月设计的数据库 IMS 呢（那时候还没有关系数据库呢）。当然，X86 服务器 + 开源软件是方向（群友评论：X86 + Hadoop 也已经涉及银行核心系统了。银行核心的大型主机都是报文数据传递，通过对各对公对私卡业务的报文解析，MapReduce 写入新一代的 HBase 分布式数据库，可以实现高并发高通量。已经有股份制银行案例实施上线），只是国内现在能提供服务的还不多。这条路要慢慢走。

（2013－11－15）

小数据大时代，数据革命迫在眉睫

蔡凯龙*

主题概述：

（一）小数据的介绍和定义

（二）小数据产生的原因

(1) 大数据对隐私无止境的侵犯和个体对主动保护隐私的需求。

(2) 对统一全面管理分析个人数据的巨大需求。

（三）小数据的特性和大数据的对比

（四）小数据发展的广阔前景

（五）小数据的发展最需解决的三个大问题

我的主题：小数据（iData）的大时代——数据革命的下一个前沿阵地

刚才开车回来，在路上 Bloomberg 广播，说美国大 IT 行业，Google、Facebook Twitter、Apple、Microsoft、AOL、Yahoo 联名给国会和总统写信，要求制定政府窃取个人隐私的详细策略，并且要求有独立第三方来监督。这个呼吁是跟 Snowden 泄露的棱镜计划有关，在他披露的计划里曾经说到美国政府公开或非公共入侵所有美国大科技公司的数据库，监控所有的信息。美国总统今天出来讲话，说政府不会偷看美国公民的个人信息，只是为了反恐怖和监测海外活动，不会违反宪法，一定会尽力保护美国公民隐私。他提到的个人隐私，与我今天要和大家交流的小数据有关。

---

* 蔡凯龙，互联网金融千人会执行秘书长，互联网金融千人会华尔街分会秘书长，国际金融论坛互联网金融研究中心研究员，注册金融分析师（CFA），金融风险管理师（FRM），经济和计算机双硕士，金融博士生。曾任德意志银行（美国）战略科技部副总裁助理，点石资产管理公司的创始人、合伙人兼任投资总监，美国能源公司 MXEnergy 风控经理，担任休斯顿大学商学院金融系助理教授。厦门开元期货交易员。

（一）小数据的介绍和定义

数据革命的最终目的，就是给每个人都配备类似于美国总统的白宫级别的数据服务。这不是科幻，这是数据革命即将开创的另一个前沿阵地，小数据的大时代。

小数据（iData），指的是以个人为中心全方位的数据，及其配套的收集、处理、分析和对外交互的综合系统。人的一举一动、一分一秒产生的数据，包括生活习惯、身体状况、社交、财务、喜好、情绪、行为等等，全部被收集、整理和分析，并对外形成一个富有个人色彩的数据系统，统一执行数据交换、保护隐私等多项对外功能。

小数据与大数据的根本区别在于，小数据以单个人为唯一的对象，重点在于深度，对个人数据全方位全天候深入精确地挖掘利用；大数据则侧重在某个领域某个方面，大范围大规模全面数据收集处理分析，侧重于广度。小数据只围绕一个人，你就是小数据世界里的总统，小数据就是你的白宫办公室，它听命于你，收集关于你全方位信息，提供给你最贴心最完整的数据服务，同时担任对外界大数据的唯一接口。小数据并不是大数据老酒装新瓶，把大数据思维操作模式简单套在小数据上并不适用。

（二）小数据产生的原因

1. 大数据对隐私无止境的侵犯和个人对主动保护隐私的需求

1993年《纽约客》刊登了一幅漫画：标题是“互联网上，没有人知道你是一条狗”。经过20年互联网，移动互联网和社交网络以及大数据的快速发展，我们已经毫无隐私成为透明人了。现在这句话应该改成：“不要说互联网另一端是一个人，即使是一条狗，我甚至能知道它身上有没有跳蚤。”在数据为王的时代，个人隐私遭到肆意的践踏和侵犯。你上网买个东西，或者在社交网上发个言，很简单一个动作，瞬间同时在网络监控、网络通信公司、买东西网站、社交网、搜索网站，还有专门收集资料的爬虫系统等，留下你详细的个人资料。更可怕的是，这些都是永久的，任何时候都不知道会被谁调用，会被人肉搜索到。大数据的基因里有对数据无限的渴求。因此以企业为主的大数据，在追求最大商业利益的同时，是不可能主动保护个人隐私的。可以说，大数据和个人隐私保护是天生不可调和的根本矛盾。

随着隐私被侵犯的弊端逐渐浮现，各国都有不同程度的立法来保护个人隐私。但是迄今为止，收效甚微，我们对隐私大规模被侵犯仍然束手无策。不过想想连德国总理默克尔，这么一个大国最高领导人的手机都会被窃听，我们这些普通大众的隐私，又怎么能够真正被保护呢？难怪 Steven Rambam，一个互联网隐私专家曾经说过一句让人很绝望的话："Privacy is dead—get over it."“隐私已死，爱怎么着怎么着吧。”

这时候，迫切需要从技术上，让个人主动而不是被动地保护自己的隐私。小数据就能很好地解决个人隐私和大数据的矛盾。小数据对内是一切个人数据的集合，对外是个人数据的唯一接口。任何对外的数据输出，都需通过预先设定授权程序。大数据最终目的不是要拿这些隐私，而是拿这些作为大数据分析模型必需的素材，最后分析出你喜欢或者不喜欢这辆车。其实小数据在这方面更有优势，甚至细微到主人喜欢什么颜色，买车主要目的是上班还是休闲等，只要把小数据分析结果而不是隐私内容，通知给大数据。这样既能保护个人隐私，又能提供大数据最准确的信息。完美解决大数据和隐私之间的矛盾。

同时小数据还能在保护隐私的监控上掌握主动。我们都知道，注册登记任何社交网，都要求你同意密密麻麻天书一般的法律条文。我相信没有人会真正认真去看这些条文，因为用脚后跟想都知道，里面法律术语晦涩难懂，看懂了你又能怎么样，还不得乖乖“I Agree”我同意。这都是企业合法用你数据资料的同时，用来规避法律责任的保护伞。这可是企业雇佣庞大律师团队花巨资写出来的，我们个人在保护隐私上完全被动而且势单力薄。如果有了小数据，这下我们从被动变主动。你企业要用我小数据，好，没问题，数据是我的，我能控制给你什么，不给你什么。同时外部使用我的小数据是有前提的，如果医疗健康类企业，要知道我身高体重，没问题，需要根据我制定的规则办事，你要“I Agree”我的数据使用条款，不能到处传播。同时，还规定使用时间和使用范围，比如给你 3 个月只能用于某个特定医疗设备研究，用完就得永久删除，否则被我小数据监测到，可以依照里面的法律条文，咱们法庭上见。小数据让个人作为个体信息的真正拥有着，通过小数据，制定个人信息的使用范围和授权，以及监督机制。任何企业组织甚至政府，都要事先同意遵守我定的规则才能使用。

小数据让你享受总统待遇，你的个人信息就是你的小数据王国里的最高国家机密。

2. 对统一全面管理分析个人数据的巨大需求

小数据的产生还有一个主要原因，对统一全面管理分析个人数据的巨大需求。信息时代，我们被扑面而来的信息狂轰滥炸，我们面对的问题是信息太多，不是太少。我们最大的挑战是如何能快速、方便、一目了然地定位有用的信息，如何从纷繁复杂的数据中提炼出有价值的信息，从而真正解放个人，让自己多点时间去思考，去创作，多陪小孩家人，多去体验生活。小数据通过对个人信息的全面收集、反馈、整理、分析，能提供最贴心的数据服务，提供最有价值的决策支持，甚至比你还了解你自己。你问问奥巴马谁最了解他，答案不是他太太也不是他父母，一定是白宫工作人员。

（三）小数据的特性和大数据的对比

1. 数据处理方式：大数据强调标准化，即使大数据擅长的非结构化数据，也只有数据标准化，才能大规模采集和处理。可是数据一旦标准化，就失去了其数据产生时的特性和背景。而小数据的用户数据的最大特点，就是来源和使用者是同一个人，只不过存和取时间和背景不一样而已，这就让数据标准化失去存在的理由。而且标准化数据也会抹去我对数据的主观色彩和背景。

国外这方面已经有初步的研究，Dr. Ofer Bergman 在 2003 年最先提出以“用户主观方式”（User Subjective Approach）来存储个人信息。2009 年他在这方面的开创性研究在美国信息技术学院（American Socieity for Information Science and Technology）一发表就获得极大轰动，被美国图书馆协会（The American Library Association）评为当代十大科技前沿的研究方向之一。

2. 人的作用：在大数据模式下，数据从人身上产生并被收集后，接下来的数据处理分析，就再也跟数据的主人无关了。而在小数据里，所有数据都是围绕一个人，所以人在系统中发挥中心的作用。就比如说白宫团队再怎么庞大，都要根据总统的旨意，很多重要决策，还得总统拍板定夺。

3. 数据性质的区别：小数据的数据量相对比大数据的数据量小。小数据对数据不全部需要快速反应，而大数据对数据的反应要快。小数据更加注重非结构化数据之间的关联，重深度挖掘，而大数据重在包容所有个体的数据重在广度。

综上所述，小数据不是简单大数据的小型化，而是大数据的补充和延伸。

（四）小数据发展的广阔前景

小数据解决大数据无法克服的保护个人隐私矛盾，在主动保护个人隐私的同时，小数据提供给大数据最直接的数据传输，避免了大数据的重复收集和模糊预测，提高数据使用效率和价值。同时小数据利用全面的个人数据优势，结合外部大数据，提供给个人最个性化、最独特、最有价值的数据服务。

小数据和大数据的完美结合，可以说 ，大小数据，双剑合璧，天下无敌。

小数据还有一个意想不到，却让人想想就睡不着觉的用途：数字永生！

小数据精确记录从出生到死亡，无时无刻，细致入微的所有细节，它就是数字化的你，是你在虚拟世界最真实的数字投影 。你的世界被数据化了，因此复制你的世界成为可能。这就涉及人类永恒的梦想：永生。肉体的永生还有待科技水平的提高，但是数字化个人的永生，在小数据时代就变成可能。你的小数据，就是你在数字世界里最真实的载体，即使肉体的消失，你的小数据还能依据一生的数据历史分析，可以对外界信息做出反应（当然这个反应只能是依照历史，不能主动创新，否则就可怕了）。对于别人来说，你的数据载体，将永恒地停止在肉体消失的一刻。如果思念一个逝去的亲人，你可以和她留下来的小数据聊天，问她问题，向她倾诉，听她讲她的过去，小数据会根据历史记录，最完整地呈现出逝去的亲人的一举一动，一颦一笑，包括她所说的和所做的，甚至推断出她所想的。如果未来机器人和人体仿生的进一步发展，制造出一个一模一样的人作为小数据物理载体也不是不可能。这个是不是想想就让人激动不已！

（五）小数据的发展最需解决的三个大问题

1. 个人数据处理的进一步研究和开发。虽然以“用户主观方式”（User Subjective Approach）来存储个人信息是一个重大突破，但其研究也只是理论上的初步构架，到真正实现还要有一段时间，需要科学家进一步探索和完善，加快其现实的运用。同时，要把小数据和大数据一样，作为国家的战略核心资产来投入和研发，并在法律法规上保驾护航。

2. 安全保护。小数据如果安全不到位，这个问题大了，这个好比在数据世界被人绑架了。所以小数据对安全级别要求很高，这不是一个企业组织有足够的信誉和能力能做到的，需要提到国家层面，需要国家统一规划。但是即使在很高级的安全保护算法里，只要是算法，都会有漏洞。所以，人的参与就成了弥补算法漏洞的法宝。

3. 人工智能在小数据系统里占有至关重要的作用，在白宫里的地位相当于总统办公室主任，整体处理白宫各个方面大小事务。人工智能的发展至今裹足不前，需要国家把它提升到战略地位进行科研开发和投入。

人，是一切数据存在的根本。人的需求是所有科技变革发展的动力。可以预见，不远的将来，数据革命下一步将进入以人为本的小数据的大时代。

（2013－12－10）

大数据助力法国“工业重振计划”

赵　珂*

今天和大家分享一下我所了解的欧洲，主要是法国在大数据领域的一些动态，然后再介绍一下法国电信企业在大数据领域的一些具体实践。

2014 年开始，欧盟正式启动全球最大的资助项目“Horizon 2020”将通过高达约 800 亿欧元的资金投入来增强欧洲的竞争力，此项目由欧盟和 28 个欧盟成员国提供资金支持，它将科学研究和市场需求相结合作为一个显著的目标，为科技与竞争力之间构建起一座桥梁。在此项目中 3 个最高优先级的是：卓越科技、产业领导、社会挑战。所涉及的 8 个最重要的基础科学技术中就有大数据一项。

下面再谈一下法国的情况。虽然法国在数学和统计学领域具有独一无二的优势，但法国的大数据产业发展情况远不如美国、英国等发展得火热。近几年情况有所好转。法国政府相继发布其数据开放计划（data. gouv. fr）和大数据国家战略并于 2013 年 2 月发布《数字化路线图》，列出 5 项将会大力支持的战略性高新技术，其中一项就是大数据。

奥朗德政府把经济复兴的长远规划瞄准重振工业领域，提出了包含 34 个项目的“新工业法国”计划，回归蓬皮杜时代的“国家战略”，提升法国在工业领域的国际竞争力，建立数字主权的法国，并使法国处于世界领导者的地位。这 34 个项目之一的大数据被赋予了前所未有的关注，因为预计到 2020 年，欧洲 8% 的国民生产总值来自于大数据的分析利用。而法国在此领域的优势主要体现在：数学和计算机领域的积累以及 Talend（拓蓝），CapGemini（凯捷）、ATOS（源讯）等法国数字化企业的支持。

法国在智慧城市建设方面也投入了大量精力，法国城市建设专家认为，成功建

---

* 赵珂，华为法国 IT 市场拓展总监，负责华为在法国的 IT、云计算、大数据的市场拓展工作。来法国之前，任职于深圳华为 IT 产品线营销工程部，负责 IT 产品和解决方案的规划。1998—2011 年任职于阿尔卡特—朗讯（前朗讯科技）青岛研发中心，负责 5ESS，智能网以及 IMS 的研发和管理工作。

设智慧城市面临的最重要挑战，是如何精确收集所需数据，然后协同管理分析数据，并且通过分析的结果来进行决策，实现降低城市管理成本或提升城市居民生活质量的目标。包括 Orange（法国电信）、Schneider（施耐德集团）和 Groupe Dassault（达索集团）等诸多法国知名企业都在旗下设立了专门从事智慧城市设计和研发的工作室或实验室，在政府引导下积极投身智慧城市建设。例如，法电承建了一个法国高速公路数据监测项目，每天都会产生 500 万条记录，对这些记录进行分析就能为行驶于高速公路上的车辆提供准确及时的信息，有效提高道路通畅率。作为法国最大的运营商，法电还承担了法国很多公共服务项目的 IT 系统建设，在这些系统中，法电都在尝试挖掘大数据的潜在价值。2008 年法电在法国卡涅（Cagnes - sur - Mer）和格勒诺布尔（Grenoble）两个城市尝试利用智能通信技术优化城市居民生活质量。法电在卡涅中心城区的试验项目安装了数百个各类感应器，用来监控、测量、控制城市环境，并记录各方面的环境数据。根据法电的测算，卡涅的路灯照明占整个城市能源消耗的 40%，而利用感应器，城市街道照明和维护成本可以减少 20% 至 30%。

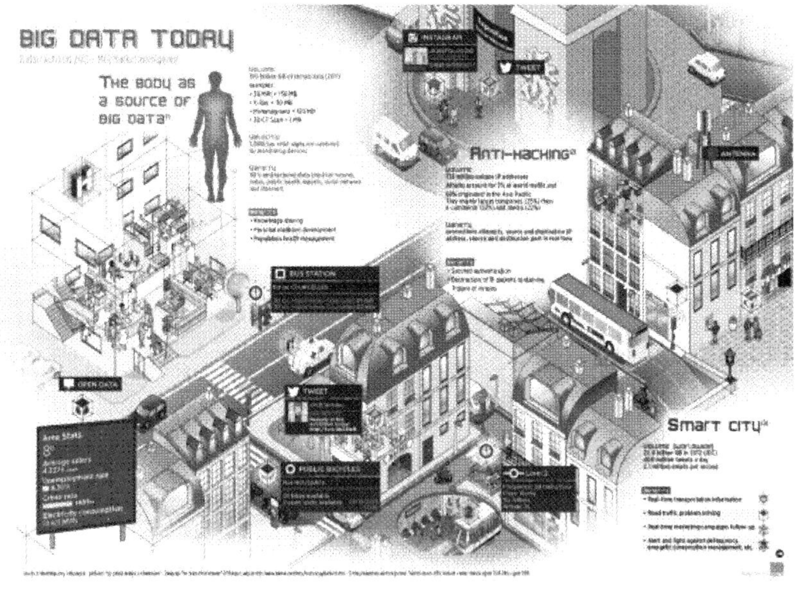

图 1　法国电信智能城市全景图

电信运营商是"数据土豪"，图 1 是 X 电信运营商产生数据的情况，可见其拥有极其丰富的数据资源的天然优势，因此基于用户行为分析、行为理解、行为预测的客户深度洞察，将数据封装为服务，形成可对外开放、可商业化的核心能力，从而实现商业模式的创新，一直是运营商所期望的美好蓝图。

电信运营商的数据主要包括网络运行数据（如网络性能、拥塞状况等）、运维过程数据（如运维日志，通话记录等）和业务数据（如客户资料、套餐情况等）几部分，传统上这些数据分布在不同数据库中并且较独立地进行统计分析，以服务于不同的运营部门。大数据时代数据的价值来源于数据的全面性、数据的共享和数据的二次利用，因此需要统一数据资源及系统，形成全面、可共享、可重复利用的大数据平台。将不同业务部门、不同数据库系统进行平台及资源整合，保证数据完整性。建立大数据系统共享机制，重新挖掘历史数据，围绕客户进行整合分析，形成可共享、可再利用的数据系统，体现大数据运营价值。

大数据技术在驱动运营商转型，目前，全球120家运营商中，已经有48%的企业正在实施大数据战略。通过提高数据分析能力，他们正试图打造着全新的商业生态圈，实现从电信网络运营商（Telecom）到信息运营商（Infocom）的华丽转身。

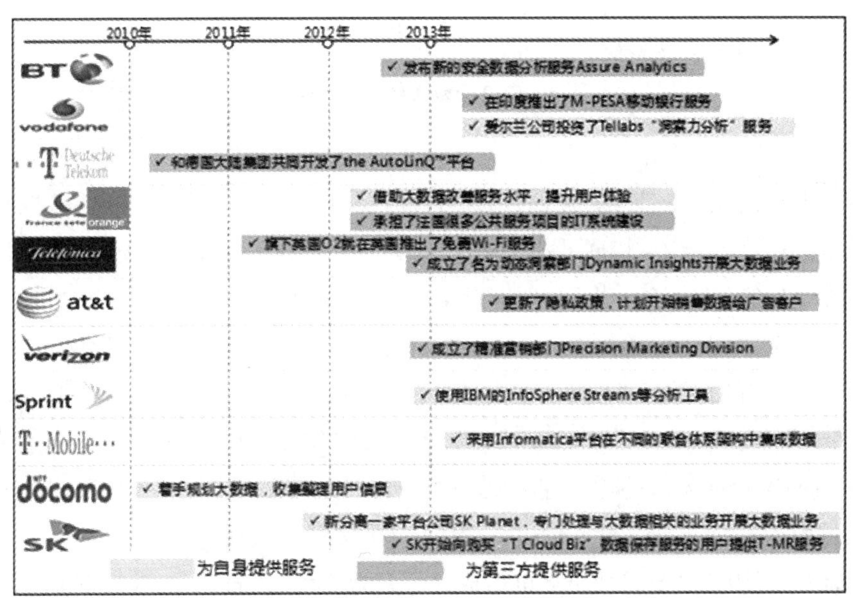

图2　主要电信运营商的大数据实践

据Heavy Reading估计，如图3所示，运营商大数据市场将从2013年的19.5亿美元以每年26%的复合增长率（CAGR）成长，到2020年达到98.3亿美元。其中软件部分成长最快，年均复合增长率达到29.3%，硬件部分为22.8%，服务部分为26.8%。

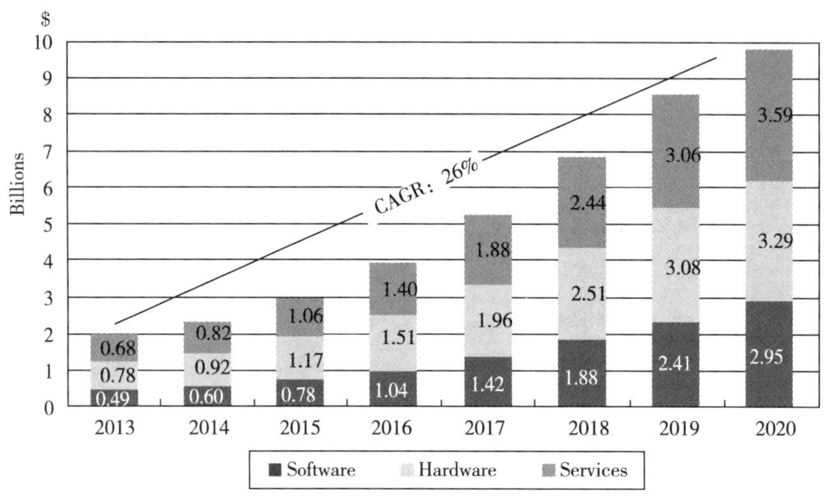

资料来源：Heavy Reading。

图3　电信领域大数据市场情况

而从运营商大数据的5个场景来看，如图4所示，主要的增长点还是在客户满意度提升和提高运维管理方面，因为运营商在其用户和运维方面更容易获取到数据，而通过分析与数据挖掘可以更好地帮助运营商提升运维效率与服务质量，推出更加个性化的套餐服务，提高用户的满意度并降低离网率。

2012年10月初，美国Verizon成立了精准营销部门（Precision Marketing Division）。根据部门副总裁Colson Hillier的介绍，该部门提供三方面的服务，首先是精准营销洞察（Precision Market Insights），提供商业数据分析服务；其次是精准营销（Precision Marketing），提供广告投放支撑；最后是移动商务（Mobile Commerce），主要面向Isis（Verizon、at & t和T－Mobile发起的移动支付系统）。

2012年10月9日，西班牙电信成立了名为“动态洞察”的大数据业务部门Telefonica Dynamic Insights，希望借此把握大数据时代商机、创造新的商业价值。该部门隶属于负责全球创新业务的数字业务部门，面向全球运营，将为客户提供数据分析打包服务，帮助客户把握重大变化趋势。Dynamic Insights推出的首款产品名为

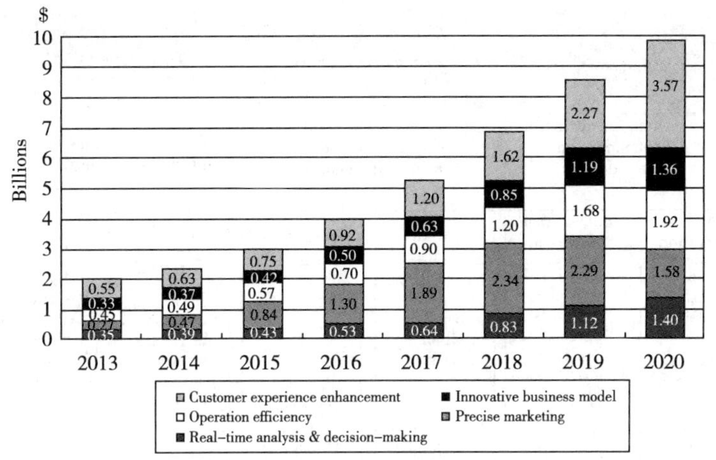

图 4 电信领域大数据应用分类

智慧足迹（Smart Steps）。该产品基于完全匿名和聚合的移动网络数据，可对某个时段、某个地点人流量的关键影响因素进行分析，并将洞察结果面向政企客户提供。例如，洞察结果可为零售商新店设计和选址、设计促销方式、与客户反馈等提供决策支撑，从而帮助零售商更好地理解和满足客户需求、降低成本；也可帮助市政委员会统计、预测各种场景下的人流量。Dynamic Insights 计划面向不同行业推出系列产品，例如包含交通流量管理功能的“Smart City”。

作为法国第二大电信运营商的 SFR 为了把 IT 和电信基础架构从消费中心（cost center）转变为利润中心（profit center），率先推出地理数据营销，通过分析手机用户的地理位置信息来获取某些地域内的用户手机使用频率以及人口流动等信息。例如通过该方法，SFR 了解到戛纳电影节共吸引了 398 500 名的观光游客，其中 16% 为外国游客，这些数据对于安排旅游相关资源起到非常重要的作用。比如，旅游公司可以通过了解中国游客的数量，调配相应比例的中文导游，安排中餐馆和特色景点服务等等。

法电的大数据方案分为 3 个步骤：大数据管理，大数据分析和大数据专业服务。

大数据到来之后，企业将面临海量信息存储的需求，其迫切需要解决的问题就是提升数据存储能力，因为只有将数据妥善存储，才有可能进一步挖掘其潜在价值，而提升数据存储能力则给了运营商难得的机会。法电以云计算的方式为客户提

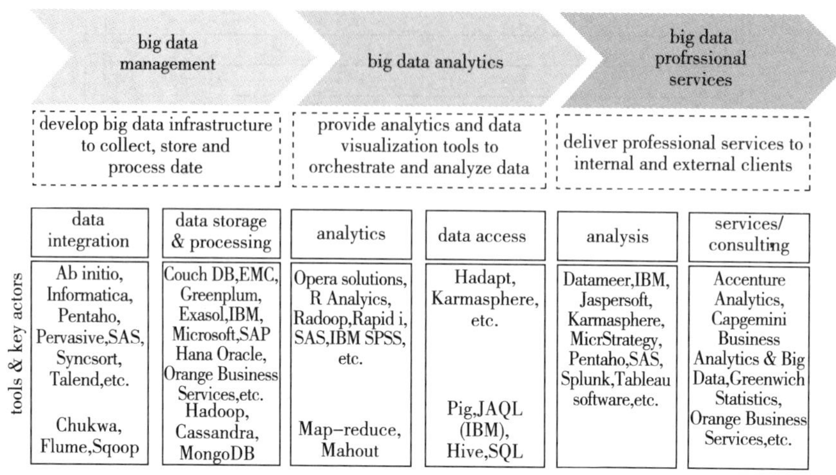

资料来源：Orange Consulting。

图 5　法国电信大数据方案的三个步骤

供存储资源，使得企业客户能够以经济有效的方式妥善保存私有数据。法电目前已经能够提供涵盖 IaaS（基础架构即服务）、WaaS（工作台站即服务）、SaaS（软件即服务）三个层面的云计算解决方案；而且法电充分利用其网络优势，同时推出 NaaS（网络即服务），真正实现端到端的云计算服务，发挥安全可靠、计费灵活的特点，满足企业用户对数据存储、计算等的需求。

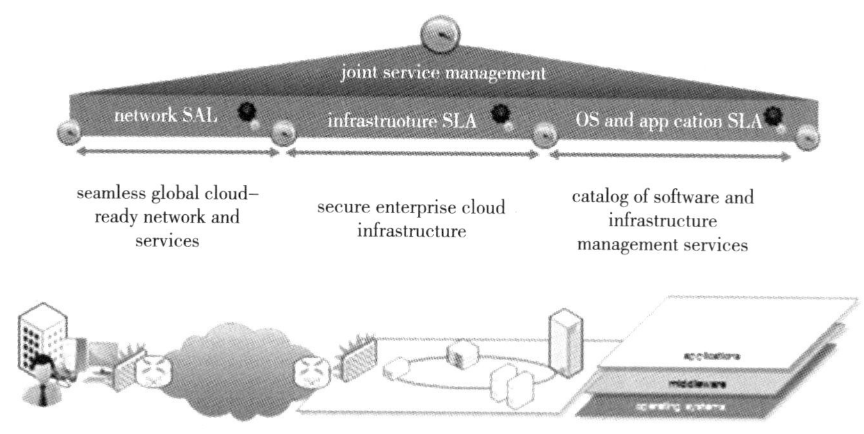

图 6　法国电信弹性计算解决方案

法电的移动业务部门也在借助大数据改善服务水平，提升用户体验。法电目前开展了针对用户消费数据的分析评估，以帮助法电改善服务质量。比如，通话中断产生的原因除了技术故障外还有网络负荷过重，如果某段网络上的掉话率持续过高，则意味着该网络需要扩容。法电通过分析掉话率数据，找出了那些超负荷运转的网络，并及时进行了扩容，从而有效完善了网络布局，给客户提供了更好的服务体验，获得了更多的客户以及业务增长。

同时，法电也在牵头建立一个大数据的生态系统，通过这样一个生态系统整合用户的数据平台，实现数据从收集到转换，再到融合和包装的过程，从而更大程度地挖掘大数据的价值。

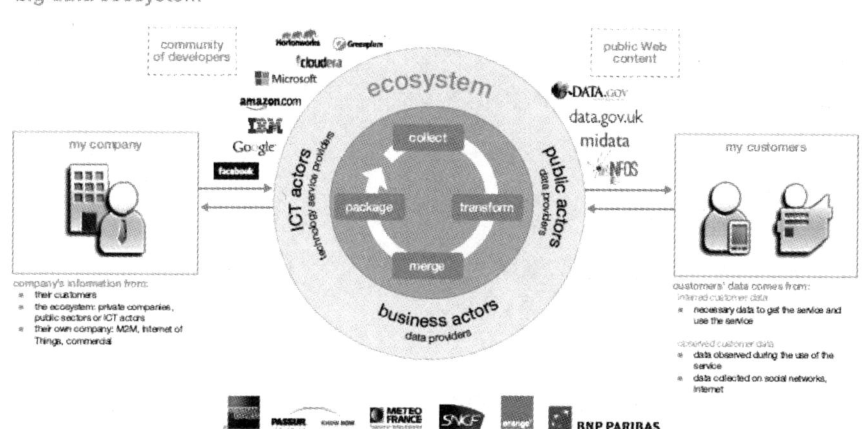

Source: Orange Consulting.

图7　法国电信大数据生态系统

总结一下，大数据时代，法国因时而变，大力推行数字化战略，旨在实现以下三个目标：

1. 通过推进数字化建设，为年轻人提供更多的就业机会；

2. 利用数字化提高企业的竞争力；

3. 在社会建设和数字经济领域推动法国价值的实现，提升法国在工业领域的国际竞争力，建立数字主权的法国，并使法国重新回到世界领导者的地位。

电信运营商必将在转型的大数据时代继续发挥重要的作用，作为数据的拥有者，电信运营商同时面临着机遇与挑战，既要更加有效地利用其数据资产，通过分析、挖掘技术，将大数据应用于运营商的运维管理，增加其管道价值，有效提高运维效率和客户满意度；又要通过商业模式创新，与合作伙伴一起打造大数据的生态系统，创造双赢的商业价值。

（2014－05－26）

大数据怎能没有你

——数据治理

刘 晨*

大家好，我的分享主要包括如下几个部分：1. 基本概念；2. 数据治理方法；3. 数据治理实践；4. 大数据与数据治理；5. 书籍推荐。

大数据时代的到来，让政府、企业看到了数据资产的价值，快速开始探索应用场景和商业模式、建设技术平台。这无可厚非。但是，如果在大数据拼图中遗忘了数据治理，那么做再多的业务和技术投入也是徒劳的，因为很经典的一句话：Garbage in Garbage out，数据质量没有保证。而保证数据质量，数据治理是必需的手段。

1. 基本概念

1.1 数据分类

首先是基本概念部分，我们首先看一下数据的分类。我们通常将数据分为：主数据、交易数据、参考数据、元数据和统计分析数据（指标）。

---

* 刘晨，数据管理领域资深顾问、御数坊创始人，专注于数据管理培训与咨询服务，数据治理6年以上从业经验。清华大学电子系本科、经管学院MBA。国际数据管理协会中国分会（DAMA China）核心工作组成员，国际信息和数据质量协会（IAIDQ）会员，获得CDMP，DGP，IQCP三项数据管理领域国际认证。译著有《DAMA数据管理知识体系指南》，编写《大型企业信息化工程项目管理实战》数据管理章节。

表1　　数据的分类及定义

数据分类	描述
主数据 Master Data	主数据是关于业务实体的数据，描述组织内的“物”。如：人，地点，客户，产品等。
交易数据（事务数据）Transactional Data	交易数据（事务数据）描述组织业务运营过程中的内部或外部事件或交易记录。如：销售订单，通话记录等。
参考数据 Reference Data	参考数据是用于将其他数据进行分类或目录整编的数据，规定参考数据值是几个允许值之一。如：客户等级分为 A，B，C 三级。
元数据 Meta Data	元数据是描述数据的数据，帮助理解、获取、使用数据，分为技术元数据、业务元数据等。
统计分析数据（指标）Analytical Data	统计分析数据是对企业业务活动进行统计分析的数值数据，即指标。如：客户到达数等。

为什么要谈数据分类，因为对每类数据进行治理时，关注点、方法和效果都不同，需要区别对待。下面谈一点我个人的理解。

主数据关注的是“人”和“物”，主数据管理（MDM）是数据治理领域一个专门的话题，其主要目的是对关键业务实体（如员工、客户、产品、供应商等）建立统一视图，让客观世界里本是同一个人或物，在数据世界里也能做到唯一识别，而不是在不同系统、不同业务中成为不同的人或物。

交易数据关注的是“事”，交易数据没有形成单独的数据治理领域，由于交易数据是 BI 分析的基础，因此往往在数据质量管理中重点关注。

参考数据是更细粒度的数据，是对“人”“事”“物”的某些属性进行规范性描述的，对参考数据的管理一般会与主数据管理同时进行，或与 BI 数据质量管理同时进行，因为指标维度和维值直接影响到 BI 数据质量。

元数据是一个包罗万象的概念，其本质是为数据提供描述，所以任何数据都有元数据。数据治理领域的元数据，更多是指 BI、数据仓库这个范畴内的元数据（国际上有 Common Warehouse Meta - model 规范），此外还有信息资源管理的元数据（如 Dublin core 协议）、地理信息元数据、气象元数据等等。正因为如此广泛，也造成了从业者对其有极高的预期以及实践后的失落。

多说两句元数据：我个人从事过 4 年左右元数据管理的产品设计和方案规划，但现在极少谈“元数据”，而是谈“数据定义”，谈数据必谈定义，但却又不将其作为专门一类数据来管理，在数据治理领域单独做元数据管理，收效甚微。主要原因有两点：（1）数据生产与数据管理脱节；（2）元数据自动获取的技术难度。

统计分析数据（指标），目前 BI 系统建设的主要作用是做各种指标和报表的计算和展示。指标往往是数据治理的重点，指标的数据流分析、指标数值的波动性、平衡性监控，几乎是各个企业做数据治理的必备应用。

1.2 数据治理

谈完数据分类，再来谈“什么是数据治理”。

数据治理的英文是 Data Governance，不同软件厂商和咨询公司给出的定义也会有所不同，但本质都是相似的。这里引用《DAMA 数据管理知识体系指南》一书给出的定义：数据治理是对数据资产管理行使权力和控制的活动集合（规划、监控和执行）。数据治理职能指导其他数据管理职能如何执行。

可能有些抽象，有图有真相，图 1 说明了数据治理与其他几个数据管理职能的

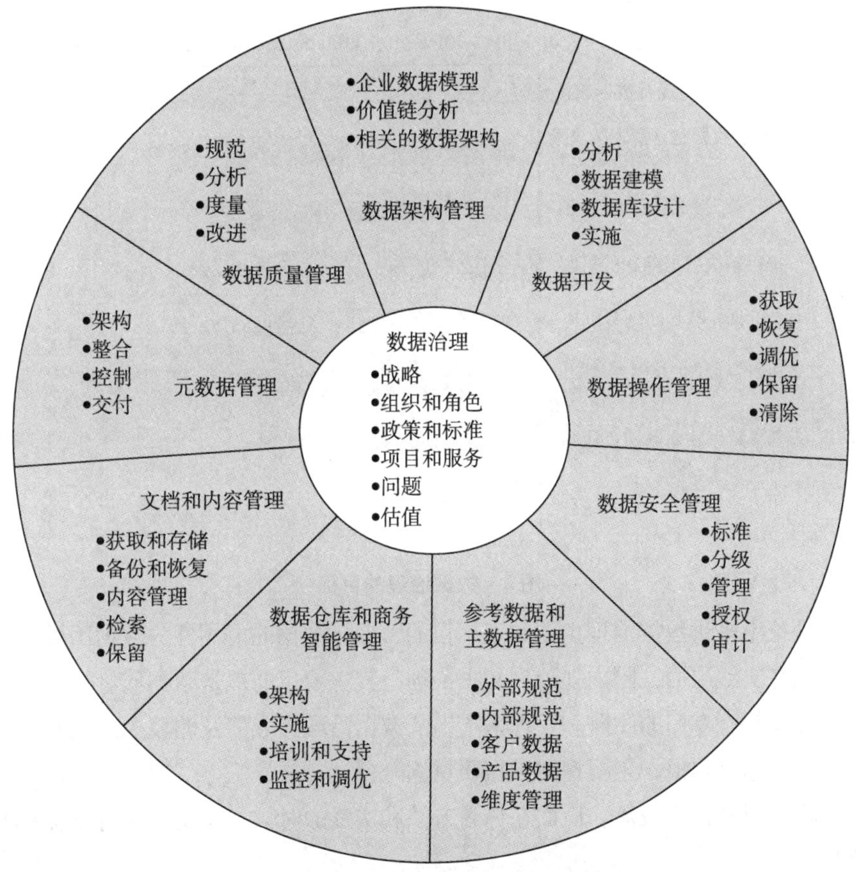

图 1　数据管理职能框架

关系。

可以看到数据治理贯穿在数据管理的整个过程中，重点关注的是有关数据的战略、组织、制度等高层次的话题，并通过制定和推行战略、组织、制度，将其他几个数据管理职能贯穿、协同在一起，让企业的数据工作能够成为一个有机的整体而不是各自为政。

有关 Data Governance 的中文翻译，国内最常见的译法有两种：数据治理、数据管控。国内客户似乎更喜欢数据管控，因为这个词有力度、体现权威。我个人从实践层面的体会，治理与管控缺一不可，治理在前、管控在后，治理针对的是存量数据，是个由乱到治、建章立制的过程，而管控针对的是增量数据，实现的是执法必严、行不逾矩的约束。

为什么要做数据治理？图 1 是一份国际数据质量协会的调研结果可以参考。

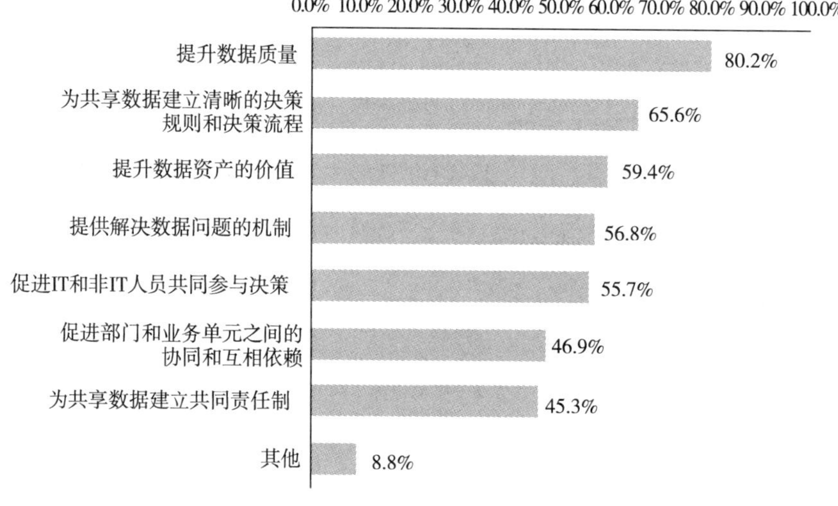

图 2　数据治理的目标

从理论上来讲数据治理主要有三个目的：保证数据的可用性、数据质量和数据安全。而在实践层面，国内外谈到数据治理，其主要目的都是数据质量，对于数据安全，往往是有专门的团队和管理举措，从数据治理领域涉及的较少。我们下面的讨论也继承这种习惯，主要探讨数据质量这个目标。

概念探讨先告一段落，后面在探讨方法和实践的时候，会反过来对概念有更好的理解。

2. 数据治理的方法

在方法部分，我们主要讲三个内容：谁负责数据治理？治理或者管控对象是什么？技术工具有哪些？

2.1 组织架构

首先来谈谁负责数据治理，也就是组织架构（见图3）。

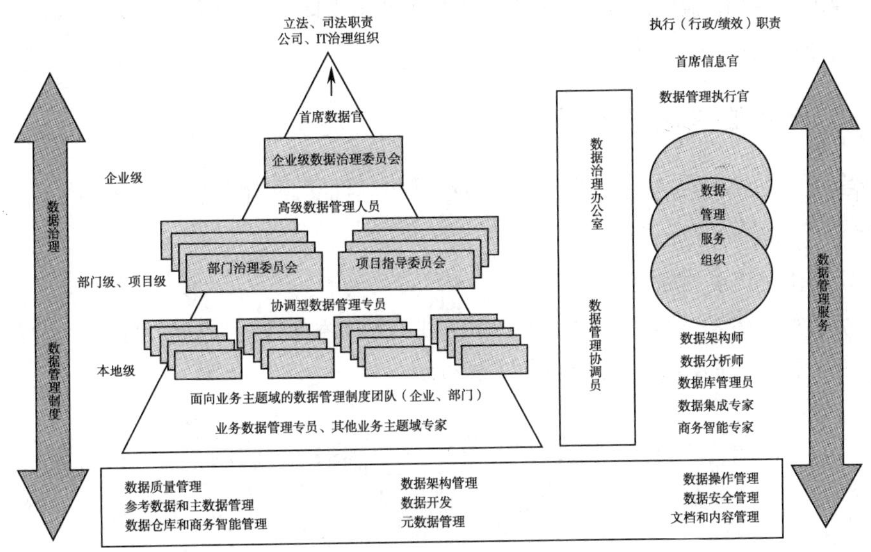

图3 数据治理组织

从理论和国外实践来看，大型企业会建立企业级数据治理委员会，有业务部门领导、IT部门领导共同参与，让业务与业务之间、业务与技术之间能够有更充分的讨论沟通，从而对宏观的数据战略、制度达成共识。在企业级之下，还可以有部门级、项目级的委员会，负责某些局部的数据治理，在最基层面向某一个业务领域应该有相应的数据管理专员（Data Steward）。Steward 实际上是管家的意思，但翻译成管家似乎不够严肃，因此采用了“专员”。Steward 一词与 Owner 相对应，说的是虽然资产不是归 Steward 所有，但是他们替 Owner 代管，由此也衍生出 Stewardship 一词，表明代管、托管制度，这里面蕴含了一种兢兢业业、克己奉公的管家精神。

数据治理委员会、数据管理专员会制定出一系列与数据相关的标准和制度，由数据管理服务组织（DMSO）去执行。从图中可以看到，DMSO 实际上是信息化建设团队，他们负责数据仓库、数据集成等技术平台建设。

上面谈的是理论和国外，在国内的情况刚好相反，DMSO 是主力军，因为大家普遍“重功能、轻数据，重技术、轻管理”，绝大部分企业是缺失左侧的委员会等管理角色的。国内大部分企业是将数据治理的工作放在“企业信息化领导小组”来推动，由信息部门负责具体落实执行。而有些企业虽然信息化水平很高，但信息化建设未实现信息部门的归口管理，这给数据治理的推行带来了极大挑战，跨部门、跨系统的协同异常艰难。

2.2 治理/管控对象

我个人总结为“内容管控”和“过程管控”。此处我用了管控一词，体现一些管理的“力道”。

2.2.1 内容管控

先说内容管控，数据在信息系统中是以不同形态体现的，需要将每种形态管理好，才有可能管好最终的数据质量（见图4）。

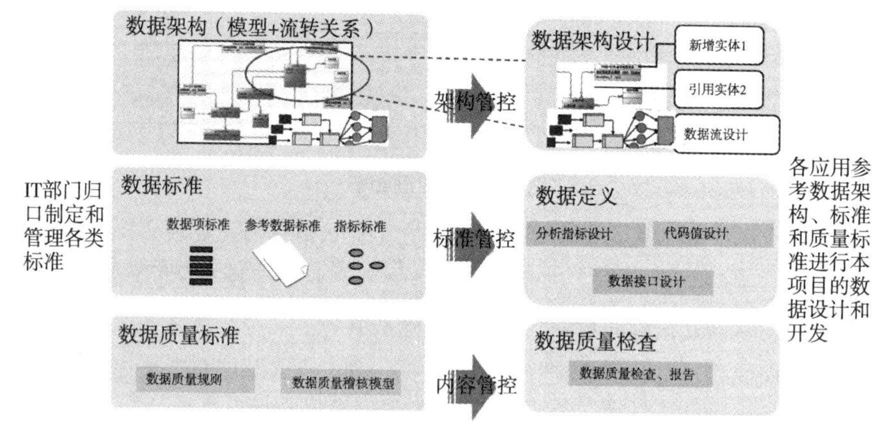

图4 数据治理“内容管控”示意

从宏观到微观，数据的形态体现为数据架构、数据标准和数据质量标准。

数据架构，包括数据模型（概念模型、逻辑模型）以及数据的流转关系，一般在企业级和系统级会谈数据架构，主要对企业数据的分类、分布和流转进行规划、设计，确保新建系统、新建应用能够与现有系统保持一致和融合，避免产生信息孤岛，或者带来重复不必要的数据集成、数据转换。

数据标准，包括数据项、参考数据、指标等不同形式的标准。举例来说，“客户类型”是一个数据项，应该有统一的业务含义，将客户归类为大客户、一般客户的规则是什么，数据项的取值是几位长度，有哪些有效值（如01，02，03）等。这方面有国际标准可以参考，如ISO 11179，国内很多行业也制定了行业数据标准，如电子政务数据元、金融行业统计数据元等等。共同的问题是，标准定义出来之后，执行的情况怎么样？是否真正落实到IT系统了？

数据质量标准，包括数据质量规则以及稽核模型（即规则的组合应用）。数据质量规则一般会关注及时性、准确性、完整性、一致性、唯一性等。

IT部门应该牵头制定并且定期更新企业级的数据架构、数据标准和数据质量标准，作为新建系统和应用的指导约束。值得注意的是，在标准制定的过程中，要避免IT部门的闭门造车，一定要让业务部门充分参与进来。

2.2.2 过程管控

这里谈的过程，是指信息系统建设过程。因为经过大量的实践我们发现，数据质量不佳主要原因之一是在信息系统建设的过程中忽视了对数据的管控，这就会造成数据的设计与需求不一致，开发与设计不一致，对数据质量要求考虑缺失，不同系统对数据的定义和技术实现不一致等等诸多问题。等待系统上线后再去解决这些问题，亡羊补牢，消耗资源。

其实，数据管理甚至IT行业都应该虚心向传统行业学习管理理念。比如制造业的质量管理是在产品生产线各个环节进行质量管控，有些理念也很有启发：Quality By Design，质量是设计出来的，不是检查出来的；Quality check is a cost not benefit，质量检查是成本而非收益。我们公司最近完成了对工厂化的数据生产和管理模式的探索和初步实践，运行效率、开发维护效率和数据质量都有显著提升，找机会再分享，提供一张效果图有些感性认识（见图5）。

下面是过程管控的示意图：

图6的内容比较丰富，其核心内容是将“内容管控”中形成的各项标准规范注入到通过信息系统建设的生命周期中，通过对系统建设各个阶段交付物的管控确保标准规范得到遵从，从而保障数据的标准化和规范化；过程管控一方面依靠开发

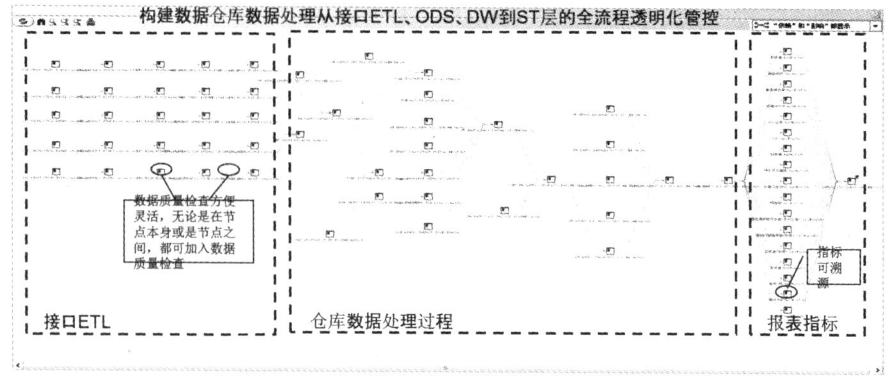

图5 数据治理“过程管控”示意

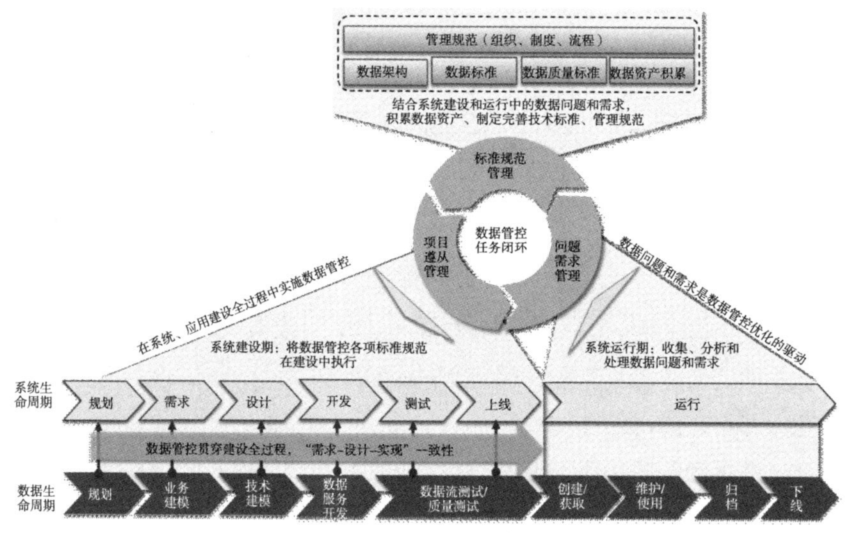

图6 数据治理“过程管控”示意

管理中的评审机制去落实，另一方面就是靠工具去固化一些标准和规范，做到自动化检查；在系统上线常态运行阶段，注重新的数据需求和数据问题的收集和处理，对标准规范进行优化。

在信息化早期阶段 ERP、CRM 等操作型系统的建设是以功能和流程为中心，而后期 BI、数据仓库、大数据平台等数据分析平台的建设是以数据为中心的，这就注定一些传统方式需要改变，应该更加注重对数据架构、数据标准、数据质量的管控，更加关注数据的生命周期，否则数据分析平台建设成功的概率不高。

2.2.3 技术工具

下面简单谈谈技术工具。这是国外对数据治理关键技术的调研结论（见图7）：

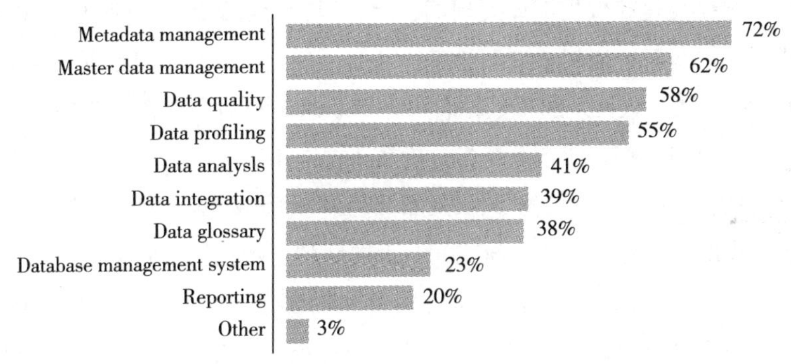

图7　数据治理中的关键IT技术

可以看到元数据、主数据、数据质量是主要的技术手段。具体的产品功能不是今天要探讨的话题，我主要想谈一谈技术工具在数据治理工作中的定位。与ERP遇到的情况非常类似，国内的客户往往寄望于上一套技术工具就能包治百病地解决数据问题、提升数据质量。而实际情况是，如果前面所说的组织架构、内容管控、过程管控等管理机制、技术标准不到位，仅仅上一套软件工具，起不到任何效果。

以上软件工具的作用又是什么呢？核心作用在于知识的固化和提高数据治理人员的工作效率。比如：需要手工编写程序收集的元数据，工具帮你自动获取；需要人工识别或编写代码实现的数据质量检查，工具帮你自动识别问题；用文档管理的数据字典，工具帮你在线管理；基于邮件和线下的流程，工具帮你线上自动化。

除此之外，数据治理的软件工具也没有什么神奇之处，没有数据治理人员的参与和数据治理工作的推进，软件也只是看上去很美。这也是为什么数据治理咨询服务一直有其市场，以及为什么国内大部分单纯数据治理软件项目未能达到预期目标。

3. 数据治理的实践

今天分享的形式决定不能展开许多细节，以三个案例中的一些细节来帮助大家对数据治理的实操有些定性的认识。

第一个案例是运营商客户的系统级数据治理，主要的启示在于：组织架构对于推动数据治理的重要性。

运营商数据仓库建设已有多年，对元数据管理和数据质量管理一直高度重视。数据质量问题往往是在数据仓库发现的，而有很大比例问题是由于上游 BOSS 系统的升级或者数据错误传递到了数据仓库。例如，推出了新产品但数据仓库中尚未注册、SIM 卡号位数升级但未通知数据仓库等等。这说明两个问题：业务人员与分析系统技术人员协同不够；业务系统与分析系统协同不够。

因此，数据仓库的主管方尝试从集团推动 BOSS 和数据仓库的数据质量协同管理，通过试点的方式建立了跨系统的元数据血缘图、数据质量联动监控等一系列技术手段去解决问题。但是，数据质量协同管理的工作终于试点、未能全国推广实施，其原因主要有三点：（1）组织上，BOSS 系统和数据仓库没有实现归口 IT 管理、是由平级的两个处室管理；（2）BOSS 系统业务关键性高于数据仓库；（3）此工作作为技术工作发起，没有去争取业务部门的支持、参与甚至牵头。由此可见，组织架构和管理机制不顺畅，会制约数据问题的解决，甚至会带来数据问题。

第二个案例是一个能源行业客户企业级的数据治理，主要的启示在于：数据治理既要大处着眼，更要小处着手，而且要善于找时机切入。

该客户通过信息化规划设计了企业级数据架构，通过主数据管理项目经过 1 年时间建立了企业级的主数据标准、实现了不同业务部门对不同领域数据认责（即承担数据管理专员的角色），又通过数据管控项目理顺了业务部门、信息化部门在数据管控工作上的职责，在项目管理办公室 PMO 设置了数据管控组对各项目数据统一管控，同时制定了制度、流程和技术标准。

组织、制度和标准上都可谓是到位的，但是技术标准的落地工作一直不顺利。举例来说，以 ERP 为首的套装软件实施团队对组织机构主数据的标准一直很抵触，不肯使用 8 位统一编码而是使用本地 4 位编码。这个问题的影响在只有 ERP 系统时并不明显，数据管控组也无法推动 8 位编码的应用。

随着项目后期非套装软件的建设，系统间的集成需求丰富起来，如果不能统一编码标准，系统间无法集成。这时，非 ERP 系统都遵从标准使用统一 8 位编码，ERP 项目组不得不让步，通过映射表的方式实现了 4 位与 8 位的编码映射，确保顺利集成。由此可见，组织架构、管理机制和技术标准建立好之后，其推行落地需要找时机，也需要数据治理人员的耐心和智慧，否则只能是纸上谈兵。

第三个案例是美国的一个案例，主要的启示在于：小处着手，可以非常非常小，这对国内客户喜欢大而全的思路是非常有益的互补。

这个企业也是受困于数据质量问题，希望通过数据治理来解决。但开始时并不知道如何实际操作数据治理，所以他们启动了一个“企业数据定义”的项目：用6个月的时间梳理现有系统的数据项，识别跨系统、跨业务的数据项作为数据治理的重点。

数据项梳理完毕后，他们选择了7个数据项去重点治理。国内客户一定会认为7个太少，不能当个事情来做。但美国这个企业就是围绕这7个数据项去调研相关的业务用户，发现他们的数据使用需求和问题，去分析与这些数据项相关的业务流程和数据流程。后来识别了40多项可以改进的内容，也为数据治理的全面开展积累经验，在此基础上制定了总体规划和实施路线。

这个案例我最大的体会是，行动远比规模重要，在非常小的局部快速见效、积累经验，再开展企业级的数据治理实施，可能比直接高举高打来得更为有效。

4. 大数据与数据治理

终于谈到了大数据。从前面的讨论来看，数据治理大的脉络并不复杂：对数据资产家底清晰、管理权责分明、建立配套标准规范、确保落地执行，由此去保障数据质量。虽然大数据的规模大、类型多、速度快，但数据治理的原则对于大数据也是同样适用的。

那么大数据的到来会给数据治理提出哪些新的要求呢？

我们首先来看《大数据时代》的作者的观点之一，他认为在大数据时代数据质量不再重要，因为人们需要的是整体趋势的分析而非精确结果。我个人不太同意此观点，而是认为对大数据而言数据质量更加重要。作者提的整体趋势分析仅仅是大数据的应用之一，而从精准营销、风险识别等应用场景来看，因为数据与运营结合得更紧密、要求数据粒度更细，任何一点错误都可能直接带来业务上的损失；而传统的指标应用，反而对运营环节没有如此直接的影响。因此，在大数据环境下对数据质量的需求是提升而非降低。

其次，Hadoop、Spark等大数据技术的应用，对数据治理的技术手段提出新的要求。传统模式下基于RDBMS进行管理，SQL是通用的数据访问方式。而在大数据环境中，Hadoop、MPP、RDBMS、Spark 并存，如何在混搭的异构环境中实现对数据资产的可视化统一管控，避免大数据系统成为不可管理的黑盒子，这是传统行业应用大数据技术需要面对的关键问题之一。特别是大数据技术人才目前更多流向互联网企业，进入传统行业的少之又少，在人才可得性短期不能快速解决的情况下，需要依靠技术手段来确保传统企业 IT 人员能够对数据资产的可视、可控。

最后，数据安全，或者说数据隐私的重要性比以往有显著提升，这也需要在数据治理中加强对数据安全的重视。在传统应用场景中，数据由企业收集，在企业内部应用，数据所有权的问题并不突出。在大数据时代，数据要更多地进行跨界整合、外部应用的商业模式创新，这其中就涉及更多数据所有权、数据隐私的话题。用户信息究竟属于企业还是用户、在什么条件下企业可以拿来用于商业应用？这些问题的答案还在探讨当中，毋庸置疑的是，企业需要在数据治理过程中，需要更加注意数据安全、数据隐私相关的制度和政策。

先谈以上三点，有关大数据与数据治理的话题，估计 2 ~ 3 年内还会持续丰富的，现在刚刚开始，我个人也是最近逐渐关注针对大数据的数据治理，很愿意与大家共同交流进步。

5. 书籍推荐

最后给大家推荐几本与数据治理相关的书，茶余饭后可以换换思路。

中文版的目前只有两本：

1. 《DAMA 数据管理知识体系指南》，此书由国际数据管理协会（DAMA）出版，2012 年我们中国分会的一些会员众包翻译完成，目前应该是数据管理领域最全面的一本专著了，非常适合提纲挈领地全面了解数据管理各项工作。

2. 《数据质量工程实践：获取高质量数据和可信信息的十大步骤》，作者是美国一位专家，我听过她的讲座，很务实，实操性比较强。国内有可能会觉得此书太细，但其实数据工作就是个细致的工作。刚才讲的那个美国案例，也是这位专家负责的。

再推荐几本英文的：

3. “Information Quality Applied：Best Practices for Improving Business Information，Processes and Systems”.

4. "Data Warehouse and Business Information Quality".

3与4这两本书的作者都是 Larry English，应该是美国最资深的数据质量专家之一，刚才那本书的作者也是他的弟子。Larry 成功地将制造业质量管理理念引入数据质量管理。这两本书非常有参考价值，内容稍有重复，可以选第1本，是2009年出版的。

5. "Big Data Governance：an Emerging Imperative".

6. "The IBM Data Governance Unified Process：Driving Business Value with IBM Software and Best Practices".

5与6这两本书的作者都是 Sunil Soares，原来是 IBM 负责数据治理的 lead，前两年离开自己创业做公司了。第1本我还没看过，第2本主要是结合 IBM 的软件产品一起讲的，不够中立，权当参考。

以上就是我今天要分享的内容，谢谢大家。

（2014－05－27）

数据驱动企业信息化进入 2.0 时代

陈新河*

以 iPhone 为代表的消费 IT 时代的到来，带动企业信息化转型和提升，推动企业信息化由流程驱动为核心的企业 IT1.0 阶段，进入以数据驱动为核心的企业 IT2.0 时代。数据是企业 IT2.0 的核心要素，不仅是战略资产，更是生产要素，数据驱动成为企业 IT2.0 的典型特征。随着人类认知能力的不断提高，网络画像从消费者行为描述而引发的营销革命，扩展到工业产品研发设计、生产管理和市场服务等全业务流程。

一、企业信息化由流程驱动的 1.0 时代进入数据驱动的 2.0 时代

企业信息化包括办公自动化、业务流程信息化、研发设计、生产管理和营销服务信息化等方方面面，不同行业、不同企业也有显著差异。以制造业为例，信息化通常包含研发设计数字化、装备制造数字化、生产过程自动化和管理信息化等四类。企业信息化可以概括为两类——管理流程数字化、生产和产品数字化。

---

* 陈新河，中关村大数据产业联盟副秘书长，工业和信息化部电子科学技术情报研究所副主任，和君商学院社会导师，同时担任多家上市公司、大数据创业企业独立咨询顾问。

在 IT 领域超过 15 年的研究、观察和思考，多次参与软件·信息产业·信息经济·云·物·移·大·智等重大课题研究和产业促进政策制定工作，主持国家发改委“十三五”规划前期研究重大课题——《“十三五”信息经济发展研究》，2004 年主持完成的重大课题《未来 5 ~ 15 年电子信息技术发展趋势分析》获部级奖励。IT 思想贡献：互联网是以人均 GDP 为基数的产业，移动互联网是以人口数为基数的产业。已出版《世界信息产业概览》（2004 年）、《中国软件和信息服务业发展报告》（2011/2012/2013 年）、《数据驱动中国，创新成就未来》（2014 年 12 月出版）等。组织的“大数据 100 分”，已成为最知名、最活跃、最具影响力、最高端的大数据社区。运营的微信公众号：软件定义世界（SDX）已成为 SDX 的指南针、大数据思想的策源地、政府和企业家的智库、连接创业者与 VC 的桥梁、从业人员的加油站。

管理流程数字化是企业信息化的 IT1.0 阶段，简称企业 IT1.0，核心是（管理）流程驱动。

生产和产品数字化是企业信息化的 IT2.0 阶段，简称企业 IT2.0，企业 IT2.0 的核心是数据驱动，数据不仅是企业的战略资产，更是一种关键的生产要素。

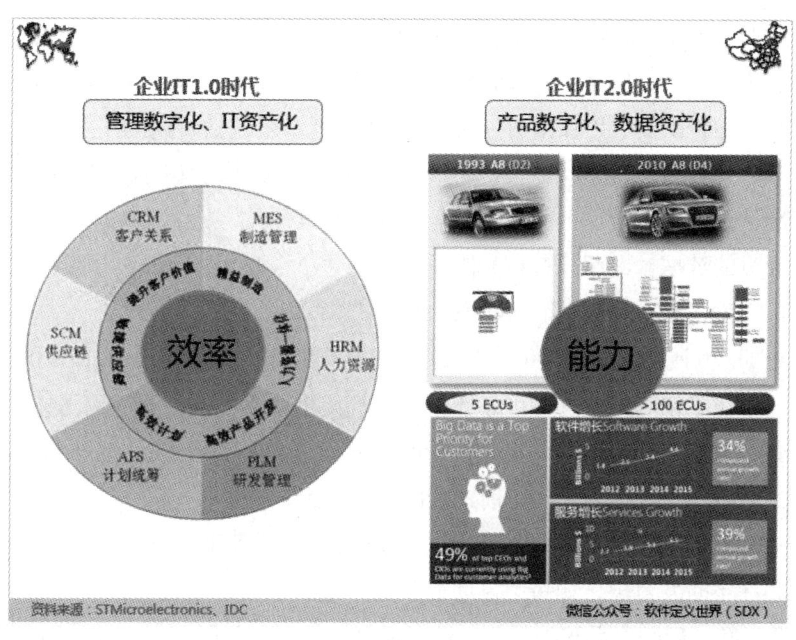

图1　企业 IT 由 1.0 进入 2.0 时代

管理流程数字化：主要指企业人财物产供销等经营管理流程的数字化，典型的管理流程数字化系统有办公自动化（OA）、ERP（企业资源管理）、供应链管理（SCM）、客户关系管理（CRM）、人力资源管理（HR）等，也有电信业务运营支撑系统（BOSS）、医院信息管理系统（HIS）、行业专用管理系统。1997 年 IBM 倡导的电子商务（e－business）的核心是管理流程数字化。企业 IT1.0 时代，IT 通过数字化手段来提高管理效率，有限度地提高了生产效率，ERP 的使用使管理者对生产、库存了然于胸，财务管理软件的使用大大提高了财务人员的工作效率。企业 IT1.0 时代，IT 表现为管理的数字化和 IT 的资产化，如企业内外网系统、数据中心、OA 系统、财务系统、ERP 系统建设如何，服务器、交换机、操作系统、数据库等硬软件产品的购买多少。企业 IT1.0 为企业建设较为完备的信息化基础设施。

目前国外企业的管理流程数字化已基本完备，欧盟超过 70% 的企业已经应用 ERP

系统。国内企业也初步具备，例如北京市工业企业应用财务软件的比例超过90%。

生产和产品数字化：通过把IT软硬件与工业系统或工业产品进行紧密耦合，来提高系统的自动化程度和智能化水平，如数控机床、电喷发动机、自动化生产线、无人驾驶汽车等。

企业IT2.0时代，通过比特与原子的融合，工业产品成为高度数字化、网络化、智能化的产品，也就是所谓的软件定义世界（SDX），不仅仅是IT产品，如加了操作系统的路由器、更加富有业务弹性SDN等，还包括传统的工业产品，如耐克的鞋子、谷歌的眼镜、特斯拉的汽车、谷歌的无人驾驶汽车等。产品数字化之后，产品从设计、生产、运营到服务全生命周期均可得以量化，并向生产者和使用者反馈大量的数据，进而对产品和使用者提供更好的服务、优化和再设计，形成反馈经济，衍生出制造业服务等新业态和新模式。

企业IT2.0刚刚开始。2007年，欧盟所有企业中，已有20%～35%的企业实现了全流程数字化。2010年，北京市实现生产流程数字化的企业比例不超过15%。以产品数字化来衡量，目前，全球领先的“德国制造”的机械设备产品一半以上都应用了微电子控制，而十几年前这个比例还不到5%。①

企业IT1.0和企业IT2.0并没有明显的界限，企业IT1.0时代，生产和产品的数字化也在不断发育中，如啤酒自动灌装生产线、电控发动机等，IT2.0时代，企业IT1.0也有了新的内涵和外延，如银行根据企业交易数据向企业提供的供应链金融服务，餐饮企业根据日常客户餐饮行为，探寻顾客口味变化、创新菜品等等。相对而言，生产和产品数字化的发展相对管理流程数字化要慢得多；企业一年之内可以上线ERP系统，但汽车用电喷发动机研发到产业化，需要经过几十年的历程。

二、消费IT浪潮和工业互联网加速企业IT2.0进程

（一）消费IT推动企业信息化转型

iPhone全面开启消费IT时代。互联网推动IT由企业进入更加广泛的普通消费

---

① 该数据来自朱剑英所著的《中国制造科学技术与制造产业发展问题的思考》（2006），该数据仅提到有和无的问题，没有探讨程度的深浅问题，如汽车有一个微控制器和100个微控制器，其发展历程要经过10年以上的时间。

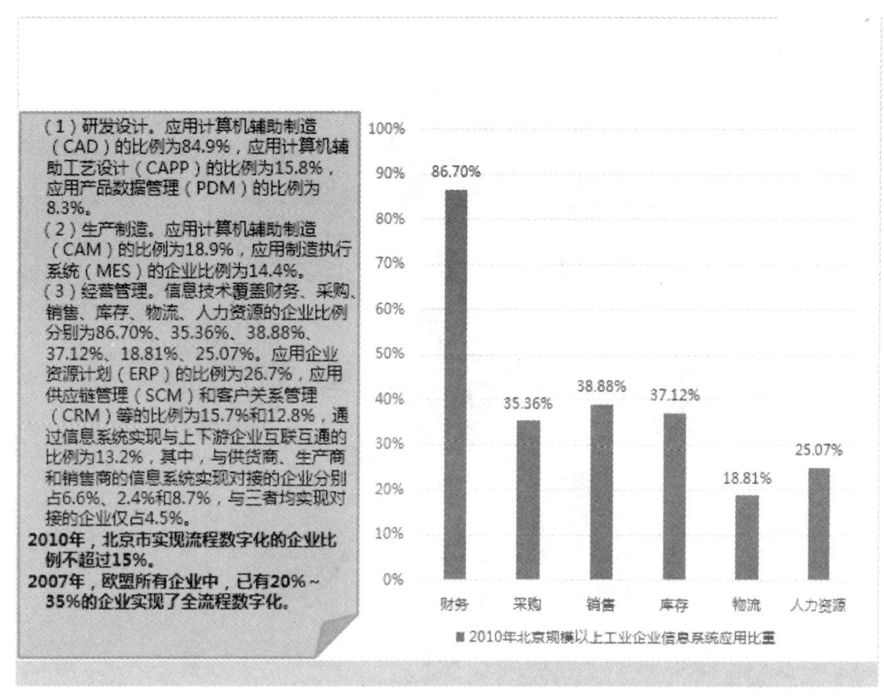

数据来源：北京市经济和信息化委员会。

图 2　2010 年北京规模以上工业企业信息化建设情况

者领域，信息门户、游戏娱乐、网购使 IT 有了更加广阔的市场空间。2007 年诞生的 iPhone，推动 IT 由企业 IT 全面向消费 IT 迈进，Andriod 的出现更加快了消费 IT 时代的全面来临的步伐。

消费 IT 引领 IT 潮流。消费 IT 浪潮下，企业 IT 被迫顺应消费 IT 潮流；企业 IT 呈现移动化、服务化和社交化趋势。这就如同 PC 对于普通家庭消费者并不是一个很好用的 IT 产品，但在企业 IT 时代，消费用户只能无条件地被动接受。云计算这个天生为消费 IT 而生的技术，正从企业 IT 时代无法享受 IT 好处的小微企业逐步向大企业渗透，因为小微企业没有多少 IT 遗留系统的负担。天猫上的众多小微企业利用阿里云的聚石塔服务，在市场营销领域，比国内 500 强的大数据应用还要好。移动化、社交化等消费 IT 元素也在不断进入企业 IT 系统。企业对微博营销、微信营销等热情要远超于 2000 年前后的 ERP。

整体来看，企业 IT 转型的方向是：计算架构的云计算化、应用环境的移动化、应用方式的 Apps 化、应用思想和管理理念的数据化、收费方式的服务化、沟通与

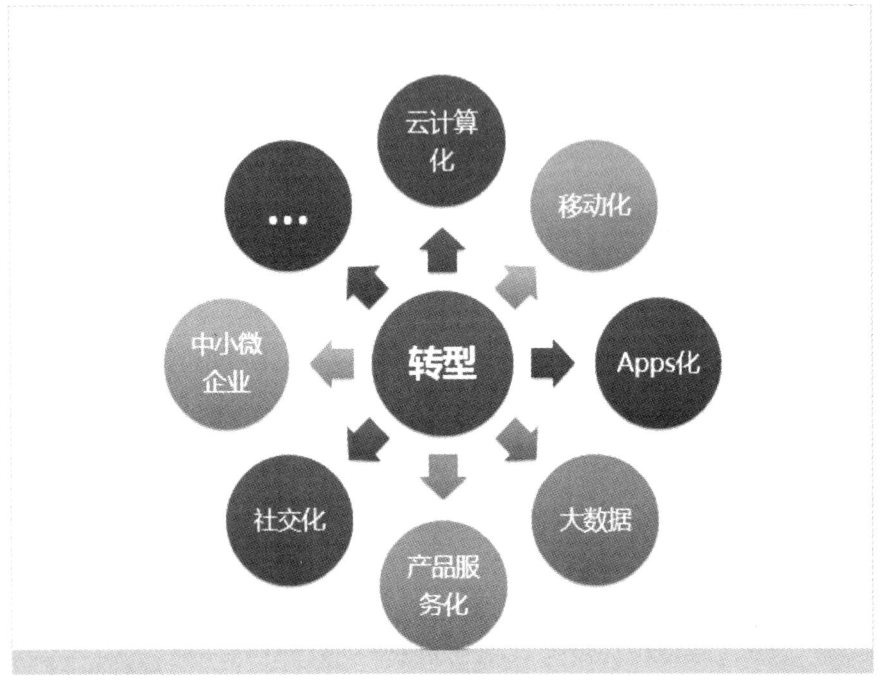

图3　企业IT转型方向

交流的社交化、应用群体的中小微企业化。

（二）工业互联网推动企业信息化扩展

如果把过去20年看作是消费互联网时代——互联网改变人们的生活（团购、网络社交、网络视频）、消费（电子商务、信息消费）习惯，未来几十年工业互联网将对人类生活带来更为深刻的变化。工业互联网可以简单理解为工业设备和产品的生产、管理、运营和服务的互联网化。无论是通用电气（GE）提出的工业互联网（Industrial Internet，田溯宁译为产业互联网），还是德国的第四次工业革命（Industry 4.0），其实质都是原子和比特融合造就的信息物理系统（Cyber – Physical System，CPS）通过互联网实时传输的各种设备运行数据，实现人类对物理世界的更好的感知。

工业互联网将企业信息化领域从流程自动化扩展到更加广阔的生产自动化和产品数字化、网络化和服务化领域，企业IT投入规模也将由目前的刚过万亿美元，扩张至数万亿美元，乃至十万亿美元。

工业互联网带来的潜在效益惊人。据GE估计，工业互联网的技术创新将在规

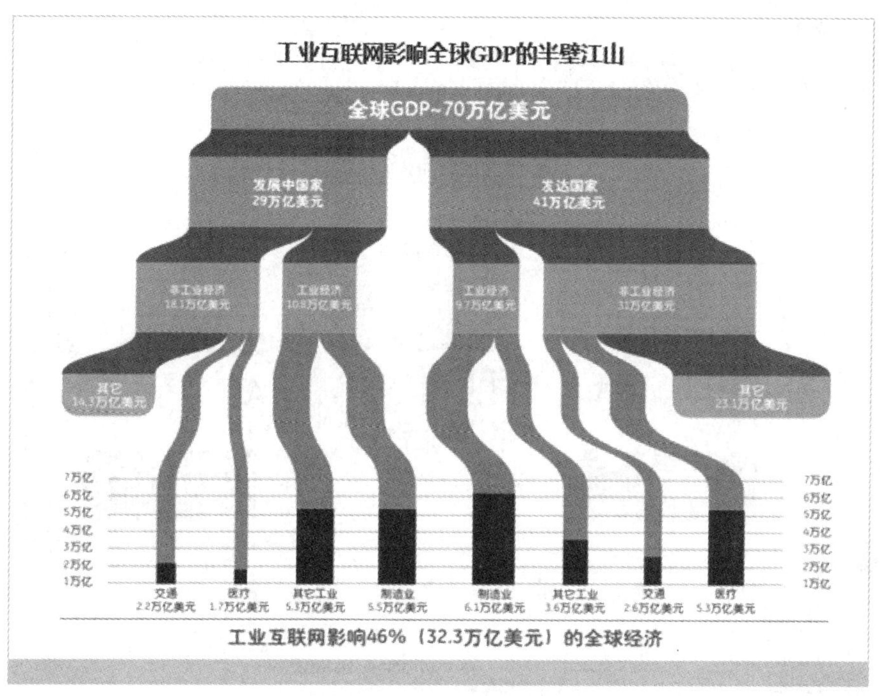

资料来源：世界银行，GE。

图 4　工业互联网潜在 GDP 份额

模高达 32.3 万亿美元的领域内得到直接应用，而这些都需要 IT 技术和产品提供强力支撑。随着全球经济的发展，工业互联网的潜在应用也将扩大。到 2025 年，工业互联网的应用领域将达 82 万亿美元的规模，占全球 GDP 的半壁江山。

三、企业 IT2.0 先从用户侧开始

以数据为核心企业 IT2.0 与企业 IT1.0 的路径迥然不同。企业 IT1.0 时代，开始于 OA 系统、工程计算、CAD，接着进入生产管理领域的 ERP、SCM，最后才进入 CRM，如此发展路径主要受需求强烈程度、效率提高幅度、投入产出比、IT 技术的成熟度等多种因素的影响。IT1.0 时代，IT 集中为生产管理服务，因产品数字化程度有限，产品和用户信息不能有效反馈给研发设计者和生产管理者，存在信息流的断链。研发设计者和管理者不得不通过问卷调研的方式寻找用户需求信息，然而这种盲人摸象式调查，再加上用户对调研的敷衍了事和故意伪装，很可能导致错

误的决策信息。

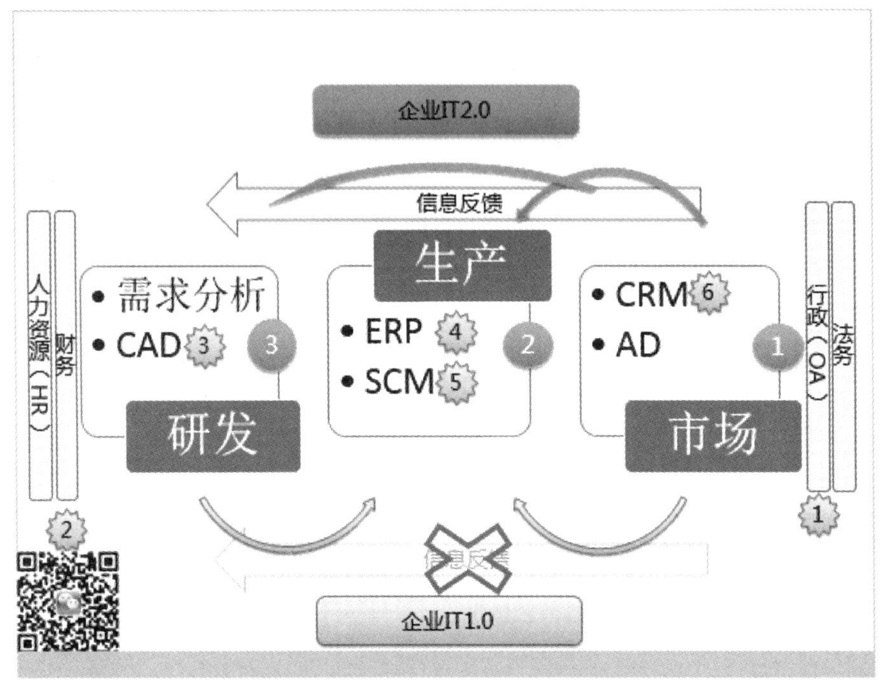

资料来源：世界银行，GE。

图 5　企业 IT1.0 与企业 IT2.0 发展路径比较

企业 IT2.0 时代，IT 应用首先从市场和用户开始，并逐步向生产和研发环节渗透，与企业 IT1.0 的发展路径迥异，主要因为以下两个原因：（1）消费 IT 潮流带来大量消费行为数据（详看《软件定义世界，数据驱动未来》，或订阅微信公众号“软件定义世界（SDX）”，查看历史信息），这些数据成为企业营销的利器，把企业营销从原来的无目的扫射变为精准的点射。正是网络透明人的出现，导致企业 IT1.0 时代几乎被边缘化的 CRM 等市场营销领域的信息化在企业 IT2.0 时代大放异彩。（2）人类认知能力由简到繁的过程。相对于通过几个相关模型而实现的互联网精准营销，产品数字化历程要困难得多、时间历程也要长得多，毕竟产品的数字化是比特与原子紧密耦合的产物，既需要一定的 IT 软硬件开发能力，更需要日积月累的工业领域知识，这方面复合型人才少之又少，这也是近两年通用电气、通用汽车等传统工业企业不断在硅谷加大投入的重要原因。2011 年，通用电气在硅谷成立一个新的软件总部，投资 10 亿美元用于软件开发，发展“工业互联网”项目。

产品的数字化进程也在不断深化。1993 年，奥迪 A8 仅使用 5 个 ECU，而到了 2010 年，奥迪 A8 使用的 ECU 数量超过 100 个。目前欧美主流家庭轿车中，集成电路的价值超过 300 欧元，而且比例还在不断上升，汽车中 70% 的创新来自 IT。

四、数据实时全业务驱动企业成长

（一）利用数据实时切脉为企业带来新的价值

云计算的出现使企业不再受困于计算能力，从而使企业能够实时洞察自身的运营状态。一家城市商业银行利用阿里云从原来需要 8 小时完成的清算业务被压缩至 30 分钟。中信银行信用卡中心通过部署大数据分析系统，实现了近似实时的商业智能（BI）和秒级营销，每次营销活动配置平均时间从 2 周缩短到 2～3 天，交易量增加 65%。

资料来源：世界银行，GE。

图 6　数据应用贯穿企业全部业务流程

用友公司董事长兼 CEO 王文京认为，今天的企业大量数据是按年、月、周来出报表的，能够出周报的企业已经是比较好的，当然也有一部分企业已经开始出日报，但是数据驱动的企业在时间维度上会发生显著的改变，它已经不是用年、月、周，而是按日、时、秒。数据的时间维度拥有巨大的价值，所有管过企业的领导都知道，企业里的一张报表，月度结束三天之后拿到这个报表和月度结束当天就拿到这个报表，价值是完全不一样的；此外，如果这张报表还没结束的时候，企业的领导任何想要的时候都可以得到，它的价值又比在月度结束当天才能拿到的价值高。

（二）消费行为数据和产品运行数据反馈加速产品创新

利用传感器、物联网、互联网和移动互联网把消费购买行为、产品评价信息、竞品评价信息、媒体评论信息和社交、舆情等信息，再加上产品运行状态信息进行综合评价，改良产品功能、性能设计，从而开发出更受市场欢迎的创新产品。美国通用公司通过每秒分析上万个数据点，融合能量储存和先进的预测算法，开发出能灵活操控 120 米长叶片的 2. 5—120 型风机，并无缝地将数据传递给邻近的风机、服务技术人员

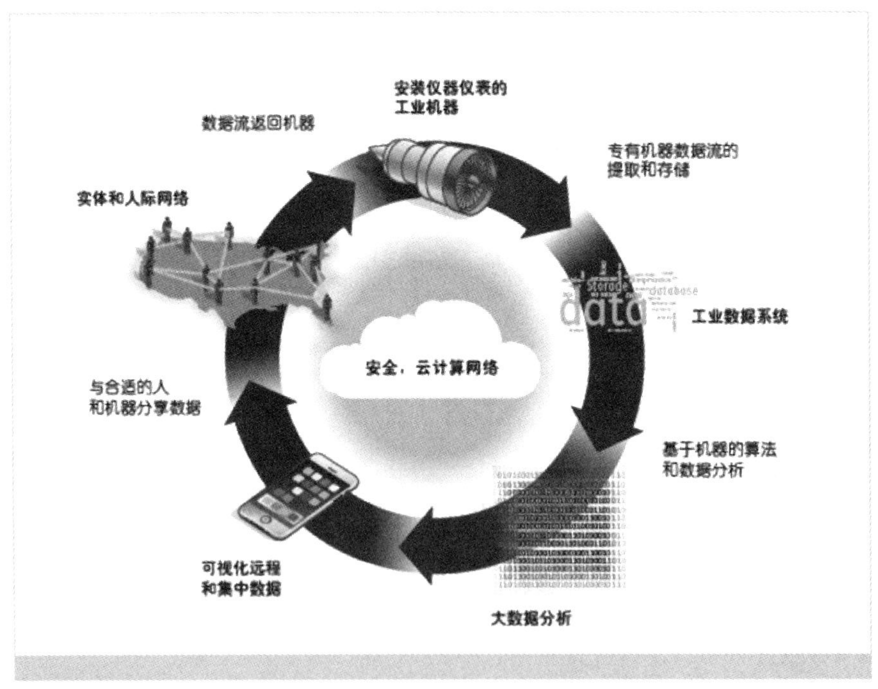

资料来源：世界银行，GE。

图 7　工业互联网形成的反馈经济

和顾客，效率与电力输出分别比现行风机提高了25%和15%。劳斯莱斯、洛克希德·马丁等公司的飞机引擎，都配备了大量传感器；这些传感器用来采集引擎的各种数据，如振动、压力、温度、速度等信息。数据通过卫星传送到计算机中，用于监控和分析。如果发现问题，地面支持团队就会及时安排备件、进行维修，同时根据零部件的故障统计进行设计优化。它们不仅能够通过数据分析发现问题，而且还能预测可能出现的故障。波音787每飞一趟来回产生的数据就是几个TB，A380每30分钟就产生10TB的数据，这些数据成为产品设计、设备运营、维修的重要依据。

（三）利用数据提高运营效率

利用数据改进管理流程、优化物流路径、指导作业行为将大幅提高企业的生产运营效率。DHL快递公司针对其新加坡公司158辆运输卡车中的16辆，通过追踪驾驶员的驾驶习惯提高燃油效率。利用该系统，DHL公司的燃油效率提高5%，车辆闲置时间减少8%，故障发生率减少41%。通用电气监测2万台喷气引擎中的不易察觉的警报信号，以此来预测哪些设备需要进行维护；利用大数据能够提前一个月预测其维护需求，预测准确率达到70%，这可以极大减少飞行延误。

主要部门的潜在收益

行业	部门	节约种类	15年内的估计价值（单位：10亿名义美元）
航空	商用	节约1%的燃料	300亿美元
电力	天然气发电	节约1%的燃料	660亿美元
医疗	整个系统	系统效率提高1%	630亿美元
铁路	货运	系统效率提高1%	270亿美元
石油天然气	勘探与开发	资本支出降低1%	900亿美元

注：基于全球具体行业节约1%

资料来源：世界银行，GE。

图8　利用大数据节省1%所带来的潜在收益

（四）利用数据提高营销的精准度

受益于网络画像运动，精准营销成为目前大数据应用的经典应用领域。2012年，北京大悦城在商场的不同位置安装了将近200个客流监控设备，并通过WiFi站点的登录情况获知客户的到店频率，通过与会员卡关联的优惠券得知受消费者欢迎的优惠产品。大悦城根据超过100万条会员刷卡数据的购物篮清单，将喜好不同品类不同品牌的会员进行分类，将会员喜好的个性化品牌促销信息精准地进行通知。通过一系列以数据为基础的营销策划，店庆当日销售火爆，比历史同期增长142%，销售额达到了1 715万元。

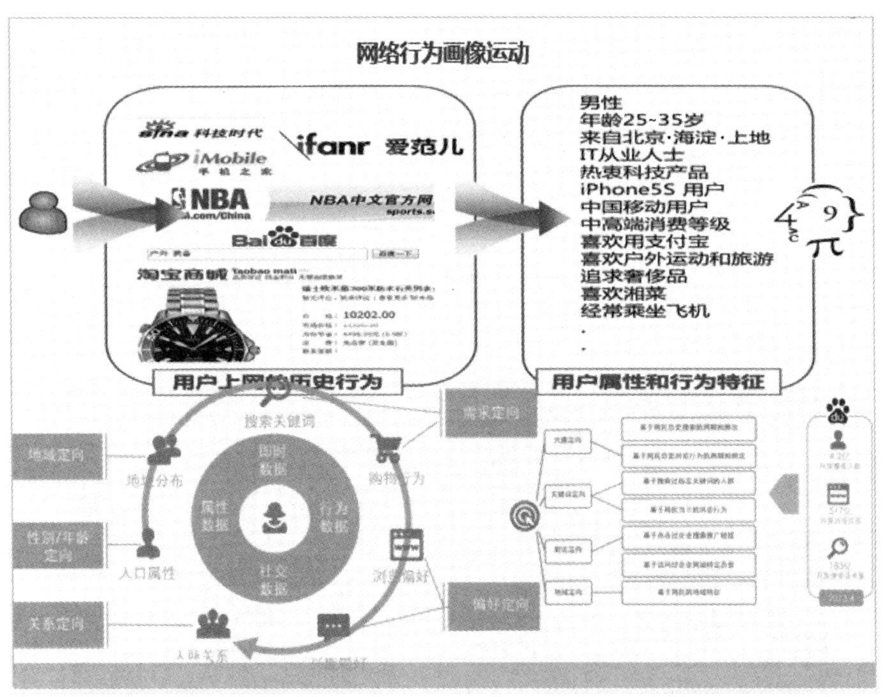

资料来源：百度、艾瑞等。

图9 网络精准营销示意图

（五）利用数据提高服务能力和水平

利用用户和设备反馈的数据信息，售后服务人员做到有的放矢，从而大幅提高服务能力和服务水平。日本小松利用通过安装在工程机械设备上的KOMTRAX系统，对工程机械设备当前所处位置、工作时间、工作状况、燃油余量、耗材更换时间等数据进行收集，从而有效进行维修保养和售后服务。工程机械装备安装KOMTRAX系统后服务成本下降60%、索赔投诉下降50%。

表1　　工程机械设备上安装KOMTRAX系统前后服务效率变化情况

项目	安装前：安装后
单台挖掘机零件销售额	1:4
服务车行驶公里数	1:1.89
月均百公里零件销售额	无法统计:1 600元
单台挖掘机客户电话索赔投诉	1:0.5
故障处理周期	1:0.31
服务人员个人收入	1:2.71
每销售10万元的服务成本	1:0.41
服务人员有效工作时间	1:3
保内定期服务率	70%:100%
客户走访率	无法统计:100%
服务营业成功率	无法统计:70%
零件销售	客户上门购买:主动送货上门
零件命中率	无法统计:80%

资料来源：小松科技、天远科技。

（六）利用数据推动制造业服务化

工业时代生产商和经销商以售出产品为己任，希望卖出产品后顾客不再打电话，除非是第二次购买。数据为制造业赋予了新的含义，设备运行的数据蕴含财富，以数据为基础的服务成为制造业的新的金矿。丰田公司监控售出并行驶在道路上汽车的实时交通信息，提供针对本地政府和企业的大数据服务，并在灾难发生的时候对驾驶员起到帮助作用，这项服务的费用是每月200 000日元。通过每年千元左右的信息套餐服务费，安吉星能够为汽车用户提供碰撞自动求助、安全气囊爆开自动求助、车门远程应急开启、被盗车辆定位、车况检测报告以及实时按需检测等服务。

安吉星续约套餐

套餐名称	尊享套餐	畅行套餐	领航套餐	无忧套餐	关怀套餐
一年套餐价	1580元	1280元	980元	780元	480元
二年套餐价	2 880元 立省280元	2 380元 立省180元	1 880元 立省80元	—	—
三年套餐价	3 980元 立省760元	3 380元 立省460元	2 680元 立省260元	—	—
碰撞自动求助系统	✔	✔	✔	✔	✔
紧急救援系统	✔	✔	✔	✔	✔
安全保障系统	✔	✔	✔	✔	✔
车况检测系统	✔	✔	✔	✔	
导航系统	✔	✔	✔		
全音控免提电话	500分钟/月 ✔	200分钟/月 ✔		100分钟/月 ✔	

资料来源：安吉星。

图 10　安吉星续约套餐服务

福特、宝马、通用汽车都在积极发展车联网服务，寻找新的业务增长点。国内的福田汽车专门成立福田智科信息技术服务公司，开发 iFoton 系统，为卡车、客车和工程机械的全生命周期管理和物流车队管理提供车联网服务。

（七）利用数据提高社会治理水平

政府利用大数据技术把积累的海量历史数据进行挖掘利用，可以提供更为广深的公共服务。大数据分析可以帮助警察分析历史案件，发现犯罪趋势和犯罪模式，找出共同点和相关性，通过分析城市数据源和社交网络数据，甚至能预测犯罪。美国孟菲斯市警察局启用 Blue CRUSH 预测型分析系统后，过去五年暴力犯罪率大幅下降。洛杉矶警察局的警员，利用大数据信息，来决定当天巡逻地点和布置警力，犯罪率大大下降。国家工商行政管理总局根据 5 500 多万家企业和个体工商户数据信息，建立一个对宏观经济走势具有预测作用的先行指标，将对提升政府宏观经济调控和决策起到有力支撑作用。据麦肯锡统计，大数据能为欧洲的公共管理每年带来 2 500 亿欧元的价值。

资料来源：麦肯锡。

图 11　大数据将在各个行业产生显著的经济价值

五、展望

随着传感器技术的不断成熟、价格的不断降低，无线互联网技术的日益完善，网络带宽的不断加宽、宽带价格的不断降低，网络画像运动将从十亿计的消费者蔓延到数以百亿计的工业产品和工业设备，人类将从量化自我走向量化社会，企业信息化也将增加更为丰富的内容。未来所有企业都将是数据驱动型企业，社会也将是数据驱动型社会。

（2014－06－01）

移动支付——无卡 vs 有卡

谢涛令*

最近发生在银行和第三方支付之间的争斗，很奇怪地，核心放在了安全问题上，也就是无卡支付是否安全这个命题上。作为在美国搞了 19 年网络安全和信息安全的老古董，我今天很高兴跟大家分享一下我的观点和看法。互联网精神，欢迎大家挑战和提问。我从几个方面跟大家分享。一是相关小历史，二是从安全原理和安全需求，三是从职业安全角度看看必然趋势，四是联系一下中国正在发生的事情，直接说明我对于中国特殊情况的看法。

我跟大家分享一下我经历过的几次相关性很强的“去硬件化”。大约 20 世纪 90 年代的整个十年间，随着 Mac 和 PC 普及，用户名和密码在老百姓中也普及化，门锁行业经历了无钥匙的浪潮，所谓的“keyless entry”。大约在 90 年代的后期，这股风吹到了汽车行业等，叫“keyless driving”。这前两者的热度应该是过去了吧？结果是什么，大家看到了没有？就是都发生了，但是各种技术共存，无钥匙是选择之一，但是不是主流，很多情况下钥匙变成卡了，但还是钥匙的天下。大约 2000 年随着黑莓手机在美国的普及，手机门禁，手机无卡支付等在美国行业内变得非常热门，一直持续到现在，突然像炒房热度一样，变成了中国的热潮，好像要手机就无卡，要有卡就不是移动支付，也就不是互联网金融。这又何必呢？我们互联网金融干嘛要和具体技术细节挂死呢？

难道您手里拿的卡不是几十年来最方便最普及的移动支付工具吗？难道非要拿着手机去刷 POS 机才叫移动支付？关于这个无卡支付的热潮和结局，其实前几个月

---

* 谢涛令博士，互联网金融安全和信息安全专家，国家千人计划专家。现任苏州海博智能系统有限公司董事长和北京大学工学院云身份安全研究所所长，长期致力于线上线下资源和服务打通的最新技术和网络安全研究和实践。北京大学核物理学士、中国科学院高能物理所硕士、美国麻省大学博士和加州理工大学博士后。先后在美国宇航署 NASA 火箭推进实验室、马里兰大学、IBM 美国和 CA 美国总部工作，是世界上网络安全和移动互联网的先驱者之一，对于移动互联网和金融安全等课题有深刻的造诣和理解。

Computer World 有篇文章总结得很好：没有发生，卡越发越多，全世界都一样，只是卡变得复杂了。其实，我们看到的趋势是，卡是携带式电子中最适合跟钱包或者香包搭配的，这个形态的东西生命力很强啊。最讽刺的是，手机越造越薄，越造越小，好像以后有一天手机本身就变成一张卡？那时，是不是大家就不再争论无卡支付和有卡支付了呢？

下面我跟大家一起思考一下移动支付的应用场景。其实，平常大家说的移动支付分成两种吧，第一种是移动线下支付，也就是把手机当卡去刷读卡器和 POS 机，对不对？这种情况下手机相对于卡的优势是什么？带了手机而不带卡的时候，手机比卡更不容易忘在家里，对不对？第二种是手机直接上网上支付，如支付宝和微信支付，对不对？两种情况的安全问题其实大大地不同，从安全角度看是不能混为一谈的。

我们看看我们习惯的安全原则是什么吧。第一原则可能是分离原则，破镜重圆，一对玉缀挂到骨肉两人的脖子上，钥匙和锁分离，鸡蛋不放一个篮子里，秘密信息分成几个人掌握，甚至软件公司的源代码不让某个员工一人掌握，诸如此类，都是分离原则的应用和体现。第二原则是信任传递中第三方权威认证原则，即必须有某个权威或者某个信得过的人介绍，例如身份证，工作证，单位或者朋友介绍信等等，都属于这个原则的体现和应用。这是实名制的来源和基础。一般来说，信物是某个权威或者个人给的。手机可以作为这个“信物”的载体吗？什么程度上可以独立地作为这个信物的载体？考虑到手机的复杂性、在线性，病毒、造假可能性，手机作为信物可是比较玄哦。第三原则是秘密有根，必须不惜代价保护根秘密。加密密码本和解密密码本都是这个道理的。数字化世界里不例外，甚至更加依赖这一原则哦，所以几乎所有职业安全相关的地方都有专用硬件密码机，叫 Hardware Security Module（HSM）。大家注意啊，用户名和口令不是加密密钥哦，那个只是最不安全最简单的认证手段，跟加密密码是完全两回事。存储和传输的安全，尤其是移动互联网时代存储和传输都需要加密密码存在。问题是，谁来掌握这个密码，是我们信息拥有人吗？我们自己的数据我们自己加密存储和传输？这当然是应该的，但是我们的加密密码存在什么地方上呢？存在手机里面吗？病毒怎么办？丢了手机怎么办？第四原则是行为不可否认性，即做了之后有证据，自己有，别人也有，这样才能保证相关人员不会胡来。就像我们的手印和签名，数字世界的电子签名。这个原则可是大家经常忽略的哦。这个签名需要电子签名密钥，这个可是法律的东西啊，相当于你的手印和公章啊，这个复杂的一组数字可存在哪里呢？载体呢？您存在手机上您放心吗？你放心也不行啊，电子签名法规定的，密钥必须存在某个特殊的安全硬件载体上，是学术性和专业性很强的，不然去了法庭，你可能输得很惨哦。第五个原则，物理安全是一切其他安全的基础，也就是说，秘密的根不能丢，不能让别人拿到，拿到了就麻烦了。譬如把加密密码放在手机的SIM卡或者MicroSD里面，和在线的模块还是没有完全隔离放一边，手机丢了，怎么办？有人说有口令保护的，还有在线报失，还有服务器把手机通过无线信号作废等等，问题是人家不能屏蔽信号吗？你那口令挡住谁呀？这些都是小儿科的东西，我就不多说了。信息安全也好金融安全也好，需要防范的不是君子，而是小人，而且是职业小人，丐帮帮主这类的偷盗高手啊。还有其他的安全原则，我就不多说了。

上面讲了几个安全原则，安全原则是要应用到具体情况的，安全是没有止境的，没有绝对的安全。这时候的概念是风险，亦即面临的风险多大，这个比较专业了，我在这里不多说，简单地说，风险跟被保护东西的价值和面临的敌人和其能力有关。但是，风险分两种哦，个人风险和系统风险。对于小额支付，对于个人来说，可能面临的风险不那么大，没有人在乎太多，只要不是太多小的损失天天重复而叠加就成。但是作为整个系统，小到银行，大到政府，要考虑的主要是系统风险哦。很多人说，互联网精神，俺的钱，俺愿意丢，丢得起，干国家屁事？哈哈哈，这愤青很可爱哦，但是人民币也是你的，你公开地烧一批试试？犯法哦。

小额支付的安全性我也就说这些吧。其实大家看到人总行的一些降低额度的做法了，什么意思呢？实际上，人民银行总行是暂时所有把虚拟卡支付为基础的第三方支付锁死在小额支付上了。也就是说，无卡支付是允许的，但是只能做小额支付。这个好厉害哦。人民银行总行的这个限制从积极角度看，是至少考虑到了系统风险和便捷之间的关系的。这里用的安全这个借口还是恰当的，只是解释偏慢了偏少了，引起来一些问题。不得不提一下二维码。二维码和一维码一样，是可以用来作为公开的信息传递方式，目前用到支付上的是公开的信息传递方式，这个跟安全概念一点关系没有。但是，不是说一维码和二维码不能用作安全的信息传递工具，是可以的，任何图形的东西里面都是可以藏秘密的，只是目前版本没有用到而已，因为用到秘密的时候，很多软件和部署方式变得很复杂，又会引起其他方面的安全顾虑或者安全问题来，同时，便捷性上也就大打折扣。这个二维码很像信用卡上的磁条，本身只是信息存储和传输方式，但是因为控制在每个人钱包里，不拿出来别人看不到扫不到，也因此有一定的安全性了。这个我相信是比较容易理解的。目前看二维码的用法是公开的，静态的，确实很容易伪造，也就没有任何安全可言了。

我上面讲到了移动支付的线上和线下应用场景的不同，其便捷性和风险性也完全不同。相对来说，移动线下支付场景更安全些，尤其是商家还可以要求看另外的证件。安全问题比较大的是手机的线上支付，也就是人民银行总行主要限制在小额支付的这种。对于移动线上支付，满足上面讲到的认证，实名制，加密和不可否认性，都牵涉到密钥载体的问题，我也特别讲到了安全原则是不可能允许手机本身作为这些密钥载体的。所以我的观点始终一致：手机线上支付是需要另外的认证和密钥载体的。可能是任何可携带的和手机配对使用的，其中一个可能就是信用卡本身升级，可以作为密钥的载体。

从职业安全的角度看，我对于将来的预测是：无卡支付（虚拟卡支付）和有卡支付共存，无卡支付主要活跃于小额支付和个人以及系统风险比较小的范围，是有条件的和有一定限制的，而通用的主要支付方式仍然将信用卡和手机跟带密码器信用卡（升级版，如建设银行和交通银行开始发行的可视卡）或者某个外带的认证和密钥载体相连。海博探索的实卡对于手机虚拟卡之间的互动和授权，把虚的和实的有机地结合在一起，分不同场景下去使用，既方便又安全，这个方向是特别符合互联网精神的。谢谢大家！

（2014 - 03 - 27）

第三方支付前世今生

唐　彬*

支付问题是金融的核心基础设施，是互联网金融最先成功切入的领域，是中国互联网金融能够发展壮大的基石。支付对绝大多数人是一个既熟悉又陌生的事。大家听说过的支付宝、易宝、银联等叫第三方支付机构，但第一方和第二方是谁我也不太清楚。而且正规名称是非金融支付机构，但实际上这类所谓非金机构提供的核心恰恰是一个基础的金融服务。它既可作为工具，也可作为平台，既有金融属性，又具网络基因。尤其目前模式五花八门，竞争主体极为混杂。

中国经济目前面临的问题其实主要是金融的垄断和低效。第三方支付机构其实意义重大，因为从实质上讲，第三方支付行业是目前国内唯一一个由民营主导的金融行业。互联网把金融创新的精灵从魔瓶里放了出来！

从此这个精灵充当了互联网金融的基石和先锋队。支付宝一款小小但深具互联网普惠、快捷、用户至上的余额宝产品就能让基金行业震撼，让傲慢、庞大的银行恐龙们恐惧！曾经看起来强大无比，想凭行政力量垄断第三方支付的银联大哥也无所适存！

最近民营银行很热，其实这反映的是中国金融体系的问题，一个是垄断暴利低效问题，另一个是生态结构单一问题。民营银行直指前者问题，有点皇帝轮流做，今年到我家的意思。而第三方支付以及互联网金融创新的长远价值在于解决后者问题，更多的是金融民主化的意义。两者之间可以多协作，但是完全重合就没有意义了。需要通过创新和互联网在生态结构方面走出一条道路。所以说，互联网金融引入的是金融和互联网杂交的新物种，而不是小号，而且被阉割或过分限制的村镇银行，小贷、民营银行，才真正给中国的金融创新和普惠带来时代的希望！

互联网金融的基础离不开金融，但互联网绝不能简单理解为一个渠道。而是互

---

* 唐彬，易宝支付 CEO，互联网金融千人会执行主席。

联网和金融的杂交，是一个新物种，这是理解互联网金融精髓的关键所在。传统的金融机构无法真正了解或具有这一点，所以只能搞个商城或者电商公司等来规避监管，实现监管套利而已。

拿近来闹得沸沸扬扬的所谓银联收编第三方闹剧来说，大家就能理解在开放的移动互联网大潮前，垄断的无能和尴尬了。

1. 央行在七月发布的收单管理办法早已明确表示支持发挥市场主体商业协议的约束机制，尊重市场选择，鼓励创新，打破卡组织固有模式以适用银行卡清算市场日益开放和全球化的趋势，清算协会收单办法解读时谭处也明确了这点。

2. 从技术发展的角度来看，转接交换中心是在前互联网时代为封闭 POS 系统联网通用设计的，在开放的网络时代，技术上完全可以点对点而不再需要转接，这样做效率更高，更有利于创新，靠强制接入一个为封闭系统而设计的转接中心绝不是与时俱进。

3. 银联源于线下收单，管理思维以线下封闭、垄断为主，但今天移动互联网的时代大潮已彻底打破线上线下之分，银联需要具有网络开放、分享、平等、透明的服务思维。否则会被潮流所淹没。

4. 银联需要清楚自己的定位（既非监管机构，也非行业协会），明白自己的主要客户是银行和收单机构，要服务好客户而不是与客户争利，在 Visa 等巨头进来前尽快理顺关系，市场化运作。实践证明，行业越市场化，就越不怕国际巨头进入中国的竞争！

企业间的大额要放在行业支付链的参照系来看。支付本来就是交易的一部分，也是一个核心环节，所以一体化是必然的。

经过十来年的发展，支付成本已降得很低了，大约是美国的五分之一到三分之一，关键是服务创新和含金量。基于支付融合金融和营销增值服务是关键。

目前互联网已进入深水区，开始融合线下（主要通过 O2O 和移动互联网），进入并引导传统国有垄断行业如媒体（如微博自媒体）、通信（如微信）、金融（如互联网金融），短期影响可能被高估，但对其长期影响人们往往是低估了。在此大势下如何定位，如何合纵连横开展业务？如何监管？第三方支付公司如何和互联网金融的兄弟们如 P2P 等携手一起打破金融垄断？第三方支付已打响了打破金融垄断的第一枪，金融改革需要用好互联网，它带给主流金融机构的恐惧比一万个传统的小贷和村镇银行都能有效地促进变化；金融监管也要拥有互联网技术和思维。毕竟互联网是一个新时代，而不只是一个工具或技术。近来互联网开始进入深水区，开始打破垄断这一中国经济金融和社会领域的最大问题，我备受鼓舞，让我不禁想起20世纪90年代初在硅谷感受第一波网络浪潮时的惊喜与激动。上次我更多的是被动参与者，见证了历史；二十年后，波澜壮阔，进入深水区的第二波正在到来，而我们已成了弄潮儿，要亲手创造历史，成就一群人的浪漫，能不激动吗？当今之世，舍我其谁啊！这可不是狂妄，而是一种自信和时代的使命感。

在我看来金融是交易的润滑剂，而支付是交易的核心环节。正如google通过搜索整合信息，成就了一个强大的信息服务平台和网络传奇，谁将通过支付整合交易，成就交易领域的google？从支付角度看做互联网金融，除了具有互联网的精神，还要用好互联网的技术，尤其是大数据和云计算技术。支付金融其实主要就是支付数据的增值信息服务，如能向大数据靠拢，更完美。如没有大数据，就没有模型基础，只能看风控的水平了，那是打单型。阿里金融在数据方面很有优势，但过于强势，且不能真正开放，只怕如同苹果ios，终究比不过完全开放的android系。关键是如何打造互联网金融的android模式。

总之，垄断是目前最大的问题，所幸互联网正步入深水区，到了要打破垄断的时候了。如微博打破宣传的垄断，微信打破通信的垄断，互联网金融打破金融垄断！李总理说，改革是最大红利，我想接着说，互联网是改革的最大利好。第三方支付是互联网金融的先锋队和基石，但作为一个新物种，互联网金融的目标并不在颠覆金融，也无暇去过多关心传统金融。其志在围绕客户需求，以互联网的开放、透明、民主、普惠的精神和云计算、大数据等技术走出一条新路来实践新时代本来就应该有的新金融服务！

（2013－11－21）

互联网金融发展的根基——我国支付清算市场体系重构

——中国银联到底有没有垄断

杨　东*

今天，我把自去年以来的一个研究课题《中国支付清算市场法制研究》（计划出版）的一些内容拿出来抛砖引玉，求教各位。特别是针对中国银联涉嫌垄断的案例进行分析。其中的观点也是非常不成熟的，仅供参考。

毋庸置疑，互联网金融发展的根基是支付清算市场这个基础设施。去年所爆发的银联同以支付宝为代表的第三方支付机构之争以及今年以来央行和银监会对于第三方支付市场的监管，让业界再一次注目于中国支付清算市场所存在的问题。支付清算市场法制建设的重点，乃是强化法律及监管部门的权威，限制金融巨鳄对市场的垄断，让市场真正实现自由且规范的竞争，为中国经济带来持续的活力。

支付清算行业是一国金融基础设施的重要组成部分。在金融体系中，支付清算犹如管道和血液将彼此独立的不同金融模块或金融分支连接成一个有机的整体，使其得以正常运转。在现代社会，随着各种金融交易规模的扩大，畅捷高效的支付清算体系对便捷民众生活降低社会交易成本、提高经济运行效率、促进经济平稳发展都有着重要作用。

在当今中国的支付清算市场，中国银联乃是国内唯一的人民币银行卡清算组

---

* 杨东，中国人民大学法学院副教授、日本一桥大学法学博士、法学院副院长、亚太法学研究院副院长、金融法研究所和竞争法研究所副所长兼秘书长、中国人民大学重阳金融研究院研究员。中国证券法学研究会常务理事兼副秘书长、中国银行法学研究会理事、中国保险法学研究会理事、北京消费者保护法学会常务理事等。在《中国法学》等发表《论金融法的重构》、《互联网金融推动金融法体系变革》、《互联网金融监管体制分析》、《互联网信息服务市场支配地位的认定及法律调整》、《论金融危机与反垄断执法、竞争政策之关系》、《论反垄断法与行业监管法的协调关系》等中外论文50多篇，并出版《金融消费者保护统合法论》、《金融服务统合法论》等著作。提出的“金融统合法”理论为立法界、学术界以及政府和实务界所瞩目。担任金融315网站（http：//jinrong315. com/）的首席学术顾问。并创办中国反垄断法网：http：//www. antimonopolylaw. org/，是目前中国最具影响力的反垄断法信息网。

织，第三方支付领域则呈现支付宝、财付通、易宝支付等民营企业百花齐放的局面。借助互联网与移动终端的发展，第三方支付在金融市场发展得风生水起，乃至威胁到银联在中国支付清算市场的长期垄断地位。

第一部分：支付清算市场的基础理论

一、金融市场基础设施介绍

根据我国监管机构的官方定义，金融基础设施是指金融运行的硬件设施和制度安排，主要包括支付体系、法律环境、公司治理、会计准则、信用环境、反洗钱以及由金融监管、中央银行最后贷款人职能、投资者保护制度组成的金融安全网等。

金融市场基础设施具有基础性、公共性、稳定性及先导性的特点。这些特性使其成为保持金融市场安全、稳健、高效运行的重要环节和维护金融稳定的基本保障。金融市场基础设施具有准公共产品性质和规模效应，全球金融市场基础设施的联通和整合也是必然趋势。强调金融市场基础设施居于金融市场建设的底层，这是大规模、高效率的金融交易能够发生和顺利进行的必备条件。只有在法律、监管、会计等基本制度体系完善，支付结算体系安全高效，征信体系健全等金融基础设施建设完备的前提下，金融业才能有平稳健康的发展。一国金融基础设施的发展与经济增长、技术创新、金融制度的变革息息相关。

《中共中央关于全面深化改革若干重大问题的决定》指出："加强金融基础设施建设，保障金融市场安全高效运行和整体稳定。"金融基础设施建设既是金融改革的重要组成部分，也是改革的基础。金融基础设施的主要功能是确保契约的有效实施，更加规范、优化的金融基础设施建设不仅影响到金融结构优化的深度，也是衡量金融深化发展的尺度。夯实金融基础设施是中国做大做强金融产业的关键环节，也是中国提升全球金融影响力的重要保障。

纵观金融危机史，尽管危机爆发的原因各异，但金融基础设施建设滞后是共同的特性。1997 年的东南亚金融危机和 2008 年的全球金融危机，印证了金融基础设施存在缺陷的国家更容易受到金融冲击。尤其是 2008 年金融危机爆发后，国际社会对构建高效、透明、规范、完整的金融市场基础设施十分重视并达成广泛共识。

二、支付清算市场的相关基本理论

概括来说金融基础设施就是指金融可持续发展的重要条件，主要包括三大体系，即市场交易体系、支付结算体系、支持保障体系。支付结算体系是由支付服务机构、支付工具、运行设施、支付网络等构成，为广大投资者提供快捷准确安全的结算渠道，是维护金融安全运行、提高资金流动效率的支持系统。目前我国已经建成以人民银行大、小额支付系统为中枢，银行业金融机构内业务系统为基础，票据支付系统、银行卡支付系统、证券结算系统和境内外支付系统为重要组成部分，行业清算组织和互联网支付组织为补充的支付清算网络体系。

关于支付清算结算的基本概念以及我国支付清算市场的基本体系，因为时间关系在这里不展开了。大家从多种渠道可以获得相关知识。今天主要跟大家分享中国银联是否垄断的问题。

支付清算系统的基本特点包括：1. 大额实时支付处于中枢地位；2. 零售支付系统发展迅速，满足多样化需求。近年来纷纷涌现的互联网支付服务组织，如支付宝、易宝、快钱等机构，以互联网为媒介，通过其业务系统提供专业化、个性化的支付清算服务，在金融市场中发挥越来越重要的作用。

第二部分：中国银联是否涉嫌垄断

一、银联的性质

中国银联的成立有着浓烈的行政色彩，是政府推动的产物，也是国家大力投资的结果。诞生之初的银联本质上是一个非盈利性的银行卡联合组织，主要职责是实现银行卡全国范围内的联网通用，减少各银行刷卡终端重复建设造成的浪费。银行卡组织作为银行卡产业的平台机构主要起着跨行交易的信息转接和资金清算的作用，其本身并不发行银行卡，也不直接从事发卡和收单业务，并不与持卡人和特约商户直接进行业务接触。从其初始成立的目标来看，中国银联是金融领域的一项公共物品，其作为金融业的“高速公路”与“信息化公路”，它的经营具有很强的公共服务性，理论上应当作为政府的一项公共投资，只有这样才能保证为客户提供公正、公平的高质量的银行卡服务。

但成立不久后，银联就通过旗下公司参与收单市场，与商业银行展开竞争，利润快速增长。从资本组织形式来看，中国银联是一个股份制金融机构。股份制的治理结构决定其股东有理由要求银联追求利润最大化，但要看到银联的股东都是金融机构，这种垄断性的组织形式很容易形成合谋共同侵犯消费者的权益。

就在市场经济中的地位而言，中国银联是我国银行卡产业的核心和枢纽平台，对我国银行卡产业发展有着决定性作用。按照中国人民银行发布的《中国银联入网机构银行卡跨行交易收益分配办法》规定，银联在市场经济中具有双重身份，它既是银行卡市场的参与者，同时它还有着另一种身份——市场制度的制定者。正是这种市场参与者以及制度制定者身份很容易造成监管的缺失、权利义务的混乱以及垄断的产生。

综上所述，银联与银行之间的关系也变得异常复杂。银行是银联的股东，银联本是银行的服务机构，但银联习惯对银行发号施令，与银行合作的同时，银联还与银行竞争逐利。银联变得“官商”不分，既制定规则，又担当裁判，同时还是运动员，一时难以定性。

对比中外支付清算市场可以看出，两者一个很大的区别就在于，中国市场上只有中国银联一家银行卡组织。银联垄断了银行卡市场的跨行转接清算业务，通过设立属下的支付机构涉足支付行业，并依靠央行的支持限制竞争对手的业务拓展。

二、银联卡号的相关问题分析

自从银联内部的17号文被公之于众以来，银联与17号文所针对的非金融机构，特别是第三方支付机构的矛盾受到了业界的关注。之后，支付清算市场中的参与者们为解决争端举行了会议，银联方面在会议上表示，以支付宝为代表的第三方支付机构在运作中长期使用属于银联管辖的银行卡卡号，却从未向银联支付任何费用，因此银联有必要采取措施迫使对方停止其“侵权行为”。支付宝等第三方支付机构则表示不能认同银联对卡号所主张的权利，双方争执不休。那么，银联对其卡号究竟享有怎样的权利呢？

（一）银联与支付宝对卡号的不同理解

目前在中国，各大银行所发行的银行卡均在正面印有银联（UnionPay）的标志，而且绝大多数银行卡号均以“6”开头，这就表示中国的银行卡号基本上属于银联账号，接受银联的分配管理。按照银联内部规则，银联卡号由三部分组成：发卡机构标识代码（以下简称“BIN码”）、发卡机构自定义位、校验码。其中发卡机构自定义位由6至12位数字组成，发卡机构自行赋值。校验码则根据之前的数字（含BIN码）取值按Luhn方程计算得出（具体见《银行卡发卡行标识代码及卡号》）。而卡号最前面以“6”开头的6位BIN码则由银联负责分配、确认和管理。

问题的关键就在于这看似简单的6位BIN码。银联表示，该BIN码乃是银联通过向国际标准化组织（ISO）申请而由ISO分配得到的。其中第一位的“6”称为“MII”（Major Industry Identifier），代表Financial（金融业），理论上专属银联，与维萨的“4”和万事达的“5”相区别。接下来的五位数字称为“Issuer Identifier”，与“MII”一起组成“Issuer Identification Number”（简称“IIN”，可与“BIN码”等同），用于识别发卡机构，由ISO分配给银联、再由银联分配给各成员发卡银行（国内也有一些银行单独申请了IIN，但经它们与银联签订协议并符合相关标准后，这些银行的独立IIN卡并入银联卡管理）。而且，根据ISO/IEC 7812-2（“7812-2”）号标准的规定，为了能使用申请得来的BIN码，银联必须定期向由ISO授权、负责分配IIN并维护ISO发卡人识别号码登记的组织缴纳一定费用，该费用针对每一个IIN。总而言之，BIN码乃是由ISO授予银联的，银联为了使该BIN码正常运作还付出了金钱成本。基于此理，银联认定自己对BIN码享有不可侵犯的财产权利，支付宝无权在未经银联允许之下使用含BIN码的银联卡号。

对于卡号问题，以支付宝为代表的第三方支付机构则持有不同看法。对于银联卡号的使用，支付宝解释道，每一组银联卡号同时也是某个银行账户的唯一代码，没有卡号也就无法定位账户所在，输入卡号乃是一道不可避免的必经手续，并非支付宝有意“搭”银联网络的“便车”。针对卡号尤其是BIN码的产权归属，支付宝指出，同样按照“7812-2”号标准，银联等卡组织只是得到了部分BIN码的保留和再分配权利，即ISO为银联保留了“6”字开头的部分BIN码，且允许银联将这些BIN再分配给发卡行，并没有说银联对BIN码享有不可侵犯的财产权利。因此倘若另外一家银行卡组织也采用“6”开头的卡号，只能说该卡号不符合ISO标准，但该卡组织并不用为此承担民事法律责任，毕竟ISO只是国际非政府组织，没有权力命令政府、组织或个人做什么或不做什么。ISO标准作为国际标准，本身并没有强制效力，仅只是因为很多标准是多国参与制定，广为被承认而有了很大影响力。所有主体均是自愿采取或遵守某项ISO标准，换句话说，对于同一标准所针对的事项，同一主体完全可以不遵守或者在遵守的同时另外搞一套标准。BIN码实质只是串数字，ISO只是在自己的标准内，对数字的使用和再分配做了许可和分配规则，并不赋予卡组织任何对于IIN的普适权利。

ISO的银行卡号标准已经为众多国家的知名银行卡组织所遵守，可见ISO标准迟早会成为世界银行卡市场的唯一卡号标准，背离ISO标准是违背世界潮流的。

（二）从第三方角度看银联卡号问题

既然银联付出了成本维持着银联卡号的正常运作，并向市场宣传银联卡号的强大功能，第三方支付机构若要使用银联卡号，就必须向银联付款。但同时，第三方支付机构之所以要使用银联卡号，最主要的原因还是银联独占了中国银行卡号，这种现象并非理所当然。理论上，银行没有义务只忠诚于某一家银行卡组织，尽管银行卡组织总试图限制其成员银行的自主选择权。

尽管银联确实有权利收取卡号使用费，但第三方支付机构对此表示强烈不满，其原因正是银联在银行卡市场处于支配地位，并涉嫌滥用其地位，这对中国支付清算市场的长远发展并非好事。

三、银联滥用市场支配地位行为及其历史背景分析

（一）银联垄断地位形成的原因——历史背景、国际背景

在银联官方网站上，笔者发现银联的业务范围除了作为我国唯一的银行卡网络金融信息转接服务提供者、建设和运营银行卡跨行交易清算的网络系统外，其他都具有明显的行政职能色彩。首先，银联被赋予了制定银行卡跨行交易清算系统入网技术标准和联网业务规则的权力，以及制定交换费标准调整和分配各银行发行银行卡的标识代码权力等等，同时负责提供高效、安全、优质的清算数据处理、风险防范、跨行信息交换等基础服务；其次，银联把守了银行卡行业的跨行转接交易市场；最后，银联被赋予“裁判者”的权力，在争议发生时，有权就争议进行协调和仲裁。

因此，银联参与银行卡产业的运作与利益分配，在银行卡业务运作中执行具体的规则；另外，又是具体行业规则的制定者，这种双重角色的设置为银联实行限制竞争行为提供了潜在空间，使得银联往往基于市场主体趋利本性而在市场交易中做出各种限制竞争的行为。

（二）银联滥用市场支配地位行为分析

1. 相关市场界定

相关市场指与具体案件有关系的市场，即在具体的案件中，竞争关系或者限制

竞争行为发生在这个市场上。这个市场的大小或者范围是可以界定的。在界定一个相关市场或者确定一个相关市场的范围时，需要考虑两个因素：第一，相关产品市场，即在具体案件中，被告的产品或者服务与哪些产品或者服务存在竞争关系，这在事实上是为了确定被告与哪些企业存在竞争关系；第二，相关地域市场，即被告销售其产品或者服务的地理范围，也就是说，在这个地域范围内，相关的产品或者服务存在着竞争。

在银联与第三方支付的纠纷案中，相关市场可以被定义为支付清算市场。这种由于历史原因和政策原因造成的行政性垄断似乎“合理合法”，一是表现为它是2008年“反垄断法”出台前国家赋予的独家垄断地位，二是银联认为支付清算市场无比神圣，必须垄断才能安全可控。但是，现在看来，这种垄断并非合理。美国的清算不是垄断的，国内也是可以有拆分、开放等选项。最现实的问题是，清算现在有“血管”（大额清算）、“毛细血管”（小微清算）两块，银联只顾得了前面一块，当然就顾不了后面一块（而国家又需要这一块，支持小微企业发展），需要新的清算机构与之互补。17号文以“绕开银联网络”这种企业利益判断合规不合规，反映出银联在银行卡交易清算加强垄断方面的趋势。银联此举在以家规僭越公共秩序。

2. 银联相关市场支配地位界定

（1）市场支配地位的含义

市场支配地位首先是一种经济现象。欧洲共同体委员会在其1972年关于大陆罐（Continental Can）一案的裁决中指出：“一个企业如果有能力独立地进行经济决策，即在决策时不必考虑竞争者、买房和供货方的情况，它就是一个处于市场支配地位的企业。如果一个企业通过与市场份额相关的因素，例如技术秘密、取得原材料和资金的渠道以及其他重大的优势如商标权，能够决定相关市场一个重大部分的价格，或者能够控制它们的生产和销售，这就存在着市场支配地位。”市场支配地位不是说这个势力必然要剥夺市场上全体参与者的经营自由，而是强大到总体上可以保证这个企业市场行为的独立性，即便这个势力对市场的不同有着强度不同的影响。

认定企业是否占有市场支配地位，关键要找到一个有说服力且在司法实践中具有可操作性的认定标准。在实践中，人们主要使用市场结构标准，但也辅助其他因素。

（2）中国《反垄断法》对市场支配地位的认定

我国《反垄断法》第十七条第二款将市场支配地位定义为："经营者在相关市场内具有能够控制商品价格、数量或者其他交易条件，或者能够阻碍、影响其他经营者进入相关市场能力的市场地位。"市场份额是认定市场支配地位最重要的衡量标准，不少国家都规定达到一定市场份额的经营者可以直接认定或者推定其具有市场支配地位。相比较而言，我国对于市场份额的规定是比较宽松的。不过判断一个经营者是否具有市场支配地位除了需要分析市场份额，还需要进一步分析相关市场的竞争力等因素。

产业经济学研究表明，我国的银行卡市场是一个差异产品的寡头垄断市场，垄断涉及银行卡链条的各个环节。银联的主要股东中国工商银行、中国建设银行、中国银行、中国农业银行、交通银行、招商银行等八家寡头基本垄断了发卡市场；银联旗下全资子公司银联商务与商银资讯基本垄断了线下 POS 机刷卡等业务。这种经营模式与架构，有利于充分发挥规模经济效应，减少中间环节，控制运营成本。但这种上下游的"合作"行为，极容易使占优势地位的各主体达成价格协议，形成价格同盟，从而攫取高额垄断利润。恰巧在这些环节中，起着纽带与核心作用的中国银联，具有行业唯一性，是典型的独占垄断。

银行卡组织限制竞争行为能否构成垄断，在适用合理性原则来分析时，需综合考虑该行为的动机与目的，采取的方式、手段以及对市场造成的影响和后果。因此，有必要对银行卡组织相关市场进行科学界定。目前界定的主要方法是 SSN1P 标准测试法，即假定垄断者测试，其主要内容是指客户在面临某种商品幅度不大的非临时性价格上涨时，如果愿意转向购买其他替代品，即可归于一类。

根据 SSN1P 测试标准，有学者指出，在界定银行卡网络服务这类双边产品和相关市场时，不适宜用交换费和市场两边单独的价格作为 SSNIP 测试的工具，而应该用双边用户的价格加成来衡量银行卡平台的市场势力。基于 SSNIP 测试法和双边市场的"平衡法则"，给定市场两边的相对价格通过交换费进行最优调整，又出于中国银行卡行业前四名份额集中度指标的指数非常大，达到 70% 以上，这说明在银行卡相关市场中，银联和四大国有股份商业银行仍然垄断该市场。

由此可见，银联具有相关市场支配地位。其实，在国外，维萨、万事达等卡组织限制竞争的行为一直受到反垄断管制部门关注，涉嫌的反垄断诉讼也主要与这些行为有关。

3. 银联滥用市场支配地位行为认定

（1）滥用市场支配地位

银联不但对相关市场形成垄断，其行为还涉嫌滥用市场支配地位限制竞争，损害消费者权益。其表现一是垄断行为方面，银联 17 号文件清理整治多头连接，是在切断双轨中的市场部分按竞争价格分流利益的通道，保持垄断价格。二是滥用市场支配地位行为特征明显，不久前一家与支付宝在线下 POS 业务密切合作的银行被银联重罚，银联的这类行为已经符合滥用市场支配地位行为之一的“强制交易”的构成要件，即“处于市场支配地位的企业采取利诱、胁迫或其他不正当的方法，迫使其他企业违背其真实意愿与之交易或促使其他企业从事限制竞争的行为”。

（2）银联滥用市场支配地位行为的认定

一个经营者若是具有市场支配地位，是不受《反垄断法》规制的，但法律禁止经营者利用其市场支配地位实施限制竞争行为。滥用市场支配地位的行为是《反垄断法》明令禁止的三种限制竞争行为之一，所谓滥用市场支配地位是指经营者利用其市场支配地位实施以排除和限制竞争为目的的行为。当然，世界上很多国家的反垄断法对滥用市场支配地位行为的界定不完全相同，但有一些行为被许多国家公认为属于滥用市场支配地位的行为。我国《反垄断法》明确列出了六种具体的滥用市场支配地位行为，即垄断价格、掠夺性定价、拒绝交易、搭售、差别待遇和没有正当理由，限定交易相对人只能与其进行交易或者只能与其指定的经营者进行交易。

在国内银行卡市场上，当前的中国银联集合了唯一的信息交换中心、终端服务提供商和收单市场的竞争者等多重商业角色。其所具有的强大市场支配地位，极有可能主动或在不经意间实施我国《反垄断法》第三章所规定的滥用市场支配地位行为。拒绝交易或设定市场进入壁垒都是滥用市场支配地位的行为，在这里的“滥用”行为与该市场支配地位具有内在的联系。银联利用其已经建立的我国唯一银行卡交易信息转接网络系统，通过将其自身的银联标准国家化，为后来的可能进入者建立了无形的壁垒，从而使得潜在的市场进入者难以得到平等竞争的机会。

（三）银联案基础设施理论研究

基于基础设施理论分析银联行为：

根据银联与第三方支付平台之间的争议，银联指出支付宝使用其“卡号”侵犯了其权益，但是“卡号”背后所代表的其实是银联利用其已经建立的我国唯一银行卡交易信息转接网络系统。该系统是否应该被银联一家独自占用，要看银联所占用的这一重要网络是否属于所谓的“基础设施”，更要根据中国国情判断这一基础设施是否属于国家公有财产，是否具有公共资源的属性。

事实上，在国内银行卡市场，当前银联集合了唯一的信息交换中心、终端服务提供商和收单市场的竞争者等多重商业角色。其他商业银行以及国内第三方支付体系等都是要求适用这个核心设施展开竞争活动的竞争者，其具备了核心设施原理的主体要件。银联拒绝第三方支付机构无偿使用卡号，属于利用其垄断行为拒绝其他竞争者合理的商业行为。拒绝交易或设定市场进入壁垒都是滥用市场支配地位的行为。银联的行为直接导致第三方支付机构无法在国内正常运营，从而限制了竞争，损害了市场正常的竞争秩序以及消费者利益，无论根据我国《反垄断法》所规定的滥用市场支配地位行为的理论，还是根据特定行业的基础设施理论，都构成了滥用市场支配地位的行为，理应受到法律规制。

综上所述，银联拒绝第三方支付机构无偿使用银联卡号，以及银联要求成员银行将与第三方支付机构的信息通道接入银联网络，都是银联滥用自身市场支配地位、限制支付清算市场的正常竞争的表现，属于应受法律管制的垄断行为。不过，这只是对银联一方的分析，第三方支付机构方面是否也有应当得到关注的法律问题呢？

第三部分：中国支付清算市场体系的重构

（一）明确银联地位，防止银联滥权

笔者主张通过法律形式明确银联的“股份制公司”地位，使其与其他普通金融机构一样接受央行与法律的监管，并要规范银联的权利和义务，防止银联滥用市场支配地位。通过对银联的监管，支付清算市场、特别是银行卡市场的进一步开放便能得到法制保障，从而让中国金融机构能够遵守2016年迎接外国银行卡组织进入的承诺。

（二）明确新型支付机构的权责，遵守金融监管之底线

有关法律应当增设对于新型支付方式的明文规范，不但要对新型支付清算机构的身份进行严格审核，还要督促这些机构做好安全防范措施，切实维护金融消费者的利益。同时，监管部门在鼓励新型支付清算机构的自主创新的同时，也不能忘记

对各种金融活动进行严格审查，确保新型支付清算市场不会成为非法集资、洗黑钱等犯罪的滋生之地。

（三）顺应市场新发展，建立新型的支付清算组织

中国人民银行建立第二家“银联”组织，打通线上线下的支付清算市场，与现有的中国银联形成竞争格局。支付宝、财付通、易宝支付、快钱、网银在线等代表性的第三方支付公司联合组建民间版的第三家支付清算组织，最终形成三家支付清算组织的良性竞争格局。考虑到未来线上线下已经无法清晰划分，三家支付清算组织的业务活动范围可以考虑不严格区分线上和线下。

未来体系构建这部分内容其实我是非常希望得到各位前辈专家的批评指导，大家群策群力，提出我国未来支付清算体系的重构蓝图。我先汇报到这里，只是抛砖引玉，很多观点非常不成熟，还需要详细论证。希望大家多批评多提宝贵意见。谢谢大家！

（2014－04－28）

比特币运行原理和金融功能

韩 锋*

1. 什么是比特币

2008年，一个自称中本聪的人在密码学论坛上发表了一篇论文：《Bitcoin：A Peer－to－Peer Electronic Cash System》，让学界轰动的是他第一次用密码学解决了电子货币的重复支付问题。2009年他又公布了比特币系统的开放源代码，这个过程中有很多传说，中本聪后来也就隐身了。为何隐身？我个人觉得中本聪是想当圣人的，而人类历史中，那些圣人都是死后，其思想内容固定不变了，才真正被认定为圣人的，所以他想当圣人就只能隐身了。2014年，记者报道说在加州发现了他本人，但他现在仍极力否认。后来就派生出很多故事，包括美国有个电视剧《傲骨贤妻》也谈到了中本聪的出处。剧中的说法是比特币是由三个人创造的，其中一个是中国人。这个说法倒也不完全是空穴来风，因为中本聪的论文中，第一篇引述的就显然是中国人 Wei Dai 的那篇关于电子货币的方案的论文。所以又有很多人开始演绎，包括有个北大教授说，中本聪这个名字就是戴伟起的，意思是“中国人本来聪明”。这个说法有点太自恋。我们相信中本聪现在就是隐身的状态。比特币自打一产生，第一轮首先是一些极客参与，他们认为靠着技术，尤其互联网技术，可以改变世界的现状，尤其改变社会中让人不满的一些情况。所以他们开始把比特币当玩具买来买去玩。最典型的一个故事就是2010年5月22日，程序员 Laszlo Hanyecz 花费10 000比特币向比特币论坛用户买了两个棒约翰比萨，并且吃了。现在这个比萨估计是人类历史上最贵的一个比萨，现在5月22日成了比特币圈内的比萨节。到了2013年，应该说是比特币发展元年，很多华尔街高管、基金经理、

---

* 韩锋，清华大学博士生，比特币基金会终生会员，曾任清华大学“十五”规划重点课题“基于网络（大数据）的创新人才评价和选拔”项目负责人，美国甲骨文教育基金会中国合伙人。

大公司如 facebook、google 等公司的高管也开始参与进来，他们认为比特币在未来金融创新上有很大意义。在他们的推动和努力下，比特币价格出现了实质性上升，大约达到 500 美元一个。后来中国玩家大量参与，让比特币价格继续攀升，达到新高峰，最高达到 1 200 美元左右一个。

2. 解码比特币“圣经”

比特币的价格在 2013 年上升了大约 100 倍。这样一种社会现象让很多人吃惊，这并不奇怪。因此也出现了很多说法，最典型的是说它是泡沫，类似当年的郁金香，是一场骗局。我认为我们应该先认真了解比特币运行的原理，它究竟是怎么回事，再来看它是否骗局，是否是郁金香。首先它是泡沫吗？泡沫是肯定的。在早期互联网上，大家经历的过程中其实也出现了很多泡沫，股票炒到惊人高度。比如 hotmail 等。我曾经有缘和李开复讨论过这个问题，当时李开复的观点是，确实是泡沫，但如果没有早期爆炒的阶段，大家不会大量投资开发互联网应用。恰恰因为互联网有了那么一个阶段，才引起全社会的关注，才开始大量普及，才有了大量投资和后期的大量应用。我个人认为后来互联网的历史发展证明了李开复博士的判断。所以面对比特币在 2013 年被爆炒的状况，面对这样一个新生事物，我觉得如果不想丧失机遇，首先确实应该了解它的运行机制，我们只有在充分理解的基础上，在知识和理性的基础上才能作出正确判断。那么，要想了解比特币的基本原理，我想，最直接的办法就是研究一下中本聪最早提出比特币的论文。这篇论文之所以在密码学具有划时代的地位，是因为其真正解决了电子货币的重复支付问题，也就是造假币问题。

中本聪的理想就是要把人类货币的信用建立在 P2P 密码学上。他认为传统信用系统都是靠第三方来发行，但他认为第三方成本高、弊病大，尤其不利于互联网时代的全球贸易。所以他认为应该去掉第三方，让金钱和信息一样在互联网上以接近光速去跑，成本几乎为零。要做到这一点，中本聪建议信用可以建立在基于密码学的 P2P 基础上，也就是我后面说的所谓 DAC（分布式自治系统）。这个想法当然是非常有创新性的。当然，在中本聪之前，奥地利经济学家哈耶克（诺贝尔经济学奖获得者）也在 20 世纪 70 年代提出，货币应该通过市场竞争起决定性作用，优胜劣汰。当然，中本聪想发明一套建立在 P2P 系统之上的货币，首先当然要解决重复支付问题，也就是造假币的问题。大家知道，纸币（国家主权货币）是靠着强大的国家暴力机器来惩罚、控制可能造出的假币。那么比特币靠什么解决这个问题呢？

中本聪最大的创新来自于，它使靠着盖时间戳来保证重复支付不可能。也就是任何一笔支付、交易都马上通过盖时间戳记账，保证一笔数字货币不能再被支付给第三方。按理说数字货币也就是全密码符号，从某种意义上说被拷贝是非常容易的。如何保证重复支付呢？就是通过盖时间戳、记账、全网公开，靠着这套机制保证重复支付不可能。那么大家自然要问，谁来记账？谁来盖时间戳？

解决这个问题就是比特币最核心的创新，也就是所谓靠矿工记账的机制。矿工这个词某种意义上并不太准确，他们首先是记账员，要用TA挖矿的计算机，靠他的算力，来为全网的比特币交易记账、盖时间戳，保证不会发生重复支付。大家会问，难道这是靠雷锋吗？恰恰相反，中本聪假设人性本恶，人人互相不信任，并不主动做好事，大家都为利益而来。那么要指望这些算力来给全网记账、盖时间戳，就要保证他们有利益，他们的利益就是可以同时挖矿，获得比特币。挖矿是基于密码学SHA－256基础之上来进行。实际上就相当于解密码学的方程。谁先解出来，谁先找出哈希值，同时把十分钟内全网的比特币交易盖上时间戳，记对了账，谁就算挖到了矿（比特币）。每个区块（block）前四年每个奖励50个比特币。四年后是每个区块（block），十分钟产生一个，每个奖励25个比特币。所以矿工这个名词因此而来。但其实矿工起的最核心作用是盖时间戳和记账。如果没有这些矿工提供他们的计算机算力，为比特币世界全网记账、盖时间戳的话，那么比特币作为一个支付系统是不成立的。因此，每十分钟挖出一个区块（block），这十分钟之内全互联网所有比特币交易盖的时间戳都记到这个block里面，然后向全网公开。如果挖矿以后要指望获得25个比特币的奖励，就必须全网承认他的合法性，并且把下一个区块（block）建立在其链条（blockchain）之上。其实比特币系统就是这样一个从第一个到后面不断挖出的区块（block）的链条（blockchain），所有账都记在这个链条之中。最原始的比特币QT钱包也同时下载该账单，全网确认其正确性，每一笔交易才合法，这样就保证了不能重复支付。

那么大家自然会问，比特币的总量有限（中本聪设定为2 100万个），理论上在2140年全部挖完，但实际上我算过，2040年已经挖出2 050多万个了。那时剩下的比特币就很有限了。到那会儿如何保证全网的矿工再拿出其算力为整个比特币世界盖时间戳、记账呢？按中本聪的设计，就是给他们付交易费。现在是每笔交易费付万分之一，那时会提得更高。那时就不是挖矿了，而是抢着记账，谁抢到了合法的记账权，谁就抢到了交易费。到那时就真的不叫矿工了，而是叫记账员。比特币的系统大概来说是这么设计的，让它这样的链条永远（记账并奖励）维持下去，不会导致通货膨胀。所以，比特币的总量有限，是首先吸引很多玩家来参与的重要特征。

那么中本聪在其论文中，很精辟地总结了整个比特币全网运行的机制。第一，每笔交易都向全网所有节点公开广播。所谓节点（node）是指每个希望挖出区块（block）奖励的矿工的矿机。向他们公开，也就是让他们记账，当然了，还关乎谁记的账最后将成为合法的。第二，每个节点，即每个矿工实际上都在不断让新的比特币交易进入他将挖出的区块（block）。只有矿工这 10 分钟之内所有交易都被正确计入区块（block），这个矿工挖出的区块（block）才能被承认是合法的，才能获得奖励。那么很多人都在竞争这个区块（block），竞争记账，谁能最终获得奖励？这就是中本聪发明的工作量（POW）证明。只有证明你的算力是 10 分钟内全网最大的，解 SHA256 密码学问题效率最高，才能求解成功，获得这个区块（block）奖励。随着 2013 年比特币价格飞升，尤其 2013 年比特币世界全网算力在飞速成长。那么，只有一个节点真正证明了这十分钟内你的算力是最强的，你才能获得这个区块奖励，并要向其他节点公开，意味着宣布大家不要再竞争这个区块（block）了，要竞争的是这个区块（block）继续的下一个区块（block）。那么，全网接受你这个新挖出的区块（block）的条件，是你必须正确记录了全网这十分钟所有的交易，并都盖好了时间戳，否则这个区块（block）将不会被全网认定合法，你也不能获得相应奖励。

一旦一个区块（block）被全网接受，大家就立刻开始竞争下一个区块（block），下一个区块（block）一定要接在这个区块（block）之上，也就是绝对不能出现分岔。比特币系统中一旦出现分岔，就意味着存在造假币（假账）的可能，那么这个系统就面临被破坏、崩溃的危险。2013 年 4 月曾经由于系统升级，造成了一次分岔。最后靠比特币基金会出面协调，所有挖矿矿工退回到分岔前的起点，从一开始避免了分岔危机，也让大家松了一口气。否则，比特币作为一个支付系统，将会被破坏。那么，中本聪在自己的论文里，最后总结了一下：所谓比特币系统就是一个数字签名的链条，或者说一个电子记账的链条。只要保证这个链条的正确性、都盖好时间戳，那么这个系统就可以作为一个完善的支付系统，不会被造假币，不会造假账，这样完好地运行下去。把信用建立在这个密码学 P2P 系统之上，前提是大家并不需要相互信任，这一点是十分重要的。

3. 比特币后面的价值支撑是什么

那么，很多朋友在第一次听说比特币的时候，总爱问，法币背后有国家主权，有国家机器去保护，有法律系统，比特币背后有什么？实际上，比特币背后也有很强的保护，那就是矿工的算力。那些全网在挖矿的矿工，他们实际上是记账员，他们也是保护着比特币的国防力量，是军队。为什么这么说？因为比特币系统当然也要防止任何可能的恶意攻击，比如造假币，比如破坏系统让它不按规则运行。中本聪设计的规则是，除非掌握全网算力 51% 以上，即超过 51% 的攻击力量，才会导致造假币的可能，才能篡改历史上所有记的账，才有可能对系统造成破坏。按照现在全网算力的成本，现在比特币全网算力的成本已经达到十几亿美元，当然了这个数字在不断变化。要达到超过 51% 的攻击力量，至少要达到哈萨克斯坦一年的军费，才能发动这样的攻击。所以比特币系统是靠全网算力来保护的，比特币的价格某种程度上和其背后的算力也有关。现在一些比特币经济学家在计算比特币可能的合理价格，第一都是要考虑现在全网算力是什么情况。

好，我们基本弄清了比特币大概的运行原理后，就能比较理性地分析其价值背后的支撑究竟是什么。我认为比特币背后的支撑，第一是其信用支撑。实际上比特币现在的价格，我认为很大一部分是靠信徒支撑的，这叫“信徒经济”，有点类似在基督教世界最早期，也是信徒经济支撑了文艺复兴时期欧洲的经济。比如意大利佛罗伦萨的美第奇家族，据说最早发家也是靠的“信徒经济”。恰恰是有这样的信徒经济，才使得比特币在经历各个政府各种不利政策下，现在价格还能维持在 500 美元以上。我认为绝对是忠实信徒们在维持着比特币价格的基本盘。什么是比特币的信徒？他们相信哈耶克的理念，认为完美的货币应该通过市场自由竞争产生，货币权或者说金融权应该来自民间。当然，他们的信仰并不是空穴来风，黄金或白银作为货币，历史上最早的确都是从民间的信用开始建立的，法币最早往往是靠着黄金或白银的背书才建立起自己的信用体系。所以信用来自民间，或者说期望在互联网时代来自 P2P，不是一个空想的假设，是有历史依据的。当然，在信徒经济的基础上，有很多金融机构在分析其可能的价值。比如2013年底，美林证券提出了一个估值，说每个比特币可以值1 300美元。我看了他那篇文献，基本假设是未来全球互联网贸易10%用比特币支付，从而得出比特币1 300美元的价值。这也算一家之言吧。我个人认为比特币未来的价值其实很大程度上在于解决了互联网贸易的支付问题，让金钱和信息以同样的速度跑，成本同样低廉。这样会极大地丰富互联网经济的生态面貌。

当然，很现实地说，现在很多人购买和囤积比特币，是冲着它保值的功能，也就是它总量有限，仅2 100万个，大家觉得这个系统从理论上比法币更能保值。因为法币总量无限，几乎每个法币都超发，最严重的超发到上万亿倍。但是也有懂经济的朋友马上会说，只要有人大量囤积比特币，就一定会造成比特币流通的问题。当然，历史上贵金属货币几乎都是因为囤积问题而最后退出了流通领域，因为最简单来说它们不是无限可分的，它们在物理上分到一定程度就无法使用了，所以不得不退出流通领域。但比特币和贵金属货币有一个本质区别在于，它实际上是密码学数字，所以它是几乎无限可分的，哪怕现在市面上只流通一个比特币，通过小数点后移，也不影响它作为全球支付的流通性。按照中本聪最原始的设计，可以小数点往后移8位。如果需要，只要达到全网节点（node）民主协议同意，小数点还可以继续往后移。那么，有的经济学家就说这会造成通货紧缩。当然，如果世界上只有比特币这一种货币，当然会造成通货紧缩。但我个人觉得这种情况在可预见的未来是绝对不可能出现的。绝对不可能天下只有比特币这一种货币，所有法币都不存在了。最后的情况有可能是不同的货币将来在全球市场上共存，各自在某个经济领域发挥作用。我认为未来比特币保值的功能将会长期存在，而比特币的密码学数学属性保证它在流通领域永远不会稀缺。

4. 比特币的创新——DAC

那么从货币发展历史来看，全球每一次主流货币的变更都相当于财富的重新洗牌。中国最早是明朝张居正确立了银本位，由于当时中国占全球财富的很大一部分，所以全球的白银都向中国汇集。所谓鸦片战争其实是因为英国当时白银不够，所以要用鸦片作为硬通货和中国进行贸易，而中国当然要拒绝。因此发生了鸦片战争。当然那一仗打下来我们败了，因此我们退出了世界主流货币的中心，我们因此穷了一百多年。我认为面对比特币这种全新的互联网货币形式的产生，我们一定要抱着参与的态度，不能冒“在下一次全球支付系统的创新中被边缘化”的风险。

• 那么总结一下，比特币究竟是一种什么样的金融创新呢？大家现在公认它是全球第一个 DAC（Distributed Autonomous Corporation，分布式自治组织）的成功案例。针对以上 PPT 中 DAC 的主要特征：A. 由于是靠密码学保证规则运行，管理成本比传统公司成本低得多，邓迪师弟已经讲得很清楚。B. 这是西方的一贯传统，从人性恶的基础上开始设计政治机制，不假定要依赖大家的善良和美德，而是假定人有机会都会做坏事，这样设定的制度，按西方政治学原理，才能最大限度地保护每个参与人的权益。C. 比特币系统已经证明其有众筹属性，也就是能保证股权者利益，且先入者利益更多，这是一个合理的经济学系统。我觉得在众筹系统里不能指责先入者利益更大，因为游戏规则就是这么定的。那么比特币系统也就是这样一个 DAC，系统已经显示出它有自相似的结构，也就是说局部被破坏，它的自我修复功能很强，它可以自相似地再生长。比如一棵大树，砍掉它一边的枝叶，只要整个系统没有被颠覆性地破坏，那么它会继续生长，而且是按原来的自相似形状修复。那么比特币 2014 年以来遭受过很多不利的局面，尤其是最大交易平台的倒闭，这个系统目前还能运行，就说明它自我修复功能是很强的。总结一下，比特币到目前为止给我们展现的希望就是，所谓未来的金融，也就是金钱资产可以和信息一样在全球以接近光速低成本的转移，是可以靠全球 P2P 信用系统自治完成的，不需要巨大的第三方成本。当然了，比特币是第一个试验。不要把比特币说得太完美了，什么替代法币，那都是不可能的，更不可能将来比特币一统天下。我觉得除非怀有某种恶意才会这样假设比特币，然后来否定它。比特币只不过是一个创新试验，它的本质是分布式自治系统（DAC）。但有这样一个试验，为未来人类的发展，不光是金融领域，更是为未来在互联网上的创新打开了一个全新的视野，我们值得期待。

（2014－04－08）

比特币以及其他虚拟货币技术市场发展与未来

张宇东*

各位国内朋友，早上好，北美的朋友，傍晚好！我是张宇东。今天由我给大家交流汇报关于 Bitcoin 一些看法。演讲的题目是“比特币以及其他虚拟货币技术市场发展与未来”，我的邮箱是 chinacoinbase@ gmail. com。

2013 年 11 月到 12 月，当比特币价格突破 1 200 美元时，市值逼近 150 亿美元时，整个金融界为之震惊。随后在许多央行的监管和某些交易所的倒闭（特别是 mt. gox 关门）影响下，比特币市值最低跌至 39 亿美元（今天为 62 亿美元），跌幅高达 74%。这是在重演 80 年代初期黄金的巨大震荡。那么以比特币为代表的虚拟数字货币，技术市场发展与未来如何，我将做一些初步探讨。

比特币在 2008 年由中本聪（Satoshi Nakamoto）设计，2009 年 1 月正式发行，短短 5 年的时间，不仅仅让比特币在其社区拥有高达 300 万的热情忠实的粉丝，而且基于比特币的原理产生现存在着高达 236 个其他虚拟货币和 599 个交易所。这样也让比特币在整个虚拟货币的地位从 2 年前的 99% 市值降到现在的 90. 3% 的市值。比特币是基于去中心化理念采用 P2P 方式的一种数字货币账本，相对传统的支付系统，比特币提供一种全新的支付网络平台。它的主要特点如下：（1）点对点的数字货币；（2）交易费非常的便宜和瞬间成交；（3）没有通货风险和总量有限；（4）有储存价值；（5）持币相对集中和透明。

那么对于比特币现状，由于它的设计理念和结构完全开源，已经成熟，整个社区的维护和监管就靠 Bitcoin Foundation 组织来日常处理。它的三大目标就是标准化比特币、保护比特币和推广比特币。Bitcoin Foundation 组织里面的技术储备非常

---

* 张宇东，北京大学数学系毕业，加拿大 University of New Brunswick MBA，加拿大华尊集团公司 CEO，Bitcoin Foundation 终身会员。2012 年和 2013 年先后参与了两种虚拟货币设计推广工作。目前这两种虚拟货币市值依然在全球市值排行前 40 名之列。

强，核心技术人员以 Gavin Andresen 和 Jeff Garzik 等为代表长期专注技术。尽管存在政策、法律、系统和安全等风险，我对比特币持乐观态度。比特币的未来就是继续在 Bitcoin Foundation 监管支持下完善一些功能，比如开发一些新的特色部件，提高安全性，或者修补安全上的漏洞。未来再期望其继续创新不大可能。比特币的稀缺性和原创性将继续捍卫它在虚拟货币市场上的霸主地位，价格随着在实体经济的广泛应用长期会走强。

衡量一个虚拟货币的价值必须依靠以下几点：（1）设计的理念和结构是否创新；（2）团队的技术实力；（3）货币的特性；（4）外围的支持力度。这样在200①多个虚拟货币中，我们依据这四点基本能排除90%以上的虚拟货币。未来虚拟货币的创新只能寄托在高质量的具有创新的币种上。这里我就以 Namecoin，Ripple，Peercoin 为例讲一下。

Namecoin 是第一个克隆比特币的虚拟货币，而且具有其独特性。在2011年设计出来就是和比特币可以合并挖矿，也就是挖比特币的同时就可以挖 Namecoin，是从属于比特币的。目前市值为2 100万美元（历史最高为1.1亿美元），也是采用工作量证明机制。它在实体中的应用案例就是 Dot－Bit 项目。拥有12万个域名和6 600个网站。但该币种的技术团队最近一段时间不怎么活跃了。

Ripple 团队是目前虚拟货币领域里技术储备实力雄厚者之一。Jed McCaleb 由于是 eDonkey 的创始人而进入比特币核心团队，他也是 Mt. Gox 创始人。Ripple 以公司的方式一改虚拟货币团队匿名设计发行模式，其效率肯定在一定时间段要高一些，也可以高质量快速开发出符合商业化的功能。其团队目前在积极推广 XRP 协议。应该讲 Ripple 创新是在每一个节点上建立了 trust node list，避免了像比特币那样的拥有51%全网运算能力的攻击。另外，就是它不是建立在工作量证明基础上的，而是建立在 Trust Network Consensus（信任网络共识）机制上，也是第一个去中心化分布式的交易平台（交易所）。号称1 000亿个 Ripple 币，已经对外发行了75.9亿个 Ripple，其公司自已保留多少未知，因此其市值应该是10%的比特币的市值6.2亿美元。

目前 Ripple 技术已经开源了，它的具体技术不讲，但 Ripple 也存在如下问题：（1）去中心化程度低，需要服务细节。比如每一个交易都发生在 Ripple 服务器上，

① 今天是432个虚拟货币了，最近虚拟货币太火爆，一度700种。

也就是说公司控制整个网络，这和现状有何重大改变呢？（2）公司商业化运作，一旦政府下令关闭，网络就瘫痪了。对于 Ripple 前景，如果真的与传统互联网商业完美结合，也许成为第二个 Swift V2。

Mastercoin 是完全建立在 bitcoin 协议上的，也是利用 blockchain，而且也设立了 60 万枚 Mastercoin（MSC）的上线限制。在这里谈 Mastercoin，主要想说它是一个利用众筹方式到现在为止依旧成功的虚拟货币。它的成功，不仅仅来自简单的构建设计理念方式，而主要来自比特币的粉丝的热情。设计该币种的 J. R. Willett 于 2013 年 7 月 31 日通过在 Bitcoin 社区公布项目（包括项目的细节和个人信息）募集资金运作项目。如果早期的投资 5 120 枚 Bitcoin，到今天为止值 93 486 个 Bitcoin，也就说在不到 10 个月 18 倍的回报。这个例子说明目前的虚拟货币的项目通过众筹预售（通过 Bitcoin）招募专才实施项目非常的主流了。但 mastercoin 基本没有啥有名的技术人员参加。技术储备太弱，未来风险加大。

Peercoin 是首创股权证明模式（Proof of Stake）方式，是虚拟货币中第一个注重节能环保的币种（就是不是主要依靠消耗能源达到挖矿为目的），没有设计 Peercoin 的数量上线，但允许每年有 1% 的膨胀，在挖矿中辅助用了工作证明机制。Primecoin（质数币是向数学家致敬的币种）的创新在于它的数学计算能力，在使用工作量证明机制上，试图解决科学界的问题，也是开创了在节约消耗能源的同时能给科学界带来益处的币种。虽然没有给质数币设置上限，但挖掘难度已经不能靠 CPU，只能靠专一图形卡挖矿了。这两个币放在一起主要是因为它们的背后团队是 Sunny King，这个团队不喜模仿，创新是常态。另外就是 Sunny King 团队技术实力也是位于整个 Bitcoin 行业前三甲之列。他们始终继承 Bitcoin 精髓：去中心化和匿名。这两个币种前途广泛。而且目前基于这两个币种的实体应用正在开发中。

在讨论完这几个币种之后，我们可以明显感到虚拟货币市场创新的严重不足，模仿简单复制充满社区和各自粉丝的激情。可以讲，从设计到发行一个虚拟货币的成本起步在 1 万美元左右，低价也造就了所谓的“山寨”币的大肆泛滥。投资在其上面的产业链风险极大。这个产业链就是，挖矿机，交易所，安全储备和在实体中的应用和衍生品等。因此我们必须明白虚拟货币是机遇也是陷阱。

在高盛 3 月的比特币报告中，详细列举了 Bitcoin 给我们带来的革命。在这里我只想谈谈 CryptoProperty（也就是密码财产）。以比特币为代表的新型货币的出现和繁荣，给人类带来了一种新型财产——CryptoProperty，这个名词是 Sunny King，

Founder of Peercoin and Prime coin 业界资深的密码货币专家首先提出的。这种密码财产的出现，打破了国家对于财产的贪婪索取，让公民自己保存自己的财产，市场自行定价，也无须支付任何 Tax（尽管目前 Bitcoin 交易，美国、德国等要求居民自行报税）。密码财产将在数字财产中占有相当大的比例，随着全球化和电子商务的普及和私人小团队的订制，这种密码财产的规模在膨胀，这个才是政府最担心的事情。这样对于这些密码财产如何与实体无缝结合将会诞生许多跨界的著名企业。

（2014－04－25）

互联网金融改造传统行业

互联网金融理财
“三农”互联网金融
互联网保险医疗
互联网改造传统金融
电商O2O

互联网财富管理的时代来了吗

唐健庄*

所谓金融就是资金融通，分解开来，有存贷支三个领域。其中“存”是整个金融的基础，所有的资金流动都从它开始，用互联网的话来说，它占据着金融领域的流量入口，金融所有的环节都得看它脸色，应了那句“有钱的就是大爷”。人民银行公布的数据显示，2014 年 4 月末住户存款也就是居民蓄储总额达到 48 万亿元。面对这一市场基石，银行自然是看得死死的，因而个人财富管理也就成为了存款争夺战中最重要的一块。

那么如何让财富管理从线下转到线上，通过互联网的方式改造这个领域，让用户得到更好的服务，则是值得我们去思考的。

一、传统财富管理的弱点与互联网财富管理的兴起

在传统的金融行业里，提供泛财富管理服务的机构有银行、保险、信托、券商、公募基金、资管公司、咨询公司、三方理财、三方销售等类型，它们的服务水平良莠不齐，绝大多数机构的用户体验都还处于初级阶段。总体上来看有三个层次：

1. 交互体验差：也就是说用户和机构之间打交道，经常会有一种无力感，比如手续繁琐、操作不方便、服务门槛高，整个服务体系的设计压根就不是以用户为中心，虽然各个机构也在喊着用户体验，但这不是一朝一夕就能改变的。而对小客户就更加没有服务可言了。

2. 功能体验不好：大多数金融机构的服务模式简单粗暴，投资产品和通道非

---

* 唐健庄，ItFinance 发起人，互联网金融千人会上海分会副秘书长，曾多次在长三角及北京、深圳等地区举办互联网金融会议和沙龙。两次在互联网和互联网金融领域创业，目前服务于某金融机构，负责互联网业务，实战在互联网金融的第一线，对互联网和互联网金融有深刻认识。

常有限，没有附加值服务，就算有，对用户来说非常鸡肋。要知道财富管理是一个综合服务模式，而市场上打着一站式解决旗号的都不能做到真正的管家服务，还不如专挑一个点，做深做透，做到极致。

3. 盈利体验不好：盈利体验是整个财富管理中最重要的体验，我们知道用户做投资最根本的需求是收益，而这个东西具有高度的不确定性，甚至有非常大的亏损风险。它要求将合适的产品卖给合适的人，但这一行业很多时候是一锤子买卖，等于坑了用户。

造成这些体验不好的原因主要也是老生常谈的几个方面：

一是体制方面不灵活，传统的财富管理大多是持牌机构在做，而其组织结构、内部流程，甚至股权都使得整个服务体系无法真正做到以用户为中心，也就无法让用户舒心。

二是专业能力跟不上，财富管理需要具备极强的综合投资知识，但大多是哪个好卖卖哪个或上头让怎么卖就怎么卖，丝毫不管接下来的市场变化以及用户自身的资产状况和风险承受水平，导致无法提供有效的财富管理服务。

三是在现行的监管和风控体系下，很难设计出符合大众需求的多样化的创新投资产品。

四是销售导向，不管什么产品只要任务一下，好的赖的都就一股脑儿推向用户，与用户利益不一致，没有帮助用户在其风险承受水平下获取合适的收益，也就很难建立起双边的信任关系，才会导致用户宁愿去做直接投资发生亏损也不愿意把钱交给机构打理。

五是成本问题，小客户也是有理财需求的，但线下的机制决定了如果要给小客户提供高端客户服务，他的服务成本就太高，从而导致无法直接从服务中获得商业回报。

那么这两年开始兴起的互联网财富管理，有没有解决这些问题呢，就个人观察来说，大多也还处于起步阶段，基本是简单地把销售行为从线下搬到线上，本质上没有太大变化。但有些互联网投资理财模式却正在赋予这个领域新的生命力，如众筹、P2P、资管产品流转、宝宝军团，都得到了蓬勃的发展。

二、互联网财富管理的市场环境

做任何领域都需要有一个适合的切入时机，早了就是炮灰，晚了就没你什么事了。互联网财富管理也是一样，所以得看看当前的市场环境能不能干这个事，怎么干这个事。

第一，财富管理的核心需求是不会变的，就是要帮助用户获取与风险相匹配的收益。这对投资能力专业性的要求极高，虽然整个行业的水平还有待加强，但不可否认不少的机构和团队已经具备了一定的财富管理解决方案能力，而这种能力及其所搭建的服务体系是可以通过互联网低成本复制的。

第二，互联网已经从20年前的工具、10年前的行业，发展为现在的虚拟经济体，已经成为了一个经济圈。互联网和移动互联网基础服务非常完善，向传统行业的渗透也在不断加速，同时成熟的支付清算网络也为互联网财富管理业态奠定了基础。

第三，财富管理中一部分解决方案和产品具有数码化、标准化的特征，而另一部分产品却有着长尾非标、线下服务依赖的属性，从前两个特征来讲，属于完全可被互联网替代的品类，而后两个属性则可通过O2O服务来强化。

第四，财富管理的互联网化之所以发展较慢，主要还是在于其用户群体的成熟度，传统金融机构所服务的用户人群基本在线下。不过伴随着互联网成长起来的“85后”已逐渐开始成为社会的主流人群，进入财富积累的阶段。同时，这一年宝宝军团取得的成绩，也是投资者教育的成绩，它开启了互联网人群对财富管理的心智，让他们逐渐认识到互联网理财的便捷性和必要性。因此，就互联网财富管理来说，主流人群购买主流产品的时代即将徐徐拉开帷幕。

第五，金融监管的每条禁令后面都是血淋淋的教训，因而有它的时代必要性，但随着市场环境的变化，有些条例已经变得不那么适用。不过从目前的情况来看，管理层还是鼓励创新的，只要不踩红线就可以去大胆尝试，整体趋势也外松内紧，这种趋势到最后很可能就是混业经营和对互联网财富管理创新业态的认可。

我们确实可以看到互联网财富管理有着光明的前景，并且各路机构、互联网公司、创业者和资本方都已在积极行动，就像抢占互联网流量入口一样去争夺资金入口。站在这个时代赋予的时间点上，不去做些什么，确实可惜。

但是要做就要创新地去做，不能走过去的老路。站在金融机构的角度，与互联网企业进行的金融服务竞争是一场非对称的战争，大家关注的点完全不一样，比如用户群体与盈利模式，用户体验与合规矛盾，组织结构差异等。而从更高层次来看，互联网金融一方面是金融流程和金融业态的再造，另一方面则是社会金融资源配置模式的改变，这种再造和改变将让金融的中介本质产生一定的变化，它的终极模式则可能是去中介化的。

不过就目前来说，做好互联网金融还是有三个层面的问题，一是互联网层面，互联网是整个产业的基石，因而所有的上层建筑都必须围绕它来设计；二是业务规则层面，只有在精通旧规则的情况下才能利用互联网思维创造出新规则，以提升效率和体验而不增加金融风险；三是金融层面，金融是互联网金融的上层建筑，只有深刻理解了金融的本质与核心，理解了财富管理是金融的入口才能让创新的互联网金融模式走得更长远。但现在的市场竞争仍然体现在互联网销售渠道上，依靠着信息不对称和风控来盈利，与互联网开放、平等、透明的特征还存在差异。互联网财富管理也同样如此。

三、互联网财富管理实现模式探讨

互联网没有万能模式，最后成功的往往不是一开始就设计好的那个，互联网财富管理模式规划也一样，不过它可以帮助我们更深刻地认识市场，理顺思路，找到切入点。另外，金融机构、互联网公司、创业者具有完全不一样的基因，甚至金融领域中直接接触 C 端用户的银行、券商、信托、基金，三方也都有着各自的特色，他们在规划互联网财富管理模式的时候也将会是不同的思路。我们可以就以下几个点做一些探讨。

（一）互联网财富管理有没有可能打免费牌

需要明确的是，免费不一定是价格战，虽然都是规模化、低成本抢占市场，但两者有着本质的区别，价格战的商业模式仍然是赚取差价，而免费意味着商业模式发生了变化，营收不靠其主要服务，互联网上如 IM 工具，金融领域如信用卡都是这样的模式。

在财富管理领域，收入主要是佣金、管理费、利差、盈利分成这几类，具体的投资产品一般收取其中两种左右。如果要做免费，可以有几个层次的递进，第一层次是取消产品原有的收费类目，换成新的费用，如 P2P 网贷把信贷利差改为佣金和管理费；第二层次是完全取消基础产品的收费，而在其他产品上收费，如券商不收交易佣金，甚至连规费都不收，但它可以卖理财产品；第三层次是任何费用都不收，通过财富管理让你获得市场平均收益，而通过商业模式的变革来实现收入，这一模式还没找到对应的案例，但它如果和消费金融结合在一起也许能产生一些有意思的模式；最后一个层次是连本金都不收，转而收取其他资产，如养老地产模式，不过这貌似和互联网关系不大，但如果是把个人的能力和未来收入用一定数据模型折现后当成财富投入进去，也就是把用户的未来卖给机构，会不会更有意思呢？

（二）B2B2C 的生态联盟能否实现

都说互联网是赢者通吃，实际上并不完全如此，如网游行业。另外，互联网上也存在着大量长尾流量，但市场集中度确实比较高。不过，这不是互联网所独有的特征，寡头在很多行业都有。而金融则是剩者为王，它讲究风控、讲究市场抵抗力，所以到最后也呈现出托拉斯特征。现有互联网金融 B2B2C 模式，有金融机构与互联网企业强强联合的，也有小机构去抱互联网巨头大腿的，主流模式是第一个 B 提供基础产品，第二个 B 做包装，最后 C 获得单一的理财服务。由于这个服务是第二个 B 提供的，但在互联网金融刚刚兴起的阶段，这种金融服务可能并不专业，需要留些时间让 B 们去学习。所以，这就给了中小金融机构和互联网长尾流量发挥的空间。

金融机构针对不同互联网行业建立标准接口和基于应用场景的行业解决方案，互联网平台接入后按照自身的用户特征和具体业务进行包装并输送给用户，金融机构负责功能体验和盈利体验，互联网平台负责交互体验，共同为用户提供财富管理服务。其中可能产生强功能拉动的引爆点，让互联网平台和金融机构的用户迅速增长。兴许真能建立起一个以金融机构为核心，不同领域的互联网长尾流量联动的 B2B2C 生态联盟，让每一个互联网平台都可以有自己的余额宝或者别的什么杀手锏产品，为整个互联网提供基础金融服务，而当自身成为了一个互联网的基础设施后，就具有了巨大的想象空间。

（三）降级地去做财富管理

传统财富管理所服务的对象富有，所设计的产品高端，所产生的毛利丰厚，这造就了一个既高大又被无数吐槽的行业印象，而在互联网上完全可以更接地气，让自己“降级”，进行投资产品创新、业务产品创新。这一点创业者或互联网公司做得比金融机构要好得多。不过，虽然 P2P 网贷或众筹以及其他创新的理财平台，都发展得非常不错，但从财富管理角度来看还有一定的局限性。

那么金融机构到底要如何去降级呢？试着举一些例子，银行去做P2P网贷，投行去做股权众筹，但事实上这些生意对他们来说太小了，完全不挣钱，从现有的财务角度和风控来看，是不值得去弄的。而如果大力发展直销银行，像民生银行和兴业银行一样用宝宝军团去革自己的命，也是需要勇气的。不过不止是银行不想玩，保险也一样，现在保险行业都成资管公司了，大多数过惯了躺着挣钱的日子，而不想回归保险的本质——保障，倘若保险用众筹的思想去设计产品，比如在赔付方式上就是投保人之间P2P式的赔付，保险公司本身不去挣这个产品的钱，或者保险公司为财富管理设计一套促使用户获得市场平均收益的保障制度，应该都是蛮有意思的事情。

比起银行保险，信托资管互联网化的动力估计也不太足，但是以目前这两个行业暴露风险的趋势来看，如果不想坐等国家新的刺激政策，那就必须得做些什么。搞点互联网也许聊胜于无，这当中把信托或专户拆散了卖给小客户又是很多人想干的事，事实上不少第三方也已经在干了，并且用上了自己理解的互联网思维，就是暴力拆解连个弯都不打一下。其实这个事情如果引入做市商制度，然后再包装成债权和创设一种衍生品，最终通过P2P这种有点万能的东西投入市场，还是有可能规避现行法规的，当然不能搞出事了，出了事照样找你麻烦。

估计这些金融机构里头，券商应该是比较着急的，要么学etrade折扣经纪模式，要么学嘉信模式，不过都得解决网上开户，而开户又是如此的不便。能不能有一种机制让用户不需要开户就能玩股票，也许可以研究一下，看看市场上有没有相关的案例。开完户还不算完，得有用户过来，就算砸大把推广费用，把交易佣金搞到零也不一定能吸引到多少。但另一种价格战倒或许可以尝试去打一下，还是用B2B2C的模式，招揽一帮代理人，传统券商给客户经理或经纪人的提成一般在10%～50%，如果直接开价到80%分成，会不会有大量经纪人帮着去掏空传统券商呢。

前面都是2C的，而2B的呢，场外市场貌似可以互联网化，目前场外市场都是口头询价，交易员们桌底下联系，搞不好还有利益输送，反正多几个BP少几个BP对机构来讲又没什么感觉，如果有一个平台能够让每个交易员上去开店，而其他交易员自由报价，或许不但能解决信息不对称的问题，同时也可以在一定程度上缓解内幕交易。

（四）互联网财富管理的类型选择与切入点

未来是混业经营的时代，这个趋势已经很明显，而做互联网财富管理就得有所选择。大致应该会有四种模式，一是平台，大家都来开店；二是零售，也就是B2C，上游组织投资渠道，下游做用户；三是品牌店，还是B2C，只不过是自产自销；最后是O2O，既可以是一种独立的模式，也可以是前三种的补充。

B2C加O2O貌似对大多数人不管是金融机构、互联网公司还是创业者来说都是一个比较理想的选择，想象空间够大。用这个模式的话，有哪些切入点可以让我们去踩呢？

1. 互联网等于移动互联网，移动互联网用户数甚至超过PC互联网用户数，移动互联网的到来让很多PC互联网企业再次处于同一起跑线上，所以直接从移动端切入或许将赢得一些市场时间。

2. 互联网只能免费吗？就像之前探讨过的一样，互联网财富管理可以免费，但也不是唯一的选择。如果反其道而行之，在有强大品牌背书的情况下，提高收费标准反而有利于发展，比较典型的案例是陆金所，当所有P2P网贷平台都在打价格战把资金成本做高后，陆金所依靠平安集团的背书和对项目的风控能力压低资金成本达到其商业目的。

3. 有没有可能把财富管理变成消费和娱乐，变成精神层面和物质层面的需求，让财富管理的过程变得快乐。就像前述的“85后”年轻人开始成为主流人群，根据其行为特征由消费金融和娱乐金融切入互联网财富管理，称之为快乐理财，认真生活，例如投资工具游戏化生活平台。

4. 互联网的精髓是让中小客户获得与VIP客户同等的服务机会，传统的线下财富管理可能无法做到这一点，因为每个理财师服务的客户都是有限的。但在线上，特别基于LBS的移动端，用户与顾问之间的交流可能变得更加容易，可以通过某些好玩的方式让他们建立起信任甚至追随式的社交关系。而为了避免销售导向的理财服务，可以采用用户盈利情况这样的指标来考核。

5. 路径可以考虑基础账户—多品类—应用场景—生活化—娱乐化这样一个过程，充分发挥数据模型的力量，利用直投渠道和产品渠道进行多样化、创新化的投资管理，融入用户心智。

（2014－05－24）

互联网金融需要“内外兼修”

顾晨炜*

2013年，互联网金融在中国是最火热的话题之一：3月，央行行长周小川表示支持以科技促进金融业发展；11月，“余额宝”规模接近2 000亿元；12月《互联网金融专业委员会章程》以及《互联网金融自律公约》颁布。作为国内最早的移动互联网领域个人财务管理应用的挖财，也备受资本市场青睐：在2013年9月IDG资本投资千万美元，10月鼎晖创投投资300万美元；2014年2月启明创投追加1 500万美元投资。

我理解的互联网金融，是一个“由总入分”再“由分入总”的过程。就好比武侠小说中的绝世武功，它分外功内功，而内外兼修才能习得绝世功夫。互联网金融也分“外功”互联网和“内功”金融，只有“内外兼修”融合互联网思维和金融思维，才能成就真正互联网金融。

先说“外功”，即互联网思维。互联网思维最重要的两点是“流量”和“入口”。“流量”强调用户是最宝贵的资源，而“入口”更进一步要求企业通过开放的用户触点增加用户黏度。在这里，我认为互联网金融有三种主要的形式。

（1）“根”：自带入口和流量的大平台。这些有庞大用户量的平台，可以通过信息和数据的优势切入金融服务，譬如“巨无霸”BAT、京东和苏宁。同时，传统金融机构也在这一块摸索，去年8月底问世的民生电商便是其中之一。

（2）“茎”：集中流量买卖的优势，做某一垂直领域的“搜索”或者“市场”。这一类公司还在成长阶段，不过可以预计在不久的将来，我们将会看到贷款服务的“去哪儿”，理财产品的“携程”和各种“网上保险超市”等等。

（3）“叶”：依托互联网平台的流量，展开金融产品服务。众多的P2P网贷公司，还有在“淘宝理财”上开设网店的各类基金、保险和理财产品属于这一范畴。

---

* 顾晨炜，挖财网总裁。

再讲“内功”，即金融本身。真正的金融业务，不可能只停留在渠道的层面，必须深入到产品结构的内层，特别是风险识别和风险管理。这一点，我们可以借鉴美国的互联网金融模式，例如美国 P2P 网贷平台 Lending Club 的用户评级系统和信用评估公司 ZestFinance 的信贷风险指数。这些公司的核心竞争力，是对金融特别是金融风险的理解。反观中国，互联网的“野蛮人”也在自己最擅长的地方开始练习内功，总结起来，也有三种模式。

（1）“水上漂”：这种模式强调互联网的渠道优势。互联网公司通过比拼流量，扎实根基。在金融服务的市场化的驱动下，渠道成本优势凸显出来，在这种情况下，银行和金融机构会在流量需求的驱使下，把业务转到“水上漂”的通道。

（2）“铁布衫”：这种模式的玩家主要是那些支付通道和电商平台。除了天然的渠道优势，他们把握资金流，能及时知道和钱相关的信息（业务流水周转）。这些是银行难以比拟的优势，只要辅以合适的风控技术，他们有可能在相关的供应链融资、消费信贷、货币市场基金等方面发展。

（3）“散打”：这种模式鱼龙混杂。许多 P2P 网贷平台便属于这一类。这种模式以结果为导向，做成生意即可，渠道和风控并不拘泥于互联网，可以由线上向线下延伸。采取这种模式的公司中有招式练得非常扎实的，比如陆金所、有利网这种风控 + 担保模式，也有不少不伦不类完全依靠局部资源的。一些金融界资深人士对这种模式持观望态度，有人甚至诟病其为“野蛮人”的模式。

回过头来看挖财。

在“外功”上，挖财虽小，但悄无声息地在做“根”上的生意。与互联网巨头 BAT 不同，挖财的思路是专注做一个普通用户日常都能用到的工具，如同奇虎 360 帮用户管理电脑、印象笔记帮用户管理笔记日程一样，挖财是帮助用户方便地记账和管账。可以把挖财想象成是一个移动端的智能钱包，钱包里有身份证、银行卡、打折卡和现金等信息，挖财帮助用户管理这个钱包，让用户对自己的资产负债表、收支表、现金流表有一个全面的认识。

为了解决“手动记账”难的问题，挖财自成立以来，在记账这项功能上不断创新，如今已经可以做到在用户授权下读取账单邮箱和扫描账单短信。如果通过挖财平台聚集到足够多的用户，那么基于用户在平台上互动留下的个人财务相关信息，挖财开展相关金融业务是有基础的。

在“内功”上，我认为互联网恰恰是金融行业提升“内功”的好工具。挖财从记账入口做“老百姓的资产管家”，靠的不仅仅是4年来积累的用户群体和产品上的触点，同时还有大量的用户账单数据。通过后台的量化模型和机器学习过程，挖财可以较好地理解用户的家庭资产负债和收入支出状况，帮助用户更加了解自己的风险利润偏好，帮助用户调整个人资产分配结构。在服务用户的过程中，挖财就可以和金融机构合作尝试量身定制的产品设计和服务推荐。

从前“砖头水泥”时代的私人银行服务，是象牙塔尖顶“高净值”人群的专利。在新的移动互联网时代，“快链接”、“大数据”、“准认知”、“高效率”，让个人资产管理服务的门槛降了下来，普通老百姓能够也应该获得个性化的理财服务。可以想象，整个长尾的幸福感提升了，我们的社会也一定更加和谐美好。

（2013－12－30）

当互联网邂逅理财

何　俊*

关于互联网理财与传统理财的几点差异，我认为差异主要有4点：（1）服务模式；（2）客户体验；（3）商业模式；（4）基因。

服务模式：我拿些数据来说明。工、农、中、建有6万个银行网点，平均每个网点有1.5个客户经理，每个客户经理服务200人，总计可服务1 800万人，全国的银行总共估计能服务3 000多万有钱人。而互联的各种宝宝服务了上亿屌丝。

客户体验：以银行为代表的金融机构都有网站或网上银行，在基金公司网站也可以购买基金，在银行网银或者手机银行可以购买理财产品。我作为一个互联网资深用户一个个体验，在金融机构的网上或手机APP上，首次交易成功至少需要10分钟，二次交易需要几分钟。而互联网平台首次大概只需要1分钟，二次交易只需要几十秒。

商业模式：货币基金早就存在，但在2012年全国保有量7 000多亿元，为什么？全国各种理财产品，一般是4%～6%，互联网上众多高收益产品，为什么？从一家企业角度出发，很简单，金融机构只做赚大钱的生意，每笔业务都要赚钱，而互联网公司不一定。

基因：如果金融机构的兄弟姐妹们跟领导谈客户体验而不考虑盈利这件事，后果会怎么样？如果互联网公司的兄弟姐妹们跟CEO谈盈利根本不考虑客户体验，后果会怎么样？互联网公司是光脚的，金融机构是穿鞋的；为什么孙悟空大闹天宫天兵天将都降服不了，取经的时候却经常打不过一些小妖怪？

最后我想分享：我特别不喜欢“颠覆”这个词，我觉得互联网颠覆不了传统

---

* 何俊，“铜板街”创始人、CEO，曾在阿里巴巴与支付宝任职共8年，通联支付任职2年，2012年9月创办铜板街，成为国内移动互联网金融的首批参与者。2013年11月获得了国际知名风投IDG资本千万美元A轮领投。2014年1月铜板街荣获由中国互联网协会颁发的“2013年度创新产品奖”。何俊先生一直在互联网金融领域探索，在理财平台、理财支付、消费贷款、供应链贷款、金融风控等方面皆有实践。创立铜板街的初衷，就是希望在持续通货膨胀的大背景下，帮助老百姓的资产保值、增值。

金融，也没有必要去颠覆；传统金融机构对中国经济的贡献巨大，我对传统金融只有尊重感恩，而互联网公司参与金融这个行业，是对未来中国微经济的补充，起到了鲶鱼效应，但无论怎么样都需要认真努力地向金融机构学习风控，学习稳健发展。我认为金融机构需要对互联网心存敬畏；互联网需要对金融机构尊重感恩。

我对风险一直很敬畏，我其实很佩服中国各大银行的风控能力，大家都说中国银行靠的是存贷差，但我真觉得这么大的一个银行，能管好坏账率，很不容易。几十万人的银行，在中国这么一个复杂的环境下，坏账率在1%以下，相当不容易。

（2014－05－13）

如何用新技术、金融创新模式服务“三农”领域

吴　立*

一、农业迎来大发展时期

1. 深化土地制度改革，鼓励土地流转，发展适度规模化农业。

2. 鼓励和引导工商资本到农村发展适合企业化经营的现代种养业，向农业输入现代生产要素和经营模式。

3. 2014 年中央经济工作重点：粮食安全、食品安全。2014 年将出台一系列扶持农业发展（补贴、税收、金融支持）等方面的政策。

二、互联网为农业实现跨越式发展提供可能

1. 互联网、移动互联、大数据的相继出现引发生活、商业、金融变革。互联网在流通领域改造传统农业的尝试：褚橙、柳桃、潘果，以及农产品电商（普遍盈利性较差）。

2. 一批具有互联网思维的农业企业家、创业家开始拥有互联网，尝试“互联网农业”的各种商业模式探索。

三、农业企业家互联网意识觉醒

当前不少农业企业家的互联网意识开始觉醒，开始利用互联网、移动互联对企

---

* 吴立，银河证券农业首席分析师。毕业于中央财经大学，硕士学位。在中粮集团从事多年农产品期货操盘、研发工作，2010 年 6 月至今从事农林牧渔行业研究。2012 年入围金牛奖、水晶球奖、新财富最佳分析师评选，2013 年新财富最佳分析师第 5 名，2014 年 21 金牌分析师第 1 名。

业组织架构、商业模式进行变革。例如大北农开发移动终端 APP 下单，用微信查报猪价（养殖助手），收集养猪业大数据，并利用客户大数据涉足产业链金融（类似阿里金融）；新希望 2013 年战略上提出拥有互联网，基于互联网思维方式进行公司变革。还有不少上市公司利用互联网、移动互联增加营销、品牌宣传等。

“三农”问题上，解决两个“三农”的核心命题。

1. 千变万化的市场与千家万户的小农生产的连接问题。

2. 农业生产、农户经营的融资难问题。这也是我们想凝聚农业、互联网、金融领域的各界精英共同探讨的问题。从互联网改造农业的角度，主要是创新渠道、创新营销模式、品牌营销。

（1）创新渠道。农产品电商（农产品商务流通的电子化）改变传统的生产和消费之间关系。农产品的网购渗透率非常低，有调查机构认为是 2%，空间广阔。目的是让消费者足不出户网购生鲜食品、安全食品，比如顺丰优选、中粮我买网、沱沱工社、电果网。

（2）创新营销模式。一般来讲，农产品附加值低，毛利率相对较低，经不起烧钱。互联网发展，出现了微博、微信、QQ 及 SNS 等免费资源，尤其是微信和微博提供了新的营销模式，出现了“褚橙、柳桃、潘果”。我个人觉得，农产品背后的人文、地理、历史故事等更重要，结合社会化媒体的 SNS 特性，很容易在圈子内形成“病毒传播”。“褚橙、柳桃、潘果”这种借助微博、微信形成“病毒传播”的成功案例，将会可以引领更多人为家乡或特色农产品代言，社会化媒体成为农产品营销新模式。我觉得要不是褚时健、柳传志，不会这么火。很多消费者消费的更多是农产品背后的东西。

（3）品牌营销。主要从食品安全角度来说，网上有人总结农产品安全困局：①你不知道；②你知道，但吃不到；③你知道，能吃到，但不敢吃。反映我们国家农产品供应链体系有问题。有不少外包装上贴有二维码，手机扫描后可以看到这个产品的追溯信息，哪里耕种、何时采摘、谁来采摘、保质日期甚至成分等一应俱全。但如何让消费者相信这些信息是真的？所以必须透明化。用互联网技术整合追溯，认证机构、质检机构等多方数据资源，让食品供应链“透明化”。信息真实性核查，可能会给 360 公司带来新的利润增长点，打击钓鱼网站和假网站。当前在该领域尝试的上市公司是雏鹰农牧，在做“雏牧香”，但一直在亏损。哪一天公司运作成功了，雏鹰农牧的市值将翻倍！

因为公司从一个纯养猪公司变成了一个面向食品终端的企业。谁更贴近消费者，谁就更有价值。另外就是中粮集团在从事相关的事情，比如我买网，我一直是中粮集团我买网的忠实客户，因为我们知道中粮是大央企，不敢造假，违法成本高。我们认为，2013 年互联网深入改造农业才刚刚开始，未来一定会诞生许多创新商业模式。从目前可行的互联网对接“三农”领域的商业模式主要有三种。

（1）农业企业的产业链金融模式。比如大北农在尝试平台模式互联网金融，类似阿里金融。主要是大北农掌握了他们经销商、还有相当一部分养殖户的全方位数据，也相当于拥有了一个征信系统。但目前仅开始尝试，效果需要 2014 年来验证。传统的，就是新希望六和的担保模式，全方位为农户服务。从建鸡舍、饲料、兽药、收购提供资金支持，但资金不经过农户，农户只专注于养殖环节。

（2）互联网金融面向农户的 P2P 模式。翼龙贷、贷帮网的 90% 客户面向“三农”。线上融资，线下放贷，定位“三农”，利用互联网、大数据进行借贷风险控制，直接服务于“三农”，但普遍面临的问题是数据积累还不够多，没有真正发挥数据的有效性。

（3）传统金融机构的电子化。农村金融其实存在很大需求，但传统金融机构因为网点少或贷款成本高原因，不愿去给农户贷款，我一个在某国有银行“三农”事业部的朋友称，去一些地方给农户贷款，贷款规模小，又没有抵押，即使贷了，利息都不够油钱。这也反映了当前的一个农村贷款困局。

（2014 - 01 - 01）

农产品产业链金融

赖易峰　李　娜*

1. 农产品产业链是很大的概念，包括种子、饲料、化肥、种植（养殖）、采收等生产环节，也包括加工、物流、检测、销售等环节，每个环节都是一个很大的群体和很大的产业，都需要有对应的金融服务进行配套。从市场容量来看，中国的农产品金融服务市场足够大。由于所处产业链节点、单体规模等因素，农产品产业链中各经营个体金融需求的获得差异较大，对于大型农产品专业化公司，其融资能力强，融资成本相对较低，比如以农产品股份等为代表的农业板块上市公司；而对于众多的农产品产业链中的中小经营户，其符合传统银行风控要求的比例低，从银行获得贷款的可能性也低，即便是符合银行条件，从银行融资的成本也高于其他行业；其经营过程中的资金需求，主要依靠民间融资，融资成本高，这是农产品产业链各商户特别是中小商户融资的现状。

2. 从国家层面，对农产品产业链金融非常重视，一直出台相关政策，支持小微企业，支持“三农”发展，这些都为发展农产品产业链金融提供更多的支持和保障。但涉及面窄，“三农”补贴主要针对传统金融体系，以农村信用社、农商银行作为支农金融的主力；补贴标准较低，与其成本（运营成本、坏账成本等）相比，这些补贴并不能完全弥补其开展“三农”金融服务造成的亏损。由于国内农产品产业链的规模小、靠天吃饭、利润率低等因素，金融机构提供融资服务，难以规避其经营特点所带来的高风险、低收益、高成本等问题，一味采取传统的金融服务模式，成本高，收益相对低甚至没有收益。

---

* 赖易峰，海吉星金融网副总经理兼 COO，先后在中国银行、原深圳市商业银行（现平安银行）、北京农商银行和银联电子支付（ChinaPay）等金融机构工作，2013 年到海吉星金融网任职；李娜，海吉星金融网营销总监，曾就职于中兴通讯、腾讯，后个人创业 7 年，2013 年到海吉星金融网任职。

海吉星金融网为上市公司农产品股份（SZ00061）旗下的投融资平台，与集团旗下农产品担保、农产品小贷组成海吉星金融，是国内首个以农贸批发市场商户集群为主要服务对象的专业化金融服务平台，是国内农产品金融服务的重要力量。

3. 面对农产品产业链中众多的金融服务需求和现实情况，在传统银行未能顾及、无意顾及或无法顾及的情况下，为众多小微金融机构提供了业务发展的机会，通过更多的小微金融机构参与，为经营户特别是中小经营户提供更专业化的金融服务。小微金融机构根据农产品产业链的特点，通过金融服务创新，来实现共赢，这很有可能成为小微金融机构的相对优势。

4. 我们主要聚焦于特定农批市场商户的综合金融服务，包括融资、资金结算、理财等，与其他链条相比，农批市场商户的经营情况更加稳定，风险更低。

（1）在融资方面，主要考虑创新增信工具和信贷手段。可考虑的方式包括商铺经营权质押、担保公司增信、交易记录、供应链融资等。一是创新增信工具，对商铺经营权质押进行授信，即将商户已支付长期租约或自有商铺的使用权作质押，向金融机构申请贷款。作为质押的商铺需考虑其保值升值潜力和转让难度。一般而言，国内主要城市的由大型公司管理的成熟农批市场，管理较为规范，市场前景向好，商铺经营权具有保值和升值的空间，转让有一套相对完善流程，风险较低。通过商铺经营权质押，解决了批发商无抵质物的现状，为其提供贷款成为可能。这使商户可通过贷款方式获得商铺的长期使用权，或通过质押获得短期资金周转。另外，也可尝试其余抵质押物，既让农贸批发商户获得流动性，也能控制风险。二是引入供应链金融，通过农产品供应链核心企业，开展供应链融资。传统的农产品流通，是通过一级级的批发商转批到达零售点，再到消费者手上。与大批发商合作，对于其上游客户，根据仓单进行质押，发放贷款，解决小供应商的资金压力。但须关注供应链中核心企业风险、贸易真实性、质押率等方面的问题。三是根据农贸批发市场商户的交易记录，作为金融机构审核贷款的条件，增加商户获得贷款的可能性。

（2）在结算方面，随着第三方支付公司的不断创新，支付工具也在创新，但是在农业这个特定行业，目前仅是开始。市场空间会很大，在目前的农贸批发市场，使用 POS 机等电子支付方式收款的商户越来越多，可考虑在农贸批发市场设立统一的资金结算中心，为农贸批发商户的电子结算提供服务，解决其现金收付出现的假钞、保管等问题；同时，根据电子结算引入大数据，为农产品产业链的研究及投融资服务提供数据支撑。

（3）在理财方面，满足农产品供应链中小商户的投资理财需求。可通过互联网金融来为各链条商户的闲散资金提供理财服务，使其共享理财收益，而不是在资金闲置时，作为廉价资金的提供者。海吉星金融网 P2P 网贷平台在 2011 年 3 月上线，是国内首家国资背景、上市公司背景的 P2P 网贷平台。

（2014－01－30）

互联网保险与数字医疗变革

姜国平*

保险行业以大数法则为基础，数据是其重要生产资料；而当今的互联网触角延伸到了每一个人每一个角落，互联网企业坐拥数据金山。一个靠数据吃饭，一个坐拥数据金山，这两个的结合碰撞将产生爆炸式的效果。在互联网金融浪潮和大数据时代背景下，围绕着渠道、产品、风险和挑战，我们分享对保险行业的四点看法。

1. 渠道创新与融合，电商将是未来的重要战场，是小保险弯道超车的重要机遇

渠道一直是保险行业的痛处。保险行业两大渠道，即银邮渠道和保险代理人。前面十年银邮渠道为保险公司的高速发展作出了巨大贡献，但是随着保险行业竞争加剧，银邮渠道费用不断上涨，成为保险公司的重大压力，在2011年保监会银保新规出台后，银保渠道更是元气大伤。

代理人渠道：行业300万的保险代理人，因为流动性以及从业人员的素质等问题更是严重影响了保险产品在百姓心目中的地位。保险公司也纷纷基于新基本法，加大代理人队伍清虚力度。

保险行业对渠道创新的需求极为迫切，天弘基金拥抱阿里，插上互联网的翅膀，迅速跻身大基金行列，这样的童话在保险行业有望上演。

电商渠道将是保险公司未来的重要战场，也是影响保险行业竞争格局变化的重要因素。保险产品同银行、基金产品一样，不依赖实体物流交付，天生适合电商。淘宝保险已经吸引超过20家保险企业入驻，2012年的保费收入达到9亿元，这一数字已超过了2011年20余家中小寿险公司的全年保费收入。

---

* 姜国平，复旦大学管理科学硕士，曾在德勤管理咨询担任高级咨询顾问；在宏源证券研究所担任计算机行业高级研究员。目前就职于光大证券研究所，负责计算机行业研究。

除了淘宝这样的综合性电商门户，另外围绕保险领域的垂直电商富脑袋、慧择网等也相继崛起。目前电商渠道份额占比仍然较低，2012 年来自电商渠道的保费占比仅 0.3%，空间巨大。

如大地保险等很多小保险加大电商渠道布局力度，意图弯道超车。三马合一的众安在线解决了互联网金融公司产品设计能力不足的问题，未来极具想象空间。

移动互联网提供了传统渠道与互联网的融合手段，移动展业也是保险代理人提高展业效率的重要手段。

2. 产品设计创新

互联网会提高保险公司对产品创新的敏感度。同时通过电商民众保险意识被激发。标准化、多样性的产品有爆发之势。

小米精彩演绎了客户参与的协同设计，众包模式推进产品完善。通过互联网与客户拉近距离，提高产品创新的敏感度，开发出有需求有市场的产品。

电商销售不适合复杂度高，需要面对面交流的产品。像车险这样复杂度低，标准化程度高，又具备一定市场规模的产品是保险电商的理想品种。而意外险、责任险、健康险等很多品种也非常适合电商渠道。以前由于渠道原因标准化程度高的、保费低的产品不受银邮和代理人欢迎，因此相应的产品设计和创新进展较为缓慢。最近手机被盗险、赏月险、熊孩子险等许多新奇的创新性产品赚足了眼球，有人斥之为噱头，然而我们却要看到这种现象深层次的驱动力便是网上消费习惯的养成与民众保险意识的增强，标准化低保费的产品能够借助互联网渠道实现数量的爆发，实现高额收益。可以预见未来针对各种行业和人群设计的各种标准化的小额保险将呈现爆发趋势。

3. 风险管理，防范欺诈，增强客户干预

互联网和大数据给防范保险欺诈提供了重要手段，通过多来源的多维数据，如用户的生活习惯变化、购物变化、出行路线变化等辅助对投保人分析，防范欺诈。移动互联网和可穿戴设备使保险公司对客户的直接干预成为可能，从而降低赔付事件发生的频率。比如对于购买了车险的客户，通过可穿戴设备监测客户的身体情

况，对驾驶行为进行干预，降低事故发生率。对于购买健康险的客户可以干预的手段和方向更为多样，我们将在后面的医疗部分做更多展开。

4. 挑战，数据的获取维护和互联网思维大数据思维的转化

首先便是数据的获取与维护，要从多渠道获取数据，如财产结构、购物习惯、健康状况、社交网络等多维度全面刻画客户，来支持产品设计、精算模型修改、精准营销。我们看到平安已经通过网上二手车、房产、医疗产品等交易布局开始了客户多维度数据的获取。其次是互联网思维，面对互联网企业的渗透要有敬畏心，危机感。未来跟互联网公司无论是自建还是合作，在组织结构和人才储备方面需要做好准备。

再说一下数字医疗，医疗领域正迎来前所未有的伟大融合，这个融合就是数字与医疗的融合。在今天我们已经有条件实现完全的人体数字化，基因组学、无线传感器、成像技术、医疗记录使得一个人从生命的最基础物质到各大器官的高清影像，到任意时刻的血压、脉搏、脑电波、心情等信息实现了完全数字化。而移动互联、可穿戴设备、互联网、社交网络、云计算、大数据等新兴的数据采集、处理、传播技术的涌现将推动医疗领域发生巨大的变革。

医疗服务的交付方式将发生重大变革，医院在医疗服务交付中的中心地位将会大大削弱。从患者对医生信息的获取，到医生对患者的诊疗，到出院后的康复和回访，数字医疗的冲击将贯穿整个过程。

病人对大半径内的良医搜索需求非常迫切，在这个意义上说导医软件、门户、病人社区意义重大。而在存在竞争的医院市场或者细分医疗市场，这些对医院和医生的意义更为重大，这也是这些软件、社区、门户的商机所在。

诊疗过程也会有巨大变革，目前各国医患之间的信息交流基本靠面对面交流，现代通讯手段基本得不到应用。远程医疗通过视频、远程诊断监测设备等手段可以实现非面对面的诊疗。国外已经有公司在运营专门的远程医疗医院。美国有个医疗机构叫 Hello Health，完全通过远程的方式提供在线问诊服务。移动医疗对诊疗过程带来的影响更是重大，通过可穿戴设备、植入式设备，方便获取病人实时体征信息，这个在以前是不可能或者成本高昂，对于病情诊断意义重大。体征获取传感器

与植入式治疗设备的配合对于部分疾病的治疗将有划时代的意义。

传统医学的诊断，多基于某一时刻的静态体征数据，实时数据的便利获取和积累将会推动基于动态体征数据诊断的医学研究。远程医疗与移动医疗具有节省成本提高疗效等效果，美国已经有 Cigna 和 United Health 等保险商为远程医疗和问诊提供支付，一些移动医疗设备已经出现在医生的处方当中。中国政府在政策上也开始鼓励远程医疗的发展，这是解决医疗资源分布不均衡问题的重要手段。

移动网络、社交媒体会改变颠覆医疗活动中各角色的地位，个人相对于机构的地位加强，病人相对于医生的地位加强，这一点非常重要，对于理解产业链条中的变化意义重大。比如药厂以前对非处方药主要通过对医生施加影响来保障销量，这一渠道现在依然重要。但是现在病人已经可以通过多渠道信息，对医生处方提出质疑。比如应用最广的降胆固醇药物立普妥在美国的处方量曾受社交媒体负面影响下滑 40%。未来药厂加大对病人的直接影响势在必行。

未来基因技术的进展和消费级基因测序的普及也将对行业产生重大影响，基因测序的成本迅速下降，未来每个人只要愿意都可以拥有自己的基因测序结果。借助大数据和云计算，“个性化医疗”可让医生进行不同患者的用药评估，以做出更好的临床决策。氯吡格雷是一种常用的抗血栓药，但其疗效不同患者差异很大。现知，氯吡格雷的药效与特定的基因 CYP2C19 有关，检测患者的 CYP2C19 变种便可个性化用药，但约 300 万变种与参比基因组的比较要借助大数据和云计算。基因技术对疾病预测的突破在健康管理上将非常有意义，女星安吉丽娜·朱莉，通过检查发现自身携带致癌基因 BRCA1，其患上乳腺癌及卵巢癌概率为 87%，通过乳腺切除降低概率到 5%。

接下来说一下数字医疗对健康管理的重要意义，国务院发布了《促进健康服务业发展意见》，显示国家对健康管理的重视。

移动医疗是推动健康管理的重要手段，根本原因在于健康管理需要对生活长期地，全面地干预，只有移动医疗手段能够胜任。未来在移动医疗与健康管理领域可以做的事情，一个是满足高端人群的全面健康管理需求，比如提供远程家庭保健医生。另外一个事情是满足特定人群的特定健康需求，比如针对特定的慢性病群体，或者孕婴等群体，大火的大姨吗便是抓住了女性群体的特定健康管理的需求。

最后回到金融的主题，保险行业面临进军健康管理和医疗服务的大好时机，美国由于其医疗保障体制的特殊性，保险公司基本都有自己的医疗集团，可以做到对治疗和费用的控制。中国目前保险公司对医疗领域的渗透几乎为零，限制了健康险的发展，因为保险公司对医院的行为没法监控和约束，面临的过度医疗甚至医疗欺诈的风险很大。《促进健康服务业发展意见》指出，要加快形成多元办医的格局，积极发展健康保险和健康管理，到2020年健康服务业要达到8万亿元的规模。保险在政策环境上和技术环境上都面临进军健康管理市场的大好时机。

（2013－10－18）

智能硬件结合大数据颠覆医疗

郭　辉*

移动医疗和移动健康的话题在今年越来越热，很多公司都纷纷进入这个领域，原因有两个：一是这个产业体量很大，在中国医疗服务大概是2万亿~3万亿元人民币的规模，占GDP 5%~6%的比例，在美国是2万亿~3万亿美元的规模，占到美国GDP比例的17%左右；二是互联网和移动互联网对现有行业的影响相对较小，存在着较大的突破空间。

随着医疗服务成本高企，政府、社保、保险公司和个人都将越来越难以承担，并且中国逐渐进入老龄化社会，健康管理的领域应会在5~10年内由现在2 000亿~3 000亿元人民币的市场成长为接近甚至超越医疗服务市场的规模。

在中国家庭呈4-2-1的倒金字塔结构，一对年轻夫妇上面要赡养4个老人，下面要抚育一个孩子，任何一个人突然的健康变化都会带来难以承受的金钱和时间以及精力的损失，所以大家也会越来越关注健康管理相关的产品和服务。

移动医疗领域由于我国的体制限制，信息和数据共享化很难实现突破，所以很多技术领域的成果在现实中很难推广，这就让更多人把眼光移到医疗服务的前端市场：健康管理。在健康管理领域中最需要解决的问题就是及时发现身体的健康异常和重大疾病风险预警，传统情况下我们会通过年度的体检来实现这一要求，但是体检时间跨度大，同时地域的覆盖能力也不足够，人们纷纷把眼光转移到可穿戴式设备上，希望能够通过这样的设备来实现跨地域、大人群身体异常实时发现。

智能硬件结合大数据，能够提供从检测—发现—处置和评估的完整闭环，不再是传统硬件只能完成检测单一功能，让用户从关注数据改变为关注服务，帮助用户

---

* 郭辉，对外经济贸易大学EMBA，拥有近20年的市场营销和推广经验，中国第一代互联网人。1999年进入Coolbid.com，负责市场营销，其后在多家互联网公司负责市场营销工作。时云是其第二次创业，第一次创业是做的消费者体验管理公司，帮助客户的数码产品在零售店面做消费者体验互动。从4人的小团队做起，3年后员工达到200多人，营业额4 000多万元。微博：@郭辉-康诺云，微信：graykuo。

从学习了解数据、学习了解风险、学习了解改善的方法、学习评估改善方法是否有效等高时间成本的事项中解脱出来！

现在移动医疗和移动健康管理都是非常热门的领域，很多人把这两个领域当成一个门类，但是这两个领域在用户需求、产品设计、数据分析模式都存在极大的不同。

首先医疗是一个被动型的服务领域，当人们有了疾病才会去医院，医院通过多种仪器设备对人们进行多种体征数据的在同一时间维度进行交叉分析，确认疾病的起因和种类，因病施药，通过移动互联网，提高了治疗效率和降低成本，但还是被动服务的范畴。在未来，解决医疗瓶颈的关键点不只是在提高医疗效率方面，我们应该更多关注的是主动预防，如何让人不得疾病，尤其是慢性疾病，减少医疗压力，节省公共资源，才是有效的突破口，这就是移动健康管理的目标所在。

其次在医疗服务体系中，用户的体征数据是由医生进行诊断和分析的，对医疗设备的检测精度要求极高来保证诊断不出现误判的情况，而健康管理我们使用的智能硬件却不一样，第一是检测精度无法赶上医疗设备检测精度；第二能有机会采集连续的体征数据，而医院的设备仅能采集有限时间的数据；第三将来智能硬件的普及，会使这个领域的数据量百倍、千倍、万倍于医疗服务体系的数据，所以人对人的分析方法已经无法处理这么大量的数据。

最后是在医疗服务体系中，由于医生的权威性和参与者已经处于疾病的状态，参与者对医生的依从性非常高，而健康管理是在和人的负向天性作斗争。①人是懒惰的；②人对欲望没有节制；③多数人讳疾忌医。而智能硬件结合大数据帮助人们用正向天性来克服负向天性。通过数据的比对和分析提前帮用户发现风险，让用户产生规律化生活的行为；通过引入利益相关人（家人、朋友、同事等）的鼓励和监督，让用户维持规律化生活；通过自己不同时间的体征数据波动规律的对比帮助用户了解到规律化生活带来的益处，让他们坚持规律化生活的行为。通过这样的方式来帮助用户未来健康变化的风险。

我们在做的事情是通过智能硬件连续采集用户体征数据来帮助用户做健康管理，将传统的体征数据单时间分析增加时间维度，对基础体征数据波动规律的分析，帮助用户了解自己身体的健康变化过程预测未来疾病的分析。我们的数据比对基准值和分析模型是从美国时间生物学中心获得的超过 50 年跨地域和种族的全球最大的人体基础体征数据库和分析模型的授权。

同时在健康管理领域，智能硬件更多扮演的是数据入口的角色，硬件的价值不再由硬件成本本身来决定，而是由每天产生的数据量和数据的流动性能力以及通过数据的对比分析得出价值来决定。我们可以把智能硬件当作一个数据源，硬件 + 数据传输 + 数据分析 + 数据反馈形成一个完整的服务平台，从整个平台来讲，它的价值与数据源的数量成正比关系。

传统的不足

在传统的医疗服务领域，当我们有感觉体征不适的时候，我们前往医院去做检查，在医院里会有各种最新的精密检测设备，设备会设定一个普遍性的基准值，你检测的数据会和这个基准值进行比较，超越某个界限可能会被判断异常。同时医生可能会要求我们空腹少喝水去检测，提前一天停止服用药物，有些体征检测会要求反复测量，同时会要求检测者保持心静的状态，深呼吸。所做这一切目的都是希望检测数据尽量精准，尽量排除外界干扰带来的数据差异引起误判。

可是当我们在家中检测，用户检测的随意性就出来了，用户可能会在任意一个想起的时间进行检测，这个时间可能是刚饱餐一顿，刚喝完酒，刚爬完楼梯，刚吵完架；也有可能刚服完药，这些因素都会极大地影响检测的数据。同时普通的家庭式检测设备，为了追求用户可接受成本，无法达到医疗级设备的精度，这样得出的数据和用户真实的体征情况存在相差十万八千里的可能。

当体征数据不能反映真实的体征状况的时候，不要说发现“未病”，发现既得疾病都成疑。

结合大数据分析预测有效解决上面所提出的问题，我个人认为这几年的发展路径一定是：

（1）传感器小型化、集成化，让体征检测设备采集数据用户无创无感化，不妨碍用户日常的生活习惯；

（2）体征数据可连续采集和传输，同时可以通过双向智能调节采集频率；解决功耗和数据冗余的问题；

（3）体征连续数据的分析能力，用户通过纵向的自身数据比较了解健康变化的情况，通过横向的大人群数据比较来对中长期异常提前风险预警，同时能获得个性化的处置方案；

(4) 不同数据相结合的交叉分析能力，既能提高对异常情况的敏感度，也能提高分析的准确性。并且对人体情况的判断更智能，需要人工干预的情况越来越少。

但是在这个领域还没有大的公司，原因有几个：

(1) 体征数据较难采集，血压和血糖现阶段多是用有创或有感的方式进行数据采集，虽然无创式采集有理论基础，但是只能用间接式的推算方式得出近似模拟数值，并且设备成本高企。

(2) 用户检测的时间随机和随意性带来的数据噪点，用户自发检测的最大问题是无法排斥意外因素带来的数据干扰，比如运动、情绪、服药、睡眠状况甚至天气异常变化带来的影响。这些数据远不能反映用户体征真实情况，会形成数据噪点。

(3) 设备检测精度的问题，家用设备的检测精度无法与医用级设备达到同样的精度，数据量大同时检测精度不够，医生不愿意投入精力分析，使数据价值降低。

(4) 缺乏处置服务和手段，数据虽然显示了每个单个个体的体征情况，但是缺乏对应的个性化处置方案，也降低了数据价值。

(5) 缺乏体征数据的动态评估机制，无法有效提前发现异常。

(6) 缺乏权威专业机构的分析判断，无法督促用户在没有体征感受前很难重视数据并持续改变自己的生活习惯和规律来预防。

(7) 设备的采集频率和功耗、数据传输、数据分析能力的矛盾，数据采集密度越高，分析价值越高，但是功耗和数据冗余大大增加，数据采集密度低又降低了异常状况的敏感度。

上面的问题其实是大量准备进入这个行业的移动互联网创业者经验没有覆盖到的地方。其实在这一波浪潮之前，远程体征检测设备已经经过一轮兴起和衰落，也是基于同样的原因。换上可穿戴式设备的新概念，同样要面临去解决这些问题。

目前市场上与健康相关的可穿戴式传感器主要有两大类：

第一是行为数据的采集，主要通过带 G－sensor 的三维运动传感器或 GPS 获取运动状况、运动距离和运动量，来帮助用户进行运动和睡眠的管理，同时在帮助用户引入社交平台概念让用户之间进行数据衡量和对比来推动用户持续产生行为改变用户的健康状况，并且在后端服务领域引入专业的运动和睡眠实验室的数据分析模型来对个体的运动和睡眠的改进提供收费建议。国外 Fitbit，Jawbone，Nike 是这个领域的领头羊。

这类设备面临的问题只能满足用户自我量化的需求，并激发用户通过锻炼等预防行为来改善身体状况，但无法发现健康异常状况并做出风险预警。

第二是通过体征数据（如心率、脉率、呼吸频率、体温、热消耗量、血压、血糖和血氧、激素和 BMI 指数、体脂含量）监测来帮助用户管理重要的生理活动。现阶段可以利用的体征数据传感器包括：①体温传感器；②热通量传感器，用来监测热量消耗能力，可以用于血糖辅助计算和新陈代谢能力推算；③体重计量传感器，用于计算 BMI 指数；④脉搏波传感器，推算血压，脉率等数据；⑤生物电传感器，可用于心电、脑电数据采集，也可用来推算脂肪含量等；⑥光学传感器，推算血氧含量，血流速。

这些数值交叉分析的结果可以用来分析用户现在体质状况，主要健康的风险评估，并结合数据可以给出几项关键生理活动：睡眠、饮食、运动和服药的个性化改善建议，让用户保持在一个稳定的身体健康状况。

数据的分析是在云端完成的。在云端我们有不同年龄性别人群的基准值和一些风险特征值。用户的数据其实是完成两方面比对，一方面是和同年龄性别人群的比对来发现风险，另一方面是跟自己的过往数据比对发现健康变化的过程。

产品面向消费者为主，因为我们做的是医疗前端的服务。但是也会和医疗机构合作，因为当我们发现消费者身体健康状况存在极大风险时，我们的建议就是让他去医院诊治了。

因为健康领域最近出现了很多智能软硬结合的公司，多是互联网背景的团队，他们期望通过提供足够数量的设备采集足够数量的数据建立大数据分析模型，但是体征数据如果不配合时间维度就进行比对和分析，那是完全错误的。就好比 60 岁男性早上的血压数据和 30 岁女性晚上的血压数据，这是完全没有对比意义和价值的。而很多这个领域的人员并没有这样的知识和经验，如果将数据随意性比对得出的结论反而是危险的。我们最高的门槛是建立在时间生物学（包括时间医学、时间药理学、时间治疗学）的基础上进行分析和比对的，还有成熟的模型！

2014 年我们会推出三款硬件产品：智能体质分析仪，智能运动腕表（带有心率和体温和心电的监测，其中心率的部分检测技术和三星的 Gear Fit 以及苹果的 iWatch 用的是相同的技术，但是目前全球已知产品中做的最小的），智能血压节律仪（除了传统血压计的单点检测和分析以外，还提供连续体征数据的采集和分析，帮助使用者发现高血压伴生性疾病，即中风、老年痴呆、冠心病、肾衰等一系列风险）。

在我们推出的三款智能硬件中，如何避免外界因素造成的数据误差和设备精度带来的数据误差？那就是用全新的分析方式去看到数据，不再对单一数据进行解读，而是继续连续数据的波动性规律（以下简称节律）来进行分析并寻找异常。

因为人是一个精密的组织体，任何体外和体内的异常变化，中枢神经感应到后都会分泌激素，调节体征对意外情况产生应激性反应，所以发现异常的关键在捕捉到体征的有异于自身规律的变化。

不同年龄和性别的人群，健康人的体征有稳定的节律，建立不同年龄性别人群的基准节律情况，当任何使用者通过监测连续体征数值得出自己的体征节律后可以跟基准节律进行对比来发现异常情况；同时建立自己的基准体征节律后，在体征数据捕捉过程中的意外因素影响形成的零星噪点很容易通过算法剔除，而短暂的体征波动变化则可以反映临时的健康变化情况，持续的长期体征节律异常则能反映中长期的疾病风险。

所以在连续数据的分析模型下，可穿戴式设备数据采集的一致性就非常重要，因为分析的基础不再是单点的体征值而是体征的变化规律，对精度的需求就没有那么强烈。这样在硬件设计的过程中我们可以平衡采集精度和成本之间的关系了。

通过可穿戴式设备结合大数据的分析模型，我们就有机会在形成病症之前发现体征节律的异常并及时介入进行调整，避免疾病的形成。而介入方案则是通过传感器协同描述重要生理活动的数据化特征进行调整，改变自己的运动、饮食和睡眠以及服药的时间点来用最低成本代价恢复到稳定的健康状态。

并且可穿戴式设备采集用户体征数据频率在数据分析的基础上可以进行双向调节，当用户某些体征显示异常征兆和外界环境发生剧烈变化时，可以提高设备的采集频率提高发现的敏感度，而用户身体状况稳定，可以降低数据的采集频率。这样用户在家中就能随时通过自己体征节律的变化情况来评估身体健康状况的变化情况，实现原来只有在医院才能实现的“检测—发现—处置—评估”的完整闭环。让人少生病、不生病，比提高医疗服务的质量更有积极意义。

在未来，可穿戴式设备一定无法和大数据脱离，单纯的硬件设备和建立在设备上的模式化数据分析既没有解决问题，又陡然增加了成本。用户不再看重可穿戴式设备的计算能力，更重视设备的外观（作为个性化的品位的展现），轻薄程度和数据采集对正常生活的无妨碍性，这些决定了数据采集的密度。

只有足够的数据密度且数据呈固定规律性采集，才能让设备体现出价值。而对于厂商来说，要从根本抛弃硬件时代的盈利模式。硬件销售将不再是盈利的唯一来源，如何让用户认可服务、持续提供数据，并根据用户数据给出个性化的改善建议，吸引用户持续付费才是持续利润的源泉。

在新的模式里，硬件和服务都要具备快速迭代的能力，硬件将更舒适、更方便、更小型化、更无感化同时集成更多的传感器，数据来源将越来越丰富，而数据分析服务将利用更多种类的数据来交叉分析，无须用户干预而通过数据智能化学习就能把人一天重要的生理活动描绘出来，通过数据把行为量化。用户把数据进行对比寻找自己的健康状态在同状态人群中的位置，强化他的反应行为，也可以让平台提供优化他生活规律的个性化方法。当用户接受并依赖它时，持续为服务付费将成为收入的主流。

当硬件完成了用户的体征数据采集后，分析也会成为难点，很多这个领域的创业团队都带着互联网思维，认为当用户增多，数据量足够的时候，自然能从数据中提取知识，帮助未来做疾病的预防。但是在健康领域，如何对体征数据进行分析，是存在着非常高的门槛和严谨的研究方法的。在这个体系里面，如果不从硬件采集端就对数据精确度、外界环境的影响、数据的有效性等多方面去考虑，数据就只是信息而无法升华成知识和智慧，信息的价值就像是沙子中的金子，你知道它在里面，但是让你以黄金的价格去买同等重量的沙子，你绝对不干。

这就是我们的优势，因为有理论基础的支持，我们从数据的采集和分析就是系统性的，我们获得了时间生物学创始人的实验室 20 年全球独家商业授权。时间生物学研究的是人的基础体征数据随着时间和环境的变化的波动规律，当人体出现疾病风险之前，这些基础体征数据的波动规律就出现异常，可以视为疾病风险的前兆。我们都了解的人体节律和生物钟这两个名词都是这个学科发现的规律。人的慢性疾病多是因为人体正常节律和生物钟被破坏，长期累积风险导致的，如果我们能对基础体征数据做长期的跟踪和分析，就能提前帮助使用者发现未来的疾病风险，这就有机会避免他们无法获得去医院治疗的恶性后果。所以我们是建立在现有的理论基础和分析模型上去做这个事情的，而不是期望先卖硬件采集数据再建立分析模型。血糖这个领域我们还没进入，就是因为血糖无创或连续数据的采集还是瓶颈，我们了解了国外和国内的动态血糖仪首先价格非常昂贵，且是通过组织液进行血糖分析，还没得到 FDA 的批准，传统的有创血糖采集又极大地降低了数据的采集频次。无创血糖分析目前还没一种成熟的方法。

我们谈到的颠覆医疗并不是用一个全新的路径提供医疗服务，而是从另外一个角度去看待医疗这个问题。这就是如何帮助人们规律化生活来避免疾病，也是去实现我们老祖宗提到的最高人生境界——无疾而终。

（2014－03－03）

互联网保险产品创新

周宇航*

大家好！又到了早餐会的时间。本人抛砖引玉，谈谈互联网保险产品的创新问题。因为这是当前互联网保险必须解决的根本问题。

记得一年前一直有人在争论，究竟应该是“保险互联网”还是“互联网保险”。在我看来，“互联网保险”就是以互联网思维及大数据资源与技术来重塑保险业；而“保险互联网”不过是把现有产品稍微改造一下，放到网上去销售，充其量增加了一个新渠道。因此，我支持“互联网保险”之说，并进一步发展成为“大数据保险”理论。我相信，一定可以在众安之外，再诞生出若干家“互联网险公司”。

我认为，做真正意义上的互联网保险，首先要通过对大数据的研究，找到目标用户群，并挖掘出用户的真实需求与个性化体验，开发出极致用户体验的保险产品。相比于产品，我倒不是很看重营销。在我看来，所谓互联网营销，无非就是想办法先获得用户，然后在必要时通知用户来购买（打个比方，传统销售是“打猎”，互联网营销则是“养殖”。只要鱼塘足够大，鱼足够多，就不愁抓不到鱼）。

产品就是为了解决需求，需求来源于用户。因此，探讨产品创新，首先离不开分析用户。有些公司做了不少优秀的产品，但是往往“叫好不叫座”，究其原因，往往是没有认清用户是谁，有哪些需求，如何到达这些问题。

1. 用户是谁

一般的观点，当前互联网保险的主力购买人群，多是“80 后”或者“90 后”刚踏入社会的年轻人，即所谓的“ 屌丝”用户，整体处于财富积累期。对于财富，

---

* 周宇航，男，36 岁，时任弘康人寿网销事业部总经理（现任京东金融集团保险业务总监）。曾在新华人寿、华夏人寿、阳光人寿等公司工作，有较为全面的保险运营经验。

屌丝经典观点就是少用就等于多赚，即使下定决心投资，也不愿冒风险。

附屌丝的画像：（1）每天正常消费不出50元（因此买纯消费的保障类产品比较犯嘀咕，其实并非没有需求，但是不会主动买）；（2）能省则省，有钱不花，因为怕没钱，不管什么叫生活水平，净想着攒钱致富（想想，低门槛、低风险的投资类产品是不是很有戏）；（3）没怎么去过高档场所，在那种地方会心里犯怵（这也限制了获得高收益投资机会的能力）；（4）身上穿的衣服没有品牌，大多是从淘宝网私人网店买来几十元的衣服（这就是为什么淘宝保险好卖的原因）；（5）出门坐公交，地铁，一般情况舍不得打的，但是要是有人请打的则“不打白不打”（滴滴、快的打车就是这么争夺市场的）；（6）租房首先看价格，越便宜越好，吃饭能吃饱就行，不管营养或是卡路里。但是，要是“白来的”，也乐于潇洒一下。

不要小看这些“屌丝”，他们看上去并非传统金融业青睐的“优质用户”，却是互联网保险的消费主力军。我们90%以上的保费来自于他们！他们有自己的圈子，自己的文化，自己的思想。虽然没有主流的声音，却是互联网的主要使用者与围观者。最关键的是，现在的“屌丝”，恰恰就是明天的精英与主流，这就是公司未来的价值和希望。

2. 用户的需求是什么

保险产品可分为保障类保险产品与投资类保险产品。对于传统保险用户，往往选择既有保障，又能投资（还本付息）的产品。然而，这并不适用于互联网保险用户。对于上述屌丝用户群的分析，我们可以基本判断，近五年内，互联网保险用户一般只会为单纯的投资型保险产品和刚需性保障型产品埋单。原因是：（1）越简单的投资类产品越便于比较（比下收益率就好），买得放心；（2）保障责任也是要花钱的，屌丝用户能省则省，不会为“暂时不需要的需求”多花一个子儿，有这钱还不如存余额宝，每天说不定还能多吃个茶叶蛋呢；（3）“再好”的产品，没有额外给些好处也有些“让人不爽”。

因此，现阶段互联网保险的设计，大概流程是：（1）非刚需性保障产品，最好白送。送产品就是获得用户与黏住用户，不止我们，每个用户也都很清楚，因此别说卖，体验差了送都送不出去。对于互联网用户来说，互联网的免费特性早已深入骨髓，在没有形成付费习惯与认知之前，根本不可能在网上消费。（2）投资类产品，要符合互联网用户的四个基本诉求，即“买得起、绝对安全、收益越高越好，流动性最好要高些”。从金融的角度上来讲，这几个方面永远是一种平衡，无法尽善尽美；从互联网的角度来讲，恰恰就是要把“不可能”变成“可能”。产品越极致，越会获得用户青睐。

3. 如何到达用户

有人认为信息到达用户很简单，发条短信或打个电话。其实，一旦骚扰到用户，会对用户资源造成伤害，后果非常严重。不同的用户习惯以不同的方式获得信息，有邮件、短信、微信，甚至论坛、QQ 群等，不一而同。可以通过数据分析的方法获得用户的习惯，至少也要降低用户的“骚扰频次”，并通过用户反应小心地进行调整。

4. 我们怎样为用户设计产品

事儿想明白了，下面无非就是设计产品了。

（1）投资类产品

①关于低门槛。这是保险产品得天独厚的优势。当时弘康人寿率先把门槛降到了 500 元。目前比较通行的是 1 000 元/份，当然也有做得极致的，比如每份 1 元钱甚至 1 分钱。这其实就是系统里设置一下，关系已经不大。1 000 元一份的原因，主要是基于支付成本的考虑。一般来说，银行代收每笔一元钱左右，单件价格过低会导致支付费用比例过高，当然还有回访等成本的考虑。

②关于安全。安全往往包括系统安全与产品本身的安全。对于常网购的用户，在自己熟悉的网购平台买保险，系统安全已经不重要，关键就是产品本身的安全。保证本金安全，同时能保证最低 2. 5% 的投资收益，更兼取消初始费用，让用户的资金 100% 进入投资账户，这是当前万能险比较流行的原因。然而，万能险的弊端也不少：投资限得太死，收益率难以突破，不少公司是“赔本赚吆喝”；属于“高现价产品”，6% 的资本金占用（考虑到 150% 的偿付能力充足度要求，再加上其他费用，实质至少 10%），让资本金捉襟见肘，销售根本不敢放开手脚；难以有效进行产业链整合……实际上，只要能解决用户信任问题，严格选好基础资产，投连险

（1%的资本金占用）是更好的选择。这是产品创新的一个重要方向。至于如何解决外部信任问题，外部机构增信可能是个选择。

③关于高收益。在高收益的刺激下，互联网用户往往会暗示自己相信电商平台，认为产品是安全的，这就是当前大量P2B产品热销的原因。事实上，随着P2B市场的降温，互联网保险会面临一次重大历史性契机。我判断这一时机几个月内就会到来。从产品创新角度来说，若以投连代替万能，以基础资产收益提振产品收益，则可以有效提升产品投资收益，是个不错的选择。

④关于流动性。传统保险产品的流动性，一般是靠退保与保单质押贷款的方式来解决。当然，目前不少互联网保险产品，把产生设置成“一段时间后退保手续费为零”，变相提高了流动性。这是一个好方法，但却未必是最好的方法。因为，保险产品目前还有不少刚性成本，如逐单缴纳的“保险保障基金”，期限越短相当于年化成本越高，瓶颈效应明显。我认为，采用互联网金融的方法，如“保单质押+P2P”模式，非常值得探讨。众所周知，P2P模式的最大问题，在于质押资产的估值认定较为模糊，而保单现金价值恰恰是最好认定的。抵押期内，只要保险公司对标的进行冻结，就能较为容易地实现平台的P2P，把流动性置于保险公司之外。保单P2P市场可能形成有多个资金主体参与交易的“二级市场”，活跃互联网金融市场；外部流动性增强，又可以极大促进“一级市场”的保单销售，实现良性循环。

⑤在线购买简单。删去一切不必要的部分，除去专业术语，在合规的情况下，尽可能让用户在最短的时间内轻松完成购买。做减法，少即是多。

⑥其他创新。除了上述创新之外，其实还有其他很多创新之处，比如：嵌入各个应用场景，与水、电、煤气、话费、交通、医疗、上学、婚庆、蔬菜等多个应用进行整合；产寿产品有机结合；产业链整合；等等。时间关系，不一一详述。总之一句话，水无常形、人无定法。创新之道，在于“随心所欲，不逾规”。这个“规”，包含两层意思，一是用户的真实诉求，二是监管红线。

（2）保障类产品

①免费赠送。按照免费赠送的方式，设计出相关产品。免费的不仅仅是航意险、交通意外险，更可以涵盖重疾、定寿，甚至医疗、养老险等。360连杀毒软件都能终身免费了，在线为什么不能送点有价值的保障？

②送给谁？当然是互联网保险的目标用户群。赠送也是一种商业行为，要追求

投产比。赠送一定要有针对性，随便送，不如不送。

③送多少？赠送，当然不能太多，但是也不能过低。可以与社会征信体系、电商大数据体系挂钩，以信用额度作为保障最高保额。一旦出险，大胆赔付。

④怎么送？结合大数据，送给真正需要保障的人，并可以与可穿戴设备、医疗机构对接等结合起来。

（2014－06－04）

日本互联网保险发展的介绍

李海燕*

今天我简单地给大家介绍一下日本互联网保险的一些情况。日本的保险行业起步于100多年前。从1945年以后到泡沫经济破灭的1991年，基本上一直保持了高速发展的态势。到20世纪80年代末，日本已经成了仅次于美国的全世界第二大保险市场。保险的普及程度比起欧美各个国家丝毫不逊色。日本的保险行业在1992年之后，行业的整体规模处于一个长期徘徊的状况。行业的整年成长率也就是在1%以下，有些年份还是负增长。寿险行业持有的总合同数量在1995年达到高峰，以后逐步减少。

日本传统的保险行业基本上通过各个保险公司的销售人员和代理店来销售的。银行保险也不发达。日本的寿险行业1990年末营销人员的总数为443 400人。这是各个保险公司自己的员工。2009年末，这个数字变为250 600人。直到今天日本最大的4家寿险公司依旧拥有庞大的专属销售团队。2009年末，日本生命有52 020人，第一生命有44 233人，住友生命有34 787人，明治安田生命有31 317人。顺便说一下，在日本寿险叫生命保险，财险叫损害保险。

从日本最大的寿险公司日本生命2009年度的销售渠道来看，本公司销售人员的直接销售占84%，个人代理店占10%，法人代理为6%。就是在日本这样一个保险行业高度发达，而且传统保险行业主要都是依赖销售人员人海战术推销的国家，互联网保险企业的发展也展现了强劲的势头。今天我简单地给大家介绍一下。以下分寿险和财险来介绍。

日本的互联网寿险公司有多家。其中影响比较大的有 Lifenet Insurance Company，Axa Direct。

---

* 李海燕，1997年进入日本一桥大学商学部学习。硕士毕业之后，曾在日本大型银行，大型房地产基金公司，电子商务公司工作。2010年回国，进入安邦保险集团公司。目前在安邦资产管理公司做投资的工作。

Lifenet Insurance Company，该公司是日本的互联网寿险保险公司中比较有名的一家。中国的保险行业的一些朋友也知道这家公司。该公司是2006年成立的，是日本第一家以专门从事互联网寿险业务为目的成立的公司。该公司的成立具有划时代的意义。在该公司成立之前的74年中，也有新的保险公司成立。但是都是外国保险公司的子公司，或者是日本的寿险公司成立财产险的子公司，或者是日本的财产险公司成立寿险子公司。该公司是第一个没有保险公司股东背景，而且从开始成立的时候就明确走互联网路线的公司。该公司的发起人和CEO叫出口志明，原来是日本的大型寿险公司的员工。该公司的COO叫岩濑大辅，是哈佛商学院的MBA，下面是该公司的简单的发展历程。

2006年10月23日，日本的互联网证券公司Monex Group和Asuka DBJ基金共同出资1亿日元，成立了筹备公司。2007年5月，三井物产，新生银行，伊藤洋华堂集团也对公司进行了出资。资本金达到20亿日元。2008年4月10日，获得了寿险牌照。5月18日开始营业。2008年8月27日开通了手机网站，可以通过手机网站申请邮寄相关的资料。2009年6月1日起，可以通过手机网站申请加入保险。2011年12月5日，累计的保险合同数量达到10万份。2012年3月15日，东京证券交易所创业板（Mothers）成功上市。2013年10月30日，在韩国设立的合作公司获得了寿险的牌照。12月2日开业。2014年2月12日，累计保险合同数量达到20万份。

2012年（2013年3月）末，该公司的总资产达到200亿日元左右。不过仍然没有实现盈利。日本的寿险行业总的资产规模为344兆，如果除掉有国企背景的简易保险，日本的民间保险公司的总资产为254兆。从这个意义来讲，互联网保险企业的规模还是很小的。

这家公司之所以发展得比较好。我个人认为有两个重要原因。第一个是符合了日本大的时代背景。也就是说日本的经济长期低迷，人们渴望更加便宜的保险产品。而且，日本的电脑和手机的普及率是非常高的，特别是年轻人已经习惯用手机购物。这是大的时代背景。第二个重要的原因是这个公司的商业模型从成立之初就非常清晰。这主要是因为一开始就接受了风险投资基金的投资。另外一个原因是企业最高负责人的合理组合。CEO的出口是保险行业的老兵，但是另外一个岩濑是哈佛毕业的年轻人。这个组合非常好。

在这里，介绍另外一家。AXA Direct Life。该公司是法国的安盛集团在日本的全资子公司。安盛很早就在日本市场开展业务了，安盛日本分公司2006年和其他的日本公司合资成立了互联网寿险子公司。下面是简要的发展历程。

2006年10月13日，SBI控股公司，安盛日本控股公司，软银（孙正义的公司）合资成立了SBI寿险筹备公司。资本金5亿日元（这里需要指出的是，SBI控股也是一家从互联网证券公司起家的公司）。2008年3月19日，公司名称变更为SBI安盛生命保险株式会社。2008年4月2日，公司获得保险的牌照。4月7日开始正式营业。2010年2月16日，SBI控股公司把所持有的股份转让给安盛日本控股公司，退出了公司经营。2013年公司名称变更为安盛直销生命保险株式会社。2013年9月24日，资本金增加到163.4亿日元。

上面的两家公司是只通过互联网销售保险产品的寿险公司。在日本，还有几家成立时间相对早，但是也开始从事保险产品的互联网销售公司。这里举出两家。Orix生命保险株式会社。Orix是日本最大的租赁公司。进入20世纪90年代，日本的租赁市场相对饱和，Orix公司开始通过设立各种各样的分公司开展多样的业务。下面是该保险公司的发展简历。①1991年4月，Orix Omaha生命保险株式会社设立。6月开始营业。②1997年9月，开始销售邮寄销售专用保险（Orix生命Direct保险）。③2011年5月，开始提供互联网保险销售服务。目前Orix保险公司在日本全国主要的大城市都有实体销售和服务网点。采取的是传统的销售方式和直销并重的销售方式。

从上面我们可以看出，日本的保险公司通过互联网销售保险也不是一蹴而就的。Orix在1997年也开始了直销，当时是通过邮寄方式实施的。另外还想介绍一家，就是乐天生命保险。乐天集团有点类似中国的阿里巴巴集团。最初是靠类似淘宝网的网上商店街起家的。之后通过并购，不断进入到新的领域。目前有网上银行，网上证券公司等，也有类似中国的携程网服务。2011年乐天集团并购一家小型的寿险公司Aion，更名为乐天生命保险，目前该公司在日本全国也有网点，也通过外部的保险中介（日本叫代理店）销售保险产品，但是逐渐转向通过互联网销售保险产品。

在日本的财产保险行业，采取直销方式（包括电话、互联网）的财产险公司有8家。按照汽车保费的规模大小，分别是Sony损保，AXA Direct，三井Direct，苏黎世保险，American Home，SBI损保，损保24，Saison自动车火灾（自动车在日语里是汽车的意思），Edesign损保。上面的公司中，只通过互联网销售保险的公司不到一半。其中一些公司是从传统的保险公司中慢慢转型过来的。基本上都是通过电话和互联网并重的方式。

但应该指出的是，日本目前的互联网保险企业的规模还是比较小的。另外基本上处于把互联网作为一个销售渠道的阶段。另外，网上销售的产品，也都是相对比较简单的标准化产品。我个人认为日本的互联网保险才刚刚处于一个起步的阶段。另外，财产险与寿险和健康险的性质不太一样。互联网保险的发展路径和方式也必然不太一样。财产保险中可以大体分为汽车险和非车险。汽车险随着物联网的发展，应该会成为互联网保险中发展最快的一块。

（2014－06－06）

证券业面临的冲击及互联网对证券业的改造和机遇

蔡晓辉*

2013年11月召开的十八届三中全会开启了金融改革之路，也是证券业的创新改革发展之年。十八届三中全会明确提出了健全多层次资本市场体系，推进股票发行注册制改革。随之证券市场迎来了IPO新政办法的修订、新三板企业挂牌正式全面的扩容、券商做市商制度的推出以及随之互联网金融的发展，以及随着互联网金融的发展，证券业也全面触网等。证券公司经历了证券业创新改革发展的元年之后，将面对新的问题，但也迎来了新的历史机遇。以下我仅从券商营业部的视野出发来谈谈行业目前的发展现状和未来的市场空间，并着重介绍互联网金融对证券业的冲击，以及发展路径的影响和改变。

一、行业现状：内外夹攻，竞争愈演愈烈

1. 行业加强监管的态度明显，行业政策仍需进一步松绑

证监会新任领导班子上台后，证券公司在创新业务上的整体发展速度和政策松绑都受到一些影响，并采取了一系列严厉的监管措施，肃清市场秩序，加强监管的态势明显。例如对平安证券的“万福生科”造假案的重罚和对光大证券“乌龙指”事件的严厉处罚，正是证监会从严治市的开始，也体现了监管部门决心加强监管的态度。去年下半年，“昌九生化”事件造成证券公司大量的融资融券客户爆仓，也势必会放缓券商业务创新的脚步。监管层严厉的监管态度和市场本身所发生的风险事件，在一定时间内势必将抑制证券机构创新业务的积极性。以每年行业召开的券

* 蔡晓辉，长城证券厦门营业部总经理。

商创新大会为例，2012 年的第一届券商创新大会证监会明确提出减少审批，给证券业创新松绑，因此随之而来的是证券公司资产管理业务快速发展。但到了 2013 年、2014 年这两届的券商创新大会探讨的议题没有超出 2012 年的范围，反而是把证券公司的风险管理、合规经营再次提升到重要位置。无疑，市场风险事件的发生已经严重影响到证券业创新发展速度以及行业政策的松绑。

2. 业务转型举步维艰，传统收入模式难以为继

自 2008 年金融危机证券市场开始萧条以来，券商一直在谈转型，比如建立投资顾问团队，提升客户服务质量和客户体验、佣金率，以及从提供单一的通道服务逐渐转向提供全面的财富管理和泛投行业务服务转型。尽管证券公司一直努力在转型，但是营业部层面来看收效甚微，其一，由于中国的股票市场持续多年糟糕的表现，营业建立的投资顾问团队推送给客户一对一的投资建议服务，如果不是黏度特别好的客户，证券公司开展的投资顾问服务很难对客户的投资指导取得较好的收益。其二，在证券公司营业部层面开展的泛投行业务需要投入大量的人力、物力和财力，但受到业务权限、业务区域的范围、业务牌照以及和总部之间的利润分成等多方面的限制性因素，在营业部层面开展泛投行业务的优势并不显著。

因而，在当前的局面之下，在券商收入结构中传统的经纪业务收入仍牢牢占据着主要地位，特别是中小券商尤为明显。然而 A 股市场多年持续走熊，投资者对于市场兴趣阑珊，大部分的散户客户已经成为“僵尸户”，长期并不交易，直接带来的结果是股票二级市场的交易量大幅度下降，券商经纪业务收入锐减。

3. 证券公司新营业部快速设立扩张，将使“红海”更红

2012 年下半年以来证监会对券商新设营业部设立放开，特别是放开大批量的轻型营业部设立（轻型营业部是指在营业场所内未部署与现场交易服务相关的信息系统且不提供现场交易服务）。轻型营业部将引领券商经纪业务进入低成本扩张模式，但加剧的是市场竞争格局。以厦门市场为例，当前厦门户籍与非户籍人口总量大约在 450 万，投资者开立股票账户约 100 万，但厦门证券营业部接近 50 家，并且在 2014 年一年之内将会开设 10 家以上轻型营业部。新设营业部的客户来自于目前极为有限的存量市场，因而这必将又给已经饱和的存量市场带来严重冲击。

二、互联网金融发展对证券行业形成新的影响和新的格局

1. 互联网金融对券商营销方式产生改变

以往的券商营销模式以客户面对面的接触以及渠道的转介绍为主。这种方式接触客户的时间成本和人员成本都相对较高。券商通过互联网的方式将会更加快速、低成本地将券商的产品推送到客户端，提高了证券营销效率。比如现在就有券商和大的互联网公司进行合作。国金证券与腾讯合作，由后者向前者开放核心广告资源，通过腾讯门户流量的导入，直接进行证券在线开户交易、产品销售以及服务推送；东海证券与新浪合作，在新浪平台上售卖嘉实、南方、易方达等多家基金产品；国泰君安也与腾讯微信合作，推出“微理财”服务，覆盖开户、推送产品信息等功能。随着移动互联网社交功能不断强化，利用网络媒体在熟人信息与资本高度融合时代里更重要的是对客户的信息有更多的了解，提高对客户的黏度，借互联网社交化的功能可以更好地提升对客户需求把控能力。

但互联网企业进入到证券领域或者说证券公司触网，与互联网企业进行合作，这本身会给以往的证券公司商业模式带来巨大冲击。过去证券公司的客户营销和体系以人工提供为主，因此给客户推送的服务是一个非标产品，非标产品的定价无法用一个固定成本去衡量，并且蕴含了服务人员的大量脑力和体力劳动在里面，因此收费可以有一定的溢价。但是到了互联网时代，证券公司对客户提供的产品和服务已经转为一个标准产品，标准化产品是低成本和易复制，因此证券公司的收费大幅降低，利润率下降。如华泰证券、国金证券推行网上开户政策，实行的交易佣金费率直接已触及行业“底线”。

2. 互联网金融对券商服务的影响

互联网金融的发展将会对券商的服务模式、效率和标准做出巨大的改变和提升，券商的服务将以客户为中心，有针对性地提供更多综合性的服务。2001 年前客户进行股票交易基本都要去证券公司现场进行交易，或者通过拨打证券公司电话进行委托下单。随着互联网的发展，越来越多的客户都是通过网络进行下单。2010

年之后，更多客户开始使用移动互联网的方式进行股票交易。可以说，互联网对证券行业发展的影响一直都存在。而在此之前，互联网更多只是作为一种证券媒介给客户提供服务。但随着互联网金融概念的提出以及大数据的发展，对证券和互联网的融合程度进一步提升了。往后更多的券商服务基于大数据改变证券公司的服务模式，通过对客户的综合分析，挖掘客户需求，从而有针对性地给客户提供服务。证券公司如何利用大数据，将是证券公司在互联网金融阶段发展的关键。

3. 互联网企业获得金融牌照

2012 年以东方财富、同花顺为首的互联网企业已经获得基金第三方销售的牌照，且正在申请电子券商的牌照。诸如腾讯、新浪等的互联网企业也在申请多个牌照。由于互联网企业具有受众面广、用户多，更擅长网络营销与策划等优势。一旦互联网企业拿到牌照后，将带来证券市场新一轮的变局。类似于美国的“经纪折扣商”将会出现，不同券商会根据自己的特点而有不同的定位和服务，给予客户不同的产品。互联网企业的跨界经营已经颠覆众多的传统行业，从家电、鞋服、零售到商业地产，我们有理由相信互联网下一个颠覆的行业将是金融行业。证券业提供标准化的产品和服务，将会是受到互联网企业最先冲击的。

三、新一轮的金融改革蕴藏机会

1. 多层次资本市场结构拓宽证券公司业务发展

在当前金融改革的背景下，完善多层次资本市场结构正在加速搭建，建立多层次的资本市场既可以拓展市场容量（准确来说，多层次资本市场包括一板：主板和中小企业板，二板：创业板，三板：全国股份转让系统又名新三板，四板：区域股权交易所，例如福州的海峡股权交易中心、厦门的两岸股权交易中心等），给券商创造更广阔的市场空间，能够带来交易模式和商业模式的变革，为券商带来新的业务增长点。现在新三板市场进入新的发展阶段，做市商制度将在 8 月正式推出，新三板的推出根本改变券商的商业模式，一直以来券商就是作为一个资本中介平台的角色出现，为企业提供投融资服务，而做市商制度直接将券商推向更深层次的角色，直接为企业提供资金，参与到股份的交易当中，从而赚取中间的超额利润。此外区域性股权交易市场也正在稳步推进；柜台交易业务试点的启动，这些都将带来券商业务市场空间的扩大。当前各个证券公司及分支机构纷纷投入重兵在多层次的资本市场中进行厮杀，未来多层次的资本市场业务将成为券商创新业务的一个重要途径和支点。

2. 互联网金融浪潮将带来新的发展空间

2013 年国内还处在互联网金融浪潮的初期，与线下业务冲突较少、机制灵活的券商更容易切入。大型券商将采用自建网上金融平台或收购纯粹的网络金融服务商，中小型券商将采用与门户网站合作，由于中小型券商实体网络较少，客户资源，尤其是零售客户资源相对较少，与门户网站合作可以迅速以低成本扩大服务渠道，扩大客户规模，与门户网站形成优势互补。互联网庞大的客户基础将为券商带来新的发展空间。国金证券与腾讯此番进行深度合作，现在已经牢牢占据着新增市场份额的头把交椅。

3. 传统经纪业务迎来转型发展的良好时机

经纪业务是创新业务的载体，虽然经纪业务收入的比重在下降，但资本中介业务和资产管理业务需要以经纪业务的客户基础，投行业务和资产管理业务也需要经纪业务的渠道进行分销。随着人均 GDP 的提升以及人口结构的变化下，人们的金融需求逐渐从储蓄需求转向理财、资产管理和多元化的投资需求。因此证券公司将逐步转型经纪业务，使经纪业务回归客户服务的本源，券商为客户提供不仅仅是提供股票交易的通道，而是向客户提供全方位的财富管理服务。当然券商在相对于其他金融机构转型财富管理有着人才、渠道、客户、专业等多方面的优势。发展模式将由提供标准的通道服务，逐步转化为非标投顾的服务。另一方面，对于高净值客户以及机构者需求而言，券商给予的服务将会以专家团队方式集合大量专业智慧的私人定制服务。

正如小说《双城记 》中一句话，这是一个最坏的时代，也是一个最好的时代。对于企业来说，跟得上时代的变化要求便是最好的时代，跟不上时代的节拍便是最坏的时代。因此在信息与资本高度融合时代里，一个企业的生命周期也不断在缩短，大型企业有可能在顷刻间轰然崩塌，微型企业也可能在瞬间成长为行业巨头，这样的例子已经屡见不鲜。当前金融与互联网的跨界融合正在掀起一股巨大的浪潮，证券公司只有具备敢为天下先的魄力和勇气，有着壮士断腕的决心，主动融合浪潮之中，主动调整和转型，才有可能在未来的市场当中抢得制高点，赢得企业的生存权和发展权。

（2014－01－10）

信托业概览与趋势

吴凌翔*

一、信托的概念与功能

提及信托，概念不一，仅从字面含义理解，即因信任而托付。通常所言的信托，具有三个维度的含义：在法律制度层面，信托是一种财产管理的制度安排，其指委托人基于对受托人的信任，将其财产或财产权交付给受托人，由受托人按委托人的意愿以自己的名义，为受益人的利益或者特定目的，进行管理或者处分的行为。在金融行业层面，信托指专营信托业务的营业型信托机构，在国内，这一机构通常指受银监会监管的信托公司（当然，根据《证券投资基金法》的规定，公募证券投资基金受信托法的约束，因此，公募基金管理公司也属营业型信托机构）。

在金融产品层面，信托亦即由信托公司所发行的信托产品。在金融行业的语境下，信托的基本功能包括：(1) 资产管理功能，委托人可以将自己合法拥有的财产或财产权交付给信托机构，由信托机构按照信托文件的约定进行管理，以受托机构的管理能力实现信托财产的财富增值或实现委托人的特定目的。(2) 财产独立功能，信托设立后，委托人交付的财产即转化为信托财产，信托财产具有独立性，由信托机构独立运营、分账管理与核算，其既独立于委托人的财产，又独立于受托人的自有财产。(3) 破产隔离功能，这一功能由财产独立功能衍生而来。在受托机构解散、被撤销，或因破产而终止时，信托财产不属于其清算财产，因此，避免了受托人的经营风险传导至信托财产。(4) 金融服务功能，信托公司作为以“受人之托，代人理财”为立业根本的特殊金融机构，通过受托管理满足委托人的投资

---

* 吴凌翔，时任中建投信托首席风险官。之前先后任职于上海市虹口区人民法院，浦发银行法律事务室，交通银行总行法律合规部，中海信托股份有限公司。从事信托公司风险管理工作多年，了解和熟悉近年来信托行业和信托产品发展演进的全过程。

需求，通过管理运用信托财产满足交易对手的融资需求，因而具备了资金融通的特殊功能，信托公司发行的信托产品也成为联结投资需求和融资需求的桥梁。

二、信托公司与信托公司的业务

（一）信托公司简介

提起信托公司，过去在人们的印象中是金融行业坏孩子的代名词。信托公司作为金融行业创新改革的试验田，其多元的功能定位和宽广的业务范围一旦被异化和滥用，确实会给金融稳定形成一定的负面影响。事实上，在2007年之前的二十多年，这个行业先后经历了6次清理整顿，机构数量也从高峰期的上千家缩减为目前的68家信托公司。自2007年起，在《信托法》、《信托公司管理办法》、《信托公司集合资金信托计划管理办法》（俗称“一法两规”）的共同约束下，信托公司逐步规范，并建立起了“受人之托、代人理财”的专业金融资产管理机构的定位。

（二）信托公司业务简介

信托公司的业务分为两类，固有业务与信托业务。固有业务相当于券商的自营业务，即信托公司管理运用自有资金的业务。目前，信托公司可开展存放同业、拆放同业、贷款、租赁、投资等固有业务。投资业务限定为金融类公司股权投资、金融产品投资和自用固定资产投资。但信托公司在固有业务中，不得开展除了同业拆借之外的其他负债业务。信托业务，是指信托公司以营业和收取报酬为目的，以受托人身份承诺信托和处理信托事务的经营行为。信托公司管理运用信托财产时，可以采取投资、出售、存放同业、买入返售、租赁、贷款等方式进行。这些灵活的运用方式，意味着信托既可以投资方式进行证券、未上市公司股权、实业资产投资，也可以像商业银行一样从事贷款业务，所以有人概括信托公司是唯一可以横跨资本市场、货币市场、实业领域的金融机构。把信托的各种运用方式加以组合，可衍生出更多的创新金融业务，比如将投资与租赁功能组合，即可开展类似与金融租赁公司的融资租赁业务，将贷款与投资业务结合并进行转化，可开发出类似与可转换债券的可转股债权产品。可以这么说，将信托灵活多样的运用方式单一或组合运用，辅以无穷的想象力，信托可以根据市场需求变化出功能形态各异的创新金融产品，所以有人将信托称之为金融业的变形金刚。

三、信托产品介绍和近年来的主流信托业务

（一）信托产品简介

信托从委托人数量上，可分为单一信托和集合信托，前者委托人数量只有一个，两个或以上的信托称之为集合信托，从交付的财产形态上区分，委托人交付的财产为现金的，称为资金信托，交付的财产为现金以外的财产或财产权的，称为财产权信托。从信托财产的运用方式分，可做如下分类（以下分类仅为方便介绍而做，逻辑不一定严密，部分类别存在交叉）：（1）信贷资产类，受让存量信贷资产受让；发放增量信托贷款；信贷资产证券化。（2）资本市场类，定向增发是指以信托资金通过券商资管计划或基金公司专户产品参与上市公司定向增发；结构化证券是指在信托平台开展的类似于分级基金的业务；阳光私募是指私募机构借助于信托平台募集资金并管理运用于资本市场；股票质押融资。（3）基金式产品，与组合投资的方式构建的中长期投资组合，包括私募股权投资（PE）与产业投资基金、房地产投资基金。（4）房地产市场业务，包括以贷款为主的债权投资型业务和风险收益均不确定的股权投资型业务。

（二）近年来的主流信托业务

1. 资本市场业务

在资本市场领域，大部分信托公司并不具备投研能力和主动管理能力，以平台和通道组合各类要素成为信托公司证券业务的主要模式。结构化证券、定向增发以及私募阳光化是信托公司资本市场业务的主要类型。

2. 融资类业务

当前，信托公司融资业务有两大主要业务模式，一是通道业务，即依托信托牌照优势，帮助银行和其他金融机构，以贷款或信贷资产受让的方式开展融资业务。二是主动管理业务，又称私募投行业务，即撮合有融资需求的企业/机构客户与有投资需求的高净值客户和机构投资者。通道业务费率低，但单笔规模大、操作简单、易于标准化，是信托公司信托资产规模的最大来源。后者主动管理的能力要求

高，单笔业务收费费率高，个性化强，是信托公司信托业务收入的主要来源。在主动管理的融资业务中，房地产领域和地方政府融资平台已成为最近几年最主要的投向，可以预见在未来一段时间内，这两类投向依然会是信托公司主动管理融资业务的主流。

四、信托产品的风险与刚性兑付

（一）投资业务的风险

在投资业务中，市场风险完全由委托人承受。一般在信托文件中会进行充分的风险揭示和披露。信托财产亏损的，无论按合同约定还是行业惯例，除非信托公司的管理行为未勤勉尽责或违反了信托文件的约定，否则，信托公司不会承担任何责任。

（二）融资业务风险与刚性兑付

对于信托公司主动管理的融资类集合信托产品，信托到期时信托公司需要保证向委托人支付本金和预期收益，虽无明文约束，也无合同义务，但已成为信托行业共同执行的行业惯例，此即通常所说的“刚性兑付”。

信托公司“刚性兑付”的形成与兴起，有着复杂的背景与原因，既有监管层维护社会稳定的监管目标的要求，也有维护信托公司自身品牌与声誉的考量。从信托公司自身利益的权衡，刚性兑付的隐性承诺对信托公司而言是得大于失的理性选择：一方面，可以有效降低信托产品的发行成本，提升信托产品的市场吸引力，从而便利销售；另一方面，刚性兑付并不会造成信托公司的实际损失，甚至会给其自有资金形成新的盈利机会。主动管理的融资类信托产品大部分还是房地产业务与地方政府融资平台业务，这些业务直接或间接与房地产和土地市场相关联，信托融资的主流担保物通常是土地和房产，还款来源于此。这类信托产品一般采取了较为充足的风险保障措施，但司法诉讼和处置抵押物耗时较长，产品面临的风险主要是流动性风险，所以信托公司有能力且愿意以自有资金或安排其他资金接盘到期债权或担保品从而保证按期兑付。接盘后只要能顺利实现债权或变现担保品，债权逾期期间高于合同正常利率的罚息收入、抵押品的处置收入将使信托公司的自有资金或接盘资金获取较高的收益，因此，信托公司有能力也乐于刚性兑付。

但随着外部经济环境不确定性的增强，以及房地产价格走势的波动，信托公司刚性兑付的能力和意愿正面临极大考验，刚性兑付是否会被打破，市场只能拭目以待。

（三）信托公司风险管理的考验

2013 年，信托行业在业务高歌猛进的同时经历着一系列风险事件的考验。信托公司过往主动管理的绝大部分融资类业务并未暴露信用风险，这得益于整个外部经济环境处于景气周期，繁荣的经济增长消化了个体项目的风险。但随着经济增速下行、外部经济环境不确定性增加，交易对手的信用风险逐步显现，投向周期性极强的矿产能源领域的信托产品问题频发即是明证。部分信托产品尽调存在瑕疵、业务准入标准不高、后期管理薄弱的问题也时有暴露。信托公司风险管理能力与风险管理的效果正在接受市场的考验。同时，出于适应监管和创新目的而创设的信托产品的法律效力也在直面司法检验。在“安信纯高案件”中，资产收益权的法律性质与阴阳合同的法律效力在信托业与法律界引起广泛讨论和关注，虽然最终法院根据业务的实质作出了有利于信托公司的裁判，但也对信托产品结构创新在法律层面提出了更高的要求。此外，当前信托产品所面临的风险主要是信托财产的流动性风险，因而如何快速有效地变现信托资产成为风险处置的关键。

五、信托业的创新与发展趋势

（一）创新与挑战

2013 年，复杂的市场环境使信托行业面临着前所未有的挑战。首先，受市场与政策的影响，符合信托公司风控和成本要求的房地产与基础设施建设信托业务数量处于缩减状态；其次，随着业务的复杂化与风险事件的常态化，以往“重贷前、轻贷后”的风险管理理念不可持续，信托公司的风险控制能力、项目管理能力、市场化的资产处置能力面临更高要求；最后，泛资产管理行业的同质化竞争进一步挤压了信托行业的市场空间，曾为行业的规模和利润作出巨大贡献的银信合作业务也因恶性价格竞争而流失转化为银证、银基合作业务。

在复杂的市场格局和竞争压力下，通过创新走差异化竞争之路是信托行业维持持续生命力的必然之路。通过创新在传统业务之外探索业务蓝海，开辟新的盈利来源，提升多元化经营水平，分散经营风险，已是信托行业开始共同探索的方向。2013 年，回归信托本源的土地流转信托、财产传承信托，体现信托行业受托理财投资功能的养老地产信托、信托型影视文化产业基金等新业务的推出，即是信托行业在创新领域开展的有益尝试。

（二）发展趋势

每个金融子行业的发展均植根于现实的经济土壤，其功能的发挥也离不开其特有的金融功能和经营方式，信托行业概莫能外。个人感觉，信托行业的发展与业务的创新离不开以下三个领域。

1. 运用信托机制完善社会管理和经济管理，在实现盈利目标的同时兼顾公益职能。土地流转信托、公益信托、表决权信托即是这一目标的有益尝试。

2. 运用信托工具服务社会经济发展。充分运用信托的筹资功能与灵活多样的资金运用方式，以融资、投资、股债结合的模式直接对接实体经济领域，重点发展以长期分散投资为特点的信托型产业投资基金。

3. 作为受托理财的专业财富管理机构为个人投资理财和财产传承提供专业化的服务。

（2014－01－14）

证券行业的互联网金融之路

颜　阳*

提到互联网金融，首先要说一说证券业的IT。证券业利用电子化手段支撑业务的发展，起步并不晚，而且电子化程度在某些方面并不逊于美国，如在20世纪90年代就较早实现了报盘的电子化以及自动电话委托，以及后来的远程委托系统并在1998年左右开始推进网上交易业务。但是综观2013年互联网金融的领域里，券商除了个别券商外，鲜有留下深刻印象的内容，在大金融圈内，甚至落后于基金公司的发展。其中有许多需要思考的地方。

在2012年的创新大会上，提出了创新的多项创新路径，见图1。

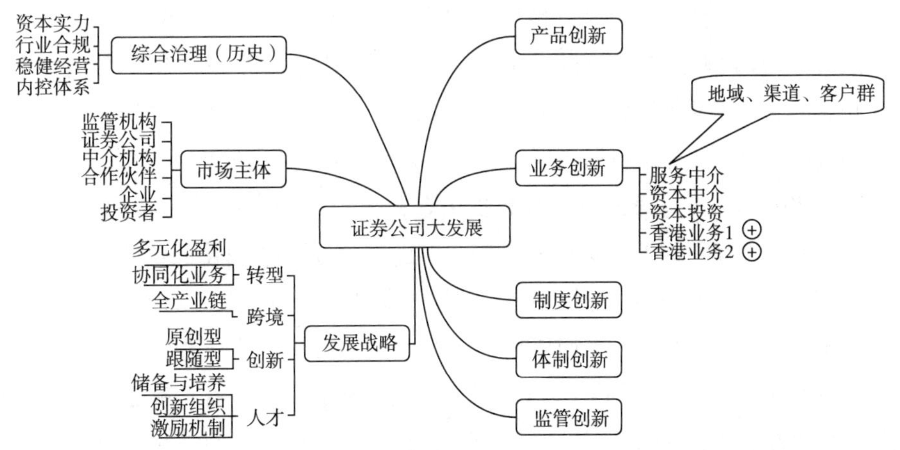

图1　证券公司创新路径

---

* 颜阳，天津大学管理学博士，高级工程师，现任民生证券股份有限公司技术总监，中关村大数据产业联盟副秘书长。曾在中国民族证券有限责任公司、光大证券股份有限公司信息技术部任职。参加中国证券业协会《证券公司网上证券信息系统技术指引》的起草工作，具有近20年的证券IT开发、建设及管理经验，是我国早期从事证券IT的人员之一。2009年和2011年连续两度获得证券期货业科学技术优秀奖。2011年、2012年获得China Byte颁发的年度IT影响中国之IT风云榜优秀CIO称号。

这些举措，为解决证券业困扰的问题，起到了强心剂的作用。（1）历史上，券商吃着特许化金融的红利由来已久，当出现外来入侵领地时，几乎难以还手。（2）账户的问题，技术上受限于技术体系的约束，在业务上也有账户封闭的关系，使客户体验有很大的问题。（3）证券业内部组织体系并未有效支撑社交化的要求，即使跨部门的合作，也变得不太容易。因为一些业务本身可以用小团队就能完成而且获得高额利润，导致集团作战能力下降。（4）业务的承揽与承做一体化，在某些层面，阻碍了专业化和流水作业的发展。（5）细节上，券商的系统中没有订单的设计，到证券公司来的客户，都被视为“交易”客户，于是，为其服务都是以交易为中心，当需要为客户进行非交易服务时，原有的系统或业务体系都需要打补丁。

著名经济学家罗伯特·希勒在 *Finance and the Good Society* 一书中提到，从广义上来讲，金融是一门研究目标构建的科学，也就是如何通过必要的经济手段实现一系列目标的学问，以及如何管理实现目标所需要的资产的学问。Finance 这个词的词根，源自于拉丁语 finis，意为终结、目标等。2013 年证券行业从年中开始创新提速以来，实际上就是在金融领域里走向了一条终结历史、开创创新未来的不归路。从 2013 年提出的 11 项创新、五大基础职能的转变，到 2014 年发布包含非现场开户在内的多项具体措施，就是要终结证券公司单一依靠传统的通道业务进行佣金价格战的历史，让券商根据自身的实际，进行真正的金融创新。

我在 2013 年 3 月发表过一篇专栏提出金融和电商本不是一家人，没有血亲关系，由于觊觎着互联网王国庞大的用户群、社交关系及其血拼出的电商平台，券商有一种霸王硬上弓的冲动。追根溯源，这里说的“血亲关系”，意指我们金融行业本身就不具有互联网的基因，由于要搭上互联网的班车，只有进行“嫁接”——通过各种方式进行“转基因”尝试。从生物遗传学上讲，实施“转基因”可能会出现不确定性、随机性的情况发生，有时可能会产生破坏性。转基因可以分为自然转基因和人工转基因两种方式。自然转基因可以使得衍生的种类发生良好的跳变，人工转基因则存在更多的跳变的不确定性。

券商迈向金融电商之路可以有很多的路径，这些路径存在什么样的问题呢？

路径一，直接在电商平台上开店。这样的方式理论上可以直接将电商的流量转换为订单。接下来怎么办呢？首先要解决保证金的使用问题；其次还需解决“退货”问题——传统的电商平台是支持退货的，金融产品如何退货？再次还需要考虑的是售后的评价问题。传统的商品几乎是标准化的产品，公允价值标准比较容易找到。如果人们以获利为最终评价标准的话，店家获得好评的可能性就变得不确定了——“亲，给个好评吧?”，但好评也许会变得很难。最后，一旦大多数券商都在电商平台上，会不会出现新形式的同质化通道比拼?

路径二，在SNS等新媒体上券商独立运营，可以直接利用SNS的客户资源，同时也可以分享这些社交媒体的流量。然后，在开放的社交媒体上去运营，需要有一个或一群运营团队，完全开放如果不能有序化，可能会带来合规问题，其管理代价也许会让人望而却步。

路径三，券商独立建立社交网站和电商平台。优点是可以在相对封闭的环境里运作，可以控制合规风险。但不能分享到强大的互联网公司的流量和用户群，而且自建的电商平台，除了需要考虑上述路径一同样的问题外，而且一旦涉及配送、物流等问题，其运营成本将会显著提升，这样的转基因可能会带来更多的不确定性。

路径四，关于O2O，即从Online到Offline。当券商将各自的业务从线下搬到了线上从事许多的离柜业务时，在线上的运作过程中，还需和线下结合起来形成互动。比如支付业务，如果仅仅向用户提供线上的支付，并不能满足所有的用户群体的需求。因为当用户得不到线下的支付服务时，其电商服务就不能形成一个闭环，也就会降低用户的黏性。

路径五，互联网厂商与券商的联姻。好处比较明显，可以互补，理论上是一种比较好的转基因模式，但是由于不同的血统的融合，“如何管理实现目标所需要的资产”，是否会出现医学上的“排异”现象呢?

综上所述，券商与电商没有血亲关系，在互联网金融浪潮袭来之时，需要通过转基因来解决“突变”的问题，而这样的基因突变的过程中需要从个体的差异中去找到优生要素，解决嫁接过程中的瑕疵有时甚至是致命的问题。

券商五大职能包括交易、托管、支付、融资及投资的机遇与挑战，对于券商进行互联网金融创新有着较大的影响。(1) 交易上，全面开展做市商，交易品种及模式的创新。是否可以探索Blackpool（暗池交易)?“8·16”乌龙指事件来看，这方面的创新还有很多的机会。(2) 托管：独立开展托管与登记，目前可以进行创新申报。(3) 支付：证券业缺少支付职能，还受限于自身账户体系的约束。(4) 融资：融资融券业务转常规，转融通（来源限制、资本金问题)，中小企业私募债，约定式购回，质押式回购，非金企业债承销等展开。(5) 投资：资管备案制、直投常规化、自营范围、现金管理常规化。

券商在营销方面可以利用互联网实施整体战略：（1）入口到流量战略，扩大粉丝群、建立企业QQ群、微博粉丝养“狼”计划，建立微博、微信公众平台，建立QQ、微信精准营销体系，建立内部员工QQ、微博、微信传播体系。（2）关系链传播，活动策划，进行“病毒式”营销，对休眠客户进行激活，与上游供应商进行对接。（3）平台化金融，打通数据服务体系。（4）O2O落地。①网站；②二维码；③手机平台，IOS、安卓等；④短信；⑤SEO（百度等，关键词投放）；⑥流媒体（江南Style）；⑦支付体系（直接产生现金流）。

2014年券业的预测（这个是我在1月11日CIO年会上提出的）：（1）券商试水与互联网公司的合作；（2）券商零佣金厮杀；（3）券商版P2P诞生；（4）基金+互联网合作的模式由C端服务到B端服务；（5）信托公司的互联网金融创新异军突起（顺带预测这个2013年比较低调的行业）；（6）股权中心的推动、新三板推出以及创业板门槛降低，PE、VC职能发生变化，投资与并购机会凸显。还有就是众筹模式的影响。

社区金融化干戈为玉帛。（1）O2O中第二个O的高地抢夺；（2）缔造“蜜罐箱”的运动；（3）银行、地产、IT第三方混战与融合。

2014年我们将迎来一个新时代：互联网的前端免费、后向收费的深化的时代。数据驱动商业、软件定义未来！

（2014－01－16）

互联网对中国寿险业带来的挑战和机遇

杨　澍*

大家早！今天应邀在这里分享一下互联网在中国寿险业的一些实践应用，感到非常惶恐，新华保险在这方面才刚刚起步，在座大家都比我更专业，更多的只能从战略和理念角度对寿险做一些分析。

一、国际国内互联网寿险的主要模式简介

自2013年以来，互联网金融、金融互联网这些概念大热，众安保险成立，国华保险在淘宝卖出天量，产品上比如赏月险、求关注等等，各种概念、热点可谓风起云涌。但概括来说，较为成型的互联网保险模式大体主要有以下三种。

1. 厂家直销。在这方面，泰康人寿是国内的佼佼者。从国外的经验来看，财险是显然更适于在互联网上销售的。在美国最大的互联网财险公司是巴菲特持有的GEICO和AllState旗下的ESURANCE。寿险目前来看，国际上唯一较为成功的纯网上寿险公司是日本的Lifenet。

2. 中介销售平台。这类互联网销售公司又分专业销售平台，比如中民、惠择、大家保等公司和综合销售平台如携程、淘宝等。

3. 集合咨询比价网站。国内目前监管尚不允许经营保险比价网站；但在欧洲、英国，“Aggregator”这种类似专业黄页网站和比价是非常普遍的模式，比如英国的Moneysupermarket。在美国我们则看到，有很多专业金融理财咨询网站，比如

---

* 杨澍，2010年1月加入新华保险股份有限公司。现任公司总监，分管公司战略规划和创新发展，兼任执委会秘书、董事会办公室主任。曾任战略创新办主任和新渠道部总经理。此前主导过与麦肯锡合作，负责公司进行全面战略转型的诊断梳理和项目落地实施工作。在新华拟成立电子商务公司之前，曾负责公司的网销和电销渠道。此前工作经历是：深圳发展银行总行分支机构管理室主任，加拿大东亚银行合规官，美国宝洁公司市场研究经理。本科毕业于四川大学经济管理系，硕士毕业于加拿大约克大学Schulich商学院并获得MBA学位。

Bankrate、Mint 等公司，可以帮助保险公司发掘销售线索、经营销售机会，这种基于客户信息获取、数据挖掘、网络或者电话引流的 Lead generation 也是一种非常成熟的模式。

从国外的情况看，一个比较有趣的现象是：欧洲的保险创新远远走在美国前面，从银行保险到互联网保险。究其原因，我认为可能：一是美国的社区经济更为稳定而且发达，各种维度的市场细分都非常清晰可辨；二是在美国以信任和社会关系为基础的代理人模式仍然富有生命力和生产力，使寿险公司对于网上销售寿险持保留态度。美国人认为，车险是可以“买”的，而寿险，并非刚需，金额较大，条款复杂，且带给客户的好处难以感知，只能是“卖”的。推销推销，不光销，还得推。但他们同样认同互联网对人们生活方式会带来极大冲击，因此北美我们看到主流寿险公司也都在开始尝试利用各种数据、信息技术和社交网络。具体他们的做法一是前述的销售线索销售机会经营（Lead generation），利用互联网产生的销售线索，交由业务员 Offline 线下促成。大部分寿险公司的官网都没有网络直销的链接，往往只有询价功能，在线询价后最终会转给 Offline 的线下业务员。二是利用互联网技术帮助业务员更好地销售和服务客户。比如 StateFarm，Metlife，都开发了业务员在 Facebook 的平台，让他们自愿签入。三是把互联网作为更有效、更便宜的媒体广告手段。比如 Zurich 保险集团旗下的 Farmers 财险公司，就开发了一款叫“保护我们农场”的游戏，发布在 Twitter 上，吸引了大量玩家。

而在国内，显然我们的互联网化和竞争程度已远远超过了北美。但我个人认为，目前尚未看到盈利模式清晰的互联网寿险模式。众所周知，互联网是最有效的客户获取平台和客户信息收集平台。Facebook、Twitter、QQ、新浪微博、微信甚至陌陌，都轻易获得亿量级的客户。所有人都垂涎于这一宝矿，但如何变现、如何挣到真金白银的利润，普遍尚乏妙术。互联网之所以可以获取亿量客户以及客户信息，因为它是免费、普惠的——它能给客户带来实实在在的好处，并且利用现代科技的算法而省去传统行业所必需的人力、渠道，因而表现为高效、低成本、脱媒、去中介，等等。但寿险产品却有其独特性，几乎是世界上最难卖的东西，所以传统上必须给出业务员（或者渠道）很高的销售佣金，因而它是很贵的。而且在多年来的野蛮生长，导致寿险业在国内形象欠佳，寻常百姓避之莫及。所以目前互联网寿险我们看到有以下三个特点。

1. 在互联网上热卖的寿险产品，多属以下两类。（1）比拼低价的简单消费险，比如航意险或者条款清楚的疾病险。（2）比拼高回报的简单理财型保险。

2. 上述产品，前者难有规模；后者一方面对公司价值贡献单薄，另一方面尚有投资兑付风险之虞。

3. 由于寿险公司自己的网站流量极小，只能过度依赖 BAT 这类平台（销售平台或者导流平台），在价值链上处于弱势，存在被剥削、绑架的风险。这就好比在超市卖货，厂家利润极薄，钱都被沃尔玛挣了。

目前来看，寿险公司自己通过网络销售的保费还是相当有限，之前我们内部的沟通，感觉上除了平安、泰康等起步较早的，大多都体量甚微。新华因为实质上是刚刚起步，还在千万量级的起跑线上。

二、互联网对寿险的挑战和机遇

前一阵子关于互联网是否将颠覆传统金融的说法甚嚣尘上，各种观点莫衷一是。从我个人角度，可能更多地想从自省开始来分析如何应对未来的挑战和机遇。

近来有个说法是，国外的互联网 IT 公司不涉金融，是因为一来国外金融本身就是充分竞争，金融机构手段高强，不断与时俱进，且已经是薄利行业，还不如信息行业边际利润高，IT 公司再冲进金融业搅局就是个鸡肋了；二来国外金融业监管严苛，规则清晰，互联网公司自己也没有投资和风险定价的优势，遂不作他想，专心聚焦于帮助金融行业做各种服务。而金融行业为了提升客户体验，适应客户不断提升的线上服务需求，并利用信息、数据技术提升经营效率，比如银行业会设法使低端客户迁移到电话银行、网上银行等更便宜的渠道，这样金融机构也会请互联网公司来做各种技术服务。这样你情我愿，各得其所地形成一个生态圈。

但在中国，这个生态圈却险恶至极，并以寿险业为尤。国内的寿险行业已经历了连续两年的低迷，项主席也提出了著名的“四个不认可”，行业形象不佳，销售代理增员难度巨大，银行代理渠道监管严苛，同时产品趋同，客户满意度低下，退保和群体性事件时有发生，导致高速增长了十余年的寿险行业，过去两年却面临着规模和价值增长双方面的压力，2014 年才逐步走出低谷。寿险行业在我看来，有一个难题一直难以突破：就是转化率。无论是业务员陌拜，电销的 cold call，还是网销的从流量引入到成为交易，转化率都极低。

而在这一背景下，互联网保险的出现，对传统寿险带来了巨大的冲击。一是有些人担心长远来说，信息的透明对称，使更为便宜的网上保险最终会代替昂贵的代理人模式。二是近期看，网上销售的高回报产品，对现有渠道带来了压力。如何应对？我个人认为，还是要从寿险的本原分析起。寿险有两个功能是任何其他金融机构都不能替代的。一是保障功能，二是长期储蓄（资产长期保值增值功能）。由这两个功能衍生出第三个核心能力，就是与保障和长期资产负债匹配相关的：专业的个人的财务咨询。我常开玩笑，人有两个天性，一个是贪婪，一个是恐惧。其他金融行业，经营的是人的贪婪。只有保险，经营的是恐惧。然而我们中国人，不太恐惧，所以保险也都去经营贪婪了。导致的现状就是：上述三个核心能力，寿险公司往往都忽视了。

第一，由于纯保障的总体市场规模不大，过去保险公司为求市场份额，主要产品都是分红一类。这类产品容易形成销售误导，也对偿付能力有所消耗。第二，由于长期产品太过复杂，不唯久期匹配、风险定价难度大，销售难度亦更高。国内公司的治理结构决定了管理层很难真正做到着眼于长期发展。为了任内的业绩辉煌，销的往往多是易卖的短期简单产品。而简单产品，往往会形成渠道依赖症，比如银保。第三，价值最高、对公司利润贡献最大的个险产品仍是非常难卖，必须投入在销售队伍上，队伍扩大带来的自买件缘故单成为寿险保费收入的重要来源。过去市场还在初级阶段，与其精耕细作，不如野蛮生长。于是大进大出地增员、洗人、外延式增长，与专业财务咨询背离甚远。

鉴于此，面临着行业放缓、竞争加剧的压力，几乎所有的寿险公司，都在倡导以客户为中心。我认为，即使没有互联网，这一转型变革也必将到来。互联网金融横空出世，会倒逼保险公司加快转型步伐。

让我们从本原再看寿险公司应该有的价值链，它必然包括：（1）专业的管理和销售队伍。（2）专业的管理运营流程，包括市场与客户分析、产品与风险定价、渠道营销推广、运营优化与成本控制、资本使用与投资规划、与此相应的全面培训，等等。（3）保障上述得以实现的数据信息基础和相应技术工具。

如果一家寿险公司，在上述能力上已然成熟高效，功力深厚，那就像北美的老牌保险公司一样，并不畏惧互联网（当然它很可能也就缺少自我革命的动力和勇气）。反之，如公司在上述这些能力上不能形成竞争优势，贸然一头扎进互联网海洋里，恐不容乐观。要么用老保险的思维，一心指望着哪天互联网保险来个井喷，先把渠道设立起来烧些小钱，抱着风投的观念，坐等市场机遇到来的那一天。要么乱了阵脚，什么都介入，什么都参与，却始终见不到盈利模式。

虽然盈利模式未清，寿险公司仍必须参与到这场互联网盛筵，这是大势所趋，是客户的趋势，以客户为中心的战略必须把互联网战略列为其整体战略的重要一环。我个人的建议则是：回到上述的价值链分析，看看自己强在哪里，弱在哪里，哪些地方可以成为互联网切入的要点来补足弱点，哪些强项借助互联网则可进一步称雄江湖。从这个角度说，我个人远离了电子商务公司，站回集团的角度看这个问题，可能会更多地偏向首先研究北美的模式，毕竟新华主要的新业务价值，仍是从个险渠道而来。但同时，我也忝为敝电子商务公司的董事。从厂家直销的角度看，根据我的理解，这一块的核心竞争力在于：（1）市场营销能力；（2）网上客户体验；（3）O2O 能力，可以是与电话中心结合，可以是与地面部队结合，如何做好整体协同的利益划分，需要研究；（4）虚拟金融的风险把控和相应的定价能力。

归根结底，无论什么模式，以客户为中心，意味着从客户需要出发，要给客户实实在在，他能够切实感知的好处、利益。它可以是财务的利益，可以是极专业的咨询，也可以是贴心服务，最终归结为优秀的客户体验。无论是业务员、电话还是网络，最终要破题的，还是转化率的问题。也就是说，如果我们真正做得到能真正从客户需求出发，以他喜欢的方式为他提供专业的财务规划，和与其境况相匹配的保障、理财产品，以及最好的客户体验，我相信，转化率将不是问题，互联网是否取代代理人，也就不是个问题了。

至于互联网公司进入金融行业，总的来说我觉得是好事。如前所述，北美的金融业是充分竞争的行业，百战归来。而我国的情况不是这样。丁文韬的“大象不死”里，用这个维度来评估行业应对互联网的抗打击力，我也很认同。引入这种门外野蛮人的竞争，对于金融自身的效率提升有好处：技术就是要淘汰低效的环节。国内的互联网绝对是一个竞争得狼奔豕突的市场了，BAT 固然财大势雄，众多新锐也都招招凶狠。但如果一窝蜂冲进金融业，我觉得这些互联网大佬们，也应该想想有没有能力在各个环节赢得竞争？金融的核心竞争力，本来就应该是在风险定价，久期匹配，资产管理，这些互联网公司没有；可大家常常说渠道为王，金融公司看中的是互联网这个新渠道。说回寿险公司，我们挣的死差费差利差，根据我们考察，比如拿一家新西兰网络寿险公司 Pinnacle 的数据为例，它比传统代理人渠道平均能便宜 20% 多，也就是说它在费差上有优势，但其他的环节呢？恐怕还不是简单引进一些寿险公司的人才，就能覆盖整条价值链的，这也就是为什么国外近二十年互联网金融，寿险拿得出手的仅有一个 Lifenet 的原因。

总之，互联网公司进入金融，金融公司涉足互联网，都体现了大家的企图心，想做产业链延伸。在今天，它就是一个现实，互相学习、互相竞争，利弊交错，也是正常的一个丛林法则。希望大家能在互相学习中各有所得。然而希望大家也能保持冷静，为什么一定都要进入自己不一定擅长的领域？为什么这么多人热衷跨界？热衷于混业？这除了正常竞争之外，可能还有中国的价值观的问题，评估成功，往往是以企业规模、社会影响力来衡量，大家都急于做大，先把销量、资产做大再说。另一方面，中国企业可能还比较缺乏互惠共赢意识和对长远目标、可持续性的关心。说到底，公司的角色，不仅仅只是利润，可持续的企业，必然是有社会责任的，是要为客户创造价值的。那么，什么样的互联网保险黑马能跑出来呢？我们拭目以待。

（2014－02－17）

互联网对证券行业带来的挑战和机遇

徐 锋*

我现在兴业证券。我的第一份工作是做移动通信的，1999 年就开始做移动数据业务（GPRS/3G）的研发和市场推广。2001 年在《电信技术》上发表过一篇文章探讨 3G 时代移动互联网发展需要的生态环境，之后不久就离开了这个行业。除了去读书的原因，写这篇文章让我觉得 3G 发展处于瓶颈期。一是 3G 要成功需要能不断产生杀手级应用的环境，当时移动业务价值链主要被运营商把持，缺乏创造力，看不到希望。二是手机终端是一个巨大的障碍，当时的 3G 终端还像块砖头，电池、屏幕、芯片都很差，再好的应用在上面跑都让人抓狂。10 年后这两个问题得到解决，运营商成了管道，手机替代了电脑。猜到了开头，没猜到结局，所以没能站在这个风口等着被吹起来。今天站在互联网金融这个大风口上，和大家汇报几个想法。

一、为什么互联网金融在当今中国这么热

当前大热的互联网金融的核心产品是支付 + 货基，支付是互联网进入金融的切入点，货基是第一个大热的产品，相信很快还会有其他产品。个人认为成功的因素有以下几方面：一是由于利率管制，大量长期被低存款利率压抑的广大客户需求集中爆发。二是中国有效投资渠道实在太少太麻烦，股市牛短熊长，房市被打压，高端理财门槛过高，购买流程监管要求非常多。三是当前市场风险被忽视了，目前市场没有违约出现，高收益被看成无风险收益，这样金融机构的核心能力，对风险进

---

* 徐锋，2011 年加入兴业证券股份有限公司。现任公司战略发展部总经理，兴证期货董事，中证协创新与战略发展委员会秘书长。本科毕业于上海交通大学电子工程系通信工程专业，中欧国际工商学院 MBA。职业生涯最初在阿尔卡特（即现在的阿尔卡特朗讯）从事 GPRS 和 3G 的研发和市场推广；MBA 之后在罗兰贝格做了多年的战略咨询，作为项目负责人完成海通证券公司战略咨询项目之后加入海通证券，推进实施了一系列公司战略的落地工作，并筹建了其战略发展与 IT 治理办公室。

行定价和管理能力被忽视，替代这个的关键能力就变成客户拓展+使用便捷，有支付手段的互联网公司在这个方面必然无往不利。最后一个是能力问题。中国金融机构和互联网公司在市场化运作能力上的巨大差异。我干了将近5年的战略咨询，接触过很多行业，同行不要见怪，金融行业的市场化程度真不高，其中证券尤其不高，核心体现在对客户的理解和服务上。说是以客户为中心，做得好的是以产品为中心，更多的则迈不过短期盈利这个槛，只能以自我为中心。金融机构总觉得客户追求的是收益率，其实不然，这是对客户需求没有进行深入分析和挖掘。就像花相同的钱买一辆车或买一套房，可能每个人选择都不同，因为深层次来说的需求是不一样的，价格只是浅层的表象化的指标。我们提供的产品太同质化，才导致客户选择只能价格（收益率）化。

2013年6月我和机构投资者交流的时候，有投资经理问我互联网公司未来进入金融行业，对证券公司的杀伤力有多大。我当时反问了一句，为什么Amazon、eBay、Google没有如火如荼地搞互联网金融。事后仔细想想，觉得短期内杀伤力还是很大，这和市场环境有极大的关系。在利率市场化和低利率的市场上，货基产品是鲜有竞争力。Paypal在1999年就做过货基产品，火了一段，前几年关掉了。欧美市场投资渠道丰富，更重要的是产品收益和风险的匹配性更强，金融企业的专业能力得到体现。在机制上，国外的金融行业和互联网公司一样市场化程度很高，对他们而言是在金融专业的基础上充分利用互联网，两者的发展是平行线。只有在金融行业真正市场化之后，行业的参与者也会正本清源，回归本质，用专业的方式去做专业的事情。所以目前中国市场的喧嚣主要原因是金融行业不够市场化，不市场化就不会专业化。虽然这不会是长期现象，但是一件大好事，很可能大大加快行业市场化和专业化的节奏。

二、当证券（金融）遇到互联网时，会发生什么

在金融行业里，现在的证券太小了。如果没有国金和腾讯这事，可能大家讨论的主要是银行。如果互联网公司进入证券业，证券业必将受到很大的冲击，但同时我坚信证券机构也有固有的优势。群内可能有些朋友不是证券行业的，我先简单介绍一下证券业务的划分，传统上按照牌照分成经纪业务、投行业务、资产管理业务、自营业务，后来又增加两融、直投等等。从这个分类就可以看出这个行业是产

品/业务导向的，过去证券公司还被要求按照这个来设部门，与监管机构相对应。这种方式导致我们很难对客户进行统一服务，一个客户对接N个部门，客户体验很差，内部矛盾重重。为简单起见，我把业务分成三类来介绍：个人业务（经纪业务、财富管理业务等）、机构业务（专业投资机构、企业客户等，包含投资银行业务）、投资业务（自营、资管等），最后谈一下对机制的影响。

首先谈互联网带来的冲击。

1. 个人业务。互联网冲击最大的是传统个人经纪业务。佣金率大幅下降，成本线万分之二左右，必须寻找新的盈利点。中小纯经纪类券商将被收编或者被迫转型。非指定交易 + 网上开户 + 互联网渠道的组合拳一旦形成，中小客户尤其是年轻客户的争夺上现有券商没有优势。而这些客户通常资产周转率更高，且其中蕴藏着未来5~10年的高端客户。

2. 机构业务。信息不对称程度大幅降低，同时在信息发布要求上的不对等，这样就分散了券商的市场话语权和定价权，主要将影响对投资机构的服务。相应也会影响投资银行业务，例如采取股权众筹的模式。例如券商的研究报告发布受到非常严厉的监管要求，有很多不合理的地方，这个详细情况可以咨询易欢欢和丁文韬。

3. 投资业务。会出现基于互联网和大数据的新型投资方式。互联网对实体经济的冲击会改变“价值投资”的标的：传统价值不代表新兴价值，过去的价值不代表未来的价值，蓝筹可能不再是蓝筹，新型可能会变成支柱。近期我咨询了几个在国外做PE/VC互联网金融的朋友，我发现他们投的项目都是利用大数据做两类业务，一是信用分析，二是新的基于互联网的投资手段，比如市场热点分析等等。不知道对不对，请群里的大咖们鉴定一下。

4. 体制机制。平等、开放、高效、分享等互联网精神实际上适用于任何市场化的行业，这些优势是目前体制内为主的金融机构所欠缺的。互联网公司一直在开放的环境里野蛮生长，跑得慢一点或者不能跑出新意，就会被干掉，属于游牧文明，成功的就是阿提拉、成吉思汗。金融企业在特许经营的高墙里做生意，属于农耕文明，也培养出了一些世界上最大的地主。当农耕文明遇到游牧文明，多数情况下农耕文明比较被动。

接下来介绍一下，证券（金融）公司的相对优势。

1. 个人业务。对于高端客户，真正有专业能力的金融公司的优势是明显的，因为我们愿意用高成本去提供便利，价格（收益率）也不是这些客户选择的首要因素。我最近在想互联网券商拿到大把的中低端客户之后怎么办？金融以外因素暂不考虑。保证金有价值，但受到三方存管的严格限制。通过金融产品，产品需要设计和投资能力。标准化的货基产品在利率市场化之后优势不大。搞金融产品大卖场，我一直不看好，因为不体现个性化，规模化是工业文明的产物，不符合Web3.0的本质。如何长期依靠技术手段搞个性化投资服务应该是条路。也研究过国外一些机构的做法，主要就是通过客户行为分析，建数据模型，客户分类，然后再匹配产品，但说实话我不是很认可这种思路。一是建模的数据都是基于过去的，客户、产品、市场三者都在变；二是投资市场不是一门科学，投资服务的价值需要大量的主观判断。所以这方面没想明白，希望有专家指点。

2. 机构业务。健康的金融市场制度就像优秀的民主国家制度一样，一定是在征集广大民意基础上的精英代表的方式，而不能是简单的全民代表的方式。乌合之众这些书大家都看过，就不多说了。我认为市场机构化，用机构投资者代表大部分个人投资者是方向，在与机构投资者打交道方面，证券公司有明确的优势。

3. 投资业务。投资是一件非常专业的事情，机构化是方向，基本逻辑和依据和上面一致。如何开发更与时俱进的投资方式是我们体现专业能力的基础，这都做不好，就不能称为投资机构了。

4. 体制机制。游牧文明碰到农耕文明，最后的结果要放在一个更长更大的时空维度去看。短期内的结果看战场在哪儿，如果仍旧是高度管制的环境，就像是攻城战，骑兵未必有优势。如果金融真的高度市场化了，冲击金融企业的也不仅仅是互联网公司了。但市场化也会卸掉绑在金融企业身上的种种枷锁，轻装上阵，未必会输。但是，金融是关乎国家安全的，有了风险会是系统性的，现在全球的趋势是加强监管。所以，高占比仅18%，四大主营之外的业务达到50%。这就是天然的机会，不管有没有互联网都存在的机会。过于关注互联网，反而会错过更多的机会。

谈到美国的证券公司代表，都会说摩根大通、高盛、美林、嘉信、爱德华琼斯、E-Trade等等，这些公司的业务结构相差其实非常大。证券公司还处于一个大而全的阶段，下一阶段肯定要分化。买方和卖方业务会进一步分化，个人和机构业务会进一步分化，自营业务会萎缩，谋取价差的交易型业务会上升，区域型的财富管理机构一定会崛起。真正的大型综合类券商，可能最后在中国也就10家左右。

未来的金融业务版图会发生巨大的变化，还会产生很多新业务。对于证券公司而言，无法建立优势的领域就应该退出，然后拓展新的优势领域。很多新兴的业务我觉得未来不一定完全由证券公司做，可能是群内的很多朋友去做，然后证券公司和你们合作。这里面我觉得大数据的使用是一个切入点，如何把数据资产化。这方面我觉得在中国金融机构真心不如消费品、汽车等行业做得好，和国外金融机构比也差距很大。

专业的人做专业的事，合作大于竞争。现在公司超过 90% 的交易是通过互联网完成的，未来要把这种使用从交易环节拓展到展业环节、服务环节和投资环节，这些方面我们做得还不够。互联网公司的优势在展业环节和服务环节，投资环节还是证券、基金的优势。互联网会改变大部分业务的方式，甚至本质，但不会改变所有业务的本质。阿里也好，腾讯也好，它们的理财产品还是天弘和华夏做的，本质上是一种合作。做了金融之后，互联网公司也会更清醒。当年的 E - Trade 真没比嘉信更厉害，乐天也没能颠覆野村。说到互联网公司最早切入的支付环节，在国外也是很多公司替银行做小额支付的，因为这个成本银行做划不来。如果真的做大额的，很多监管要求，例如反洗钱等，会导致成本极大上升，所以最后还是大家做各自擅长的东西。

行动，行动，再行动！这是借用我老板爱说的一句话，想想觉得做企业真是这么回事。互联网金融未来会怎样？可能和我们现在谈的都不一样，有些不会发生，发生的压根没想到。好东西肯定是一步一步做出来的，所以对企业来说现在行动起来最重要。今天的互联网金融是个大风口，最后不会所有的人都飞起来，就看站什么位置，做什么事。刚进公司的时候，我牵头开发两个系统，一个是客户用的手机交易终端，另一个是给投资顾问使用的终端 AFA（Advanced Financial Advisor），还专门做了 Pad 版。那时候我还特意去北京和深圳找腾讯网的马总、腾讯总部做战略投资的程总谈过合作的事。总而言之，只有做了才知道什么行，什么不行，怎么做才行。回过头来说，体制机制确实是个大问题。

最后，全新的东西要彻底地去做。金融更加充分利用互联网技术开展业务是毫无疑问的，这是一条持续改良的道路。如果要反过来探索做一个全新的东西，最好和原有的业务隔离清楚，独立去做，甚至一定要从零开始做。当然做之前一定要考虑好能够承受的最大投入（损失），不能做成黑洞。这是我跨行业进入金融业的一个体会。昨天分享的杨总也谈到新华保险成立新的电子商务子公司，市场化招聘

CEO。金融企业可能只能这么做，与互联网企业在各方面差距很大，如果算算平均年龄，可能都有代沟。

总结一下自己的观点：(1) 金融行业目前有些落后，主因是市场化不够，市场化不够导致专业化不足，个人觉得证券行业这个问题可能更突出。(2) 落后也是优势，因为这就是未来可以发展的空间，尤其从市场估值的角度。(3) 未来的金融版图中会出现很多新业务，相应也会出现新机构，这是金融从业人员的创业机会，我朋友投资的一个国外企业就是一个 Google 的高管和一个 CapitalOne 的高管合作利用互联网大数据进行征信，很有代表性。(4) 金融公司不用害怕，行动起来，现在的互联网金融会产生很多泡沫，能活下来的都是真英雄。接下来请大家尽情拍砖！

(2014－02－18)

资产证券化的技术、市场、环境

林　华*

我国资产证券化业务自2005年开始试点以来，经过近十年的探索，无论是从发行人和投资者种类、基础资产品种，还是会计准则、相关政策推进等方面都发生了可喜变化，呈现出多层次市场创新格局。与此同时，资产证券化业务在法律体系、监管标准、会计准则及模型硬技术等方面仍存在一些不足，并导致其市场规模有限、流动性差等问题。

金融危机发生后，银行资本监管更为严格。中国银行业贷款经过近几年的快速发展，规模扩张难以为继，通过资产证券化等工具来盘活信贷存量成为必要选择。

本文介绍了美国资产证券化的做法和经验，内容涉及资产证券化的概念、发展的核心因素、会计处理方式对发起人的影响、会计准则对金融危机的影响、金融危机后相关会计准则的变化、资产证券化的风险及监管变化、资产证券化发展与利率市场化、货币国际化的关系等方面。

一、资产证券化的基本概念

相对于企业证券化在资产负债表右端进行融资，资产证券化把资产负债表左端的应收账款出售进行融资，一般以信托为主体，融资主体的生命期限固定。

在资产负债表右端进行融资会扩张资产负债表规模，降低资产周转率；而在资产负债表左端进行结构化融资会提高资产周转率，减少银行发行方经济资本的占

---

* 林华，特许金融分析师、美国注册会计师、注册风险管理师，加州大学欧文分校MBA。现任金圆资本管理有限公司总经理、厦门市创业投资有限公司总经理、兼任厦门国家会计学院客座教授，《金融新格局——资产证券化的突破与创新》作者。在美国期间任职于毕马威结构金融部，先后为GE资本、摩根大通银行、世界银行及汇丰银行设计ABS、CLO、MBS、CMBS等信贷资产的证券化模型，并负责此类产品的定价和会计处理。归国后曾任中国广东核电集团资本运营部投资总监，并被深圳市政府认定为深圳市领军人才。

用，属于盘活存量的范畴。

能否在会计上做到真实销售和终止确认决定融资行为属于资产证券化融资（左端）或贷款融资（右端），证券化对于发行方的诸多益处取决于证券化的会计处理方式。

二、资产证券化成功发展的核心要素

资产证券化成功发展取决于三个要素：与资产证券化相关的硬技术（如现金流模型技术）、市场需求以及资产证券化的软环境。这三个因素中，硬技术可以借鉴国外经验，相对比较容易学习，而软环境受制于我国现有的法律、会计、税务体系，无法照搬国外经验。

软环境决定了证券化的方向，可行性，技术要求和市场规模，对我国而言发展资产证券化的首要任务是通过试点完善软环境建设。市场环境变量如税务、经济资本、会计准则规定类似于“阀门”，国家可以通过此类抓手推动或抑制证券化的发展。

会计准则属于市场环境建设的重要组成部分，和其他变量相互作用，需要统一考虑，把资产证券化总风险控制在一定范围之内。比如在会计处理上可放松特殊目的实体（SPE）的合并报表规定，但同时通过提高发行方自留债券的资本计提比例来平衡或对冲宽松会计准则可能带来的风险，使总体风险保持不变。

由于资产证券化的参与主体较多，环境变量之间又相互发生作用，为了使总体风险得到控制，要求在顶层设计上采取统一监管的模式。

（一）与资产证券化相关的硬技术

主要是指资产证券化中的现金流模型技术。资产证券化的参与主体很多，需要金融模型来满足发行、评级、投资和监管要求。发行人通过现金流模型找出可获得最低融资成本的交易结构；信用评级机构通过现金流模型预测信用风险；投资人通过现金流模型预测投资风险和回报；会计师通过现金流模型进行资产估值和记账，比如现金流模型在 FAS91 摊销和折扣处理中的运用。

（二）市场—供需双方的需求

1. 银行发起人需要通过资产证券化提高资本回报率。资本回报率 = 存贷息差

×资产周转率×杠杆率。利率市场化改革导致存贷息差下降已经成为共识；《巴塞尔协议Ⅲ》提高了银行业资本充足率要求，杠杆率受到约束；提高资本回报率更多地要依靠资产证券化加快资产周转率来实现。

2. 投资人对资产证券化产品的需求。按照美国经验，利率市场化将提高对货币市场基金的需求，货币市场基金是结构化债券产品的重要买家。另外，人民币国际化后的回流也是资产证券化产品的重要投资人。

（三）“软环境”——法律法规和监管

相对于市场和技术而言，资产证券化的环境建设是重点，会计准则属于环境建设的一部分，其中包括特殊目的实体（SPE）合并报表规定和金融资产的终止确认，此外还包括证券化主体及行为限制、税收规定（发行方、投资方）、风险资本约束、投资人产品选择的限制和监管以及产品评级等方面国家也可以考虑控制其中的一个或几个因素把资产证券化作为定向货币政策工具。如果要把资金导入到农业领域，国家可减免农业贷款证券化产品投资人的税收，允许保险资金投资此类产品，降低对银行投资人购买此类债券的资本计提要求。

三、会计准则与金融危机

会计准则从某种意义上来讲是金融危机的催化剂。首先，在危机爆发前，《美国会计准则第140号——金融资产的转让与服务和债务解除》（FAS140）允许合格特殊目的实体（QSPE）免予合并报表，发行人通过合格特殊目的实体（QSPE）可以轻易把资产“出售”给第三方，提前实现利润，同时隐藏风险。发起人弱化资产的风险管理意识，发放大量低质量贷款资产，用于证券化交易，为金融危机埋下种子。美元国际化的大前提下，境外美元回流美国进行投资也是低质量贷款容易出表的重要原因。

FAS 140 中的 QSPE 虽然存在漏洞，但在金融危机前一直存在的主要原因是为了满足美国的通道银行资产出表的需要（通道银行不吸收存款，而是通过资产证券化进行融资），资产出表可减少通道银行的经济资本要求。

QSPE 存在也是为了配合境外美元回流美国通道银行发行的结构化债券产品，在真实销售条件下的无追索权融资，可以把信用风险完全剥离给境外的投资人，降低银行的风险。在此，会计准则作为美国宏观金融政策的一个组成部分得到了体现。因此，与金融相关的会计准则制定需要和其他环境变量统一考虑，并服务于国家的金融战略。

四、金融危机后会计准则的演变

资产证券化会计处理围绕两个问题展开：（1）交易中的特殊目的实体（SPE）是否需要合并入表？（2）资产的转让是否在会计上形成销售？

资产证券化的好处与以上两个问题的答案密切相关，资产的真实出售会使资产负债表更加健康，现金和发行方自留的资产支持证券取代了原来的贷款资产，资产的总体风险度降低，相应的资本要求也降低。除了资产销售收入之外，服务权资产（servicing asset）和超额利差资产（excess spread）被计入当期销售收入，增加了发行方的当期利润，提高股本回报率和资产回报率，对银行财务指标的“刺激”作用立竿见影。

如果无法做到真实销售，那么出售证券虽然增加现金，但同时也成为发行方的负债（借款）；银行保留的资产支持证券，超额利差和贷款服务权不在表内作确认（也被称作“消失在表内”）。银行的总资产和总负债规模在证券化后都增加，银行的资产负债表趋于弱化。

总体而言，在金融危机之后，美国会计准则和国际会计准则关于特殊目的实体合并报表和资产终止确认方面趋于严格。比如美国 FASB 发布了 FAS167，其中很重要的一条就是取消了合格特殊目的实体（QSPE）免予合并的特权，要求合格特殊目的实体（QSPE）要重新接受评估。金融危机后，美国会计准则和国际会计准则在特殊目的实体（SPE）的合并方面渐渐趋同，即基于控制为核心的合并框架。

在资产证券化中，是否合并 SPE 取决于两个条件，发行方是否拥有在 SPE 中的可变利益（承受损失或获取剩余回报的权利），发行方是否拥有对 SPE 经济表现产生重大影响的权力。

资产证券化的发行方基本都在 SPE 中享有可变利益，比如超额利差，但是不见得拥有对 SPE 经济表现产生重大影响的权力。在资产证券化交易中，对 SPE 经济表现产生重大影响的一般是基础资产的表现，不是证券化交易任何参与方所能控制的，比如贷款的提前偿付或抵押物的贬值等，因此普通按揭贷款交易中，发行方保留资产的服务权，并不影响资产的真实销售和出表。

但是在需要重复购买贷款的交易中，发行方一般不保留服务权，比如统合信托（revolving structure）信用卡交易或 CLO 交易。此类交易中，对证券化基础资产的表现产生重大影响的是服务商对贷款重复购买以及交易管理。由于发行方通常都在 SPE 中拥有超额利差（即可变利益），如果同时保留服务权，很可能导致交易无法出表。

五、资产证券化的主要风险

资产证券化后，贷款被转化成为债券，与贷款相比，市场预期、债券评级和公允价值评估会给债券带来更大的影响。

另外由于评级和公允价值评估具有很强的顺周期作用，经济下行时期，实际损失和预期损失叠加将会给金融机构带来巨大的压力。举个例子：从 2006 年开始，美国开始实施第 157 号准则《公允价值计量》，要求金融产品在会计上按照“公允价值”进行计量。危机开始后，在市场大跌和市场定价功能缺失的情况下，FAS157 导致金融机构对资产（特别是资产支持证券）过度减值，造成亏损和资本充足率下降，进而促使金融机构加大资产抛售力度，从而使市场陷入交易价格下跌—资产减值—核减资本金—资产抛售—价格进一步下跌的死循环之中，从而加重金融危机。2008 年 60 名国会议员联名要求废除公允价值评估准则。从这个意义上来讲，美国化解金融危机使用的策略是 pretend and extend（假装没事发生，通过拉长时间化解风险）。

目前我们国家的资产证券化的交易市场基本都在银行间，这个模式不利于金融稳定，把贷款转化成债券由银行互相持有，如果规模足够大，可能会形成金融炸弹。因为资本计提、债券评级、公允价值、市场预期互相作用，使银行的报表变得不稳定，特别是市场预期不好的时候。

我们国家在试点阶段已经开始为此做了准备，在 2013 年 8 月 28 日国务院常务会议上，关于扩大信贷资产证券化试点三点主要内容之一是在实行总量控制的前提下，扩大信贷资产证券化试点规模。优质信贷资产证券化产品可在交易所上市交易，在加快银行资金周转的同时，为投资者提供更多选择。

六、后金融危机时代的监管

金融危机之后，美国除了对会计准则进行了修改之外，还对主体行为（比如银行自营交易）、评级（减少外部评级要求，提高发行方风险自留比例，评级机构的付费模式）、流动性要求、资产的风险计提等多个方面进行了改革。美国金融当局考虑了环境变量的相互关系，从国家金融稳定的角度重塑了美国的金融环境。

总结

1. 资产证券化成功发展取决于三个要素：资产证券化相关的硬技术（如现金流模型技术）、市场以及资产证券化的软环境。会计准则属于市场环境建设的重要组成部分，与其他变量相互作用，需要统一考虑，把资产证券化总风险控制在一定范围之内。由于资产证券化的参与主体较多，环境变量又相互发生作用，为了使总体风险得到控制，要求在顶层设计上采取统一监管的模式。

2. 国家也可以考虑把资产证券化作为定向货币政策工具，通过调整一个或几个环境变量来引导货币政策的传导路径。

（2014－05－07）

贵金属互联网小传

程涣清*

引言

贵金泛黄冷，战场鏖搏杀，
遥想吕不韦，百倍番金价，
缠绵藏冷艳，风流频暴发！
金融互联网，普惠数据大，
贵金衍生品，杠杆伴权加，
千年才演义，晓日喷朝霞。

第一回　天生高贵难自知 养在深闺人未识

按照国际通行的UDC分类原则，贵金属主要指金（Au）、银（Ag）和铂（Pt）族金属（钯Pd、锇Os、铱Ir、铑Rh、钌Ru）等8种金属元素。它们位于元素周期表第五周期和第六周期的Ⅷ族和ⅠB族。这些金属大多数拥有美丽的色泽，对化学药品的抵抗力相当大，在一般条件下不易引起化学反应，主要用来制作珠宝和纪念品，而且还有广泛的工业用途。

依据GB 11887—2002《首饰　贵金属纯度的规定及命名方法》，目前市场上销

* 程涣清，现任中国贵金属产业委员会专职副主任。中国信息化推进联盟BCM专业委员会专家、中国信息化推进联盟大数据专业委员会委员。曾任国家广电总局网络中心中数网研究开发部主任、总工、国家信息扶贫办副主任。在机械、广播电视、金融及金融衍生品等领域有过多项国家发明及实用新型专利。

售的贵金属首饰可分为金首饰、银首饰、铂首饰和钯首饰4种。

在此描述八种贵金属：

锇剑久埋光射斗，
锇镜高悬月中秋。
众仙钯琴云绕楼，
嫦娥钌弦玉含羞。

烟波吴刚垂铱钩，
紫膜丹桂献铂酒。
千重金店多空忧，
万福银鼎何所求！

第二回 金银千年锁易台 锇铂族里半夜盘

人类使用贵金属长达7 000年；在金本位制前，黄金白银充当交易媒介3 000年；19世纪末世界各国基本实行金本位；1978年IMF通过《牙买加协议》，废除金本位，普通居民可以持有、交易贵金属。

对于1978年前的几千年，贵金属长期锁进权力的笼子。1978年世界各地的废除金本位的贵金属市场，恰是：

金银千年锁易台，
纸币浪涌海门来。
铱风撼折千竿竹，
锇铂族里半夜盘。

第三回 说是大宗不同 道是金融不类

常常看到许多交易所将贵金属和棉花、钢材等大宗商品放在同一个交易平台上，用同样的交易方式进行交易。这无疑是对贵金属高贵血统的亵渎。

按照GB/T 18769—2002《大宗商品电子交易规范》，大宗商品（Bulk Stock）

是指可进入流通领域，但非零售环节，具有商品属性用于工农业生产与消费使用的大批量买卖的物质商品。

从大宗商品的定义来看，其主要商品特征是工农业生产与消费使用的大批量买卖的物质商品。这个属性决定了大宗商品由于量大，而大多数成为人们生产生活当中的必需品。这样大宗商品的需求弹性较小，在市场结构中呈现出完全竞争的结构态势。大多数情况下，大宗商品在某一阶段内价格变动不大，在电子交易市场中操作空间极小，因此大宗商品大多数不具备金融属性，适应中长期交易、期货交易或现货买卖。

贵金属和大宗商品完全不同。贵金属全球总量相当稀少，大家常见的用于人们的奢侈装饰品。物以稀为贵，贵金属需求弹性较大，在市场结构中呈现出寡头垄断的结构态势。大多数情况下，贵金属在某一阶段内价格变动较大，在电子交易市场中操作空间较大，因此贵金属大多数具备金融投资属性。

由于贵金属与大宗商品有着本质的区别，在交易制度、交易方式、交易价格、交易工具等诸多方面有着根本的不同，不能将贵金属简单归属为大宗商品交易。

例如，以信用货币计价的贵金属和大宗商品在定价机制上有一定内在关联，价格走势有一定相关性。但由于贵金属兼具金融属性，其价格波动节奏和幅度上和其他大宗商品存在明显差异。

说是大宗不同，
道是金融不类。
商品与衍生品，
有别高贵情味。
做多做空交易，
人在盘面微醉。

第四回　越古幽扃一旦开
千金万银出瀛台

在东南亚金融危机中，民间贵金属产品成为韩国等国家摆脱金融危机的主要手段；德国凭借世界第二的五千多吨黄金储备在欧洲金融危机中发挥主要作用；在金融危机蔓延、市场避险情绪浓厚的大背景下，“中国大妈”在世界各地掀起主要贵金属的实物购买热潮，成为金融领域一道亮丽的风景。

作为继股票、债券、期货之后的第四大投资品种，我国贵金属市场的高速发展必将促进国际金融市场美元信誉的持续下降，人民币进一步走向国际市场。贵金属市场已成为我国金融衍生品投资的重要组成部分，贵金属投资也同时成为投资者不可或缺的投资理财工具。

在我国，互联网金融与贵金属市场几乎相伴而生。国内贵金属市场开放的十年，也正是互联网金融产生到发展的十年。在这十年时间里，贵金属电子市场的发展推动了互联网金融的产生、发展，而互联网电子交易也促进了贵金属市场交易的活跃。据不完全统计，2013 年我国主要贵金属的交易总量超过 50 万亿元，主要贵金属的产量连续七年居于世界首位，而销量去年超过印度跃居世界首位。

目前贵金属交易依托的互联网交易平台，几乎囊括了互联网金融发展的所有技术。主要包括金融的电子化、电子商务、第四方物流、第三方支付与结算、云服务、移动终端、大数据平台、各种金融服务手段、信息安全技术等等。这些技术的应用，既促进了我国贵金属市场的高速发展，同时也带来了监管难度。

由于虚拟网络本身缺乏太多信用约束，还有发展中的技术问题需要完善，再加上市场结构独立第三方的缺失，诸如虚假宣传、虚假承诺回报、代客理财等等问题暴露出来。贵金属市场结构不完善，技术监管不解决，行业规范不形成，这些问题还会存在，而且会源源不断地涌现更多问题。

正所谓：

越古幽扃一旦开，千金万银出瀛台。
自来无事多生事，本为禳灾却惹灾。

第五回　消费千丝结
投资万金庄

作为金融热点问题交流、研讨的重要平台，《北大商业评论》邀请有关经济学家、行业专家、媒体高层，讨论了 2014 年的央视“3·15”消费者权益保护日节目揭示白银投资中的种种乱象，给整个市场敲响了警钟，提出了贵金属行业迫切的规范化、制度化需求。

这里需要强调的是，贵金属行业涉及的金融消费者与投资者是两个本质不同的群体，不能混为一谈。否则，张冠李戴的结果只能进一步加剧行业的无序、监管的难度。

按照国务院《关于进一步加强资本市场中小投资者合法权益保护工作的意见》（国办发〔2013〕110 号）有关精神，在中国中小投资者协会、中国消费者协会的指导下，加强贵金属市场中小投资者教育工作，既是贵金属市场行业监管的一个方面，也是下一步贵金属委员会将要开展的主要工作之一。需要强调的是，保护贵金属市场中小投资者合法权益与中国消费者协会的保护消费者合法权益有着本质的区别，这也是在互联网金融发展过程中需要面临的主要问题之一。

消费千丝结，投资万金庄。
珠光射月魄，宝气绕星芒。
檀点红娇小，梅妆粉细香。
投资三夕看，消费一年忙！

第六回　现货商、投资商
关注焦点做市商

贵金属市场与大宗商品市场、期货市场、证券市场、外汇市场等金融市场有着根本性的本质区别。在国外，很多投资者会从贵金属市场的发展过程去了解这个行业。许多现货商为了规避风险，套期保值做多了变成投资商；而投资者发现利润可观，为了获利从投资商变为现货商。但我国很少有这样一个过程，大多数投资者包括交易所根本不清楚贵金属市场与大宗商品市场、贵金属市场与证券市场的本质区别，常常用做证券市场的思维或大宗商品的套路经营或投资贵金属市场。数量众多、成交金额小的贵金属交易盘口，既不能达到贵金属现货商套期保值的目的，也很难在公共安全基础上满足广大贵金属中小投资者投资获利的期望。

大家还关注的一个焦点是做市商制度问题。做市商（Market maker）是指在投资市场上，由具备一定实力和信誉的资本经营法人作为特许交易商，不断地向公众投资者报出某些特定投资品种的买卖价格（即双向报价），并在该价位上接受公众投资者的买卖要求，以其自有资金与投资者进行交易。做市商通过这种不断买卖来维持市场的流动性，满足公众投资者的投资需求。

从做市商制度的产生、发展的过程来看，历经多次金融危机的考验和完善，目

前已成为国外各个贵金属交易市场的主要交易方式之一。做市商通过提供买卖报价为贵金属产品制造市场，做市商制度以做市商报价形成交易价格、驱动交易发展的交易方式。因此做市商制度不能简单地归结为对赌。

当然做市商制度的实施是有前提的：市场结构的完备、监管体系的到位。筹备成立中国贵金属市场业协会、完善贵金属市场结构、制定贵金属市场行业规范、建立自律监管与政府监管的体系是保证贵金属市场健康稳定发展的头等大事，目前我国在这方面正在完善。

第七回　建立第三方云服平台
完善贵金属市场结构

目前，中国贵金属市场基本是一个二元结构，在交易过程中主要是交易所和投资者，资金托管的开户银行基本上是委托与被委托的关系。从贵金属行业发展历程来看，这种二元结构非常不稳定，稳定的市场结构应该是三元结构。如今，世界上大多数国家的贵金属行业基本有一个独立的第三方，对市场结构进行补充，这就是贵金属产业委员会的云服务平台。

贵金属产业委员会作为独立第三方，建设云综合服务平台极其重要。例如，现货白银交易发生品质纠纷时，交易所和投资者会出现一个这样的情况：交易所的白银质检后，但用户并不认可这个质检结果，双方各执一词。如果没有一个公正第三方权威的质检证书，那么纠纷源源而生。如涉及有关贵金属经济仲裁的时候，很多专业的问题在交易所和投资者之间怎么也说不清，只有通过独立第三方的贵金属产业委员会才能解决。

目前贵金属委员会建设的第三方云服务平台包含金融服务、信息技术咨询、仲裁法律援助、质检等多项服务内容。

第八回　从业人员职业培训
保护投资合法权益

为了规范贵金属市场的发展，贵金属产业委员会同有关部门研究、制定了贵金属市场企业的资质管理办法和从业者资格认证规定，并在行业内开展了从业资格的管理工作。建立贵金属市场公平、公开、公正的服务平台，公开企业的诚信等级和规范自律，建立贵金属市场投资者的投诉通道，主动接受各地金融办、媒体及社会各界对行业企业的监督，对非法和违规企业进行整改通知和黑名单公示。

贵金属行业涉及的知识结构、技术水平呈现综合化趋势。贵金属产业委员会2010年创建了《贵金属交易师》国家职业和职业标准，业务上受人力资源和社会保障部中国就业培训技术指导中心指导，建立了现代职业教育培训体系，开展贵金属交易专业人才（初、中、高层级）的职业道德、职业操守、职业技能等培训工作，要求会员单位从业人员100%持证上岗。同时成立中国贵金属交易师联谊会，对贵金属职业经理人、交易师、交易员等从业人员行为进行信息采集、记录、公开、投诉、共享等制度，对有违规失信行为的个人实行禁入规定并进行通报，提升贵金属市场从业者的道德素质和技能水平。

中小投资者合法权益保护工作既涉及金融稳定、社会稳定，同时也是系统自律监管的重要组成部分。为实现资本市场健康发展，必须加强贵金属市场中小投资者教育，引导中小投资者培育理性投资理念，自担风险、自负盈亏，提高风险意识和自我保护能力；同时，强化风险防范，始终把风险监测、预警和处置贯穿于市场创新发展全过程，牢牢守住不发生系统性、区域性金融风险的底线；健全投资者特别是中小投资者权益保护制度，保障投资者的知情权、参与权、求偿权和监督权，切实维护投资者合法权益，有效维护贵金属市场秩序。

第九回　贵金属市场公共安全业务连续性监管指引

为加强贵金属市场的管理，快速恢复被中断业务，维护公众信心和贵金属市场正常运营秩序，提高贵金属市场业务连续性管理能力，保障贵金属市场的业务持续健康发展，稳定区域金融秩序，保障投资者的合法权益，贵金属市场应制定业务连续性监管指引。

贵金属市场业务连续性监管指引贵金属交易所为有效应对重要业务运营中断事件，建立应急响应、恢复机制和管理能力框架，保障重要业务持续运营的一整套管理过程，包括策略、组织架构、方法、标准和程序。重要业务运营中断事件是指因下述原因导致信息系统服务异常、重要业务停止运营的事件。主要包括技术故障，外部服务中断，人为破坏，火灾、地震等自然灾害。

贵金属交易所必须将业务连续性管理纳入全面风险管理体系，建立与战略目标相适应的业务连续性管理体系，确保重要业务在运营中断事件发生后快速恢复，降低或消除因重要业务运营中断造成的影响和损失，保障业务持续运营。贵金属交易所应当根据本单位业务发展的总体目标、经营规模以及风险控制的基本策略和风险偏好，确定适当的业务连续性管理战略；应当建立业务连续性管理的组织架构，确定重要业务及其恢复目标，制定业务连续性实施计划，配置必要的资源，有效处置运营中断事件，并积极开展演练和业务连续性管理的评估改进；应当将业务连续性管理融入到企业文化中，使其成为交易所日常运营管理的有机组成部分。

第十回　行业规范无中生有
监管体系有中修缮

贵金属产业委员会与国家标准研究院、中国信息化推进联盟 BCM 专业委员会、大数据专业委员会等专家组成贵金属行业规范编制专家小组，在认真研究有关国家法律法规、技术标准、各省出台的贵金属交易管理办法的基础上，按照国际标准关于 PDCA 通用循环模型，本着文献原则、用户需求原则、自由市场等互联网金融的普惠原则，共同完成了《贵金属市场交易行业规范（草案）》的编制。行业规范为贵金属行业规划、准入退出机制、从业人员的培训、资格认定、自律监管、各种信息系统技术鉴定、业务连续性管理体系提供了行业标准。

贵金属市场的监管体系的建立健全是保证贵金属行业健康发展的重要保证。监管体系包括政府监管与行业自律监管。具体原则如下：

（1）监管理念从过去对贵金属电子交易市场的管理为主转变为服务、引导、自律、监管为主的监管模式。

（2）从过去对贵金属电子交易市场的行为监管为主转变为对电子交易市场的系统监管为主。以技术监管代替人为监管因素，强调行业规范更好的操作性。不具备操作性的监管手段暂不列入监管内容。重点要求具备操作性的监管手段，特别是技术监管手段的使用。

（3）贵金属产业委员会会同相关领域专家，根据《中华人民共和国金银管理条例》、《公共安全业务连续性管理体系要求》（GB/T 30146）、《信息安全技术信息系统灾难恢复规范》（GB/T 20988—2007）和《中国贵金属市场行业规范》等相关法律法规建设贵金属行业安全自律监管体系。

贵金属市场应形成以央行为业务指导机构，各地金融办为政府监管机构，贵金属产业委员会为引导、自律、服务的独立第三方行业监管，协同中国消费者协会、中国投资者协会的消费者、投资者权益保护为一体的行业市场体系。

最后，我用几句话概括贵金属行业发展中的主要内容。

贵金市场金融基础，
全程三方监管技术，
物流网络多点分布，
虚实结合电子商务。
平台创新移动创富，
专业人员云中服务，
互联金融倍增税负，
投资风险谨慎加入。

（2014-05-10）

从投资人角度如何看待互联网金融

李先文*

关注互联网金融的人多，但关注互联网金融投资的人不多，外资机构的投资人相对好些，但本土的人民币基金投资人普遍还停留在观望和怀疑的阶段，这是目前不得不承认的现状。所以，我首先讲一下，我作为本土的尤其是浙江本地的人民币基金投资人为什么关注互联网金融。

我想以下主要就三个关键词：

第一个是风口，投资界有一句很经典的话，如果你站在风口上，猪都会飞起来。其实互联网金融 2013 年才真正兴起，这个实际上来讲就是一个风口的效应，作为投资人，谁能在风口上占据先机，谁就能在行业内独领风骚。但是这个行业实际上是备受争议的，这个猪会飞起来，也会掉下来，所以在 2014 年一开年到现在尤其是 P2P 可能在最近的一段时间里我发现是不少人掉下来，而且摔得比较惨，所以从这个角度上来讲首先这个风口大家找到了，但是飞起来了会不会掉下来，这个问题对每一位互联网金融的从业者和投资人都是一个巨大的挑战。

第二个是机会，我是 2007 年进入到创投行业，2007 年我们找到了一个风口是那个时候创业板会不会开出来，如果开出来的话会给投资人带来多大的机会，所以我们在 2007 年成立了公司，才有了现在的规模和品牌。所以回过头来讲，互联网金融其实是互联网和金融的一个组合词，互联网不是 2013 年才出现的，金融也不是 2013 年才出现的，但是互联网金融是 2013 年最热的词汇，从历史经验看，互联网金融肯定是一个机会，谁能把握住这个机会就要看个人的本事了。

第三个是普惠，我觉得互联网金融的本质是普惠金融，我们做创投的人可能了

---

* 李先文，浙商创投合伙人、中南财经政法大学 EMBA、浙江大学金融学研究生，中国民主建国会会员，国家二级品牌管理师，杭州市青年创业导师，新科技和新商业模式倡导者，钱江浙商现代服务业基金发起人。2013 年《创业家》杂志评选的全国最佳风险投资人之一。曾亲身考察多家互联网金融创业企业，对互联网金融市场一线的创业与投资有深入研究。

解一般 PEVC 类基金的 LP 门槛是 500 万元、1 000 万元起，但是互联网金融的门槛是 100 元起，甚至零元起，实际上它的门槛大大地降低了，这就给每个人享受金融平等的机会。我曾经在当当网上买过普惠金融的一本书，让人人可以享受到平等的金融的权利，这个是普惠金融的核心理念。实际上来讲互联网金融拥有强大的群众基础，所以说每个人，甚至你的老婆、老公、父母都可以成为互联网金融的参与人，这个门槛是非常低的，所以从这个角度上来讲我们从投资人的角度关注这个行业都是 OK 的。

第二部分我想讲一下 P2P。

第一个问题是 P2P 要不要监管，如何监管的问题。

这个是目前可能争议最大的一个问题，2014 年以来我们浙江省公安厅对浙江的 P2P 行业做了一个排查，据说几十家里面筛出了十几个不仅是黑名单的问题，甚至可能涉及金融诈骗或非法集资的严重罪名，这个是非常残酷的。P2P 为什么受到这么多的争议呢？主要它是三无产品，无门槛、无标准、无监管，人人都可以做，但是做下来的结果可能是有好有坏，所以说我自己认为 P2P 不是一个坏东西，就像技术没有原罪，P2P 也没有原罪，但是做的人可能就会犯罪，你如果本着真正为普惠金融作点贡献的话，做真实的东西是好的，但是有很多人借 P2P 之名做非法集资或金融诈骗，这个是没办法，一定要出局。我个人认为 P2P 会面临各种诱惑，但必须要做良家妇女，这样你才能在这个行业生存下来，不被淘汰，至少不会被有关的部门取缔。

关于如何监管这个实际上来讲争议更多，到目前为止还没有给出具体的措施，央行也有了一些想法，我这里提出几点监管的办法，具体的方案是政府部门考虑的事情。第一不能做虚假标，凡是做虚假标的我觉得抓到一个死一个，这是毫无疑问的，你做了虚假标等于是诈骗的行为，如果是用在金融上那就是非常严重的金融诈骗的罪名，从这个角度来讲不做虚假标是我们最基本的底线。第二个是老生常谈的不做资金池，这是一个底线。第三个不要做自融，因为我考察了很多 P2P 的企业，其实很多 P2P 企业往上去看可能有一个集团公司或者是某一个实体企业来支撑的，但是你遇到这样的 P2P 你就要想一想他到底是真的做 P2P 还是为他自己集团的融资来做 P2P 平台的工具，这个实际上来讲是非常敏感的，自融也是一条红线，如果从证监会的角度来讲或者是资本市场的角度来讲，假如存在关联交易或者是利益输送这个是非常严峻的也是监管方面的比较严重的一个点，所以从这个角度上来讲我觉得这几条红线还是要把握。

第二个问题是P2P平台要不要承担风险。

我是不知道哪个所谓的专家提出的一条平台不承担风险，我只做平台，风险责任由借贷双方来承担，我个人认为这个完全是没有任何道理的，举个例子你到银泰买衣服，回来说这个是冒牌的，我想你找谁，以我老婆的经验来讲肯定立马给银泰打电话。网上如果在天猫上、淘宝上遇到假货了，你一定要投诉的还是淘宝、天猫，假如P2P诈骗在你的平台上出现了，你不承担风险这是不可能的事情，我们讲P2P的监管更多的是事后监管，不出事大家可以相安无事，出事了一定是从重处罚，所以从平台来讲假如出风险的话这个影响还是很大的，风控的措施必须由平台来把握，真正在这一点上做得好的还不多，这个一定是洗牌的过程。最近我得到一个比较鲜明的数据流量变化，因为从2014年年初到现在整个P2P的排查之后，我们发现很多有问题的P2P的平台被封杀掉了，之后我们会发现原来做得比较正规但是利率比较低的没有经过大幅推广的P2P平台最近的流量得到了飞速的提升，所以从这个角度上来讲我的观点是在P2P这个行业你坚持做正确的事情，只要你不出事未来一定是属于你的。

第三个问题就是P2P还能不能投资。这个其实在我们风险投资行业来讲的话也是非常有争议的，很多人还没有搞清楚P2P是什么，他就说这个行业很乱，这个是很片面的，P2P虽然有争议但是他是风口，他是普惠，在这一点上我还是持正面的肯定的积极的态度。

第四个问题P2P企业的融资到底是拿美元还是人民币。最近我遇到很多人问我这个问题，这里给大家统一分享一下，我个人觉得假如你的项目真的需要钱的话最好先拿人民币，然后再看情况决定是不是拿美元。我觉得以阿里巴巴支付宝为例，如果当时不是马云冒天下之大不韪把支付宝变成内资公司，那估计肯定拿不到第三方支付的牌照，那也就没有现在的支付宝了。未来假如说P2P要发牌照，或者是现在创投行业采用的是备案制的话，我估计第一条就是要求内资公司，如果你拿了美元，第一条就把你干掉了，你拿不到牌照或者拿不到备案证的话你就没有资格从事这个行业，再大的互联网金融机会也与你无关了。所以我建议假如你要拿钱的话先拿人民币再说，假如说监管部门说不发牌照，到时候再考虑美元的融资。

第三部分讲一下众筹，我想讲的有三点。

第一点是众筹的分类，我觉得众筹跟创投行业非常接近，因为它的本质更多的是通过股权的方式来实现的。众筹分了很多奖励众筹、股权众筹等等。我自己给众筹定义的话是分了两类，一类叫作消费众筹，一类叫作回报众筹，很简单，如果你不图回报地把钱给捐了，演唱会给你一张门票、给你一张电影票等等，这个就是消费众筹。第二类是回报众筹，就是你出了钱你要求有回报的，不管是股权还是债券。这两类其实大家去区分一下不需要用太多的学院派的定义来研究，这个行业其实没有大家想象得那么复杂，你就把它分成消费众筹和回报众筹就可以了。

第二个观点是股权众筹与非法集资目前来讲比较关注的点，到底怎么样来界定。

因为P2P是归银监会来监管，众筹目前更多的是证监会来监管，证监会是管股权的，你只要股份公司要上市，要增发等等，都归证监会来监管。在众筹里面最最有前途的我认为是股权众筹，股权众筹面临最大的瓶颈就是到底是不是非法集资，因为投资有风险，我们过去投了很多项目，虽然有八九家上市公司，但是失败的肯定有，所以说投资是有风险的，股权是有风险的，创业也是有风险的，失败的项目比比皆是，所以说假如众筹发生风险的话就要查你到底是不是非法集资的问题，假如说一开始就抱着诈骗的目的来的，毫无疑问直接就定性了，但是就算你是好人你也会犯错，即便你抱着非常好的创业的想法最终还是失败了，这个可以理解，但这里面坚持一个原则，监管的一条红线是200人原则，一定不要超过200人，你超过了200人就给了监管你干掉你的一个借口，如果你这样干成功了没有人找你麻烦，如果失败了拿这一条就可以把你消灭了。因为现在按照公司法的规定股份制公司的人数上限是200人，我们最常用的就是有限合伙，有限合伙是50个人，所以我建议最理想的方式，或者风险最低的方式是有限合伙的方式做，有限合伙工商登记，50个人，如果人数确实多，大不了多搞几个有限合伙，这是一个变通的方法，一个小技巧，供在座的各位参考。

第三个谈一下众筹如何投资的问题。

众筹这个行业我认为它跟我们创投行业比较接近，所以我个人对这个方面的研究也比较多，我觉得众筹这个行业存在有三个方向，第一个方向叫细分化，第二个是行业化，第三个是创投化。第一个方向现在都成立了独立的平台，我觉得越细分越专业越好，众筹确实是大概念，你做一类众筹一个平台就很好。第二个行业化，这个跟P2P还是有很大差别的，P2P更多的是金融的概念，所以说对于大家来讲你管它做什么，他经营什么行业跟你没关系，只要抵押担保风险控制好即可。但是做众筹一定是行业化的趋势，我们看有很多做智能硬件现在是众筹最火的一个领域，做演出、音乐尤其是文创类的项目，这一类的行业趋势会更多，这一类的创业人我估计更多的创始人不是金融出身，可能由这个行业比较资深的人出来创业，所以这个行业化的趋势是非常明显的，如果我做投资的话我要看谁的行业背景深我会跟谁谈合作，如果他只是打着众筹的概念来做，我要打一个问号。第三个是创投化，因为国内做众筹目前来讲比较规范比较好的是天使汇，这个模式我个人还是比较看好的，现在来讲的话整个天使投资项目可能要投资一百万元，我还要走一个长的流程，立项、调查等等，这个太繁琐了，所以对天使投资来讲更多的是个人投资的行为，所以众筹是非常好的投资模式，所以说经过创投化的改造这个是比较多，都是标准化的，或者是比较明显的创投化的平台，至少来讲也是为天使投资做铺垫的平台，所以这三类是投资的方向。

最后讲一下互联网金融能不能投资的问题，前段时间我们在另外一个论坛上有一个国内非常知名的投资人，他讲互联网金融这么热的东西就不应该投了，我个人觉得这个行业还是可以投的，互联网金融才刚刚开始，再过五年、十年看，2013年刚开始，2014年刚刚洗牌，后面的路还很长，互联网金融跟传统的企业相比很小，你跟任何上市公司比的话还是非常小的，所以这里面还是有机会的，还是可以投资。投资里面有一个问题，我觉得现在有很多人尤其是互联网金融创业的人要关注一个问题，互联网金融最大的一个问题要增信，互联网金融企业不像银行、证券等传统金融企业有天然的牌照信用，就是你个人比如说创办了一个P2P公司，现在政府最常用规范的方式就是用备付金这个方式去规范，比如说要注册资金一个亿以上。另外还有一个增信方式，就是引入战略投资者，这个是比较好的方式。进而进行新三板挂牌，你把企业的信息公众化，你成为一个公众公司的时候你的信用就增强了，我常说做金融就是做信用，所以作为互联网金融创业者要把自己的信用不断地提高。

（2014－05－17）

互联网金融资产交易所的构建和思考

廖双辉*

提到交易所，大家很自然地就想到上海证券交易所、深圳证券交易所、中国金融期货交易所，实际上新兴的现货商品交易所、各地金融资产交易所这两三年发展也很快。在互联网金融创新浪潮的背景下，我来分享一下对互联网金融资产交易所的一些想法。

一、交易所的基本商业模式

交易所在交易结构中，它属于一种特殊的组织，通过制定交易规则，引导、组织和管理交易，间接为交易双方提供信用支持。交易所不直接参与客户的交易，而是通过制定和公开发布交易规则，让交易双方按照既定的规则进行交易，在交易的过程中，交易所通过强制性的信息公开、规则约束、交易保证、交割结算、违约处罚等方式，监督和保证交易。因此，“公开、公平、公正”的三公原则形成了交易所的立身之本。

交易所的组织形式有两类：公司制和会员制。交易所推广和发展业务，为客户提供服务，是通过交易所会员来实现的。交易所通过会员来发展业务，拓展市场，发展客户，维护客户关系，引导和组织客户进场交易，提供交易过程中的各种附加服务。而会员通过与交易所分享在交易所收取的交易佣金和服务佣金，来实现自己的利润。

交易所通常还有另外一类会员，他们不参与交易也不代理交易，但是通过他们的参与，为交易过程提供了各种便利服务，通常把他们称为服务类会员。例如金融资

* 廖双辉，现联信财富联合创始人，首席执行官。曾任和讯信息科技有限公司市场部经理、和讯深圳分公司总经理，广州和讯信息科技有限公司总经理，和讯网华东区总经理；曾任东方财富网董事、副总经理。

产交易所中，服务类会员主要包括信用评级机构、资产评估机构、增信机构、法律咨询机构、财务审计机构等等。这些会员的存在，为在金融资产交易所内发生的投融资活动、金融资产交易互动提供了必要的第三方的支持，这些配套领域非常重要。

二、交易所的信用保障机制

交易所在交易过程中所起到的主要作用本质上是一种信用保障机制。交易所的信用保障机制主要体现在如下几个方面。

（1）披露制度减少信息不对称

交易所通过强制手段将交易标的有关信息公开给所有的交易参与者，力争减少信息的不对称现象。这种强制性的要求信息对所有参与者公开披露的制度，保证了大多数交易者在信息获得上的权利对等，对交易者来说是公平的。信息是交易对手们用以建立和评估商业信用的基础要素，信息对所有参与者的公平公开是建立交易所内信用保障机制的基础。

（2）登记托管

将交易标的物凭证登记托管在交易双方之外的第三方，交易所或者交易所指定的第三方机构，交易发生后，标的物凭证的所有权根据交易所的交易指令在第三方机构作出变更即可。这种统一的由第三方开展的登记托管制度，方便了标的物凭证的交易和所有权转移，提高了交易效率，便于大规模、高频率交易，避免交易时的不信任和扯皮现象。

（3）交易标的标准化

为了让交易者将关注点集中在价格判断上，减少交割、交收时货物的不一致的现象，交易所一般都将交易标的物标准化，要求在交易所内部交易的都是“标准产品”。非标产品会带来更多的交易摩擦机会，交易商品的强制标准化平滑了交易过程，促进交易顺畅。

（4）结算清算交割交收

由交易所或者交易所指定的第三方进行结算、清算以及交割及交收工作，这些行为往往发生在交易者与交易所或交易所指定的第三方之间，而不是在交易者之间直接发生。因此，这种模式大大降低了交易者对交易行为发生后结算和交收时的疑虑和担心。

（5）账户资金第三方监管

交易所资金以及客户交易资金一般情况下都是通过在银行开设第三方监管账户进行集中监管的。交易所自有资金与客户资金是完全分账管理。采取银行监管下的账户资金方式，完全按规则和客户指定实现资金流动，既保证了交易资金的安全，又确保了交易资金的到位。

（6）保证金

采取保证金制度，一方面是杠杆交易的需要；另一方面，在交易中采取保证金制度，可以防止交易后的恶性违约行为。因一方违约而无法正常交割时，可以用违约方保证金补偿守约的一方。

（7）检测评估

对商品类交易所而言，针对商品的第三方检测、鉴定机构是必不可少的。商品在第三方存管形成仓单，必须经过第三方机构检测。而发生争议后，第三方机构的鉴定也必不可少，第三方机构是交易所内信用活动的支持单位。

（8）违约处罚

交易所有权通过公开其交易规则和违约处罚条例，形成交易各方共同遵守的合同。针对交易中的违约方，进行公开的处罚，提高其违约成本，从而威慑交易中可能发生违约行为，并在违约行为发生后，通过违约处罚补偿守约方和警示其他潜在的违约方。因此，可以说建立违约处罚制度的目的是维护交易所内交易活动信用保障机制的效力。

三、金融资产交易所特殊的信用保障机制

金融资产交易所作为权益类的交易所，销售的金融产品属于特殊的商品，因

此，还需有一些特殊的信用保障机制。

（1）评级机构

金融资产交易所交易标的往往是风险产品。风险产品定价的一个重要依据就是风险等级。一般情况下，信用等级分为两种类型，发行人信用等级或者产品信用等级。当发行人信用等级不高时，往往会采取增信措施。对所发行产品采取增信措施后，往往会形成产品信用等级。

信用评级在交易所金融产品发行中非常重要，往往影响产品的发行价格以及投资者信心，影响产品发行成功与否。所以，交易所往往选择或者引进具有一定社会公信力和评级能力的若干评级公司作为自己的会员，来开展信用评级工作。同时，为了保证评级公司信用评级工作的公正、客观、科学，也会采取一定的对评级公司的考核、评价、违规处罚措施。

（2）增信机构

发行人信用等级不够时，往往会引入增信机构。这些信用机构对发行人及其发行的金融产品承担连带责任，一旦发行人不能如期兑付，则由增信机构予以代偿。

增信机构可能是专业的担保公司、保险公司等，或者是信用级别较高的可承诺兜底收购的资产管理公司等，也有可能是信用等级较高的其他公司。增信机构往往从被增进方收取一定费用，也可能会要求采取反担保措施或者再担保措施。

（3）资产评估机构

通过资产评估机构，为会员或客户提供价格参考。不仅要求评估机构具有较强的资质和业务能力，也要求具有较高的业务素质。为了保证评估公司工作的公正、客观、科学，交易所应采取一定的考核、评价和违规处罚措施。

（4）审计机构

审计机构主要审计发行方财务报表，出具审计意见，可通过审计发现可能的财务造假行为。

上述是金融资产交易所发行金融产品常常需要的四类机构，不同于商品类的交易所。四类机构都有关交易过程的信用支持，是与金融资产交易所所销售的特殊商品——金融风险产品所对应的，对金融资产交易所的业务开展都非常重要，而对这四类机构的管理能力和管理水平，表现了交易所的业务能力。

四、互联网金融对交易所的影响

互联网金融是传统金融行业与互联网精神相结合的新兴领域，互联网“开放、平等、协作、分享”的精神与传统金融业态相互渗透，成了目前最受资本市场关注的主题。相信大家都关注到了，现在市场上最热的是 P2P、互联网基金、众筹、第三方支付、互联网保险等，其实应该包含的更多，包括互联网理财、信用评价审核、金融中介、金融电子商务、互联网交易所等模式，理论上任何涉及了广义金融的互联网应用，都可以认为是互联网金融。

传统的交易市场，如股票、期货、基金等，已经把互联网作为主要的交易通道。互联网金融演化到一定程度，还会产生出一系列新的互联网交易模式，比如现在的 P2P、众筹等，都可以看作互联网交易新模式的代表。

我过去 15 年的互联网从业主要都是在做数据、行情、资讯，去年开始才正式涉入金融主营环节。我认为互联网交易的潜力巨大，其爆发力可以说我们作为从业人员都没预测到，互联网金融对交易所的影响我认为有以下几个突破。

（1）让金融交易变得极简极易

互联网技术的特点在于跨空间的高效信息交互，互联网金融低成本沟通交流的特点，降低了个体间的信息沟通成本，使投融资需求在网上可以进行高效率的匹配。以互联网为代表的现代信息科技，特别是移动支付、社交网络、搜索引擎和云计算等颠覆了传统金融复杂、低效、流程冗长的传统。

在互联网金融模式下，各种金融产品如基金、股票、贷款等可以直接在网上金融资产交易所呈现，集中支付系统和个体移动支付统一便捷了网上交易，资金供求双方可以通过网上交易所平台自行完成信息甄别、匹配、定价和交易。在互联网金融模式下，现在金融业的分工和专业化被大大淡化了，被互联网及其相关软件技术替代，在促进经济增长的同时，还能大幅减少交易成本。余额宝和 P2P 产品的火爆正因为如此。

（2）让金融服务更加公平，信息更加透明对称

在传统的金融活动中，由于金融垄断，传统金融业具有“嫌贫爱富”的特征，部分个人客户、小微企业等金融弱势群体被排斥在金融服务领域之外，其个性化的金融资源需求很难得到满足。而在互联网金融领域，借助互联网技术或互联网交易所，金融资源实现了跨时空配置，金融资源的可获得性增强，有效地消解了金融排斥，增进了社会福利。

在互联网金融中，由于许多信用信息通过社交网络生成并传播，交易所各方主体都是信息的提供者，交易主体更容易通过互联网获得多方面的交易信息，因此，交易信息不对称的情况大大减少。一个市场的活跃程度与信息披露、信息对称程度是成正比的。我乐观地认为，如果可以利用互联网的方法把私募市场的信息披露做到公募产品的信息披露程度，那么交易双方就相互信任了，再引入相应的做市商角色，那么活跃度就起来了。

（3）大数据服务

信息是金融的核心，构成金融资源配置的基础。互联网海量金融信息数据处理能力，为多种金融服务形式创新和金融产品创新提供了技术基础，比如云计算技术在金融领域的应用。金融业是计算能力的使用大户，云计算会对金融业产生重大影响，自然人出生后的关键信息和行为都被记录下来，可以查询。不准确信息通过社交网络和搜索引擎核实或过滤，在这种情况下，对个人信用状况的分析将非常有效率。这种处理技术已经被众多 P2P 平台运用于征信体系和风控模型的构建中。

利用互联网技术，交易所参与主体受众范围扩大，海量的参与主体，一方面可以低成本、简便快捷地获取更加广泛的信息；另一方面交易成本的降低也催生更加扁平式的金融资产交易形态出现。交易所不但可以为投资者推送丰富的金融产品，更可以让金融机构根据不同交易主体的需求提供个性化、定制化金融产品。海量交易数据的处理与挖掘，在最大限度地降低金融服务的信息不对称性的同时，也将可能催生多种金融服务和融资、投资模式的创新。

互联网交易不同于传统的交易所，不是简单地增加电子交易功能，而是在产品设计、风控、数据服务、用户体验、第三方服务链应该有更开放的创新思维。我特别期待中国出现第一个真正基于互联网的金融资产交易所，一个世界级的互联网金融资产交易所。

智慧社区与社区金融

颜　阳*

WikIT：指互联网技术的应用发展到今天，人们通过这个开放的环境进行协作，通过娱乐、交流和交易，形成的一种新型的关系，这样一种新型关系所潜在的巨大的社会价值被我们所忽略，而去挖掘这里的金矿，就是维基—IT（WikIT）的内涵。这种关系渗透到当今整个社会。

党的十八大报告明确提出，坚持走中国特色新型工业化、信息化、城镇化、农业现代化道路。未来的城镇化进展中不再是房地产式的“城市化”，更强调消费结构升级、信息化城市、智能化城市。于是，建设智慧城市就成了推进新型城镇化、建设新农村的重要工作。

城镇化是一个复杂的系统工程，会带来经济和社会深刻的变化，需要各项配套改革去推进。

基于PSR（Pressure压力、State状态、Response响应）模型，根据我国实际，提出了基于大数据的反馈经济模型（Working-Sensing-Smart，WSS），这就是智慧城市的顶层模型。

我们可以看到，大数据在整个反馈经济中起着基础的作用。当信息化从企业的局部化，走向城市化后，在WSS的闭环中，依赖大数据对各个环节进行调控，使得各个层次保持自有的运转规则，达到动态平衡，这是实现WSS模型的优化目标。

---

* 颜阳，天津大学管理学博士，高级工程师，现任民生证券股份有限公司技术总监，中关村大数据产业联盟副秘书长。曾在中国民族证券有限责任公司、光大证券股份有限公司信息技术部任职。参加中国证券业协会《证券公司网上证券信息系统技术指引》的起草工作，具有近20年的证券IT开发、建设及管理经验，是我国早期从事证券IT的人员之一。2009年和2011年连续两度获得证券期货业科学技术优秀奖。2011年、2012年获得China Byte颁发的年度IT影响中国之IT风云榜优秀CIO称号。

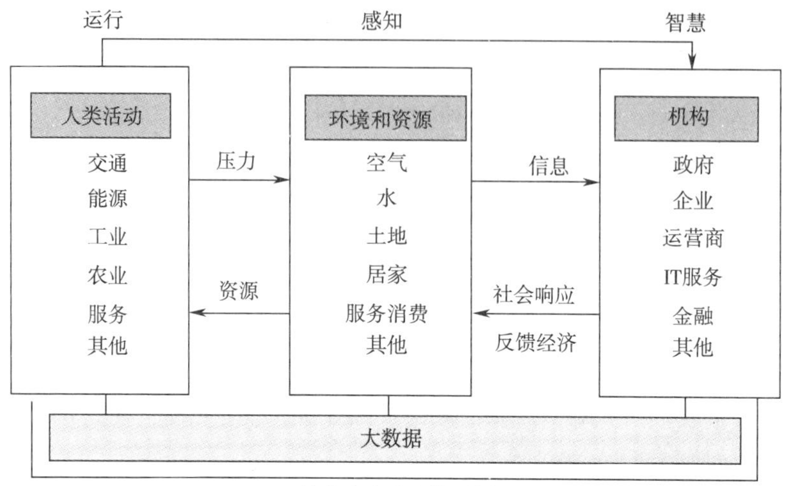

图 1　基于大数据的反馈经济模型（WSS）

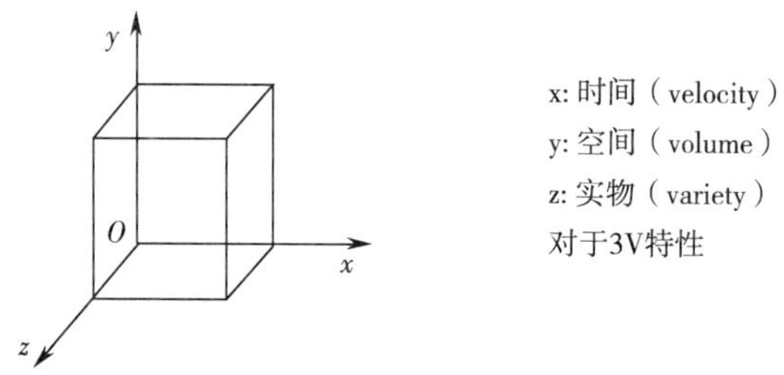

图 2　大数据与 8 度空间

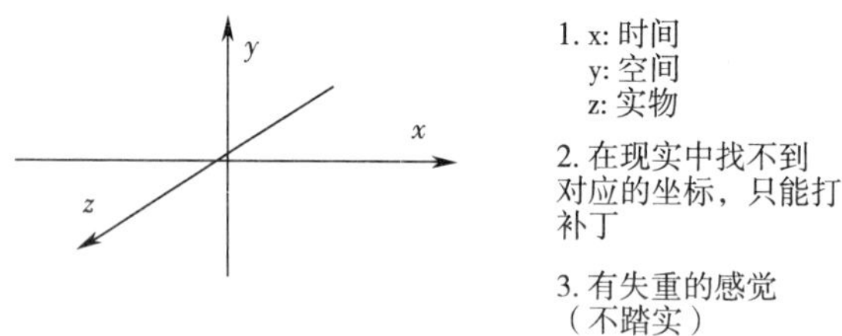

图 3　大数据与 8 度空间

大数据是在原有坐标轴延伸的基础上，产生的 8 度空间，这样给我们的理解带来了难度，同时也产生了商机。

住建委披露，目前国家智慧城市试点已达 193 个，2013 年 8 月 5 日对外公布 2013 年度国家智慧城市试点名单，确定 103 个城市（年初公布的第一批 90 个）据估计，需要将近 2 万亿元的投资规模。

智慧城市：技术上，企业信息化的升级版——信息化 2.0，云计算、大数据、物联网、互联网、移动互联网。

管理上：资源聚合，国家、地方政府、企业、金融机构、居民。

生态上：新型城镇化 + 新农村。

实战中的投融资流程—IFPM（Investment & Financing Process Management）。

（1）IF + Project 设计——商业计划；（2）实施方主动发现现金流、增授信、抵押等（资产包）；（3）项目对接资产包；（4）代运营、交钥匙；（5）评估；（6）结束或转 1（反馈经济）。

智慧社区是智慧城市中的一个重要组成部分，相对智慧城市中的其他元素，智慧社区的市场化程度更高，是各大互联网厂商和传统企业（包括零售商和金融企业）布局的要塞。

“入口导流量，平台得规模，数据成资产”已成为企业成功的杀手锏。国内成功的互联网企业同时还验证了当企业的信息化能力到达一定的程度，其通过金融服务的变现能力可以无缝地寄生在自身的价值链上。因此，社区金融在智慧社区的领域里尤其在我国将会是一片蓝海。

美国比较著名的富国银行成立得比较早，可能也是银行比较小，后来在 20 年中发达起来的，走的是社区金融、社区银行。富国银行的分支机构不叫分行、不叫支行，而叫商店。这几年，我国一些区域银行和中小银行开始学习富国银行模式，布局社区金融需要实现“五化”：亲情化、智能化、集群化、平台化、特色化。

智慧社区的方式实现社区金融有三种模式。第一种模式从外到内，还有一种方式是从内到外的，第三种模式就是联合比如物业管理进行住户服务的深度渗透的模式。因为从中国的现实的户籍改革，以户口为管理单位的方式逐渐要向按常住人口的方式来改变，因为常住人口是服务对象的有效用户，通过缩短与这些用户的服务半径，就会带来真正的流量。

为了控制社区金融业务中的风险，同时提升该项业务的有效性，以社区互助模式的小贷探索是一个可以尝试的方式。社区互助模式的分类包括自发组织和外部支持的方式。在 20 世纪 90 年代中期到 2000 年中期是初级阶段，主要以熟悉人的方式来做；在2006年到2007年，一些乡镇银行开始推进，也比较成熟；到2007年以后，正规化的农村互助模式也更加成熟。

由于互联网的推动，我们现代的社会已经进入了一个“湿经济”的时代——以客户体验为中心。不管我们采用什么样的模式，客户都会“用脚投票”。智慧社区拉近了与客户的距离，而透过比较精准的流量导入，对客户进行社区金融服务的方式，将会真正服务于实体经济，适用于高度信息化、社会化的空间。我们把互联网比作水，传统企业比作面粉，现在的创新是一个和面的过程，加多少面粉加多少水，是个不太可以标准化的东西，这就是湿经济——以用户体验为最终目标。

大金融圈，距离社区服务比较远的可能算证券了，银行和保险甚至房地产中介、其他居家服务都很近。智慧社区是智慧城市中的一个组成部分，其市场化程度比较高，因此发展的机会大。

“无论我们承认与否，从某个角度来讲，信息化在整个金融企业中的地位已经到了改变金融企业生态的地步。换言之，金融企业需要IT属性，而企业的IT属性达到一定程度，企业可能就拥有了金融的特质。”

上面两段就解释了智慧城市、智慧社区、社区金融之间的关系。

需要关注的问题：社区入口面临的竞争？社区金融的监管？成本控制问题？大型机构的挤压？社区金融配置的业务？怎样增加黏性？

前面提到了，智慧社区目前有三种落地模式：

第一种模式从外到内，通过建立自己的电商平台，自己去进行流量的导入。有些小区里，当住户回家的时候发现门上面有一个宣传单，宣传单上有这个门户的网址，通过外部的方式深入到住户的一种做法如一家叫社区001的公司。受到小区的制约，带来的问题就是跟小区的黏性差。

另外一种方式是近年特别火的一种方式——通过抢占家庭的娱乐中心（电视终端）进行垂直渗透。首当其冲的就是娱乐盒子，直接渗透到我们的居民端了，这种终端是在一个垂直领域里面深入到住户里面，最后形成一种商业模式。如乐视网鹏博士收购长城宽带，进行住户的宽带接入现在也在开始涉足盒子，解决内容的最后一公里。第二种方式从内到外的，一个简单的例子就是智慧家居。据调查企业觉得推进遇到瓶颈。为什么做智慧家居很难做？我们看一下这种商业模式就知道了，智慧家居从内往外做的话，就像以前房地产比较发达的时候，做装修，装修是一户一户去做的，较难形成第三种模式就是联合比如物业管理进行住户服务的深度渗透的模式。因为从中国的现实的户籍改革，以户口为管理单位的方式逐渐要按常住人口的方式来改变，因为常住人口是服务对象的有效用户，通过缩短与这些用户的服务半径，就会带来真正的流量。

后一种模式比较有前景，有房地产公司开始投资一家公司进行物业公司的收购，拓展这个领域。小区信息化程度是非常低的，因此实现智慧社区，云计算、物联网等技术应用的空间很大。

银行、物业、便利店、小区服务结合一起，其实商业模式有机会重新构建民生银行渠道潜化，究竟是不是个好生意？会不会跟现在的大卖场一样被颠覆掉？特别关注披露富国银行最近开始进行裁员控制成本问题，困扰着富国银行，中国仅仅是开始，现在购房的贷款调控力度很大，一些中介公司都可以提供贷款服务，因为他们是在自己的产业链里进行的融资服务，特别了解客户的资产情况，还有银行合作。为龙江银行做个广告：社区银行特色化。一是“36588”服务。营业时间从早8点延长至晚8点，全年365天无停业；二是创新开办24小时人工自助服务，通过电视屏幕与客户交流，增强业务安全性和客户信任感；三是为客户提供个性化服务，如老年活动室、健身房、儿童活动室、文化大讲堂等；四是为客户提供便捷化服务，如在各大商场、宾馆、机关单位等地增加ATM，设置贵宾窗口、兑换零钞窗口等；五是为客户提供专业化服务，适时为部分高端客户开辟绿色通道；六是为客户提供特色化服务，如开发系列微小贷款产品、个性化银行卡产品、系列理财产品等；七是为客户提供健康服务；八是为客户提供平安服务；九是为社会提供公益服务。

各个企业需要结合自身的特点进行。与小区共建某些功能区，增加了用户的黏性，同时也增加了成本。但就社区银行而言，有三种类型：第一种是自助服务；第二种是将储蓄网点延伸改造；第三种是全功能型如富国的金融商店等。如果不做好配置，很可能出现“大卖场”问题。我举个智慧旅游的例子：以前的旅游景点信息化程度很低，于是开始进行景区的信息化，如增加轧机售票，按照景区的大小，落地的系统“胖瘦”不一。小景区用云轧机，成本很低。然后，建立连接各个景区、旅行社等的交换平台，实现集群化社区金融的平台化。还需要与社会化的商业系统进行无缝连接，如电商、零售商、服务商等，进行相互的融合，保证平台的开放性，社区金融才能实现规模化效应。

在平台的规模上，有一个补贴原则，就是要形成一个共赢的生态圈。现在各地政府都在推菜篮子工程，有机构涉足这个领域进行金融服务。我上面说的旅游的案例是个真实案例，目前票务宝流量达到了每日千万级。

智慧社区满足蜜罐箱原理和野蛮人原理，社区人群在某个时间段是在一个相对封闭环境里，一定时限内，唯一选择吸收“养分”。如航空 Wifi，自驾车等交通工具。野蛮人原理是主观上把自己需要的东西都要揽入自己的控制范围，入口导流量、平台得规模、数据成资产。大胆地想一下，社区入口的争夺，下一个布局后又会出现一个帝国？

社区平台要具有一定的开放性，这如前面一个图 SCP，要有免费的还要有补贴部分。

第三部分：数据成资产。

智慧社区第一步实现功能化，圈地，我们更多地用数据的使用价值；而更大的价值在于数据的交换价值。三大运营商及广电部门本来就具有天然的优势：（1）供给创造需求；（2）形式决定内容；（3）受众决定未来；（4）技术改变一切。前面两条就决定了他们很难做到。这是互联网时代与此前的差异。前面提到的互助合作社的模式延伸，在贷款过程中将会降低贷款的风险。为了控制社区金融业务中的风险，同时提升该项业务的有效性，以社区互助模式的小贷探索是一个可以尝试的方式（不对外）。在我们国内也仅仅是在一些农村的互助合作社，把有钱的人聚集到一起，互帮、互助而享受金融服务。可以把这种模式进行扩展。现在做贷款业务通过对单笔单人的核查是很有必要的，但这种效率是很低的。假如通过一种进入机制的控制，我们就可信任这样一个群体，以后群体产生的贷款需求，风险就可以得到一定的控制。

社区金融这样的模式会逐渐多起来。但需要特别关注区域风险的问题，只有通过一些措施如建立健全组织机构、制度等，才能控制相关的风险。一些演变的方式如合伙制的模式，还有一点就是要关注挤出效应，现在规模小的公司很害怕挤出效应——大机构如果说要进来的话就要考虑怎么去应对它。另外一个就是在灵活的金融服务方式下，资金成本很低，没有把它用在实业上面去，比如寻租带来很大的风险。但是在利用智慧社区建设契机方面，跟社会金融结合将来这一块还是属于没有开垦的标准地，在做的过程中间，如果说有机会涉及金融的话，不能碰监管的红线。富国银行将客户群体分为 10 类，用计分卡进行管理，风险控制适宜。

（2014 - 04 - 11）

互联网金融视角的双十一

谢尔曼*

今早的内容，是基于互联网金融的视角，所以，不去参与关于双十一是利是弊的争论，仅仅是从这个事件的事实出发，作出一些总结与分析。另外，关于350亿元成交额因为刷单而导致数字虚高的问题，对我们的分析影响有限。因为我们更关注支付宝的处理能力，即不管是不是刷单，支付的流程都是要走的，1.88亿笔的处理能力是真实的。

最近一直在思考这个问题：互联网金融公司（相对于金融互联网，即传统金融机构）对于互联金融是怎么看的?

本来觉得这是一个简单的问题，后来发现不是的，每个老总都有自己的看法。双十一给了我一个机会，让我能够从互联网金融的角度来分析很多，特别是阿里这个企业的一些核心竞争力。我想，咱们今天的讨论还是先抛开一些具体业务层面的争论，因为我想大多数朋友们，既不是完全的阿里粉，也不是彻底的阿里黑。

互联网金融要干什么

霍书记提出，互联网金融是电子金融的升级版，这点特别好，之前我已经论述过，这里不再赘述。下面的问题是：这个升级版要做什么？可以做什么？互联网企业凭什么和传统金融机构叫板？个人拙见：从支付中介的角度来看，支付的中介正由传统的货币转移到“信息”上来。表现在我们的实际生活中，就是交易的无钞化。

事实上，传统金融机构一直在做这方面的工作。银行业也希望无钞化，因为这

---

* 谢尔曼，中国工商银行博士后，互联网金融千人会研究员，国际金融论坛（IFF）互联网金融中心研究员，研究方向互联网金融，发表互联网金融相关论文十余篇，《互联网金融》金融互联网与信息安全板块审稿人，参与《互联网挑战银行——谁是21世纪的恐龙》一书的撰写。

样纸钞和硬币的清算成本就小了不少。但在用户端，大众用户对于无钞交易的接受，是依靠应用场景的。而这些具体的应用场景，这些年互联网企业已经走在了传统金融机构的前面——互联网企业的核心竞争力之一，在于无钞交易的应用场景发现与推广。对于互联网企业在无钞交易方面做得努力，事实上传统金融机构是乐观其成的；而互联网企业正在做的，已经比无钞交易更进了一大步，这是银行所担心的——这一步，就是无卡交易。一个第三方支付平台的账号，客户只要对自己的银行卡进行一次绑定之后，第三方平台里面就只有你这个人，而不是一张张银行卡。应该说，无卡交易应用场景的不断更新和推广，对于银行来说，是有挑战的。

从无钞到无卡，在这个演进过程中，互联网企业另一个核心竞争力就显现出来了。那就是互联网企业的看家本领——信息的搜集、存储、分析、应用。

这次双十一，从媒体的报道来分析，支付宝平台应该说表现合格。24 小时内 1.88 亿笔交易，这个数没法用刷信用来虚造，因此这个是有参考价值的。做个对比，Visa 2013 年第三季度交易笔数为 155 亿笔，平均 1.7 亿笔/天，1.88 亿笔已经超过了 Visa 一天的交易笔数，而 2012 年 Visa 全球的支付峰值为 2 亿笔每天。工商银行前行长杨凯生先生关于互联网金融的文章中，也披露了工行的处理能力：平均处理能力为 2 亿笔/天。

这个 1.88 亿笔，是我特别看重的一个数字，因为它说明，阿里信息平台的处理能力，已经超越了传统金融机构。为什么这么说？我们知道，无论 Visa 还是银行，它们的交易系统，需要处理的信息只是业务强相关的，都是金融业务体系内的、结构化数据；而阿里的平台，关注过的应该都了解，不仅仅是支付的强相关数据，还有很多的客户行为数据、商品信息等等，要复杂得多。

拿商场来做比方，银行和 Visa 只是记录账房的数据，而阿里，把每个客户从进门开始，看了哪些商品，在每个柜台前面停留的时间，对已经购买东西的评价，付款所使用的银行卡，渠道之类的都做了记载。并且可以根据这些记载，快速地计算出模型，改变商场的布置，并且建议商家调整自己的进货与柜台的摆放。

这个，是阿里最最核心的竞争力。这个能力，传统金融机构没有，卡组织没有，只有阿里才有，另外，传统金融机构的人会说：这个东西我们可以自己建啊！不好意思，自己可以建，但是难度太大。首先，核心技术方面。阿里拥有自己完全自主的技术能力。通过多年的去 IOE，阿里已经完全拥有了自己的云平台技术。从紧凑节能的定制化服务器，到整合创新的 OceanBase，再到一个个打包成型的云计算产品——不管大家愿不愿意承认，阿里的确已经走在了前面。

银行和卡机构，都是使用的全线或部分 IOE 产品，尽管银行一般都有自己的 IT 开发机构，但是底层的核心计算能力，还是在第三方手中。简单的例子，如果要进行扩容，就要和 IBM、Oracle 谈，让他们来提供支持；而阿里，完全可以自主实现，而且，云平台具有扩展方面的优势，成本很低。IOE 方式的成本很高。比方说，Oracle 数据库的一个许可一年就是几万元甚至更高，他是按照你 CPU 的核数来收费的，当你使用几千个许可的话，支出就非常可观。然后，Oracle 对于硬件的要求很高，一般匹配的是小型机，小型机一台的成本是几百万元，高端一些的是一千多万元；第三部分是由此而来的高端存储，一个也要一千多万元。此外，使用这些东西每年都有百分之几十的服务费，不交费就没有技术支持，假设去年没交费今年要技术支持，那你还需要把去年的钱一起交了，另外还要考虑到 Oracle 前来维护数据库的工程师的支出也是由使用单位承担的，人还不少。还要考虑扩展性，就是 Oracle 的数据库 IBM 数据库都是这样，小型机的成本是百万级，中型机的成本是千万级，大型机巨型机的成本就更高。所以，支付平台的成本不是线性增长，不是说你性能提高一倍，容量扩大一倍，价钱就涨一倍，他价钱是涨三倍涨五倍（以上两条摘自阿里数据库设计师正祥的采访稿）。

可以说，1.88 亿笔后面的强大技术，是阿里的最最核心的竞争力。而支撑这个强大技术的，不只是阿里的员工。这就牵扯出了互联网公司的第三个核心竞争力——人人组织。对于数据库底层比较了解的同学，对于阿里的开源项目一定不会陌生。

http：//code. taobao. org/opensources/ 这个网站上，列举了阿里的所有开源项目，目前有 58 个。通过开源，可以让世界各地的代码爱好者、技术大牛都参与到项目的开打中来——让非公司雇员参与到公司内部的代码开发，这就是人人组织的力量。开源的思想不仅仅是技术方面，大家想想看，让消费者成为产品的设计师、服务的考核员、信用的打分者——这些何尝不是人人组织理念的力量？中国大多数早期程序员都是学习 discuz 起家的，我们免费了这个产品，导致网站数狂涨！而且开源了软件代码，让业界和开发人员进入门槛非常低！

小结一下，刚才提到了互联网企业的三个核心竞争力：首先，是无钞、无卡交易场景的创造与推广；其次，是信息搜集、存储、分析、应用的核心技术；最后，是人人组织理念的应用，从技术（开源）到营销（消费者参与生产）。这三方面的核心竞争力，是传统金融机构所欠缺的，也是互联网企业进军金融的底气所在。

最后，想谈一谈互联网平台，应该算做第四点核心竞争力吧！以阿里系平台而言，11 月 11 日的整整 24 个小时，不仅仅是对“网购”这一无钞非现场交易方式的进一步推广，更是对阿里软硬件平台的压力测试、菜鸟的第一次亮相、余额宝的流动性测试，最重要的是，将“计算能力就是信用”这一理念无形地植入消费者心中。在阿里报告厅的大屏幕，搞得像卫星测控中心似的，各大媒体都趋之若鹜，免费营销。

1. 多家电商都声称取得了业务增长，可见网购这一无钞交易情景已经越来越成为消费者认同的方式。

2. 从支付宝与各家银行提前进行支付联动协调来看，支付宝的技术优势已经凸显。

3. 汽车交易是个亮点，尽管到最后真正成交的数量可能大幅缩水。

4. O2O 首次集体亮相，尽管家居方面搞砸了，阿里和银泰的合作还是做出来了；苏宁的 O2O 也挺火。

5. 3 家金融淘宝店过亿元，显示出一定的渠道能力。

6. 移动购物、移动支付增长快，趋势所在。

7. 余额宝流动性经受住了考验，通过实际为自身增信，规模过千亿元仍有空间。

（2014－04－12）

场景内金融

戴　庚*

大家早上好，我是维金公司的整体运营负责人戴庚，很荣幸受互联网金融千人会的邀请，和大家相聚在这个周一的早晨，并一起分享关于“场景内金融（In Scenario Finance）”的话题。

1. 场景内金融是以场景为出发点，把用户的需求通过互联网金融的快捷、便利、高效的消费方式体现出来，将金融的存、贷、汇，第三方支付以及相关的金融产品延伸服务等这些对于日常百姓生活又神秘又遥远的金融业务，融入日常百姓的生活场景，降低金融的门槛。2014 年伊始，互联网金融的场景化应用已经开始了。微信支付的马年发红包活动，在短短半个月春节期间完成了上亿用户、近乎零成本的推广，给微信支付的场景内金融做了最好的产品实践。微信支付通过这一次活动，迅速拓展了客户数量和使用黏性，从而在客户发展的速度和传播上胜出支付宝一筹，占领广度优势。

在国内，场景化金融的成功典范是余额宝，它拥有 5 000 万客户，2 500 多亿元的资金规模，春节期间每日的转入量甚至达到百亿元规模。余额宝的成功，就是科学地运用了互联网的技术手段、生态环境、文化、电子商务的应用场景，使得传统的普通货币基金在互联网上呈现高效、便利、透明的新的客户感受和体验，从而吸引了长期以来被传统金融企业忽视的长尾客户，占领了小微蓝海市场。

2. 场景内金融是互联网金融发展的重要趋势。因为任何金融一定有相应的

---

* 戴庚，有着超过 15 年的互联网电商/金融从业经历和 10 多年的系统构架设计与企业管理经验。他是国内最早涉足国际贸易管理软件领域的先行者，并于 2004 年创办了国内首家汽车零配件 B2B 电商平台。他随后担任快钱的产品/运营副总裁，推动整体架构的革新和上线运营，为快钱发展成为国内领先的独立第三方支付机构打下了坚实的基础。为推动社会化电商的发展，他与业内伙伴联合成立新浪支付，发布了微钱包、微财富产品，力推信用支付、移动支付、社会化投资理财、新型信贷业务等领先的互联网金融业务。目前，他刚刚参与成立维金公司，一家互联网金融基础设施供应商，并负责整体运营。

金融交易场景，金融不会脱离具体的交易场景而独立存在。未来互联网金融的很多创新都是在设计整个金融交易场景环节里把服务和交易本身关联起来，从而整个服务才更有价值。例如腾讯、阿里争夺线下支付市场，它们分别通过支持嘀嘀、快的，鼓励打车用户使用手机、二维码扫描等各种方式支付车费。在这一过程中，他们不断完善各自的支付体验，整合、打通线上线下资源，大力进行场景内金融建设。他们通过打车这个场景推广了各自的支付方式，培养了客户习惯，增强了客户黏性，最后形成场景内金融的闭环。又如中国平安壹钱包的入场、虚拟信用卡的推出，都是为了把各种金融场景融入日常生活，将金融服务融入老百姓“医、食、住、行、玩”的场景，最终实现“一个客户，一个账户，多个产品，一站式服务”的目标。

目前大多数互联网金融，如电商小贷、在线理财、支付、P2P、众筹、金融服务平台、互联网货币等，都仅是传统金融和互联网的简单结合。未来，将有更多的企业会把这种简单结合进行场景化建设后融入日常生活。

3. 体现场景内金融的业务。目前，体现场景内金融的业务多以下面几种方式呈现：(1) 第三方支付，这是最早出现也是最具代表性的互联网金融业务，其目前规模巨大，仅 2013 年一年交易规模就超过了 17.9 万亿元；(2) 金融产品销售渠道业务，例如阿里巴巴的余额宝销售天弘基金的货币基金、铜板街网站销售银行理财产品等；(3) 互联网信贷，以 P2P 贷款为代表；(4) 现在流行的众筹模式，即通过在互联网上展示自己的项目募集公众资金实现融资。这些不同的金融业务的场景建设各有不同，只有那些根据自身发展和特性着手，切入更多、更便利高效、更靠近客户的场景，更容易成功。

4. 场景内金融的挑战。场景内金融能否安全、稳定地实现？能否符合监管要求？能否通过最便利、高效的方式搭载到客户每天非常习惯的生活场景中去？这对绝大多数企业来说是个挑战。若想实现场景内金融，主要需要解决两个问题，一是金融属性，二是技术门槛。第一，金融是场景内金融的重要属性，企业需要了解金融、互联网政策法规，与监管层及时有效地沟通，获得监管机构认可或相关牌照，这些举措都是重中之重。第二，实现互联网金融的各种场景，对系统的灵活性、稳定性、风控能力都有严格要求，技术门槛高。

一方面，基础设计搭建如果不坚实，可能引发企业的经营风险。例如 2014 年微信红包活动，除夕到初八，超过 800 万用户参与了微信红包活动，超过 4 000 万个红包被领取。红包活动最高峰是除夕夜，最高峰期间的1分钟有2.5万个红包被领取。在这次红包大战中暴露了很多微信场景内支付存在的问题，如理财通的限额低，抢红包取现屡屡延迟，非绑卡的微信用户红包资金无法处理等等，同时，虚假账号、手机木马、钓鱼网站等“并发症”也成为用户使用场景内金融进行理财时最为关注的问题。

另一方面，如果风险控制不健全，也会影响企业声誉和运营。例如一些互联网金融企业片面追求业务拓展和盈利能力，采用了一些有争议、高风险的交易模式，也没有建立客户身份识别、交易记录保存和可疑交易分析报告机制，很容易为不法分子利用平台进行洗钱等违法活动创造条件；同时，还有一些互联网企业不注重内部管理，信息安全保护水平较低，存在客户个人隐私泄露风险。这些互联网自身存在的安全问题和金融业特有的风险问题可能相互放大，导致互联网金融容易产生系统性的金融风险。因此，如何保证客户信息和交易信息的安全以及在互联网环境下防控金融风险，同时又能便捷、快速地在各种场景中消费金融产品，是场景内金融发展的过程中亟待解决的问题。

5. 满足互联网金融的复杂性、多样化场景的要求。首先，场景内的支付系统是金融级的系统，对系统安全性的要求远高于一般互联网业务系统。支付过程中，经常会遇到这种情况：业务需要支持的场景越来越多，支付系统越来越复杂，虽然投入大量技术人员，仍然无法及时响应业务需求。这些情况的产生主要是因为用户支付方式的多样性、商户结算方式的多样性以及一些资金渠道的特殊要求决定的，是业务发展的必然结果。

场景内金融的支付系统，需要支持各种复杂的业务场景的收款、结算要求，诸如不同的商户有不同的结算周期和支付手续费率；支付时有分账的要求；支付时有返点的要求；支付时有积分抵扣的要求；支持信用支付，对不同的用户有不同的授权额度；支付担保付款。大部分技术团队对解决该问题都有比较清晰的思路，但真正做得好的不多，主要是因为执行时需要投入大量人力、物力和技术，执行细节时经验不足。而且很多支付系统设计时，没有做特殊的安全设计和风险控制，导致系统在防范黑客入侵方面，比较脆弱，发生较多用户资金被盗情况。场景内金融的特点之一是业务峰值远高于日常业务的平均值，因此它的系统设计时，除了实现功能，还要对发生超额业务量的情况进行保护，应对业务量突增时，不会导致系统崩溃。

其次，用户的账户要能做到专户专用，针对不同场景有多维度的账户授权，还可以限额限次。一个业务出现异常情况，不会影响到其他业务。资金渠道要能做到对公对私分离、借记贷记分离、大额小额分离。清结算系统更是一个“杀手锏”。算清楚什么时候打多少钱给谁，不是一件简单的事情。它需要支持各种灵活的分配机制，能够支持真正的开放平台的复杂业务。在最为重要的风险控制方面，需要具备完善的凭证体系，严格遵守账账相符、账证相符、账款相符、账实相符的会计准则。

最后，回归到我目前在做的公司：维金。我们是一家互联网金融基础设施供应商，致力于为所有创造场景内金融的业者提供非常好的解决方案。这就是我今天分享的话题，对于“场景内金融”这个领域，我们也是探索者，我们认为，场景内金融的最大创新不是金融的销售模式或者渠道创新，而是普惠金融的发端。以上观点仅为抛砖引玉，非常希望能够和业内精英们有更多的沟通和交流，谢谢各位。

（2014－06－16）

互联网金融法规监管和风控

宏观政策研究
法规监管
风险控制和管理

当前中国宏观形势分析

邵　宇*

目前各种数据显示，中国经济进入了伤停补时阶段，很多指标（包括消费、投资、货币供给）都出现了近10年以来的最低值（还不用说令人疑惑的平减指数问题），但这仅仅是表象，深层次的原因应该是在中国经济自身演进过程中呈现出来一些明显的断裂地带，即三重断裂带——分别是增长断层、改革断层和全球化断层。

按照现在广为流传并逐渐形成一致预期的“三期叠加”（增长速度换挡期、结构调整阵痛期和前期刺激政策消化期）来判断，传统的增长动力已经逐渐丧失，而新的增长点的有效形成还需要时间。在完成动力的切换之前，可能市场看到的就是经济的不断下滑以及风险因素逐渐释放的不稳定过程。这个过程必然会惊险连连，我们担心以前决策者惯常使用到的所谓“最复杂的一年，最困难的一年”可能都无法描绘，在今年由于一些重大的结构性变化所带来的经济后果，这会让我们在宏观判断上找不到感觉，2014年或许是惊险的一年。这里我想深入讨论一下三个断裂带。

---

* 邵宇，金融学博士，毕业于中国复旦大学，英国牛津大学圣安东尼学院 John Swire 高级访问学者。2003—2004 年曾任职上海市宝山区发展和改革委员会副主任。2004—2009 年曾在复旦大学国际金融系担任副主任和 CFA 项目主任。2009 年 11 月进入产业，历任西南证券研究发展中心总经理，宏源证券首席分析师。目前在东方证券担任首席经济学家、首席策略师、固定收益团队负责人，同时担任中国首席经济学家论坛理事成员，央行货币政策委员会现任专家成员。同时被聘为复旦大学金融研究院研究员、南京大学兼职教授、复旦大学经济学院研究生导师。美国华尔街日报 WSJ、英国金融时报 FT、中国财新网专栏作者，广泛参与媒体和公众事务。研究领域覆盖全球和中国宏观、权益和固定收益投资策略、量化技术及金融工程。代表作品包括《穿越镀金时代》、《改革锦标赛》、《危机三部曲》、《微观金融学及其数学基础》，《金融创新与体系设计》、《证券投资分析：来自报表和市场的见解》等。

最近演讲视频：

第一财经 TIF 鹈鹕秀—邵宇：三次失衡，三个世界，三足鼎立—— http://url.cn/PVP1nS

第一财经 TIF 鹈鹕秀—邵宇：中国经济如何冲破三重断裂带—— http://url.cn/NqegBG

第一财经 TIF 鹈鹕秀—邵宇：改革锦标赛与新“三驾马车”——http://url.cn/KD0sCF

第一重是GDP锦标赛与改革锦标赛之间的断裂。传统的GDP锦标赛的能量级明显下降。这一方面是源于已经高企的地方政府负债和略显紧绷的货币政策。但更重要的原因，特别是短期面上的原因，主要是因为官员绩效考核机制一定程度上的调整，目前全力展开的反腐行动，以及对楼堂馆所等新建基建项目的抑制。去年我们一个活动预算60万元，结果遇到四风，转到大学区开，一共花了2 000元。

应当说这些都是十分必要和紧迫的措施，但其对经济增长的短期压制作用也正在显现。据观察，目前基层官员之间正在形成一种消极怠工的状况，这与党性无关，应该是人性。现在官员不可以吃，不可以喝，也不方便戴表，那他们也就不积极推动项目进展了。很多民营企业主反映，他们宁愿回到从前，至少那时候的官员收钱同时也干活，这些投入都可以折算为交易成本进入项目，如果还有钱赚就做呗。显然传统的GDP锦标赛，是明显亲投资的，特别是对于系统内的成员来说是所谓“激励高度相容”的，因此地方政府历来在通过增加投资以加速经济增长方面相当地驾轻就熟，但是目前情况已经开始发生趋势性变化。注意到常务会议已经决定派出第一批督察组了。

毫无疑问，新一轮的放权改革必将激发民间资本的活力，但就目前的情形来看，这还需要一个时间过程，对于民间资本，观察显示它已经形成了一个很明显的“斯德哥尔摩综合征”效应。所谓斯德哥尔摩综合征就是指人质被绑匪绑久了之后，会对绑匪产生一定的心理依赖，若被释放之后可能还很不适应，还会回头去找那个绑匪寻求慰藉。由于很长一段时间，民间资本已经习惯在政府的强势下生存，他们可能还没有足够的觉醒去认识到自己可以发挥的功能的重大变化，仍然对政府抱有明确的期待。因此即便政府放权，他们暂时也不大会迅速拓展自己的空间，而且在缺乏政府指导的情况下，可能一时也无所适从。这从一些民企大佬近期的谨言慎行中可以略窥一斑。

大家可以对照一下自己的发家史，互联网同学们应该是最新锐了，但这点也可以从以下现象中观察到，例如在各种经济论坛中唱主角的仍然主要是各部委的官员，而理论上应该起决定性作用的市场，大多数情况下只不过是在安静地听着他们在说些什么。再如就拿当下改革创新的飞地——上海自贸区来说，各部委至少在形式上对上海自贸区已经给出了包括金融开放在内的诸多承诺，但笔者听到的来自于金融机构和企业最多的一个词就是“等细则”。难以想象的是，本来应当都是由商业机构主动发起的各种金融创新的尝试以及各种新产品的发明，居然可笑地要等着主管机关给出一条条明确的操作指引。

最近释放出来的金融创新案例也就是管理层听取了民间的声音，再给予背书确认的过程，但总体创新的进度无疑是低于预期的。这就会出现一个明显的推动力落差，或者说是青黄不接的交接时刻，原来的增长模式已经明显地减速，而民营经济活力暂时不能得到充分的释放，那么结果就是经济增速不断下滑，如同一辆低速行进的自行车开始摇摇晃晃，保持平衡会更加困难，对此决策者必须见微知著。

更重要的是，中期来看，新一轮国家和政府治理改革的三大标志性工作将很快全面展开（即第五个现代化）。这包括但也不限于：（1）权力清单和负面清单，这将最终牢牢约束住政府这只有形的手；（2）以透明预算和全口径预算为核心的公共财政制度的确立，这将把每一次重大项目的决策从暗箱放到台面上；（3）在三中全会决定中明确提出的“推行新提任领导干部有关事项公开制度试点”。这本质上是一个以增量带存量的中国式阳光法案的雏形，切勿低估它的严肃性和作用力；（4）司法独立，昨天深改组专门讨论了“司法改革”的问题。我们正在跟进。加上适当的网络监督，这些应该就是所谓“制度的笼子”的最坚固部分。我们坚信上述改革会从根本上重塑中国成长的动力源泉，使得民间资本在未来拥有最大的空间和舞台，也同时让政府变得清正廉洁、高效和精简。但短期的抑制在所难免，也许这才是当下以致未来中期一段时间内经济增长可能始终会不太给力的根本原因。其实去基层调研下，感觉会更加敏锐。

第二重则是改革锦标赛内部的断裂带。我们来谈改革。2013 年深秋的十八届三中全会制定了令人兴奋的宏伟改革蓝图，打响了改革锦标赛的发令枪。改革就意味着变化，但我们也必须清醒地认识到：改革是一个慢变量，而增长是一个快变量。不仅如此，改革本身也分成比较快的变量和慢的变量，断裂处就在于改革的各个元素之间短期内未必能够形成有效配合。

例如行政体制改革可能是一个快改革，尤其是其中行政审批的下放或者取消，而配套的民间资本进入的实质举措则是慢改革；再如要素价格改革，其中提高水电煤的价格或者最低工资标准调整都可以是快改革，而配套的资源税征集反哺环保产业则是慢改革，有效降低宏观税负，推动产业链跃迁是慢改革，社会保障和公共服务的提升跟上则可能是更慢的变量；至于财税体制改革、户籍制度改革、土地制度改革则是最慢的改革，这样也会形成一个内部的不相衔接的错层。在犬牙交错的改革断裂地带，各种矛盾和风险会逐渐充分地暴露出来。

尤其明显的是：我们一度认为金融改革是最复杂的，因而也应该是最慢的改革变量。但现实是现在大家可以清楚地看到：原来金融改革可以很快。实际上目前来看，金融改革反而已经变成了一个最快的变量——金融改革的三大主要环节，操作起来说简单也很简单，利率、汇率市场化，然后开放资本账户。从去年开始大幅度推进的金融改革已经通过利率和汇率的市场化，做了两次压力测试，而年初新股发行制度改革又在资本市场上做了一次压力测试，同时大宗商品近期也经历了一次过山车式的波动，最近又是开放资本市场的重大举措——沪港通6个月内就会成行。

大家觉得这三次压力测试结果如何？几轮压力测试结果显示，不论是经济还是市场的稳定性都还是差强人意。金融变量的剧烈波动，不但有利于改变原来一致的单向投赌预期，同时也可能会引发更大的不确定性。而那些较慢进行的各种相配套的改革只会使得原来的风险进一步积累，例如影子银行（包括同业和中国式信托）的治理，地方融资平台的治理，这显然都是慢改革，总量货币政策的简单紧缩式调整或者市场化决定都无法完成这些结构主导的精细化、差异化管理要求，从而使得劣币驱逐良币、逆向选择、道德风险、制度套利，这些难题都无法从根本上得到解决。所以各种改革进程速度不一致，特别是金融改革的单兵突进，可能带来意外情况，而各种各样的改革不配套的风险最终可能会体现为金融危机的症状。

特别是一直被外界所诟病的中国地方政府债务问题，实际上化解过高债务杠杆问题的措施里面就涉及很多的慢改革，例如预算透明化以后的市政债的发行改革，地方和中央的事权和财权的重新匹配，国有资产的变现以及混合所有制的实现，以及人民币国际化究竟如何推进，如何形成足够量级的离岸人民币资产池等。由于大部分投资者本身也是比较短视和屈从于自己的认识框架局限的，而要理解中国改革的逻辑需要消耗大量脑力，特别是去理解和量化户籍、土地制度的改革可能释放的红利几乎是不可能完成的任务，尤其是对于海外投资者。反而是以前的这样一个简单的数字增长10%，现在滑落到7%要直白得多，尤其是在今年全球套息交易随时都可能反转的情况下，暂避风险是他们最一致的选择，在这种时候他们往往宁愿选择用脚投票，不看好中国。这里关于互联网金融，确实是向监管部门提议加强监管的。因为中国可能2—3年做完美国30年干完的事情，其中的风险，绝对是未知地带。现在内外环境整体趋紧，不得不分外小心。

第三重断裂则来自全球化进程的阻断，准确地说是来自美式全球化和美元全球化进程的逆转。本质上说是以美国为代表的传统发达经济体的局部退出和以中国为代表的新兴经济体的拒绝上位。考虑到目前中国经济的体量和对外依存度，这也是直接制约中国出口增长以致内外平衡的关键原因。

这里谈谈外部环境，香格里拉会议大家其实已经撕破脸皮，新型大国关系正在回归传统大国关系。2008 年金融危机改变了很多事情，大危机之前全球化的逻辑很简单，整个世界分为三元结构，全球的三个世界的格局是由消费国（美国是典型代表，印钞票、花钱买东西）—生产国（代表是中国）—资源国（中东的这些石油国，还有包括金砖国里面的巴西、俄罗斯都是这样的国家，提供大量的大宗产品）构成，通过现有的以美元为主体的储备体系相连接。生产型和资源型经济体完成原始的资本和产能的积累，而发达经济体刺激虚拟经济体系的空前繁荣和消费主义的狂欢。中国在这个夹心层中的难度就体现在买什么什么就贵，卖什么什么就便宜。整个世界就是按照这样大循环模式运转的，因此这种全球化，更准确地说应该被称为美式全球化或者美元全球化。

这种相濡以沫的广义 G3 结构最终在 2008 年次贷资产泡沫中轰然坍塌，然后危机一波一波不断袭来，首先是美国的金融体系危机（银行和居民资产负债表），然后变为欧洲主权债务危机（国家资产负债表），进而变为货币体系危机和新兴市场的连带伤害，全球经济随之进入了长期的消沉。这里特别涉及储备货币的双重投放问题，时间有限不展开了。

更麻烦的是，大危机以后传统的大循环结构被阻断了——它的现实反映了来自于以中国为代表的新兴经济体同发达经济体之间依赖关系的局部破裂。通过无限量的货币投放，发达经济体貌似喘过气来。发达经济体和新兴经济体之间的增速已经相对收敛，原来所形成的消费国、资源股和生产国之间的固定的格局，可能已经被打破。以前主要是由消费国释放货币发动消费，然后资源国提供大宗产品，生产国开足马力加大产能这样一种格局，就可能面临一个明显的断裂。特别是当最大的消费国——美国自己试图通过再工业化和能源革命，再次成为生产国和半个资源国的时候，它就变成了自给自足的三位一体的结构，所以对以前中国和资源国的很多需求都在下降，这就是全球贸易不振的核心原因。有理由怀疑，整个全球大循环的逻辑链条，可能就此已经被阻断。同时也可以观察到，“觉醒了”的发达经济体正在通过新一代贸易规则例如 TPP、TTIP 来构建自我循环的经济体系，力图把新兴经济体再次驱赶到全球化食物链的底端或者权力分享的蛮荒地带。这种以邻为壑的贸易规则竞争的最后结果一定是两败俱伤，而新兴经济体则更加“易碎”，尤其是在今年，因为政治不确定性正在上升，看土耳其、泰国、乌克兰的情形即可一目了然。

所以我们看到的是：当下中国经济已经进入到三期叠加，即 GDP 锦标赛动力的丧失期——改革红利不能充分协调发挥合力期——全球化红利暂缓释放期，中国经济当下的情况空前复杂，具有极大的挑战性。特别是在今年这样一个外围流动性可能发生急剧变化的环境下，不能排除会看到一些系统性风险的集中爆发，这包括二三线房地产价格泡沫的自我实现式地破灭，地方融资平台的违约风险，以及金融体系包括主流银行系统的坏账损失，如果再叠加人民币的大幅贬值，就会引发一场完美风暴。

违约是一条长长的光谱，最上端的是上游的原材料，例如涉矿的大宗产品，包括铜、大豆、铁矿石、煤炭等，然后是中游的过剩产能，包括新兴的过剩产能，例如超日债、太阳能、风能等，也包括传统过剩产能，钢铁、水泥和电解铝等，然后就轮到下游的房地产了，房地产往下就连接着地方融资平台，因为如果土地卖不出去，则地方融资平台的流动性立即就会出现问题，而这两者如果出现问题，那么中国的影子银行部分，特别是信托就会出现兑付风险，再下来是国家级融资平台，例如国开行的金融债的发行困难，然后是一般商业银行体系的坏账问题，从而回到危机的起点和终点。

这其中二三线城市的房地产是关键的分水岭，去年经济之所以还可以，就是因为地产投资还是不错的，但今年这个假设就要打上一个巨大的问号。如果即便放开非核心城市的两限都仍然不足以支持需求的释放，从而导致土地销售和新开工继续下降的话，增长底线就会变得岌岌可危。所以预期区域性和系统性风险的底线就应该划在附近。我们认为寄希望于一次性出清的理想化方法，来冷启动中国经济的增长和改革是非常不现实的。因为在系统性风险爆发，全球经济激烈博弈和资本高度快速流动的大环境下，大型又另类的经济体几乎不可能有喘息的机会，这个机会成本可能有无法承受之重。如果按照这个新开工的跌法，明年 GDP 会很难。

上个月中期策略会，我们也表示看好新兴产业，有个嘉宾谈穿戴设备非常 high，推荐了一款马桶，能把您的排泄数据和时间都发布到网上去，是很 cool 吧。可是我唯一的问题是，如果中国经济真的崩了，这玩意能 save the world 吗？这是我看到的新兴经济和传统经济之间的关系。

总结：在接下来的关键数年中，中国既需要甄选合适的策略冲出人均 GDP

6 500 ~ 13 000 美元这个中等收入的陷阱，又要避免出现颠覆性的错误局面。我的招牌口号，接下来8年，干得好就是欧美，干得差就是拉美。每一位投资人都要认真想清楚，这个国家用什么方式和策略冲过去。这就是我们的机会，才能准确下注。

（2014 - 06 - 09）

众筹法律风险与规制

邓建鹏*

在本文中，主要从以下几个视角思考众筹存在的相关问题：（1）众筹的功能和两种类型；（2）实物回报类众筹的法律风险；（3）股权回报类众筹的法律风险；（4）其他法律风险；（5）众筹法律风险规制的思考。

众筹一词源自于英文“crowdfunding”，主要是通过互联网络平台向网民集资，以完成项目投资。首先，在中国不同众筹平台的功能与特征各有千秋。一是众筹成为各种创新产品的预售及宣传平台，以众筹网、点名时间为代表；二是成为影视、音乐拍摄与录制或著作出版等人文艺术类项目的实现平台，以专注于微电影众筹平台的淘梦网为代表；三是成为一些公益项目的募资平台，以追梦网居多；四是成为促成一些创业项目的天使投资，以天使汇、大家投等为代表。众筹模式的核心是吸引网友募资，要实现募资，条件是提供合适的回报形式。按照其对投资者的回报方式，众筹主要分为捐赠、实物、股权、债权等四种模式。但若从实质上而言，众筹按其回报形式，实质上在中国主要分为两种：实物回报类众筹；股权回报类众筹。众筹具有直接融资的功能，其提升了融资效率，降低了融资成本，尤其针对中国民间长期存在的融资难、融资贵问题，众筹显然拥有巨大的发展空间。

包括众筹在内的互联网金融掀起了新一轮产业创新浪潮，然而，中国的众筹模式尚处于法律灰色地带，面临重大法律风险。这使得众筹模式在中国遇到重大发展瓶颈。为此，下面根据回报形式的划分，分别论述中国众筹业的法律风险，并试提出控制风险与众筹合法化的思路。

首先是实物回报类众筹的法律风险。实物回报类众筹面向不特定对象发布集资

---

* 邓建鹏，北大法学博士，中央民族大学法学院教授，《互联网金融》杂志副总编辑，国际金融论坛互联网金融中心研究员，互联网金融与法制研究专家，合著有《互联网金融法律与风险控制》一书，在互联网金融领域发表论文近十篇。参加工作九年以来，荣获霍英东教育基金会第十三届高等院校青年教师奖、北京市第十届哲学社会科学优秀研究成果二等奖、中央民族大学“十佳教师”、中央民族大学五四青年标兵等九项荣誉，两度主持国家级社会科学研究项目。

（投资）项目，其法律风险主要涉嫌非法集资。为规避法律风险、吸引投资，各众筹网站均在其主要网页不约而同对自身性质作相关说明。此类众筹平台通常声明其行为并非非法集资，理由是跟传统的投资和融资不一样，因为出资人在这里无法获得股权、利润分享的回报，大家是在购买项目成品，不是投资项目。

这种声明有偷换概念、玩弄文字游戏之嫌，并不必然抹去其非法集资的嫌疑。中国的众筹同样具有投资（对出资人而言）和融资（对项目发起人而言）本质。众筹的英文概念“crowdfunding”，本意为集体出资，而非集体购买。

实物回报类众筹引入中国后，其运营模式与美国同行并无本质差异。中国的众筹均向出资人承诺有回报，回报的额度与出资金额成正比，这种以实物作为回报并不必然影响其分红的性质。另外，众筹网发布的各类回报的实物与预购加团购不同，在项目发起时，这些将来用于回报的各类实物多处于不确定状况，也即能否按时、按约定的标准制造成型尚是问题。虽然实物回报类众筹声称其性质实为预购加团购，但其与通常的预购或团购有重大区别。团购的标的大多已经制造成型，实物回报类众筹涉及的项目在发布时通常未生产成品，其最后是否能必然按预期生产并且及时交付给投资人，存在诸多变数。如果视众筹为“预购”加“团购”，即支持者与项目发起人之间在法律上构成买卖关系，这在法律上会将产生其他问题。如果发起者使用部分或全部的筹集资金后，项目未能成功，这时从法律关系上看，是买卖合同的一方未能履行交付义务，从而需承担返还合同款项的法律责任，即发起人返还筹集到的资金。然而在实践中，多数众筹网站大都均未说明一旦项目未获成果，项目发起人应该向支持者返还资金。另外，许多众筹网甚至要求出资人不得要求项目发起人退款。如果此类众筹行为性质为买卖关系，平台禁止或限制出资人要求退款，明显违反合同法的相关规定，属于无效条款。因此，这些实物回报类众筹与其说是买卖行为，不如说更接近投资行为。

非法集资是一通俗说法，具体而言则涉及刑法中的非法吸收公众存款或变相吸收公众存款（罪），其在《中华人民共和国刑法》（以下简称刑法）与最高人民法院相关司法解释中均有较明确的界定（有四个要件）。实物回报类众筹网虽回避股权、货币等法律明禁的形式，代之以产品，这本质上属于以实物回报形式。刑法未明确将承诺回报以及回报的形式作为变相吸收公众存款罪的构成要件，而是由最高人民法院以司法解释形式对之扩张性补充。但该司法解释相当于禁止任何形式的回报（包括实物），使众筹事实上处于违法状态。

其次，我们来分析一下股权回报类众筹的法律风险。当前天使汇与大家投是中国以股权回报而著称的南北众筹代表。作为互联网金融的重要商业模式，股权回报类众筹蕴含潜在法律风险。对于此类众筹的法律风险问题，据2006年12月《国务院办公厅关于严厉打击非法发行股票和非法经营证券业务有关问题的通知》（国办发〔2006〕99号），对非公开发行股票的某些行为作了限制：向特定对象发行股票后股东累计不超过200人的，为非公开发行。非公开发行股票及其股权转让，不得采用广告、公告、广播、电话、传真、信函、推介会、说明会、网络、短信、公开劝诱等公开方式或变相公开方式向社会公众发行。严禁任何公司股东自行或委托他人以公开方式向社会公众转让股票。向特定对象转让股票，未依法报经证监会核准的，转让后，公司股东累计不得超过200人。

中国的股权回报类众筹项目人数多有限制（比如大家投限定在40人以内），其预先注册并经过筛选出的天使投资者属于特定对象（如天使汇），发行股票后通常股东累计不超过200人，故而这种方式可以认定为非公开发行。但是，若项目发起人或者众筹平台采用广告、公告、广播、电话、网络、短信等公开方式向社会公众发行，即使认购人数未超过200人，也属于公开发行股票。因此，只要众筹平台以网络等公开方式将融资项目向社会公众公示，以吸引其他不特定对象加入投资者之列，这就涉嫌以公开方式向社会公众转让股票。这恰属《国务院办公厅关于严厉打击非法发行股票和非法经营证券业务有关问题的通知》严禁之例，且为《证券法》第十条第三款所禁止。

根据中国刑法，涉及与股权回报类众筹相关的主要有如下几个罪名，即“擅自发行股票、公司、企业债券罪”“非法吸收公众存款或者变相吸收公众存款罪”与“集资诈骗罪”。除了可能涉嫌前述变相吸收公众存款（罪）外，股权回报类众筹最接近“擅自发行股票（罪）”。

众筹还存在着其他一些法律风险。这些风险既可能涉及平台，也可能涉及众筹项目发起人。

众筹平台本身并未获得批准从事吸收资金的资格，涉嫌设置资金池。一旦营运出现问题或平台实际控制人出现道德风险，目前并无避免平台控制人卷款跑路的有效措施，则平台控制人可能构成刑法第一百九十二条规定的集资诈骗罪。

另外，实物回报类众筹平台的项目从展示、融资成功到产品制造成形一般有数月时间，这段时期项目知识产权（创新、创意）因在平台公示而面临被他人侵犯的风险。发起人的项目也可能涉及侵犯他人知识产权。众筹平台上的项目虽事先需经过网站工作人员审核，但由于专业审核人员的欠缺或客观因素的制约，有时仍难以发现项目发起人造假、侵权。

最后，股权回报类项目发起人可能存在故意虚构项目方案和盈利前景，如果经众筹平台未作尽职审核即发布项目信息，发起人与平台可能构成共犯。未作尽职审核即发布项目信息，发起人与平台可能构成共犯。

那么，对众筹的各种法律风险，目前存在规制的途径吗？首先要明确的是，在现行法律体系下，重要完全规制风险并不现实，必须同时仰赖监管层的宽容与立法上的调整。长期以来，中国出台的法制对金融业严格管控。

众筹平台的项目出资人被限于以实物为回报方式，实质阻碍了以投资为目的的行为。毕竟，不是所有人都对项目发起人回报的实物感兴趣。将来立法时可以针对众筹回报形式适当扩大，比如认可股权等作为回报。为了控制法律风险以及众筹走向合法化之路，众筹平台一方面应强化投资风险教育和风险提示，或限制非专业投资者进入；另一方面中国的立法机构可借鉴美国等已有经验，对众筹平台监管并制定规则。

规则至少应当包括如下内容：众筹融资对象主要是中小微企业和初创项目，法规规定单个项目的众筹融资上限，以降低投资人风险；确立项目发起人信息披露机制和披露范围（包括公司基本信息、股本与股东情况、财务状况、主营业务、募投项目信息等）；为降低普通投资人的风险，对股权回报类众筹推广认证投资人制度，项目得到机构投资人或专业投资人的认可后，个人投资者才方可跟投，同时加大机构投资人或专业投资人的法定义务；众筹平台应在证监会注册认证和定期审核，在项目发起人和投资者间保持中立，对投资者有充分的风险提示，有义务对项目发起人（或项目所属公司董事、高管）背景尽职调查；最后，以独立的、受监管的第三方机构负责出资人出资转账和资金划拨，这个机构可以类似于支付宝的功能，在预先拨付给融资成功的项目发起人部分资金后，项目发起人兑现诺言、得到出资人的确认后，再拨付其余金额给项目发起人。

（2014－04－30）

大数据技术支持下的北京市非法集资监测预警平台筹建方案介绍

沈　鸿*

各位专家好！受北京市打击非法集资监测预警平台研究设计小组委托，今天给大家介绍一下这个平台的建设情况，请专家们多提宝贵意见！今天向大家介绍三个方面内容：（1）平台建设背景。（2）平台建设思路。（3）平台建设作用。

一、平台建设背景

近年来，全国非法集资案件高发，涉案金额增大，非法集资案件数一般占同期经济犯罪案件总数的5%以下，但涉案金额却占同期经济犯罪案件10%以上，最高达16%。从近三年全国及北京的非法集资案件“发案数量、涉案金额、参与集资人数”三项指标来看，非法集资呈高发趋势，涉案金额不断增大，涉案人数居高不下。据了解，每年全国非法集资案超过2 000起，北京周边是重灾区。非法集资在多区域出现且屡禁不止，并向职业化和多领域发展，呈现出以下四个新的特点：一是参与者人数众多、资金量大；二是危害性强，追赃减损难度大；三是传布区域广、涉及行业领域众多；四是犯罪手段呈现电子化、网络化。打击非法集资，面临的难点和问题：一是信息获取难，群众受损才报案；二是案件取证难，基本情况难掌握；三是监管手段少，信息渠道不顺畅；四是资金补救难，采取措施较滞后；五是防范意识差，宣传教育待加强；六是协调合作难，打击处置困难多。关于背景情况估计大家不会有什么问题，下面重点介绍平台建设思路。

---

* 沈鸿，北京市金融工作局副巡视员。曾任北京市人民政府办公厅秘书五处副处长、处长，秘书三处处长，会议处处长，现在分管风险管理处、应急打非处，协助分管北京市金融发展促进中心。

二、平台建设思路

我们设计的平台将包括两个子平台：一是对正规金融产品登记的前台，是支持健康发展，服务路线。二是发现非法集资线索的后台，是打击违法犯罪，守住底线。

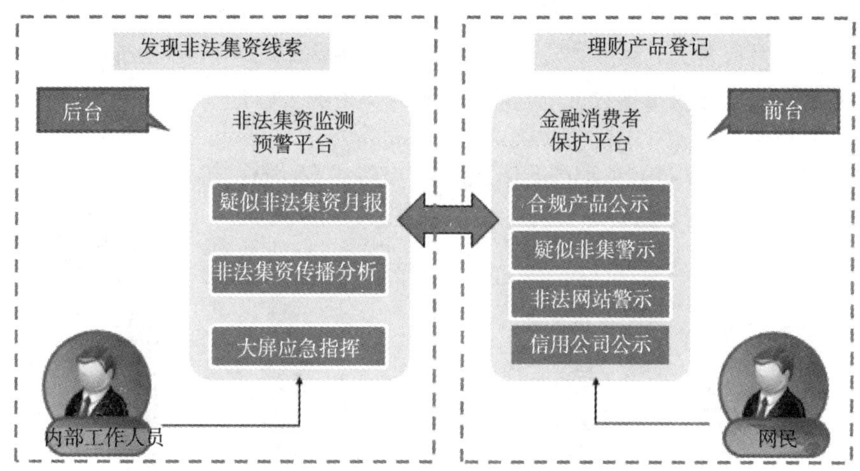

图 1　北京市打击非法集资监测预警平台构架图

1. 金融产品登记前台

凡是卖给在北京的金融消费者的金融商品：一是必须登记；二是必须第三方存管；三是必须建立保证金；四是必须建立严格的监控机制；五是必须加入行业自律组织并严格自律。

平台将通过唯一编码对金融产品进行管理。融资方针对金融产品在线申请备案，金融管理部门进行审核、批准、公示，加强集资监管，同时通过接口与工商部门、公检法部门、金融监管部门等备案数据进行查询对比，进行初步的信用评估，分离出合法集资与非法集资。

属地名称	属地编号	发行日期	机构编号	产品编号
京准	110	1306	37	001

图 2　金融产品备案信息设计图

互联网金融网络信用监管服务平台的网络信用评级将依托大数据技术，从工商注册信息的合法性、社会化媒体数据、网络推广行为、互联网金融融资借贷记录、投资者线上线下投诉等五方面信息进行综合评估，通过加权计算综合信用评级。

依托于金融产品登记前台，针对投资人实现合规产品公示、非法集资警示、非法网站警示、公司信用查询等服务。

2. 非法集资监测预警平台

根据以往非法集资特征，针对网络虚假信息，目前分为股权类、债权类、商品营销类、生产经营类、理财类五个一级分类，按照合法性、非集特征词、收益率偏离、传播力、负面反馈指数五个维度构建非法集资的“冒烟指数”。

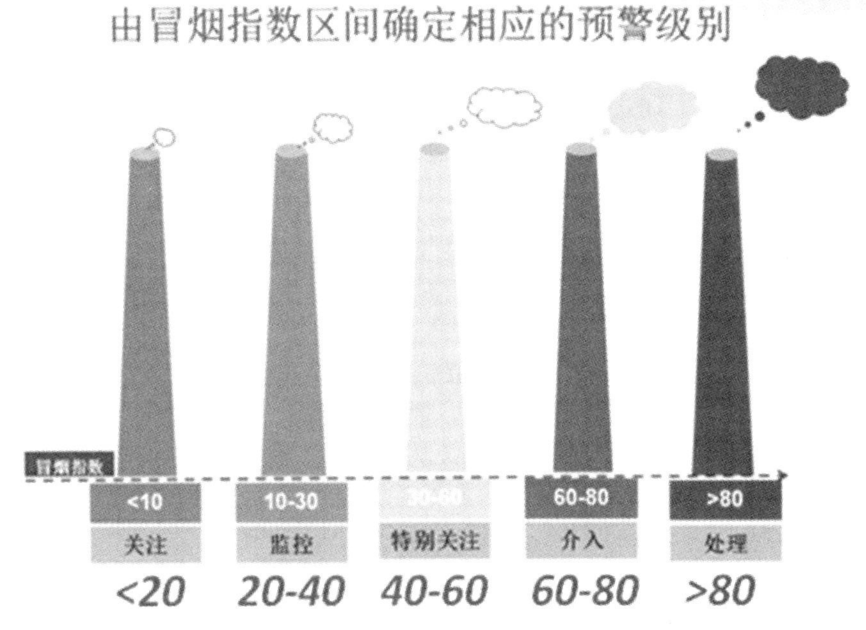

图 3　冒烟指数预警识别图

以“冒烟指数”为评估标准，系统根据其高低对各类别的非法集资信息自动定期汇总，形成非法集资的 TOPS 榜单，同时基于大数据中心，根据“冒烟指数”针对非法集资开展 7×24 地图化的实时预警。

基本建设思路为：利用互联网搜集信息，运用大数据挖掘、云计算技术，通过两次比对、一次干预、最后确认的一系列步骤，实现对疑似非法集资的企业进行不

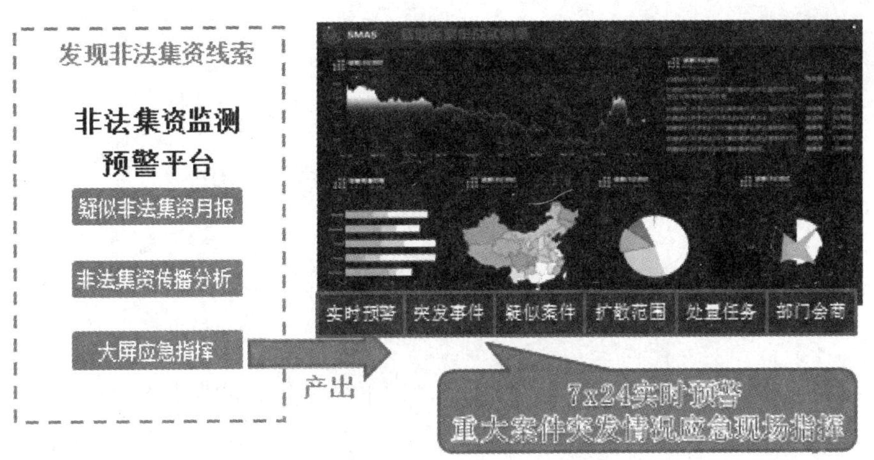

图4　北京市打击非法集资监测预警平台后台功能介绍图

同级别的处置应对。不怕你搞非法集资，就怕你不在网上留痕。只要你留痕，我就能抓住。随时搜集存储、随时跟踪比对，随时判别分析，随时报告案例。最好做到，非法集资来了你就走不了。

这项工作得到了拓尔思的大力支持。这个平台是霍学文同志的创意，现在技术应该已经基本成型，研发阶段告一段落，继而进入试运行阶段。这是互联网金融运用大数据方法、智慧众包模式、技术公司倾情研发的一大成果。也作为早餐会的一大成果。

三、平台建设作用

平台建设成功后，将形成六项机制：发现线索、跟踪线索、监测预警、协调警示、监督控制、信息共享等机制。系统的建成，有以下五点社会效益：一是金融管理的重要手段，维护金融秩序的重要举措；二是科技服务打非工作，切实做到打早打小，关口前移；三是国内建立网络防范非法集资平台，服务全国各省市；四是协助案件侦察，提供网络线索和证据；五是减少案件处置和善后的费用支出。

（2014－01－03）

推进上市公司全产业链发展体系建设，加快经济科学发展

霍学文*

推进上市公司全产业链发展体系建设（以下简称全产业链体系或全产业链），是调整经济结构，加快产业升级，提升经济整体竞争力，促进经济科学发展的一个重要途径，将对加快经济发展方式转变起到重要作用，也是贯彻落实党的十八大提出的战略目标重要途径。

一、推动上市公司全产业链发展体系建设的内涵与意义

推动上市公司全产业链发展体系建设是指通过政府引导，发挥多层次资本市场优势，发挥产业规划和发展资金的促进作用，对全产业链体系各个环节科学系统分类，选择符合产业特点、技术含量高、管理水平先进、市场地位明显的上市公司和拟上市公司作为发展支点，结合经济发展战略，聚合上下游企业，形成产业集群，打造产业核心竞争力，实现产业链整体价值提升的一种经济发展模式。

（一）上市公司全产业链发展体系基本内涵

上市公司全产业链发展体系的基本内涵是：依据本地区经济特色与要素禀赋，以上市公司为龙头，以上市公司产业园为载体，以多层次资本市场为平台，以上市公

---

* 霍学文，北京市金融工作局党组书记，南开大学国际金融博士、中国人民大学法学博士。曾任南开大学经济学院教师、副教授，研究员。曾在国务院证券委员会办公室、中国证监会工作。历任北京市金融工委副书记、市国资委副主任、市发改委副主任兼金融办主任等职务。出版过经济学、金融学、资本市场等专著。曾在中国社科院特华博士站、北京大学中国经济研究中心作博士后研究。兼清华大学五道口金融学院战略咨询委员会成员和导师。曾在《南开经济研究》、《金融研究》、《经济学动态》等刊物上发表《关于云金融的思考》、《推动上市公司全产业链发展体系建设研究》、《关于股票定价理论的发展脉络》、《中国资本市场存在的问题及其高效资本市场的构造》等论文50多篇。

司产业群为链条，以打造产业整体竞争力为目标，构建全球化、信息化时代现代产业发展的组合竞争力和内生竞争力，形成产业发展的新方法和新体系，形成促进产业发展规模效应、成长效应、品牌效应、连锁效应和集群效应的现代经济发展模式。

（二）全产业链体系基本属性

产业选择性。全产业链体系是一种新型产业和经济发展模式，与传统企业模式比较，更加注重企业选位、产业定位和产业发展的整体效应和集群效应，形成产业航母集群。全产业链环节中企业选位和产业定位要与地区经济地位和发展战略相结合，以未来产业发展规划为导向，形成产业发展的特色和优势。

产业承继性。建设全产业链体系，要立足于已有产业发展特色优势和企业聚合基础，进行产业结构上下关联、优化组合和产业升级，稳中求进，进中求好，促进经济平稳可持续发展。

成本递减性。处在全产业链体系各个环节中的企业，通过在产业园区内部以及园区之间高度协作，通过企业联盟、物流合作、研发合作和市场合作，构建集群优势，形成实际和紧密型产业联盟，降低共同开发市场的成本。随着产业链体系整合的成熟和专业化分工合作的深化，企业运营个体的成本将会逐步降低。

整体竞争性。全产业链体系使各主要环节中的上市公司和企业有机组合，增强战略协同，形成产业领导力与行业竞争力；透过产业联盟，培育自主创新能力；在已有上市公司的主要产业环节，构造上市公司集群；在没有上市公司的主要产业环节，打造新上市公司，塑造产业链的组合创新力和整体竞争力。

（三）推动上市公司全产业链发展体系建设的意义

当前，全球经济一体化趋势越来越明显、地区间经济合作越来越紧密。在中国经济不断强大并走向世界过程中，必须加快转变经济发展方式，从战略高度推动以上市公司为龙头的全产业链体系建设，促进区域经济发展，实现由中国制造到中国创造、由中国服务到中国创新的跨越，打造产业航母集群，形成中国经济的国内产业聚合力和国际品牌影响力。

建设上市公司全产业链发展体系对促进经济发展具有积极作用：

一是发挥金融体系和金融市场在建设全产业链体系中的全方位支撑作用。打造上市公司全产业链发展体系是金融支持实体经济发展的最佳结合点。通过规范企业发展、培育上市公司、提升企业能级、解决融资难题、提供并购通道，借助资本市场推动区域经济结构调整和产业升级，加快经济发展方式转变。金融服务实体经济发展，实体经济促进金融创新。

二是发挥上市公司对促进经济发展的重要支撑作用。上市公司是最具成长性的企业集群，是产业发展的关键环节。打造一个上市公司航母集群，就能带动一个产业链的发展，从而形成区域经济的支柱产业。上市公司通过资本市场完成企业发展的资本积累，实现资源的有效配置，提升内生发展动力和自主创新能力，成为现代经济的主导产生群体，成为引领产业发展的关键环节。培育和打造上市公司是建设产业链体系的重要基础性工作。

三是发挥上市公司带动上下游产业发展的聚合作用。通过培育全产业链中核心部位或关键环节的企业上市，带动上下游产业发展，形成聚合效应。在建设全产业链体系工作中，政府的工作重心要从关注企业发展转变到关注产业发展上来，转变到关注全产业链体系建设上来，转变到打造全产业链上市公司集群上来。

四是发挥上市公司产业园的承载聚集和协同发展作用。上市公司产业园是打造上市公司产业链体系的重要平台。通过强化和完善上市公司产业园建设，积聚区域内上市公司，形成上下游产业链，进而推动实现区域范围内各产业园之间的协调发展。在全产业链建设中，作为上市公司依托的上市公司产业园建设也是重要一环。产业园区发展模式要结合产业优势、行业积聚和资源特色等区位优势，实现区域间协调发展，进一步优化发展空间布局。

五是发挥全产业链体系在区域经济圈中的战略作用。通过区域间产业链的合作，实现共同构建经济圈的战略目标，提升经济在国内和国际市场的凝聚力、影响力和竞争力。在建设全产业链体系过程中，不仅要重视产业链体系的自身建设，还要重视促进产业链发展的服务体系建设；不仅要构建本地的产业链体系，还要加强与经济圈周边省市的产业共建；不仅要打造在国内产业的核心地位，还要关注国际市场实施国际产业布局的顶层设计。

二、建设上市公司全产业链发展体系的原则和工作方法

（一）建设上市公司全产业链发展体系的原则

坚持政府主导。全产业链体系建设离不开政府的强力支持。政府必须加强对全

产业链体系的建设工作的行业规划、政策扶持、市场培育和发展引导等全方位服务。

立足区位优势。全产业链体系具有区位性。全产业链体系要建立在资源优势、经济特点、产业特色、企业特性和区位优势基础上，才能选准领导企业和主导产业以着力打造。

明确关键引擎。建设全产业链体系，要以产业成长性和企业自主创新能力为核心，立足于建立创新型国家和提升产业链上骨干企业自主创新能力来打造特色产业链体系。

强化差异发展。全产业链体系要根据地区的资源禀赋，进行相对优势构造。透过政府间的合作，形成经济圈周边省市的优势资源综合利用和产业链整合发展，共同打造全产业链体系。

（二）工作方法

一是科学评估本区域全产业链体系要打造的核心产业链。根据区域经济的比较优势、区域主体的差别优势、区域独特的资源优势，运用科学的统计方法、产业分类体系和科技前沿信息，对区域内可以发展的优势、主导和前沿产业进行评估，选择区域发展的核心产业链。

二是确认全产业链体系里的核心部位或关键环节里的上市公司或拟上市公司集群。以现有的上市公司和拟上市企业数据库为基础，通过科学系统的指标评估，对选择将要发展的重点产业和核心产业的上市公司、拟上市公司进行重点支持，形成产业集群效应。

三是发挥核心部位或关键环节的上市公司的引领作用。推动上下游高端和高附加值产业实体在上市公司产业园聚集，促进产业链的形成。同时根据经济特点和功能区域布局，细化各园区功能，对园区进行科学布局，形成各有侧重、各有特色而又有机统一的上市企业产业园区集群。同时，也可疏散一些关联产业和企业到周边发展，加强经济的辐射力，形成地区间的产业合作。

四是发挥多层次资本市场和金融创新作用。利用好主板、中小板和创业板，发挥好新三板市场和四板市场作用，做好上市公司培育工作，发挥银行信贷、企业债券、私募股权投资基金等金融工具的作用，通过组合金融创新，解决融资难题，促进规范发展。

五是优化全产业链建设发展环境。加强政策体系整合引导，加强中介组织建设，完善中介服务体系，形成上市公司全产业链体系建设良好的发展环境。通过发挥上市公司协会和上市公司产业链联盟的作用，加强行业自组织，促进上市公司全产业链体系的形成。

（三）打造上市公司产业园

建设上市公司产业园是实现上市公司全产业链体系建设的重要途径。构造上市公司产业园运营管理模式十分重要。

1. 上市公司产业园培育模式。可以概括为：政府支持、市场运作、上市带动、产业聚合。政府支持：政府在土地、规划、建设、补贴等方面给予支持，为园区建设提供必要的资源及政策倾斜，加快园区的培育和发展。市场运作：以市场化方式来建设、运营、管理产业园，为上市公司发展营造良好的市场环境。上市带动：产业园区具备为企业上市提供培育和服务的功能，同时吸引并鼓励中介机构积极参与到产业园区企业的上市工作，吸引上市公司新募投项目、拟上市公司投资项目。产业聚合：以上市公司为龙头带动产业发展，培育上市企业，形成产业链的核心部位与关键环节，最后形成产业链，推动区域经济发展。

2. 上市公司产业园建设模式。建设评估：在产业园建设中，要充分发挥不同区域产业特色和资源优势，选择更适合的企业和项目到园区发展，同时还要做好区域间的产业平衡与协同发展，做好不同区域产业园的对接机制。建设主体：政府主导，多方参与，市场协同，规范服务，政府以提供政策和高效服务为主，以市场化方式进行园区建设。建设方式：在上市公司产业园建设中，可以依托已经成熟的开发区进行功能复合和承载，也可以根据情况新开辟功能园区。在建设中，可以尝试金融租赁等多种金融创新手段，降低初创期和培育期中小企业的运营成本。

3. 上市公司产业园发展模式。在上市公司产业园发展过程中，要体现本地经济的主体性、主导性、先进性以及与外省市经济的协同性、共赢性和区域增长的可持续性，积极探索多种发展模式。产业聚合模式：一是培育和吸引产业链上主导公司或主导群体聚集，形成产业园聚合效应；二是鼓励上市公司募投项目落地，补齐短板，形成产业发展的整合效应；三是打造上市公司产业联盟，通过联盟加速产业聚合；四是通过政府引导基金吸引并带动社会资金参与上市公司重组购并，形成产业链发展的并购效应。功能复合模式：以现有上市公司为基础，复合上市公司产业园发展功能，重点在信息技术、节能环保、高端装备制造业、生物制药、新材料、金融信息、物联网等产业打造优势产业园，全面提升经济的核心竞争力。飞地产业园模式：根据不同区域的产业特点和资源禀赋，根据全国各省市与周边省市经济合作深化进程，针对总部在本地、所投项目适宜在外地发展的公司或项目，可通过建立在周边区域的“飞地产业园”的发展模式，形成全产业链发展的跨区域协同合作效应，做到共享式发展。

三、建设上市公司全产业链发展体系的组织实施

政府在全产业链体系建设过程中发挥着不可替代的作用，在全产业链建设过程中也能更好地发挥产业规划和产业政策导向作用，发展政府产业支持资金的整合效应，以重点支持和服务于核心企业和主导产业链，构建全产业链发展体系。

（一）建立领导体制

在不同政府层级建立相应的领导体制，积极推进全产业链体系建设。搭建统一的服务平台，提供高效率的政府服务，形成政府各部门各司其职、通力合作、协同推进的工作格局。全产业链工作领导小组：负责统筹协调和工作指导。主责工作部门：负责整体方案细化、责任到位和协同服务。金融管理部门：以监管和服务促进和保障产业链发展。财税部门：研究制定并落实促进全产业链发展导向的财政税收扶持政策。工商部门：落实企业工商登记及股权改制的相关工作。地方政府：落实产业政策，提供高效服务，推动上市公司产业园区建设、管理和运营，聚集上市公司，打造产业集群。资本与要素市场：完善资本与要素市场制度与通道，研究产品创新和服务，推动企业上市融资，提供便捷服务。

（二）建立工作机制

领导小组成立专项工作组，建立协同高效的工作机制：建立信息集成机制，调查研究机制，政策协同机制，项目评估机制，流程管理机制，上市培训机制，统筹协调机制、区域合作机制和协同推进机制。

（三）实施重点推进

全产业链体系可以考虑首先国家自主创新示范区和国家高新技术产业园区所有

省市先行先试，分别探索在国家自主创新示范区、成熟高新技术产业园区和发展中高新技术产业园区建设全产业链体系，推广到其他地区，也可通过区域间经济合作，自主推进。

（四）完善政策配套

制定完善园区建设、上市培训、发展激励、退出机制在内的全过程、全方位园区政策和服务，形成政策集成优势，使政策向优势主导产业链集中，促进全产业链发展。

（五）积极有效实施

为保证全产业链体系建设的稳定健康发展，要坚持分步实施。第一步，组织专业咨询机构对要打造的核心产业链体系进行研究，深化论证；第二步，就全产业链体系建设方案征求各部门意见；第三步，根据专业咨询机构论证结果及各相关部门反馈意见对全产业链体系建设方案进一步修改完善；第四步，启动实施全产业链体系建设，明确主体责任，加强检查督导，集中解决难题，建立产业联盟，推动企业上市，加强金融创新，聚合产业优势，构造主导产业链体系。

注：此文发表于2013年2月的《经济学动态》。

（2014－02－03）

关于云金融的思考

霍学文*

未来，传统金融将不断互联网化，互联网金融及其相关形态云金融会改变整个金融市场的体系、格局、监管和发展路径，甚至影响一个国家的综合国力。中国金融业应提前布局，大力推动互联网金融及云金融的大力发展，同时通过互联网、大数据和云计算（Cloud Computing）等现代信息技术改造提升传统金融业，才能在云金融时代占得先机。中国在云金融领域的努力和成就，是促进中国综合金融实力不断提升、真正成长为世界金融大国的有利助推剂。

一、云金融及其特征

云金融是基于互联网、大数据和云计算商业模式应用的金融产品、信息、服务、用户、机构，以及金融云服务平台的总称。互联网是基础，大数据是内容，云计算是方法。互联网有多种存在形态，从简单网络到复杂网络，从内部网络到外部网络，从有线网络到无线网络，从传输网络到社交网络，从固定网络到移动网络，从国内网络到国际网络，形成了多形态、多层次、多技术互联互通的巨型网络，这已经成为承载现代信息技术社会的底层物质技术结构。在现代信息技术社会下，如果一项事业，不借助互联网，几乎难以生存，农村的农民，已经在家里用互联网卖农产品，并进行网上交易和结算了。

---

* 霍学文，北京市金融工作局党组书记，南开大学国际金融博士、中国人民大学法学博士。曾任南开大学经济学院教师、副教授，研究员。曾在国务院证券委员会办公室、中国证监会工作。历任北京市金融工委副书记、市国资委副主任、市发改委副主任兼金融办主任等职务。出版过经济学、金融学、资本市场等专著。曾在中国社科院特华博士站、北京大学中国经济研究中心作博士后研究。兼清华大学五道口金融学院战略咨询委员会成员和导师。曾在《南开经济研究》、《金融研究》、《经济学动态》等刊物上发表《关于云金融的思考》、《推动上市公司全产业链发展体系建设研究》、《关于股票定价理论的发展脉络》、《中国资本市场存在的问题及其高效资本市场的构造》等论文50多篇。

云时代，金融业务会在网络中沟通，在数据中穿行，在云端存储，在云平台实现。利用云计算的模型构成原理，将各金融机构及相关机构的数据中心互联互通，构成云网络，或利用云计算服务提供商的云网络，将金融产品、金融数据、金融信息、金融服务集成到云网络中，将分散的信息集成为有价值的信息，将散乱的数据集成为有价值的数据，将低端的服务变成高价值的创造，从而使金融机构快速发展客户并提升金融服务，增强竞争能力，提升单个金融机构和金融业的整体效率，再造流程，提高风险防控能力，降低成本，为客户提供更便捷的金融服务和更有价值的客户体验。

（一）云金融假设

云金融有三个假设：

1. 供给决定需求

技术供给决定技术需求，没有互联网的发展就没有互联网技术的广泛应用，没有云计算技术的发明就没有云计算技术的广泛应用，技术创造和应用的结果，造就了新的社会形态，技术已经成为解决难题的有效手段。有了互联网金融，才有了第三方支付，才有了电子商务的大力发展，才有了网上证券交易，才有了交易所的非场地化。中小企业融资难的问题，在云金融快速组合融资下将得到有效缓解。互联网、大数据、云计算的技术供给，创造着与之相应的新金融需求并创造着新的金融需求。

2. 形式决定内容

在互联网金融和云金融下，金融服务提供的形式决定着金融服务的路径、内容和发展空间。在云金融下，金融竞争更加激烈，金融需求的满足途径更加多样，金融创新的空间更加广阔，但金融需求和金融服务的客户体验将直接受到金融服务提供的技术形式的影响。不同企业会通过不同的技术创新及其表现形式来满足不同客户群体的不同需求和体验。在云金融条件下，金融服务的个性化水平将大大提升，点对点金融服务（Peer 2 Peer，P2P）将成为金融价值增值服务的重要方式，从而使传统金融服务下的难以发掘的所谓“低端”金融服务，变成高增值的金融服务。

3. 受众决定未来

在互联网金融和云金融下，决定金融企业生存和发展的不是所谓高端客户的数量，即所谓的高端客户战略，而是广泛的能够创造服务的客户数量。在互联网金融和云金融下，在有限的固定投资，创新的商业模式下，能否创造价值取决于服务客户的数量，而且，客户之间的价值创造将成为全新的价值创造模式。如阿里巴巴和京东商城，都是互联网下电子商务的典型代表，阿里巴巴的模式是阿里巴巴提供平台，为一个个的个体网上逛街的淘宝网店提供商业服务，并提供结算服务，现在亦提供金融服务（阿里金融）。京东商城为客户提供直接的人格最优的网上购物体验，在强大高效的自身物流体系配送下，为客户创造最低成本购物的同时，实现自身的价值，大大降低客户的购买成本和销售企业的回款周期。这一电子商务平台，既然卖电子产品、物品和书籍可以，那么有其强大的受众，卖理财产品、证券产品、保险产品等金融服务及其产品（正在酝酿的京东金融），就是监管机构的一道门槛而已。阿里金融、京东金融，是互联网金融的典型代表，如果再尝试利用云计算技术，挖掘海量的客户数据，进行分类分层提供金融服务，那就将是一个新型的云金融企业的雏形。云金融平台将是实现小微金融乃至普惠金融的有效形式，是实现金融服务民众和金融服务实体经济尤其是中小微企业的有效平台，同时送达式互联网金融理财方式也将是降低非法集资风险的有效渠道。

（二）云金融的表现形式

云计算在金融行业有广泛的应用可能，作为一种技术架构和服务模式，云计算可以被应用到金融业务价值链的方方面面，包括 IT 基础资源服务管理、业务流程管理（BPM）、内容管理、后台处理、客户关系管理（CRM）、个人银行服务、便捷支付服务和小额金融服务（P2P）等诸多业务领域。某种意义上来说，金融业务的每个环节，都可以采用云计算的方式重新审视和改造其支撑技术和业务模式。云计算技术在互联网基础上，将成为金融业的底层物质技术结构，成为改变金融业务结构、流程、功能、范围和内容基础架构。云计算技术将使很多非持牌的非金融企业尤其是从事电子商务的企业获得从事小额乃至全新金融业务的机会，也迫使传统金融企业包括大型国有银行面临新的技术挑战和革新机会，将重新调整中国乃至全球金融业的格局。比如被广泛使用的国际第三方支付机构 Paypal 和国内的第三方支付机构支付宝等专业网络支付服务，已经是一种基于云服务模式的金融支付方式，使大量中小型企业商户和个人方便快捷地获得电子支付结算服务。

云计算涉及的领域虽多，但在金融行业的应用方式主要表现为：在企业内部建设企业私有云，使用外部的公有云服务；对外提供公有云服务。如四大国有银行本身就是一个内部巨大的私有云，其拥有海量数据，对这些数据采用大数据挖掘技术，并通过云计算方法把全国的金融网点、金融产品、金融客户链接起来，将对四大国有银行产生巨大的价值链改造，从而通过价值增值服务，可以大大改变利差在收入占比中过大的盈利模式，提升其服务中小微企业的能力。

（三）金融安全体系的云端化

基于云计算技术的金融网络安全系统也是云计算技术在金融领域的最早的应用领域之一。基于云计算的数据存储技术可以更可靠、更安全。本地数据可能会损坏，或者被病毒攻击，导致数据无法恢复或遭到窃取。而云端数据分散在不同服务器，不用担心数据会丢失或损坏，有专业化的团队来管理信息和保存数据，防范病毒和各类网络攻击。同时，严格的权限管理策略可以让用户放心地与指定的人共享数据。在云存储下，可以大大降低金融机构建设自身强大后台数据库所占用的成本，而且不断创新的云存储技术使过去需要庞大占地的后台可以高度浓缩化，可以适应大数据后台建设和灾难备份的需要，同时也使中小金融机构可以完全不用自建后台，而通过金融服务外包实现安全化、专业化后台支撑服务。

将大数据和云计算引入到国家金融网络安全系统的设计中，借鉴云安全在网络、计算机安全领域成功应用的经验，构建“国家云金融安全系统”，具有极高的可行性和应用价值，构建我国金融体系的云金融安全网已经成为可能，依赖大数据挖掘和快速云计算技术，识别风险、防控风险、预警风险，这将大大降低系统性金融风险和区域性金融风险的可能性，同时抵御境外资本对我国金融体系冲击的风险性。这在一定程度上，能够进一步保障国内金融系统的信息安全。

（四）金融数据处理系统中的云应用

1. 构建云金融信息处理系统，降低金融机构运营成本

云概念最早的应用是亚马逊（Amazon）于2006年推出的弹性云计算（Elastic Computer Cloud ES2）服务。其核心便是分享系统内部的运算、数据资源，以达到使中小企业以更小的成本获得更加理想的数据分析、处理、储存的效果。而网络金融机构运营的核心之一，便是最大化地减少物理成本和费用，提高线上（虚拟化）的业务收入。云计算提供了海量存储和大规模的数据处理能力，降低了每单位数据存储和处理的成本。云计算可以帮助金融机构构建“云金融信息处理系统”，减少

金融机构在诸如服务器等硬件设备的资金投入，提升点对点的精准化营销和金融服务，使效益最大化。

2. 构建云金融信息处理系统，使不同类型的金融机构分享金融全网信息

金融机构构建云计算的金融信息共享、处理及分析系统，可以使其扩展、推广到多种金融服务领域。诸如证券、保险及信托公司均可以作为云金融信息处理系统的组成部分，在全金融系统内分享各自的信息资源。云计算技术，将使我国分业经营、分业管理在严格遵守分业规制的前提下，共享客户资源，共同提供解决客户需求的组合金融服务，从而，形成监管上分业、功能上融合的大金融服务格局。

3. 构建云金融信息处理系统，统一网络接口规则

目前国内金融机构由于使用的网络、软件、硬件不同时期不同系统等原因，内部网络接口标准不太统一，外部网络接口标准亦大相径庭，这大大增加了金融体系内部进行大数据融合和挖掘的难度。通过构建云金融信息处理系统，可以统一接口标准，最大化地简化诸如内部和跨行业务办理等技术处理的难度，同时也可减少全行业硬件系统构建的重复投资，降低跨行业务风险，为客户提供便捷的金融服务。

4. 构建云金融信息处理系统，增强金融机构业务创新能力

金融机构现在之所以追求大客户战略，追求贷款规模和业务规模，很大程度上是因为业务创新的大数据基础服务跟不上，不能够快速识别客户需求、全面控制风险。在云金融信息系统下，小额客户的价值可以充分发挥，管理小额客户的成本可以大大降低，从而实现大银行做小微金融服务的可能，从而可以实现金融服务的即时化、金融创新的个体化。同时，信息共享和接口统一，可以对资源的使用方提供满足个性化需求的数据服务，增加金融机构提供创新性的价值增值服务。

（五）金融产品服务的云端化

通过云端化金融架构和金融机构的线上优势，可以透过物理网点、虚拟网络和移动网络，构建覆盖全国城乡的全方位的客户产品和服务网络体系，从而大大改善城乡金融服务的巨大差异，消灭零金融服务村镇，消除金融服务盲区，形成覆盖农村基本金融服务、家庭便捷金融服务和小商户金融服务的全方位金融服务网络，从而实现全国范围内的基本金融服务均等化，从而大大提升城镇化质量。例如，地处A省的服务器、B市的风险控制中心、C市的客服中心等机构，共同组成了金融机

构的产品服务体系，为不同地理位置的不同客户提供同样细致周到的产品体验。这就是“云金融服务”。

（六）金融信息资源的云端化

由于云计算尤其是云存储技术的日益成熟，金融机构及其客户数据甚至是不同格式、不同媒体的数据将会成为可以深度挖掘有价值信息的大数据源，使金融机构内部海量数据不再孤立和低价值，而是成为可以深度挖掘的高增值服务来源，也是产品和服务创新的基础。这种基于云计算思想的产品服务模式已经在传统银行和其网上银行的服务中得到初步应用。金融机构可通过云计算平台提供更加云端化的金融产品与金融服务，提高自身的市场竞争力。虽然各家传统银行的网上银行都能针对客户提供诸如储蓄、支付、理财、保险等多种不同的金融服务，但作为客户，其同一种业务可能需要分别在多家不同的银行平台同时办理。当有相应的需求时，就需要分别登录不同的网上银行平台进行相关操作，极其繁琐。云金融信息系统，可以协同多家银行或同一银行的多个独立部门为客户提供云端化的金融业务服务和财富管理服务，在金融机构单一平台、单一入口得以实现。如此一来，将会为客户提供前所未有的便利性和产品体验。

（七）金融服务民生的云端化

服务民生是基于移动互联的民生金融服务应用，它解决从缴纳煤水电气热等的缴费服务，便捷的小额支付到小微企业融资和个人借贷等多样化的金融服务需求。在传统靠机构网点服务民生时代，由于这些人多、额小、手续繁杂等原因，形成了所谓“鸡肋”业务，但在云金融时代，这些可以低成本网上操作的业务恰恰成为了新的盈利点，甚至利润率高于所谓大额信贷业务，从此金融将更加走向为大众服务，靠便捷的服务获得盈利和大众的信任。

二、云金融与云技术发展

云计算对信息产业的影响并不只局限于信息服务业，将引发企业商业模式、行业生态的大变革，形成有利于创新和改善中小企业成长的生态环境。发展云计算不仅是信息行业发展战略，对金融业而言，其应用更是战略发展方向。在 2011 年

APEC 会议上，许多部长和专家认为云计算会带来全世界一半的 GDP。同时，金融业对于云技术的需求将带来云技术的发展契机。

（一）云技术引发云金融创新

1. 服务部署方式创新

云技术的广泛运用使金融机构能够快速从客户资源和业务需求出发，按需配置业务所需资源。各云计算开发商都在集中精力设计自己具有独到优势的云计算平台。例如，Paypal 公司通过云计算来提高资金流动效率。Amazon Web 作为最早提供云计算服务的平台，通过信息整合和集成服务，大大提升了销售效率和资金效率，并且为客户提供了增值服务。微软云计算平台 Microsoft Azure（Azure 来源于法语，语意为天空一样的湛蓝色，这也正是微软所希望的，把其打造成承载所有云上的应用和服务的蓝天）也在提供云计算平台的同时，试图考虑整合资金链条，提高资金流动效率。Twitpay，Zong 和 Square 等创新性第三方支付公司也都加入到这一阵营中，致力于减少费用加速资金流动。对于银行来说，能够通过与其他云计算服务提供商合作，在无网点情况下为客户提供金融服务。云计算向银行提供了一种新型盈利模式——无须在新的地区构建分支机构，就能够提供全套银行服务。

2. 客户服务创新

云计算的特点决定其能够帮助金融机构为全球客户提供真正的 365 ×7 的不间断服务。金融机构能够在全球任何一地，通过云金融平台，为客户提供全方位的支持和服务。这种全方位的 IT 支持能够提高商业银行各分支机构的客户服务能力。通过云计算，银行能够提升客户体验，增加现有客户黏度和吸引新客户。

3. 加速产品创新

金融产品创新的速度，除监管约束和需求索引外，主要取决于对金融产品的风险控制。由于大数据和云计算使金融机构全覆盖即时风险控制成为可能，因此金融机构得以利用云计算平台服务的便捷性和速度来驱动产品服务创新。云计算平台如 Azure 的优势正体现在这一点应用上。

4. 数据分析能力创新

目前大多数金融机构缺乏成熟的适用银行客户的数据分析工具，在共享、整合、存储、分析海量数据方面也存在问题。云计算技术的发明则大大创新了金融机构客户信息的处理能力。金融机构除了私有云，还可以租用云服务供应商的计算能力，快速处理大量业务数据，计算货币交易投资组合的风险、分析客户消费习惯等，帮助实时制定决策。在国外，部分金融机构已经在使用当今基于云的分析工具。如信用卡公司 Visa 正使用 Hadoop（免费软件，允许并行处理数据）挖掘两年的交易记录（数据量达 36 万字节，涉及交易额 730 亿美元）来构建防欺诈模型。

（二）云金融将推动云技术的进一步变革

金融行业作为当今世界高智力密集和技术密集高度耦合的重要行业，其对信息技术的应用影响着信息技术的发展方向。金融业的发展需要也将推动着云计算技术的进一步变革。

云金融发展对云计算技术提出三个技术促进要求：云金融安全、金融海量数据挖掘技术和金融产品创新综合平台技术。随着云计算的不断普及，云计算发展安全问题变得尤为重要。云计算带来的信息安全问题和隐私泄露风险是制约云计算在银行业加速运用的主要原因。鉴于银行数据的保密性以及银行的审慎态度，大中型银行势必先用“私有云”。在此情况下，银行业云计算的安全主要体现在云内安全及审计两方面。除了保证数据不能丢失、随意窃取、查看和拷贝外，还要保证云内无病毒、木马等安全威胁，并且防范好来自内部用户的攻击和泄密等。此外，银行应用“私有云”后所留存的用户访问全程日志记录，即可作为事后审计之用，也可以作为客户金融行为分析的基础数据。云计算安全信任体系中的身份认证、访问控制、取证及计算监管监控也都将纳入云金融安全的考虑范畴。这些问题都亟待技术创新来得到解决。

云金融需求将创造云技术的新应用领域。云金融作为一个创新性金融业务新领域，必须满足巨量客户个性化需求，用户分散独立的金融消费习惯与云金融机构集成共享共用资源体系的矛盾，促使云计算技术日益更新运算速度以及加强信息共享和集成以解决对客户需求的响应和解决速度，这将是金融机构与 IT 企业在解决客户需求上的合作共赢之处。同时，如果 IT 企业参与金融业务活动，这也是其与金融机构相竞争的优势所在。

多层次资本市场发展也成为支持云产业发展的重要力量。随着多层次资本市场的日益发展，如何解决众多中小微企业的小额、分散、快速融资需求与金融营业网点和人力资源缺乏之间的矛盾，只有云计算平台能够提供切实可行的解决之道。金融行业对于云计算技术的需求是多方面的，各个层次、各个领域都有云技术发展的新空间。

三、云金融与传统金融：传统金融的云端化探索

分布在互联网云海中成千上万的计算机群提供强大的计算能力，并通过网络将庞大的计算处理程序自动分拆成无数个较小的子程序，云计算技术能在短时间内对金融机构大量的业务数据进行存储、分析、处理、挖掘，从而极大地增强了银行的数据处理能力。云计算技术为金融业带来增强数据安全性、加快信息共享速度、提高服务质量、降低运营成本等方面的巨大优势。

第一，金融机构的数据处理云端化。目前零售业务和理财服务已经成为银行利润的重要来源，其利润占整个银行利润的30%～60%。随着IT技术的发展，网上银行已成为未来银行零售业务和理财业务的重要运营模式。同时，云计算技术的应用，还为银行对客户进行更加细致分层分类服务和个性化服务提供了通道和可能，让客户获得更加良好的体验已经成为银行发展的必然要求。这些都对银行的大数据处理能力提出了更高要求。通过把云计算与数据挖掘技术有机结合，可以快速地从海量数据中提取并整合出有价值的信息，为银行的商业决策和客户财务管理提供服务。

第二，金融机构数据存储和数据协同云端化。金融机构可以建立私有云或租用公有云的存储空间和运算能力，来提升自身的存储能力。强大的外部存储能力，网络中不同类型的大量存储设备通过应用软件集合协同工作，满足金融机构业务不断增长带来的庞大后台数据存储需要。云计算和云存储也能提高银行数据的可靠性，即使某台服务器出现故障，云中的服务器也可以在极短时间内快速将其数据转移到其他服务器上进行服务。

第三，降低成本提高效率的运营手段的云端化。随着经济全球化和客户金融活动的全球化，金融业务逐渐从一个地区扩展到其他地区，分支机构数据赶不上业务发展的需求，而且很多业务需求不是营业网点和人员增加能够满足的。云计算平台，大大减少了金融机构，尤其是银行对物理网点和现场工作人员的需求，很多业务可以通过云端化在网上得以实现，如对客户业务的追踪、统计、分析、服务，为此大大降低了网点、设备和人员等运营成本，同时大大地提高运营效率。

第四，传统金融业务和创新业务的云端化。云计算平台，使银行很多原来人工

操作的业务可以透过网络进行。如客户信用卡申办、挂失及还款等可以在网上实现，从而结合客户的其他资料数据，实现客户消费习惯的大数据挖掘。如客户的财富管理，可以透过云端化，将存款、证券投资、信托、基金、退休金、保险、外汇投资等，进行综合化管理创新，甚至可以通过金融机构联盟化运作，实现同一客户在不同金融机构之间的财富管理协同化。

第五，征信系统的云端化。云计算技术下，信息会得到充分链接、识别、共享和整合，这是对信用体系建设的巨大推进。通过标准化接口，只要通过浏览器连接到云端，就可以快速获取不同大数据库及各部门的信息。数据更新和数据维护更加标准化和专业化，将对征信系统的建设和发展有着极大的推动作用。

云金融时代，基于云端＋应用的云银行、云保险、云证券、云要素市场都会出现。互联网金融和云金融将会是未来金融发展的前沿方向，互联网金融和云金融将很快成为金融监管机构的关注点。

四、云金融的发展方向与实现路径

（一）发展方向：集成化、高效化、个性化

1. 集成化（数据大集中）。目前，以数据大集中为标志的金融数据集成化趋势越来越明显，无论大型国有商业银行还是中小型商业银行都在建设适合本行特点的数据中心集中处理模式。大型国有商业银行和保险公司在完成区域性数据大集中后，已经或正在进行全国性数据大集中。走在前面的招商银行和平安保险集团，在原有后台数据中心或后援处理中心的基础上，都建立了全国性的数据中心，并且成为对自身集团化发展和贯通各子公司的统一数据处理平台，已经在商业竞争和创新中发挥了越来越大的优势。

数据大集中通过现代网络通信技术和统一信息平台，实现了业务数据和应用处理的集中；改善了管理机制，提升了管理水平；加强了风险防范，集中防范和处理风险；集成了业务发展优势，加快了业务创新。

数据集成化是金融产业全面化、规模化升级的前奏，其作用是为真正的金融产业整体升级和竞争力提升打造一个基础平台。目前的数据大集中只是由分散走向相对集中的过渡和调整，大集中尚未形成稳定的结构，必将随着大数据和云计算的应

用而走向更加高度的数据集成化。

2. 高效化。从网上银行的推出，到移动银行的普及，再到云金融出现，金融服务不断地从固化物理平台转移到移动互联网平台，再到云金融平台，每一次金融业务平台的改变和提升，都对金融业务效率是一个巨大的促进。新电子化服务模式不断冲击传统金融服务模式。云计算为金融业所搭建的新业务电子化平台，提供了快速而有效的低成本技术支撑。首先是缩减了技术部署周期，加快了业务创新和推广的速度。其次是使银行不再需要关注某项新业务具体的硬件、软件和网络等 IT 资源的前期投入，大幅减少了成本支出。再次是云计算快速便捷的技术管理与数据处理能力，增强大型金融机构内部和同一金融集团各子公司之间的业务协同组合，从而可以创造更多的新金融产品，提升整体竞争力。最后是云计算可以大大减少金融机构的中间层，实现真正的扁平化管理，从而提高管理效能和快速适应金融创新发展的需要，将更多的资源投入到产品服务创新中，形成竞争优势。

3. 个性化。传统银行业务更多地注重标准化产品和服务模块，实行上下统一的、对全行业普遍适用的审贷原则、贷款流程和贷款条件，而且随着银行越来越大，这种脱离实体经济需求、脱离企业个性化需求、脱离技术发展方向的经营模式，已经从根本上不适应现代信息技术条件下的企业小、精、快的发展模式。在云金融趋势下，就是要快速响应和满足企业小额、快速、便捷的融资需求，尤其是对轻资产、成长期中小企业的融资需求，满足私人客户多样化的金融需求，这成为云金融与传统金融的重要分野。金融机构的这种对不同群体、不同层级客户金融需求的快速响应式个性化创新，将是金融机构的新的利润增长点。

（二）实现路径

一是政府支持。要大力发展云金融，必须得到政府的大力支持。云金融是建立在互联网、大数据和云计算基础上的新兴金融业态，它将改变和突破金融业的很多传统思维、经营和监管模式，必须实现从顶层突破（over the top），并被广泛采用后，才能成为中国金融业的核心竞争力，此前必须得到来自中央政府、地府政府、金融监管机构、金融机构 IT 企业和电子商务企业的合力突破。云金融的发展速度还取决于免费无线上网（wifi）的覆盖率，尤其是不能简单地对互联网企业提供的社交服务（如微信、米聊）收费，这是实现云金融时代“无组织的组织”的有效方式，将使消费者尤其是金融消费者从网点消费改变为网上消费的有效促进形式，这些企业有一天获得金融服务牌照抑或第三方金融服务资格后，将有效地促进云金融的发展。同时传统金融机构可以通过收购或与电子商务企业联合而实现云金融的快速发展。

二是研发突破。中国与国外在云计算领域几乎同时起步，我们的研发水平与能力已经不输于国际先进水平，云金融领域也应该加强技术研究和推进。云金融研究的核心主力，一是作为技术领先的云计算平台的提供商，二是作为重要需求方的国内金融企业，三是作为渗透并介入云金融服务领域的电子商务企业。这三方将形成云金融技术研发的主力军，国家应该在科研立项和资金支持上给予大力倾斜，这是构造国家金融核心竞争力的大事。

三是双向推进。既鼓励银行等金融机构加速引入云计算平台，进行大数据集成，也鼓励大型优质电子商务企业利用云计算技术优势从事金融服务。在云金融服务的双向推进和竞争中，推动云金融产业发展并确立中国在全球云金融服务领域的竞争优势和核心竞争力。国内大型金融机构，拥有海量、分散、待挖掘的客户数据，云计算研究企业和大型电子商务企业则拥有技术优势和运用平台，两者是亦可结合开发云金融服务平台，从而加速对客户需求的满足，形成云金融发展的竞合关系。

四是数据挖掘。云计算对金融发展的核心价值是大数据挖掘，支持金融机构利用客户数据，通过云计算平台进行数据整合、贯通、分析和挖掘，提升单位数据的价值创新含量。如何满足客户特别是小额、分散、多样化的中小企业和私人客户需求，尤其是高成长企业的快速融资需求，在传统金融业务模式下难以实现，只有采取云计算平台才能通过数据挖掘、比对、集成，才能发展客户需求的新价值，走出简单的银行抵押担保、提供贷款的传统经营模式。同时，通过云计算可以针对不同类型和发展阶段的企业提供个性化的融资创新和服务模式，从而走出现有信贷和融资服务模式的困境。

五是信用增进。在云计算模式下，不同部门和企业的信用信息数据，可以有效通过政府组织得以互联互通，从而从国家整体上推进信用体系建设，可以从全社会角度而非简单的资产负债角度去衡量一个人或企业的金融信用，从而为云金融发展提供信用增进支撑。

六是系统风控。金融业的发展和创新，取决于风险控制能力。其一是国家监管的强制风控，其二是金融机构的自愿内控。两者组合起来，才能形成国家的系统性风险防范控制体系。在云金融下，由于云计算平台的充足化，大数据挖掘越来越充分，因此防范系统性金融风险和区域性金融风险的体系建设成为可能，能力也将大大提升，从而为中国金融走向世界提供强有力的风险管控平台。

注：此文发表在《经济学动态》2013 年第 6 期。

（2014 - 02 - 04）

互联网世界的崛起与金融消费者权利的实现

黄 震*

今天交流的这个题目，叫“互联网世界的崛起与金融消费者权利的实现”，就是想在一浪高过一浪的互联网金融大潮之中，找一个讨论问题的基点。在当前对互联网金融热议中，由于各自利益、立场、出发点、知识结构和经验背景不一样，导致众说纷纭，莫衷一是。但有一点我认为比较容易取得共识，那便是金融消费者权利不容忽视。我们先界定今天讨论的金融消费者是指为满足个人和家庭需要，购买金融机构金融产品或接受金融服务的公民个人或单位。

互联网金融的健康持续发展，固然离不开互联网技术，也需要创新金融产品和商业模式，但我更看重的是金融消费者。因此，我在答新华社记者时曾说过：“从根本上来说，互联网金融创新必须以金融消费者为中心，既要创造性地满足用户需求，又不能损害金融消费者权益；既要提供更加快捷高效的服务，又要切实保障安全和防范风险。”今天我交流的内容分为九个要点。

1. “金融消费者”的第二次发现

2008年国际金融危机爆发之后，“金融消费者”的话语第一次在全球流行起来。美欧各国检讨危机爆发的原因，人们痛心地发现由于缺乏必要的金融消费者保护，一些创新金融产品损害金融消费者利益，最终引发了金融危机，许多国家加强

* 中央财经大学法学院教授，金融法研究所所长。2000年毕业于北京大学法学院，获法学博士学位，后在中国社科院金融所特华博士后流动站从事金融研究。曾任中央财经大学金融法中心主任、国防经济与管理研究院副院长。兼任中国法学会银行法研究会理事、财政部政府采购评审专家、中国管理科学学会咨询委员会理事、华民慈善基金会副秘书长、残疾人就业促进网首席专家、中国残疾人事业研究会理事、北京市中国法律文化研究会理事等职。主要从事金融法、法律文化、公益慈善事业等领域研究。先后为本科生和研究生开设《金融法》、《经济法》、《法与经济学》、《中国法制史》、《法律文化》、《NGO法律问题研究》等课程。曾承担现代金融秩序转型、基金会投资监管研究、法律现代化、现代大学制度创新、公益慈善项目运行机制等研究课题。

了金融消费者保护的立法，建立起专门的金融消费者保护机构。

2010年7月21日，美国总统奥巴马正式签署了《多德—弗兰克华尔街改革与消费者保护法案》（以下简称《华尔街改革法》），并使其生效成为法律，加强对金融消费者的保护，要求设立新的消费者金融保护署，并赋予其监督、检查和执行权等一系列权力，专门对提供金融商品或服务的金融机构等服务实体进行监管，以对金融消费者提供更为全面的监管保护。这个法案对中国和全球都有重要影响 。

近年来中国金融监管当局一行三会也分别成立了金融消费者保护机构，并正在进行紧锣密鼓的立法调研，也出台了一些探索性的部门规章。

国际金融危机后主要是政府和专家发现了金融消费者，这一次互联网金融在中国的爆发是金融消费者发现了自己，2013年中国的金融消费者权利意识迅速觉醒，并且试图应用互联网的思维和技术来实现自己的权利。我2014年春节发表的第一篇博客文章《互联网金融从“包产到户”开始》，便是试图描述中国金融消费者的这一自我发现，我认为这是全球范围内金融消费者的第二次发现，并具有重大理论与实践的价值。

2. 金融消费者权利的话语转向

过去各种文献多是用“保护金融消费者”、“保障金融消费者权利”这类字眼表达，主要是政府和监管者自上而下地希望对金融消费者进行保障和保护，金融消费者处于被动地位。我认为，基于互联网金融背景下金融消费者权利意识的觉醒，金融消费者已经在探索权利从被保护到自我实现的过程，因此出现了金融消费者权利的话语转向。金融消费者权利的诉求从政府视角转向民间视角，从被保护状态转向到自我实现的过程，这是当前中国互联网金融发展中呈现的一种全新情况，我把它称为金融消费者权利的话语转向。我期待将来在政府与民间良性的双向互动中找到互联网金融消费者权利实现和保护的机制。

3. 互联网金融生态的闭环逻辑

传统金融体系的逻辑往往是以金融服务机构为出发点，以金融机构的收益作为落脚点。现在很多人在研究分析互联网金融的特点。我认为根本的是以金融消费者作为出发点和落脚点，重建了一个互联网金融生态体系的运行逻辑。当前，以金融消费者为出发点和落脚点，可以构建一个互联网金融生态的闭环逻辑。在这里，真正实现过去只是说说的客户是上帝，用户至上，也就是曾光所说的 C 理论，以区别于以往的 B 理论（以商家为出发点）。

4. 互联网世界崛起的五大特征

很多人对新生事物如马云所说的："第一，看不见；第二，看不懂；第三，看不起；第四，来不及。"从互联网诞生开始，人们就惊呼信息社会即将到来，其实到目前为止也还只是开始。仍然有很多人没有看到其中的巨大变化，也没有感受其中的趋势。互联网世界的崛起，是一场翻天覆地的大变革。互联网、信息化浪潮席卷而来，改造着全球各个角落和各行各业。

我认为互联网世界已出现的五大特征，已经改变了我们以往认知的世界：(1) 信息爆炸，计算机和互联网产生以来，信息爆炸话题人们以前讨论比较多，就不重复讨论了；(2) 万物互联，特别是在移动互联网、物联网、车联网等概念和技术支持下，所有的人和物都可以通过互联网联系起来；(3) 时空压缩，在互联网世界的时空是高度压缩的，比如微信群，我们全球各地的人在这么一个小小的群里面挤在一起，过去说"地球村""天涯若比邻"都不能准确表达了，我感觉是"天下一家"；(4) 效能加速，由于时空压缩导致人们都活在当下，什么事都恨不得当下就处理好，特别是全球互动的推进，东半球和西半球接力，基于互联网上的工作效能大大加速；(5) 壁垒穿越，互联网上几乎是没有壁垒的，比如通过谷歌地图，便可以巡游天下。在互联网世界，人们可以轻松地进行跨界交流和身份转换。现在我同时在上百个不同的群里，不断金融、法律、公益、教育等群穿越。

正是因为这五大特征为背景，导致我们互联网金融的新的特征，为什么出现互联网金融爆炸式跨界的发展，大家可以重新去进行理解。因为金融就是经营数据信息、信用信息，特别是在货币已经数字化的时代，和互联网天然契合。

5. 互联网时代五大权利的转移

第一是知情权的崛起，最初的互联网运营模式是门户网站的兴起，给我们提供了广泛的信息获取渠道。因为有了互联网，培育了人们的知情权、信息消费权意识。对于公共事务，我们要求实现信息公开、透明，这便是知情权觉醒的表现。

第二是交易权的转移，或者说交易选择权的转移。过去处于短缺经济时代，商家提供什么，消费者就消费什么。现在中国已进入过剩经济时代，普通消费者有很大的选择权。但在实体空间，选择权受制于物理空间的交易成本所限制。消费者货比三家要去很多地方，成本很高。但是在互联网上，点击搜索就可以比较，点击选定，交易就完成了。交易选择权已经完全转移到消费者手中。

第三是话语权的转移。在门户网站人们无法与网站对话，也无从与其他读者互动，但是互联网 2.0 时代的到来，特别随着社交媒体微博、微信等兴起之后，“我”可以自由地表达了，并与其他读者实现即时通讯。话语权的转移借助互联网的力量，实现完全地、根本地、放权式地转移。

第四是结社权的转移。这是 QQ 群 YY 群特别是微信群带来的巨大变化。过去结社是老百姓孜孜以求，却需要恳求政府来批准的权利，现在我们用微信发起一个四十人的“群”是每个人的权利，五百人大群结社的已经转移到握有“特权”的群主手里。

第五是表决权的转移。随着智能手机的普及，现在很多调查工作通过手机就可以进行表决。我们已经实践过一次的成功案例是湖南卫视海选“超女”，当时便是用手机作表决器选超女。现在移动互联的条件更加成熟了。

6. 互联网环境下金融消费者的权利实现

只有金融消费者的人身财产安全权、知情权、选择权、公平交易权、监督权、索赔权、求偿权、结社权等等各项权益得到更加充分地行使、尊重和保障，运用互联网思维和技术进行互联网金融创新才会更加生机勃勃，金融服务机构才能赢得客户赢得未来。互联网金融的自生秩序正在生成，并不完全依赖于国家立法规范、政府监管和法院的强制。在互联网背景下，金融消费者权利有了商业模式和社会化的公益模式来实现。

比如金融消费者的知情权，通过互联网展示的某一种产品，如翼龙贷、人人贷的 P2P 平台上的产品，余额宝很方便消费者了解金融产品；又如交易选择权的实现，金融消费者可以在融 360、好贷网进行搜索、比价；又如批评监督权，金融消费者往往通过微信微博发出来，我多年来一直在微博上进行监测，发现每个金融消费者都有了发出自己声音的可能。

另外通过网络进行结社，建立 QQ 群和微信群维权，集结起来可以跟商家进行谈判索赔求偿，这些在我国都已有了实践的案例。比如网贷之家，就曾经多次在 P2P 跑路事件中团聚那些受害者，代表他们进行维权活动。还有金融 315 网站成立以来，专门开辟了维权专线，发布有关维权案例和金融消费者教育的内容。在这个过程中间，互联网既可以是金融企业构建的营销平台和服务渠道，也可以充当我们金融消费者对它进行批评、监督和投拆的维权平台。

另外，社会化的公益平台和行业自律组织可以在此之上，组织进行调解、谈判，从而实现第三方介入的他力救济，并为今后进行诉讼和仲裁提供一系列的服务，通过互联网可以最大程度地方便消费者进行联络，了解有关信息，在自身努力下可以进行一系列权利的保障和实现。特别是利用微博微信等自媒体，每个金融消费者都有了更加方便快捷的维权渠道。这是以往任何时代都没有的，像金融 315 这种民间网站将来可以通过开展金融消费者教育等活动，有利于消费者权利的实现，也可以接受投诉，便于金融消费者行使批评监督权。

7. 互联网金融消费者权利面临新问题

诚然，互联网是一把“双刃剑”，正像一把菜刀，既可以用来切菜，也可能被人用来伤人。金融消费者权利的实现，除了我们传统意义上的权利，在互联网背景下产生了新的权利问题。一是金融消费者的隐私权保护，在斯诺登事件后已经被加速提上议事日程。二是信息安全权，互联网上一旦数字密码的泄露，还危及金融消费者的财产权，所以在以往的财产安全、人身安全权之外，产生了信息安全权问题。三是数据产权问题，互联网金融交易产生的数据究竟归谁所有？实际上也成为一个需要讨论和明确的问题。这三项互联网兴起后产生的金融消费者的新权利问题，以往的讨论往往忽视了这些新的内容。

8. 互联网金融消费者与经营者的权利与义务的平衡

在我们讲到金融消费者权利，往往相对应的是互联网金融经营者的义务；同时，有权利就有相应的义务，金融消费者在金融经营者合法权利面前要尊重。所以，在我们讨论金融消费者权利的时候，就应该联想到互联网金融经营者的相关权利、义务，在设计金融产品和交易结构时要考虑如何保障互联网金融消费者的权利，如何维护经营者和消费者权利义务的平衡。

互联网金融的企业要始终抓住金融消费者这个中心点，既要发现和挖掘金融消费者的潜在需求，开发出更多产品来满足这些需求，也要在金融服务和营销过程中保障和实现金融消费者权利，注意加强安全保障和进行风险防范。同时，互联网金融消费者也要注意尊重和维护互联网金融经营者的合法权益，保持权利与义务的对等性。

9. 基于金融消费者权利的立法和监管

现在，由于互联网金融发展火爆，对一些传统金融机构产生了强烈的震撼力，某些互联网金融机构或伪互联网金融机构也出现了一些风险事件和潜在的风险隐患，很多人在呼吁加强互联网金融的立法规范和监管介入。我认为，将来如果互联网金融立法规范的根本任务在于保护金融消费者权利，应该以这个为中心，适度向弱势的金融消费者倾斜，来构建互联网金融监管体系和法律体系。

在互联网金融加剧混业经营情况下，将来监管应当统合监管 ，而不仅仅是对互联网金融经营者进行监管。立法必须突破权力主导和机构监管的传统思维。防止行政权力在中间的滥用，而是要以权利保障作为互联网金融立法与监管的基本宗旨。在互联网金融时代，用户至上、权利本位的精神应该成为将来立法的指导思想，金融监管者的主要任务是平衡互联网金融经营者和金融消费者的权利与义务，只有这样，互联网金融才能真正实现健康可持续发展。

（2014－02－13）

倡议互联网金融加强消费者权益保护

黄 震*

随着互联网改造传统金融与互联网金融的快速崛起，我国金融业综合混业经营的趋势日益显著，消费者参与金融活动的广度、深度与频度不断扩展。传统上强调银行业、保险业、证券业差异性的存款人、持卡人 、投保人、投资者等称谓日益受到冲击，较为综合和模糊的金融消费者概念逐渐得到认可。2000 年英国《金融服务与市场法案》首次在立法上确立“金融消费者”概念，标志着金融消费者法律保护的开端。我国也于 2006 年在银监会颁布的《商业银行金融创新指引》中出现了金融消费者概念。现在我国一行三会都成立金融消费者的保护机构，开展了富有中国特色的金融消费者保护工作的探索。

在互联网环境下，多层次金融市场快速扩张，跨行业组合的创新层出不穷，各种金融产品和准金融产品日新月异。消费者的金融行为日益普遍化，消费者为满足自己的金融需求，越来越广泛地接受金融机构和互联网金融企业所提供的金融服务；另一方面，不完备的金融消费者保护体系使侵犯金融消费者权利的行为也是屡见不鲜，严重损害了消费者的合法权益。即使在金融制度最为发达的美国却爆发并席卷全球的金融危机，更是说明了忽视金融消费者保护的严重后果。要促进我国如火如荼的互联网金融健康发展，金融消费者的保护工作亟待加强。

金融消费者权利的确认与保护，无疑是金融消费者保护法律制度中的核心内容，也是创新金融监管体系的认识基石。根据我国《消费者权益保护法》的规定，

---

* 黄震，中央财经大学法学院教授，金融法研究所所长。2000 年毕业于北京大学法学院，获法学博士学位，后在中国社科院金融所特华博士后流动站从事金融研究。曾任中央财经大学金融法中心主任、国防经济与管理研究院副院长。兼任中国法学会银行法研究会理事、财政部政府采购评审专家、中国管理科学学会咨询委员会理事、华民慈善基金会副秘书长、残疾人就业促进网首席专家、中国残疾人事业研究会理事、北京市中国法律文化研究会理事等职。主要从事金融法、法律文化、公益慈善事业等领域研究。先后为本科生和研究生开设《金融法》、《经济法》、《法与经济学》、《中国法制史》、《法律文化》、《NGO 法律问题研究》等课程。曾承担现代金融秩序转型、基金会投资监管研究、法律现代化、现代大学制度创新、公益慈善项目运行机制等研究课题。

金融消费者享有以下权利：安全保障权、公平交易权、知情权、隐私权、自主选择权、受教育权、损害求偿权以及结社权等等众多的权利。但是，变化多样的金融创新是现代金融业发展的一个重要特征，金融消费者权利的种类与内容也就不可能是一成不变的，必然会随着金融市场的不断创新而改变。金融消费者权利作为由法律、法规所确认的，消费者在金融消费领域所能够作出或不作出的一定行为，以及要求金融服务提供者相应作出或不作出一定行为的许可与保障。

金融消费在具备其他消费活动共同特征的基础之上，又具有一系列的特殊性。一般消费者消费的是日常所需的产品和服务，而金融消费者很可能包含投资甚至投机的一面，主要表现在三个方面。

一是金融消费的专业性和复杂性。作为金融消费标的的金融商品，不仅包括了存款、贷款、股票、债券、基金等传统的金融商品，而且还包括了从上述传统金融商品衍生出来的期货、期权、互换等金融衍生品。无论是传统的金融商品，还是金融衍生品，其专业化的程度，都是一般的金融消费者知识经验所不能及的，与此同时，层出不穷的金融创新产品，在设计、结构等方面的复杂性，更是普通的金融消费者难以理解的。

二是金融消费的活动具有无形性。在现代金融体系中，无论是何种金融商品，都不是有形的，都没有可供评定其价值与特性的外在要素，而是无形的。金融商品的无形性取决于金融业是服务业的本质，构成金融商品的内容是各类的金融服务，而服务的无形性就决定了金融商品的无形性。因而，在金融消费中，往往依赖于书面形式来记载双方当事人的权利和义务。

三是金融消费的高风险性。消费者通过购买金融商品可以获取不同程度的金钱收益，但与收益并存的即是风险的存在。一般而言，收益越高，风险也就越大。尽管这种风险并不会直接给金融消费者人身造成伤害，但是却可以使消费者的财产以及财产权利遭受损失。具体而言，金融消费者在购买金融商品的过程中所承受的风险主要包括信用风险、市场风险、操作风险、合规风险等。

理论上分析，同为市场主体的金融机构与金融消费者，都无可厚非地享有平等交易的权利。然而，在目前中国的市场环境、法律制度存在严重的信息不对称情况下，需要强化保护金融消费者，因为与其他消费者相比，金融消费者的弱势地位也更为突出，使得对其公平交易权的特殊保护成为必要，公平交易权也成为金融消费者最核心的权益诉求。当然，消费者权益保护重点还可以包括是知情权、选择权、批评建议权、监督权、求偿权等内容。

互联网金融消费者是伴随着互联网金融在中国的快速发展而产生，它们是以消费互联网金融创新产品为特征的消费群体。与传统的消费者群体相比，互联网金融消费者更年轻、更富有探索精神，更乐于接受新生事物，但由于消费标的和消费场景的特殊性，互联网金融消费者的知识准备和经验更加不足，也承受着更大的风险，因而需要更有力的保护。即便是普通的金融消费者保护，在我国都还有很大的缺漏和不足，更遑论互联网金融消费者的保护。在一年一度的“3·15”前夕和新消法的实施之际，李克强总理在政府工作报告中提出“促进互联网金融健康发展”，我们认为要实现此目标，亟待加强互联网金融的消费者保护。

加强互联网金融消费者保护，第一，需要通过从源头抓起，切实开展互联网金融企业和金融消费者教育，提高互联网金融消费者保护知识，改变不良偏好，将风险有效控制在消费行为之前，最大程度地降低金融消费者风险；第二，互联网金融消费者自身应更加的理性和团结，发挥网民自我服务和社会服务这个互联网的特质来维护自身的权益；第三，强化互联网金融企业在经营中进行信息披露和风险提示的义务，用普通消费者能够理解的语言加以表述，保证消费者的知情权的实现，收益和风险得以全面评判；第四，建立多元化纠纷解决机制，可借鉴英国、澳大利亚金融申诉专员服务公司的做法，建立独立于金融机构和消费者的第三方争议解决机制；第五，互联网本身也为互联网金融企业的自律和互联网金融消费者的监督提供了便捷的手段。期待社会力量和互联网金融企业的联合，共同促进互联网金融消费者保护的发展！

（2014－03－10）

互联网金融非法集资防控

陆　琪*

今天报告的内容，是我根据前不久在中央财大召开的互联网金融的法律风险防范研讨会上的报告，结合我对最近政策和发展态势的观察后，得出的对互联网金融非法集资相关问题的最新的认识总结。一些方面还比较粗浅，不当之处，请大家指正。同时，互联网金融背景下非法集资问题非常重要，希望能够引起大家的关注。有关互联网金融背景下非法集资问题的进一步思考：

一、互联网金融背景下的非法集资犯罪的特征

（1）涉众更多、地域范围更广；（2）犯罪发生的速度更快、影响也加大；（3）犯罪人与被害人之间，不再以普通熟人为主；（4）共同犯罪减少；（5）目前在 P2P 领域处于高发状态。特征部分内容可详见在中央财大召开的互联网金融的法律风险防范研讨会纪要，在金融 315 网上可查询。下面主要阐述最新司法解释的影响和对监管层的态度的解读。

二、新的司法解释增加了互联网金融活动的非法集资入罪风险

2014 年 3 月 25 日，最高人民法院、最高人民检察院、公安部联合印发《关于办理非法集资刑事案件适用法律若干问题的意见》。该意见虽然对非法集资的行政认定、社会公众以及公开宣传等概念明确了边界，但是整体属于收紧的态势，将过去一些“疑罪”都定为了有罪，整体变得更加严厉，压缩了互联网金融的发展空

* 陆琪，中国经济体制改革研究会学术秘书，中央财经大学金融法研究所特约研究员，互联网金融千人会联合创始人，金融 315 网创始人。

间，增大了互联网金融从业者的刑事责任风险。

1. 行政认定问题

该意见规定："行政部门对于非法集资的性质认定不是非法集资刑事案件进入刑事诉讼程序的必经程序。行政部门未对非法集资作出性质认定的，不影响非法集资刑事案件的侦查、起诉和审判。"这条的"立法动机"显然是"两高一部"对社会对湖南曾成杰被判处死刑的质疑的一种回复。曾成杰的集资犯罪行为最先是为了响应当地政府号召搞的，最后却被判处死刑。"两高一部"这个司法解释告诫互联网金融从业者不要听信地方政府的一些临时性鼓励政策或放宽政策而踩踏法律红线，一旦出现问题，政府将责任推给企业，企业家将会处于极其危险的境地。

2. 向社会公开宣传问题

该意见将《最高人民法院关于审理非法集资刑事案件具体应用法律若干问题的解释》第一条第一款第二项中的"向社会公开宣传"，扩大解释为包括以各种途径向社会公众传播吸收资金的信息，以及明知吸收资金的信息向社会公众扩散而予以放任等情形。原司法解释将"向社会公开宣传"限定为"通过媒体、推介会、传单、手机短信等途径向社会公开宣传"，这是将向社会公开宣传明确限定为积极主动的行为。但新的司法解释将"明知吸收资金的信息向社会公众扩散而予以放任"也列入犯罪行为，这意味着非法集资类犯罪中的犯罪客观方面被扩大化了，不仅仅再局限于主动积极行为，将"放任"也纳入其中。本条的"立法动机"应当是出自法学界对"吴英案"判决的质疑，吴英实际只向 11 个熟人朋友进行了借贷，这 11 个人又对外放了高利贷。扩大非法集资类犯罪中的犯罪客观方面使互联网金融从业者的入罪风险急剧扩大，它首先意味着 P2P 从业者要么证明自己对投资者的资金来源完全"不知情"，要么对投资人作严格的审核。

3. 向社会公众吸收资金的认定问题

该意见规定："下列情形不属于《最高人民法院关于审理非法集资刑事案件具体应用法律若干问题的解释》第一条第二款规定的'针对特定对象吸收资金'的行为，应当认定为向社会公众吸收资金：（1）在向亲友或者单位内部人员吸收资金的过程中，明知亲友或者单位内部人员向不特定对象吸收资金而予以放任的；

(2) 以吸收资金为目的，将社会人员吸收为单位内部人员，并向其吸收资金的。”此条又将原来的刑事认定标准进行了扩大化的解释，对互联网金融企业和创业者来说，企业不仅要自身行为合法合规，而且必须要确保自己的员工不发生任何向不特定对象吸收资金的行为，这在小型企业中还可以适用，但对于那些有几千人、几万人的企业而言，互联网金融企业和创业者应当用制度表明自身是完全禁止违法行为、违法宣传的，否则就有入罪的风险。其次，该条第二款将社会人员吸收为单位内部人员，并向其吸收资金的也列入非法集资范畴，这样一些以商会会员、众筹网站成员等名义开展的互联网金融业务就存在了入罪的风险。

三、监管层的最新动向

4 月21 日，处置非法集资部际联席会议办公室主任刘张君总结网贷有三种情况涉及非法集资：(1) 资金池模式；(2) 没有尽到借款人身份真实性核查义务，未能及时发现甚至默许借款人在平台上以多个虚假借款人名义大量发布虚假借款信息；(3) 平台发假标自融。

浙江地区经侦部门对非法集资现象进行整顿，4 月 16 日，浙江衢州市的一家 P2P 网站中宝投资法人代表、创始人周辉因涉嫌非法吸收公众存款被逮捕。此外，有 9 家平台涉嫌利用 P2P 网站进行非法集资被立案侦查。

有些人对资金池模式是否属于非法集资类犯罪有不同意见，我认为，严格根据法条来看，不具有金融牌照的个人和机构使用资金池模式募集资金，应属非法吸收公众存款无疑。一些从业者对此不应抱有任何侥幸心理。关于刘张君总结的第二点，前述“两高一部”印发的《关于办理非法集资刑事案件适用法律若干问题的意见》中，关于共同犯罪一条中明确规定：“为他人向社会公众非法吸收资金提供帮助，从中收取代理费、好处费、返点费、佣金、提成等费用，构成非法集资共同犯罪的，应当依法追究刑事责任。”虽然司法解释表示，能够及时退缴上述费用的，可依法从轻处罚，情节轻微的，可不入罪，但是 P2P 平台一旦出现风险，基本都不太可能退回费用。P2P 企业应当对此保持高度的警惕，对贷款标的审查不严，也将有可能被入罪！

四、防控机制的构建

非法集资类犯罪往往表现为过程犯罪，他初始可能没有进行非法集资的主观故意，而表现为合法借贷和合法经营，后期可能由于经营不善等原因而转变为非法集资。这也造成了我国对非法集资的认定多存在结果化取向。就是产生了不良后果或者社会危害性之后才进行立案、侦查、起诉、审判等。对于没有被害人起诉的案件，执法机关则无暇顾及。我国互联网金融的快速发展和数量巨大、鱼龙混杂的所谓“互联网金融企业”的经营失败会造成互联网金融领域成为非法集资高发地的假象。

针对互联网金融的发展现状，以分析互联网金融非法集资犯罪的特征与原因为基础。我认为，非法集资防控机制构建的核心原则是霍学文书记曾经提出的三点：产品登记、信息公开和资金托管。必须认识人，防控机制的构建，不仅仅是政府的责任，在如此严厉的司法解释背景下，企业家也是防控机制建设的重要主体之一，在防控机制的具体构建方面，需要在以下几个方面进行努力：

（一）捋顺权责，加强金融监管部门与地方金融管理部门的信息沟通

《关于加强影子银行业务若干问题的通知》当中规定，地方政府要遵守同意的行业管理规定，加强与行业归口部门的政策衔接。根据最新的消息，P2P 将由银监会监管、众筹由证监会监管，这些部门与地方政府之间需要建立制度化的信息沟通渠道，如 2002 年央行曾经发布《中国人民银行办公厅关于进一步做好向地方政府通报金融情况工作的通知》（以下简称《通知》），要求央行向地方政府通报金融运行情况和金融监管工作和金融风险及处置情况。这类信息的沟通包括产品登记，一些金融监管部门具有金融产品登记职能，尤其是对创新业务要求登记备案，比如《银行卡收单业务管理办法》第四十五条收单机构布放新型受理终端、开展收单创新业务、与境外机构合作开展跨境银行卡收单业务等，应当至少提前 30 日向中国人民银行及其分支机构备案。

在互联网金融环境下，创新更加日新月异，这些在不同部门登记的产品信息有必要在监管归口部门和地方政府反非法集资部门之间形成制度化的沟通渠道，甚至是不是由地方金融办牵头搭建共享的产品数据库。详细记录备案各类创新产品的模

式、特征等等。

（二）加强行业自律、推行底线标准和负面清单管理模式

针对蓬勃发展的互联网金融行业，除了央行牵头的半官方协会之外，各地均可根据不同业态建立相应的行业协会和自律组织，就本地P2P、众筹的业务模式协商设定如信息公开和资金托管等底线标准，设定不得进行建立资金池、承诺回报等行为的负面清单，经归口管理部门和地方金融管理部门审查后，由行业协会和自律组织定期向社会公布。对违背底线标准和负面清单管理的企业，由归口管理部门和地方金融管理部门协商处置。当前阶段针对自身信用介入的互联网金融企业还要建立市场化的退出机制。纯平台类互联网金融企业一般没有破产等大的经营风险，但当前一些互联网金融企业存在自身信用介入的情况，对于这样的互联网金融机构，地方政府应与归口管理部门联合制定自身信任介入认定标准，对符合此种标准的企业，应施加特别的信息公开义务和处置预案。同时充分发挥行业自律组织的作用，做好对此类企业风险监管和防范。加强行业自律、推行底线标准和负面清单管理模式有利于防范非法集资又不至于压缩互联网金融企业正常创新的空间，是践行软法治理和柔性监管的第一步。

（三）充分利用大数据技术

检测非法集资风险互联网金融环境下的非法集资活动必然以互联网作为重要的工具，在互联网成为犯罪工具的情况下，互联网大数据同样成为防范制止非法集资犯罪的重要工具。地方政府监管部门可以开发专门的系统来检测、评估特定对象的非法集资风险。在这方面，北京市金融局具有较先进的经验。同时，还可以通过金融315网这样的社会网站，接受社会公众的信息举报，广大金融消费者对于市场上的一些非法集资现象总是能最先发现，如果有通畅的反应渠道，就能够最大程度地限制互联网金融非法集资的危害。

（四）管控虚假宣传

基于前述互联网金融背景下非法集资犯罪的快速特征，应尽量压缩其宣传炒作的机会，互联网时代的宣传和盈利往往以流量为基础，而流量的增加离不开各类广告宣传，尤其是互联网广告。地方金融监管部门虽然不具有直接管理各金融机构的

权利，但是对于在本地发布的各类金融产品广告，服务器在本地的各种互联网金融类的广告应积极联合有关单位行使管理权利。国家工商行政管理总局、中宣部等决定从4月10日至8月31日联合开展整治互联网广告的专项行动。从源头出发，重点对投资咨询业务、金融咨询、代办金融业务广告发布者是否具备相应主体资格、是否具有相应经营范围、印刷品广告、户外广告等进行普查和互查，全面清查涉嫌非法集资企业的虚假宣传广告。

（五）准确理解市场准入与市场门槛的关系

在非法集资类犯罪认定日益严厉的情况下，必须理解扩大金融市场准入与设置互联网金融行业准入门槛之间的关系。一方面，互联网金融行业固然是要打破过去通过严格的审查审批制度建立起来的高门槛和对民营资本的玻璃门；另一方面，由于金融业务的风险特征，而且现在不仅仅是经济上的风险，更有对从业者刑事上的极大风险。因为，不仅为了维护金融市场的稳健发展、维护金融消费者的利益，更是为了保护创业者，都应设置一定的准入门槛。这样的门槛，不是过去的严格管制，原则不许的禁入，而是对创业者承担风险能力、金融知识结构、业务模式安全性的统一标准，任何人符合这个标准，即可进入。比如资金托管、产品登记、信息公开三原则。互联网金融企业尤其是P2P企业，目前国内的运营模式罕见纯平台模式，或多或少都有自身信用的介入，打政策的“擦边球”，但是互联网经济的发展规律是赢者通吃，未来必然有大量的P2P企业被淘汰，如果经营失败就被作为非法集资论罪，这将是对创业精神的重大打击。

（六）加强自组织服务工作

互联网金融行业协会以及互联网金融企业家集中的俱乐部，如互联网金融千人会，在自律的同时，还积极为互联网金融行业争取豁免空间。广大互联网金融企业也应当对相关政策的动向保持高度的关注，尽快根据已经透露出来的监管标准，修正自身业务模式，抛弃资金池等一些不良业务模式。与此同时，行业协会和俱乐部应当积极与监管部门沟通，努力争取在小额标的、适格投资人等前提条件下的豁免政策，为互联网金融行业争取最大的发展空间。

最后，需要指出两点，第一，互联网金融所服务的主要对象草根群体由于投资渠道的狭小，本来就是非法集资类犯罪的主要侵害对象和高发群体，因此不能因互联网金融领域内可能的非法集资类问题较多就将互联网金融与非法集资捆绑；第二，刚才所说的，进入“无门槛”加“严厉论罪”的司法解释的结果可能导致互联网金融尤其是 P2P 领域经营失败就面临刑事责任风险，但这只是当前互联网金融发展特定历史阶段的被动现象并非互联网金融本身会有非法集资的弊病。对这两点必须要有清醒地认识。我的报告就到这里，谢谢大家。

（2014－05－04）

互联网金融刑事风险

肖　飒*

律师视角，看网贷乱象

2013 年被称为“互联网金融元年”，在互联网金融领域中最具代表性的就是 P2P。鉴于金融改革大潮扑面而来，传统银行业、上市公司、大机构纷纷试水互联网金融，而设立网贷平台首当其冲。P2P 网贷平台（Peer to Peer Lending）是舶来品，是指利用互联网技术实现个人对个人直接借款的一种交易模式。根据“网贷之家”统计数据，目前，中国国内存在网贷 P2P 企业1 000 多家，倒闭或跑路平台 130 家，约占平台总数量的 10% 强。

研究平台跑路案例，分析其跑路原由和深层次原因，为现有平台的生存提供借鉴意义，也为监管机关的网贷管理政策提供决策基础。

经典案例一：某易网案件。该案是平台跑路第一案，即将开庭。某易网，是江苏南通的网贷平台。2012 年 8 月上线，2012 年 12 月 21 日歇业。受害人 60 余位，涉案金额 2 000 万元。目前，主犯王某某正在等待法院开庭。此案富有戏剧性，主要犯罪嫌疑人的罪名“三段三变”，受害人报案后警方按照“诈骗罪”立案，后变更为“非法吸收公共存款罪”，审查起诉阶段临近要到法院的时候，又被更改为“集资诈骗罪”。

这也反映了平台跑路案子的特点，法律定性难。最初投资人来报案，依据手里的借款合同、平台宣传资料、平台网站截屏等，由于案情展现不全，通常警方会以比较明显的罪名装进去，那就是：诈骗罪。随着证据的增加、犯罪嫌疑人追捕、犯

* 肖飒，北京大成律师事务所高级律师，留美法学硕士。业务专攻：经济刑法、企业法律风险防控。代理多起 P2P 网贷平台倒闭案件，处理多家平台涉刑法律问题。

罪事实的逐渐显现，警方会将罪名做调整。目前，网贷平台跑路的案子，多数会在刑事案件程序中往非法吸存和集资诈骗上走。随着辩护律师、受害人代理人、刑事附带民事程序的开启，各方力量角力，针对犯罪事实、证据情况、刑事政策的变化，罪名也会起变化。

从本案，看 P2P 网贷平台跑路原因分析：（1）存在自融基因。某些平台老板设立 P2P 的目的不纯，为了违法犯罪而设立平台。平台老板王某之前就炒期货，为了能给自己融资，开设平台。平台融资 2 000 万元左右，除借给其亲友 200 万元做周转外，大部分被其以多个他人账户名义操作期货买卖，全部失败，血本无归。（2）平台有资金池，可随时支取客户资金。该平台与第三方支付平台合作，平台所属公司在第三方支付机构开设公司账户，但账户中的钱款，老板王某可划拨支取。（3）资金用途无从监管。平台在第三方支付机构开设的账户，仅做资金结算工作，并非对款项进行监管，真实资金用途无从监督。

本案启示：首先，背靠实体开平台的企业不少，这类企业的融资项目多多少少都与自己的实体有关联，这就是自融基因。这类平台应当杜绝关联交易，设立法律防火墙。其次，采取平台结算分离模式。将资金池真正脱钩，平台不发任何支付指令给第三方支付平台和银行。最后，重视“贷后”。平台多数重视贷前审查，对项目考察堪比 IPO，律师、会计师团队扑上去尽职调查，一旦确定项目过关，之后的事情就开始潦草处置，钱到底被借款人用去做什么，不管不问。如果借款用于还赌债呢，用于不法行为呢，用于国家明令限制的行业呢。投资人的钱，就岌岌可危了。

经典案例二：网金宝，北京线上 P2P 跑路第一家。网金宝，北京朝阳区平台（因无公司对其负责，管辖地点有争议）2014 年 2 月上线，2014 年 6 月歇业。涉案金额千万级别（交易金额 2. 5 亿元），受害人 200 余人。目前，北京海淀区网络监察大队立案，以网络诈骗为由立案。

我们注意到这次立案的并不是在其他省市常见的经侦大队而是网监，一方面是因为网监部门开始大量对网络犯罪进行立案，而非舆情为主；另一方面是该案没有找到实体公司为其承担责任，如果按照集资诈骗等归口经侦的罪名，有些牵强。所以采用了泛罪名：诈骗罪（法律界称之为：口袋罪）。

据了解，网金宝案件可能从头到尾就是一个骗局，假冒他人公司备案网站（与北京 × × 广大公司的关系待查），假冒担保公司提供信用背书，假冒注册地址。

当然，现在案件侦查属初期，是否真的是庞氏骗局，尚不能准确判断。

鉴于网金宝案是北京的首例线上跑路案件。其将对投资人投资信心和倾向，北京地区网贷生态，P2P 并购大潮，北京网贷监管等方面产生影响。

首先，投资人信心和倾向。北京网贷平台在某种意义上是行业风向标，一旦北京有 P2P 跑路案件发生，投资人的信心将被重创。投资人自己也将有所转移，例如在前段时间深圳出现大批网贷非法集资案后，投资人一听到深圳平台就不愿投资。

其次，对地区网贷平台生态的影响。由于投资人产生了迟疑和质疑，某些中小规模的网贷平台面临客源减少的局面加上银根收紧，会让本来就脆弱的资金链更加脆弱。

再次，对 P2P 并购潮的影响。被国有银行、大机构并购或入股是很多平台的梦想。面临银监会即将出台严格监管的态势，卖掉公司或出让股份给大机构是现实选择。网金宝案会让本来谨慎的国有银行、大机构观望时间延长。

最后，对北京地区网贷监管的影响。有媒体指出北京监管机构在网金宝案后迅速反应，建立“冒烟指数”对网贷平台实行全面预警类监管。

本人代理和提供咨询了湖北××在线案、安徽××贷案、××贷诉某搜索引擎案、深圳文交所系列案（6 平台连环倒闭案）、×力贷、华×贷、中欧××案、××天下案、中×案等等，在代理过程中，遇到了立案难、取证难、查明资金流向难等诸多困难，要想解决投资人利益保护问题，我们还有很长的路要走。

网贷乱象除了平台跑路之外，网贷正规军和同盟军（担保公司）也存在乱象，下面我们谈谈，网贷行业普惠金融的法律障碍和担保公司在网贷生态圈的“抓狂生活”。

话题一：普惠金融的法律困境

普惠金融是不少 P2P 平台打出的政策牌。如何落地生根，面临很多现实的法律障碍。单纯信用借款已经不适应打工者居多的农村社会，客观上需要抵押类借款，而中国农村土地的抵押存在法律问题。另外，农村小额借款中常用的承诺担保的录音录像并不受法律保护，这可能会引发法律纠纷。

一是农村房产不能抵押。按照法理，房子有所有权想流转变现是可行的，这也是盘活农民资产的途径。但，在现在法律框架下，难度大，主要体现在中国法律对“房与地”的捆绑上。熟悉房地产抵押的朋友，知道“房地一体”的原则，也就是说，抵押房即同时抵押地，反之亦然。农村房产使用的土地是宅基地，而宅基地的抵押在多数省市是不允许的。因此，实务中，农村房产抵押根本无法做抵押登记。无法办理抵押登记就意味着一旦出现法律纠纷，无法对抗第三人。换句话说，此种做法没有强制效力。

二是对担保承诺的录音录像（含公证录像），均不产生法律效力。农民朋友的文化水平较之城市低。采取直观的、通俗的做法往往更受欢迎。五户联保，或村主任担保等模式里，采取公证录像的办法。看起来高效，但存在巨大法律风险。根据我国担保法规定，对担保责任的口头承诺没有法律效力。这样的法律后果，直接影响债权实现，从而影响普惠金融的良性循环。任何商业模式的顺利实现都依赖于本土法律和行政法规的支撑。所以，如何设计商业创新和亮点，并非天马行空、无所顾忌。

话题二：网贷平台 + 担保公司模式的法律问题

中国网贷投资者的风险偏好很明显，就是保本，更看重安全性，为了满足其需求，不少网贷平台选择与担保公司合作，担保债权实现。但是，担保公司在具体帮投资人实现法律权利后，自己却陷入尴尬境地。详见如下分析：

担保公司参与网贷 P2P 的商业模式屡见不鲜，随着合作的深入，其商业模式的法律结构不周延逐渐显现。这两天看到一个小案子，跟大家分享一下。阿非逾期不还款，网贷公司告诉担保公司，有人欠债了，怕投资人来闹。担保公司基于合同和道义先行垫付 100 万。随后，到法院起诉追款。借款企业跳出来，说，俺不认。担保公司傻眼，凭啥不认，我们都替你代偿了。借款企业说，俺都不知道自己是向哪个借款人借款的。平台拆“标”乱七八糟。另外，俺都没有向担保公司申请过担保，你主动代偿，俺不认。还有你那个电子借款合同内容有没有篡改，我要求鉴定。担保公司没吃到羊肉，惹了一身臊。

这就牵扯出一系列的问题，借款合同是主合同，主合同实质条款缺失，担保合同有效否？主动代偿，债务人不认可，咋办？电子合同如何确认未被篡改。首先，如何确定电子合同未被修改。运用时间戳等技术来固定时间节点，CA 认证用来确定主体身份。做到如上两点，基本无虞。其次，借款人抗辩自己不知谁借给他钱。处置办法包括，请借款人在借款之时，签署确认书，列明投资人姓名或在每次转手时通知借款人，并收取回执。最后，借款人不认可代偿行为。可在合同签署时，加入不可撤销条款或补充协议，授权担保公司先行垫付。所以，担保公司出现的问题是因为网贷平台商业模式设置有缺陷，解决问题还是要从P2P的支柱合同做起。

综上所述，网贷行业是互联网金融的主力军，在其发展过程中遇到很多法律问题，有些问题是平台老板法律意识淡薄引起的，有些问题源自我国法律制度设计，有些问题是平台自身商业模式设置造成的。分析网贷行业存在的问题，正视网贷行业出现的种种乱象，才能更好地促进其发展，激发其对我国经济发展的促进作用。

（2014－06－19）

金融脱媒加剧流动性风险

丁大庆*

大家早上好/晚上好！我是丁大庆，从美国东岸纽约/普林斯顿地区向各位问好。我在美国从事了近十八年的风险管理工作，涵盖银行、证券、保险、资产管理和对冲基金。特别有意义的经历是在两家管理几十亿美元资本的大型对冲基金担任首席风险官，帮助公司从无到有地建立全面企业风险管理的框架并对公司所面临的主要金融风险及非金融风险进行识别、测量、监控、报告和管理。十分感谢凯龙的邀请！很高兴能有机会与大家一起就金融风险管理进行讨论。今天要与大家交流的题目是在金融脱媒环境下的流动性风险管理。

1. 风险的定义及流动性风险的分类

首先，我们对风险的定义是：与某种特定的风险因素相关的意外资本损失。风险因素可以是与金融直接有关的，如市场风险、信用风险、交易对手信用风险、流动性风险、杠杆风险等。风险因素也可以是和金融间接相关的：如操作风险、法律合规风险、声誉风险等。今天我们主要讨论的是在金融脱媒环境下的流动性风险管

---

* 丁大庆（William Ding），Solar Wind Capital & Risk Advisors，LLC 创始人。拥有超过 18 年的美国华尔街金融企业风险管理的丰富经验，其金融领域的知识和风险管理的经历涉及众多的资产类别、金融工具，以及广泛的传统资本市场交易手段和另类资产管理的投资策略。丁大庆曾在数家著名金融机构担任风险管理的高级职位，历任美国公司 KPMG Peat Marwick LP 全球金融风险管理咨询经理，德国银行 Bayerische Hypo Vereinsbank 董事和风控副总监，法国证券公司 CDC IXIS Capital Markets North America 董事和风控总监，美国保险公司 John Hancock Financial Services，Inc.（现加拿大保险公司 Manulife Global Investments）资深风险官，以及大型对冲基金 D. B. Zwirn & Co. LP 和 Woodbine Capital Advisors LP 的首席风险官。丁大庆先生曾先后担任国际风险管理师协会（PRMIA）大波士顿地区共同董事，大纽约地区指导委员会和顾问委员会委员。丁大庆曾获北京大学空间物理学士学位，中国科学院空间物理硕士学位，美国阿拉斯加费尔班克斯大学空间物理博士学位，以及美国芝加哥大学商学院工商管理硕士学位，主修金融。并曾在八大常青藤学校之一达特茅斯学院的物理和天文学系从事理论和计算空间物理的研究工作。

理。流动性风险又可以分为两类：融资流动性风险和市场流动性风险。前者指的是一个金融机构是否有能力在短时间内用合理的成本融到资金；后者指的是一个金融机构是否有能力在短时间内以合理的价格卖出资产。接着，我们来简单地谈一谈金融脱媒。

2. 金融脱媒

传统上人们投资和融资都是通过银行作为媒体中介来完成的。金融脱媒指的是有存款的人不把钱放在银行而直接在市场上投资，同时需要资金的人不向银行贷款而直接在市场上融资。当投资和融资都不用经过银行时，银行传统的金融媒介作用被大大减弱。金融脱媒在美国始于 1967 年。当时美国银行法 Q 条款对有联邦政府担保的银行储蓄账户设有利率上限，于是货币市场基金开始出现，并以高于银行存款的利率与银行争夺储蓄存款。金融脱媒开始后，银行为了与货币市场基金竞争而引入货币市场账户，银行这样做也是为了绕过利率上限的限制。在美国对银行存款利率的限制从大萧条后开始一直延续到 20 世纪 80 年代上旬才逐渐解除。到了 20 世纪 90 年代下旬，金融脱媒不仅在美国而且在国际上也变得越来越流行了。下面我们来看一个金融脱媒与流动性风险危机在英国的例子。

3. 金融脱媒的商业模式可能导致发生严重的流动性风险危机

英国的北岩银行（Northern Rock）是在 1965 年由两家英国拥有百年以上历史的建屋互助会（Building Society）合并后成立的。当时的北岩银行商业模式很简单，吸收民间储蓄存款和发放居民住宅房屋贷款。随着业务快速发展，到 90 年代末北岩银行成为英国房贷发放最多的前五家公司之一，并且于 1997 年在伦敦股票交易所上市。2000 年前后，北岩银行管理层做出了改变商业模式的激进决定：先通过在英国和国际货币市场进行短期融资，然后利用短期融资发放房屋贷款，进一步再将房屋贷款打包并通过资产证券化市场卖出，最后将获得的资金用来偿还货币市场的短期融资并从中获利。

与一个传统银行业务模式相比，这样一个新的商业模式不仅风险偏好大不一样，而且所面临的主要风险因素也发生了深刻的变化。当75%的融资来自货币市场后，一个传统的银行变成了一个在资本市场上高速运转的金融工程作坊，其获利的前提不仅需要货币市场正常运转，而且还需要资产证券化市场同时正常运转。在美国次贷危机前，这种新的商业模式运转非常成功。但是当次贷危机发生后，国际货币市场和资产证券化市场相继被冻结。2007 年 9 月 12 日北岩银行深深陷入流动性危机。由于无力偿还到期的融资，北岩成为英国银行史上 150 年来第一家不得不向英国中央银行请求援助的银行。在拿到 30 亿英镑紧急融资后，北岩银行流动性危机得到暂时缓解。

然而当北岩银行问题被英国广播公司记者在互联网上报道后，存款人马上开始挤兑，北岩银行网站立刻垮掉。9 月 14 日北岩银行所有门市部外都排起长队，10 亿英镑存款，约占存款总量 5%，一天内被提取。第二天又有 10 亿英镑被挤兑，导致北岩银行股票连续两天分别下跌 32% 和 40%。短短几天，一开始的流动性危机终于变成了银行挤兑危机。互联网的作用：坏消息迅速传播；网站禁不起冲击。

此后，英国央行宣布为所有存款提供担保，稍微稳定了局势。但英国央行仍然找不到买家愿意接盘，北岩银行最终不得不被国有化。北岩银行 2007 年损失约 1.7 亿英镑，2008 年又损失近 5.9 亿英镑；而为救北岩银行，英国政府债务增加了近 1 100 亿英镑，使得国债占 GDP 比例从 37.7% 一下升至 45%。从这个例子可以看到，与传统银行相比，金融脱媒下的金融机构不仅仍然面对传统银行的利率风险和资产负债期限错配风险，而且还要同时面对新的商业模式风险。特别是当伴随着金融脱媒商业模式而来的高流动性风险不能得到很好地控制和管理时，流动性危机很容易快速地转化为其他形式的更严重的危机。由于时间有限，还有一些与融资流动性风险和市场流动性风险相关的例子就不在这里一一陈述了。如果有兴趣的话，我们可以私下进行更多的讨论和交流。下面我们来看一看流动性风险在美国是如何管理的。

4. 孤立管理低估了流动性风险

2008 年金融风暴前，已经有不少研究学者指出美国金融市场流动性风险的重要性，但没有得到监管机构的重视。在实践中，流动性风险管理与其他风险管理是分开地、孤立地处理的。这种人为地把流动性风险与其他风险关系隔断的做法，大大低估了流动性风险对整个金融机构盈利、资本金以及偿付能力的冲击。美国金融风暴中，房屋市场泡沫开始破裂，次贷信用下降，影响到结构金融产品信用指标，继而影响到做结构金融产品的投资平台，导致平台融资困难，接着影响到相关银行的偿付能力。

最终导致一些著名的金融机构不得不被迫出售，宣告破产或者接受政府救助，例如贝尔斯登，美林证券，雷曼兄弟，美国国际集团等等。另外还有许多外国大金融机构也都受到了严重冲击。一直到美国次贷危机引起的全球金融风暴造成了巨大的损失后，人们才充分认识到流动性风险与其他风险的内在联系以及这种联系的重要性。

5. 在巴塞尔资本协议Ⅲ的框架下，流动性风险第一次被明确地纳入监管范畴

金融风暴给监管人员和风险管理人员都上了一课。在弥补了巴塞尔资本协议Ⅰ和Ⅱ的不足之后，最新公布的巴塞尔资本协议Ⅲ首次明确提出对流动性风险进行监管。巴塞尔资本协议Ⅲ中的流动性风险管理主要有两个概念：其一是流动性覆盖比率（LCR），指的是在压力测试条件下，银行一个月内是否有足够流动资产用来支付债务；其二是净稳定融资比率（NSFR），指的是在压力测试条件下，银行一年之内是否有足够流动资产用来应付净现金流出。按照巴塞尔资本协议Ⅲ规定，管理流动性风险应有四个步骤：第一是考虑市场流动性风险，要分析市场价格变化对公司盈利亏损的影响；第二是分析融资流动性风险，要进行资产负债现金流的估算；第三是进行流动性压力测试，要精确估算公司整个资产负债表在缺乏市场流动性时有没有足够的支付能力；把前三条加以总结，第四步是致力于确定流动性风险的触发应急的融资计划，要根据流动性压力测试的结果来制定适当的流动性风险偏好、流动性风险治理框架，以及流动性风险管理战略等。

6. 中国与美国流动性风险的监管差异

美联储对银行流动性风险管理的建议包括：第一点是对流动性风险进行定性分析，即要求制定触发应急的融资计划；第二点是对流动性风险进行定量分析，即要

求完成流动性覆盖比率（LCR）的计算和净稳定融资比率（NSFR）的计算。另外，根据 Dodd - Frank 法案压力测试规定，对于大银行还有第三点，这就是要求完成全面流动性评估（CLAR）。美联储对银行还要求压力测试时要基于模型计算或规则计算；流动性资产分为三类，与巴塞尔资本协议Ⅲ一致；更严格地定义高流动性资产，即只有美国政府和政府机构发行或担保的债券才能成为高流动性资产；要求 2014 年年底流动性覆盖率达到 80%，以后每年增加 10%，到 2016 年年底达到 100%。

2013 年 10 月，中国银监会发布流动性管理试行草案。草案指标有三：第一是流动性覆盖比例（LCR），与巴塞尔资本协议Ⅲ一致，指在压力测试条件下，银行一个月内是否有足够流动性资产支付债务的覆盖率；第二个指标是存贷比；第三是流动性比例，即流动性资产与流动性负债比例。与美国流动性风险管理指标相比，中国的指标更加静态，同时新老指标并存；此外，美国进行压力测试时，可以根据模型计算，而中国只根据规则计算压力测试；高质量流动性资产的定义也不一样；最后中国需要五年过渡期，即 2014 年年底流动性覆盖率达到 60%，以后每年增加 10%，到 2018 年年底达到 100%。

7. 中国金融市场环境的巨大变化突出了抓好流动性风险管理的紧迫性

在过去几年里，中国的金融市场发生了巨大而又深刻的变化。随着金融改革的不断深化，金融市场的进一步开放，利率汇率市场化的步伐也随之加快。机构贷款利率在 2013 年已经放开，存款利率在今年也可能会放开；并且随着人民币的逐步国际化，汇率开放的步伐也会加快。在这样的新环境下，金融产品创新层出不穷。在交易所市场上，股指期货和国债期货已相继推出，很快还会推出个股期权等金融衍生产品。在柜台交易市场和零售市场上也出现许多结构性融资产品和结构性理财产品。

与此同时，一方面传统金融机构为了适应新的环境和商业竞争需要不断探索业务创新，寻求商业模式的转型，探索走国际化的道路。另一方面，金融脱媒现象也进一步深化。一些非金融机构如阿里巴巴、百度和腾讯等则利用互联网平台的优势，开展网上金融业务，逐步蚕食并且严重冲击传统金融机构的传统业务。随着金融市场竞争环境的变化，一些原来不明显的风险因素变得越来越重要了，例如利率风险、汇率风险，以及利率和汇率的波动性风险等。

另外，以前不经常发生的风险事件也频繁出现了。例如去年6～7月和12月两次导致短期利率暴涨的钱荒，实质上就是金融市场上的流动性风险事件。那么，在新的经济环境下，金融机构的风险管理，特别是流动性风险管理应该怎样做？今天通过重温外国的金融机构在类似的市场环境下流动性风险事件的经历可以为我们针对中国当今金融机构风险管理提供一些非常宝贵和有益的经验、教训和借鉴。

8. 现代化金融机构风险管理的最新发展趋势及最佳实践

随着金融市场竞争环境的变化，金融机构企业在风险管理上也在不断改进和创新。目前，现代化金融机构在风险管理上的最新发展有四大趋势：

第一，要建立集中化的风险管理框架。与以前一个业务部门或一个地区市场分割管理的方法相比，现在的趋势是把所有业务部门、所有地区、所有国家的业务都集中起来进行管理；此外，做好全面综合化企业风险管理体系，把金融风险因素和非金融风险因素结合起来，用不同的信息技术系统和设备做高质量的风险分析。

第二，建立专业化的风险管理团队。团队建设包括聘用具有丰富实战经验的风险管理人员，在董事会设立风险管理委员会，在管理层设立首席风险官。董事会负责制定公司风险治理框架，确定风险偏好以及处理重大风险管理事项。由首席风险官带领的风险管理团队负责具体实施，包括建立风险管理的战略与策略、规章与制度、流程与指标，以及对企业员工进行风险管理文化教育与培训。

第三，要尽可能实时化地进行数据收集和信息更新。充分利用互联网和云计算等现代化的信息手段把不同的风险管理分析和报告内容及时送到有关人员手中，使得他们能够根据不断变化的风险信息做出最佳风险决策。

第四，风险管理人员要突破传统的以合规为中心被动他进行风险控制的业务模式，要积极主动地进行风险管理。积极配合业务部门和领导层及早发现意外风险集中的事件，提出切实可行的风险对冲策略，从而起到公司风险顾问的作用。

9. 结束语

国内外经济形势和市场是在不断变化的，对金融机构来讲风险管理工作是十分重要的。在人民币利率汇率市场化和人民币国际化过程中，在金融脱媒的大趋势下，中国的金融机构要时刻警惕经济形势的变化以及随之而来的新的风险因素对现有的商业模式的冲击。只有建立和健全全面综合企业风险管理，才能使金融机构在金融改革和金融创新过程中立于不败之地。

谢谢大家！

（2014－02－12）

互联网金融安全

谢涛令*

互联网金融是一个绝好的提法，但安全是个大课题，定义各有不同。什么是安全呢？很广大，含义很宽啊，连信息真实性本身，服务是否可靠等等，都被用来作为安全的范畴。为了讨论，我这里把安全的定义说成是“别出意外”吧，防范风险，这个就是安全。互联网金融安全呢？就是互联网金融的产品和服务别出意外。

讲互联网金融的安全，我想先讲讲互联网的起源。首先，互联网是个洋玩意儿，美国军队在20世纪60年代作为通讯工具的可靠性研究搞出来的，后来成了互联网，从开头儿就是年轻人的创造发明。其次，互联网现在是什么？全世界的军民共用的，大大的互联网。这个网络的建设是很有意思的，表面上看，互联网的节点或者计算机都是平等互联的，其实呢，互联网是美国主导的网络，是大树结构，是有根的，根就是地址“解析”的那个文件，有点像电话号码本。公开的有真根的大树13根左右吧，12根在美国，1根在日本。大家问，中国呢？中国也有几个根，但是都是镜像根，是真根的影像，负载均衡和加快使用速度用的，我们所有的计算机接入互联网都要到美国的根上进行备份的，因此呢，只要接入互联网，美国就有数啊。除了根之外，还有一个大东西很重要，那就是相关的通讯协议和算法等软体，这些知识产权性的东西大都在美国人那里。也就是说，我们中国人常说的“中国互联网”其实就是美国的互联网在中国的一部分，我们中国网络接入美国互联网，不是独立的网络。

---

* 谢涛令，毕业于北大79级技术物理系核物理专业，1983年去高能所学习更小尺度的粒子物理，1986年到美国学习大尺度的天体物理，拿到博士后先后在加州理工，宇航署火箭推进实验室，马里兰大学，IBM美国总部和CA美国总部工作，先后4次在美国创业，有成有败，之后回中国创业现在的海博智能系统有限公司，把带显示器的动态密码器和PKI等功能嵌入到标准智能卡中，用这一个卡形态介质作为密钥载体，解决防假冒防泄露防抵赖难题，把线上和线下的身份安全和交易支付以及多流合一的各个环节打通。

中国互联网不是个很准确的词儿，因为充其量是美国人大度，把互联网“租”给中国人使用，我们是在租来的大房子上加了很多的屋子，糟糕的是，“地皮”控制权也是美国人的。从互联网运营上讲，其实中国互联网是美国人任何时间都可以左右秩序的或者说可以“关闭”的。

这个情况是我们谈互联网金融安全这个大课题的基础。好在互联网金融是民用为主，中国的互联网发展以及互联网金融的发展对于美国是个好事，只要不发生战争，就互联网而言，美国人不会说给中国人什么麻烦。也就是说，我们说互联网金融安全，我们讲的一般防护的对象是“坏人”，世界范围的坏人，包括中国的，而不是讲的“美国”或者美国人。

防护对象清楚了，我下面缩小到具体东西上之前，再讲一下安全的相对性概念。相对性的意思是说安全不能讲绝对，没有绝对的安全，是使用便捷和安全性之间的一个平衡点，因为绝对安全的东西是死的，不能用的。“安全”有两个参数，一个是“时间性”，一个是“代价”，在一定时间内，破解安全的代价高于被保护东西的价值，那么一般认为是安全的。这个理解对于金融安全特别有意义。

目前网络安全的基础是“密码”或“密钥”，其基本点是某种不可逆的算法，算法本身一般公开，但是对“种子”或者“初始条件”进行保密。商业通用的算法主要两种，一种是一个密钥用来加密，也用来解密，叫对称密钥体系；另一种是一对钥匙，公共的一个钥匙是加密用的，私藏的一个是解密用的，叫做非对称密钥体系或者 PKI 体系。

对于互联网金融非常重要的有三个功能：身份认证防假冒和加密防泄露，以及电子签名防抵赖。

加密的主要目的是保护秘密保护隐私，只能特定的人打开，其他人不能打开。这样的话，我们手机上的东西也好，PC 上的东西也好，我们就可以加密后传到云里或者本地存贮，或者建立秘密通道传输给特定的群体或个人。加密的概念比较直观，我不多说了。

身份认证防假冒是解决这些特定人群或者个人鉴别的，这个在网上是很大的课题。身份识别一直是人类的老话题、老课题，我们常说的“破镜重圆”就是解决情人间多年后如何身份认证的。

电子签名防抵赖是解决网上行为法律上责任的大问题，常常被忽略，这却是网上商业行为的基础，绝对重要。中国也有电子签名法作为电子商业发展的依据。请注意，电子签名法对于电子签名用的密钥载体是有严格要求的，必须是一个硬件的不在线的具有防攻击特性的独立载体，不能是存在手机或者PC或者云端的软体密钥，这个是我们讨论安全问题的法律基础，也是很多第三方支付将要面临的监管法律依据。安全这个行业是有很深学问的学科，玩互联网金融必须考虑硬件密钥载体这个实际法律要求。

互联网金融是起于人，服务于人的，管理好人或者组织是核心问题，所以，身份认证对于互联网金融是最重要的，不可回避的，只有解决好身份认证问题，也才能够解决针对人的个性化服务，也才能建立金融秩序和财产归属和管理权限问题。

按强度增加的次序，我们常用的身份认证方法是：（1）你知的，别人不知的，也就是两个人或者一个群体分享的秘密，主要是口令。（2）你有的，别人没有的，如破镜重圆的镜子，或者大家用的U盾或者动态令牌。（3）你是的，别人不是的，也就是客观存在的独有特征，比较难以修改的，如我们身体的生物特征，指纹啊、掌纹啊、基因啊、眼瞳啊、脸部轮廓啊等等。生物特征认证的最大局限是没有解决密钥载体问题，不能建立加解密通道和解决加密防泄露，也不是绝对安全的，因为譬如在韩国，很多特征可以是美容手术刀下人为的。三种都不是完美的技术，一般是混合使用。

目前我们中国的互联网金融面临的主要问题就是还没有可靠的网上或者说线上统一身份认证的工具。二代身份证是线下的，最大麻烦是没有很好地查吊销或者冒用的那些，以至于死人在上网，死人也在上飞机啊；银联的信用卡也是线下用的，用到线上的支付不行，不具备线上需要的密钥载体，阿里当年没办法，只好为了网上电商生意干自己的“支付宝”，暂时解决网上身份认证和网上支付问题，马云的大生意是银联的信用卡不能安全地用于线上支付的客观原因造成的。据说马云曾经试图找银联帮忙解决问题，银联其实是有聪明人的，他们也一直想把信用卡发展到线上支付能力，打通线上线下，所以搞了一个新一代信用卡标准，信用卡里面嵌入了动态密码器，可以在线下线上都安全使用，同时，卡的使用人还可以验证网上银行服务网站本身的真伪，也可以即时查交易额、余额，甚至交易记录。我的公司的几个人是银联的这个标准的主要起草的参与人。现在试着发这个卡的是建设银行和交通银行以及一些比较小的银行。除了动态密码器之外，海博又把U盾功能也加进了这个卡，然后把这个卡跟手机无线对接（NFC或者蓝牙），作为手机的密钥载体配件，这个能力带来的应用想象空间是非常巨大的。

在银联从线下走向线上的时候，第三方支付，如支付宝也在搞 POS 机，也就是线下支付，也就是布局从线上走向线下，说穿了，都是在大力搞线上线下合一，这个也是必然趋势，有些资源走向线上，有些资源是永远线下的，线上搞定资源的所有权和管理等各个方面，但是使用权本身很多时候是线下完成的。

手机支付又在互联网金融中起到什么样的作用？我不知道答案，但是感觉都和线上线下身份认证和安全考量有直接的关系。手机支付需要不需要第三方的存在，如信用卡？是否手机支付慢慢会减少卡的使用，从而部分或者全部代替卡的作用？一个无卡的世界？本人觉得最后无卡支付是个相对的有条件的，更方便，而有卡支付通用性更强。

目前阶段，互联网金融安全的问题是银联和第三方支付竞争的核心。国内搞了几个算法，也做成了国家标准，需要时间推行。主要困难是金融很难和世界其他机构脱钩，怎么解决接轨问题是个大难题。

（2013－10－22）

互联网金融时代的征信体系建设

涂志云*

中美征信比较

FICO 原来叫 Fair Isaac，是两个创始人的名字，后来公司名字也改了跟产品 FICO 评分一样的名字。对企业叫信用评级（credit rating），对个人叫信用评分（credit scoring）。企业的信用评级（credit rating）以标准普尔和穆迪为代表，个人的信用评分（credit scoring）主要以 FICO 为标杆。

在个人信用管理领域，有征信公司和评分公司两类。中国目前的征信机构还处于比较初级的阶段，国家以央行的征信中心为主，加上上海资信，民营的征信公司也已经有几家了。国内目前没有比较大的评分公司，因为评分技术在中国使用非常少，目前央行在开发自己的信用局评分，在合适的时候会推出。

互联网金融与征信

信用管理在当下互联网金融领域的地位和作用是比较关键的。互联网金融的核心之一是风险管理，而风险管理的核心之一是信用管理。在信贷类别的互联网金融领域，我们可以去掉上面两个“之一”，因为金融是靠管理风险赚钱的。

我国发放的贷款和信用卡数量有限，央行征信数据的丰富度也非常有限，所以

---

* 涂志云，从 1991 年去美国，在美国留学和工作共 10 年时间，2001 年回国后一直在个人信用管理领域工作。1993—1997 年共 4 年时间在 FICO 公司的信用局评分部门，负责开发传说中的 FICO 评分。2001 年，国内信用管理环境还非常初级，涂志云回国后担任美国环联信用局大中华区的首席顾问，先后辅导了上海资信和香港信用局的评分系统。由于在美国和中国都从事过与信用相关的工作，所以对于中美在征信领域不同的发展状况比较了解。

我国的征信记录目前还只是在银行发放贷款的时候用作参考，而美国的信用记录在发放贷款时候的权重大约有70%，同时也被广泛应用在其他领域。未来互联网金融各个细分领域会需要更加完善的征信系统去配合，完成高效的风险识别。

互联网大数据会重构传统的征信体系。中国面临比较大的挑战，传统的征信体系还没有建立好，又需要跟大数据进行整合。中国银行业的挑战也同样，传统的零售金融还没有完全建立，又面临互联网金融的冲击和挑战。这就是中国的国情，互联网在冲击所有行业，在信用管理领域就是我们远远没有完成1.0版，就被迫开始了2.0版。

征信在互联网时代的挑战和机遇

我个人认为目前在信用管理领域有四大挑战，同时也是机遇。

第一，银行和民间金融的征信整合工作。目前还有大量的民间金融数据没有进入征信数据库，如何协调各方利益使二者能够整合。第二，央行征信中心数据的开放使用。目前央行征信报告还只是开放给金融机构，大量的民营和互联网金融企业无法直接获得相关征信报告。第三，创新的征信应用产品的开发。如何作出增值服务产品比如信用评分，以及如何与互联网上的大数据进行整合。第四，使用征信评分提高风险管理水平。银行、民间金融、互联网金融机构如何去使用征信和评分来提高自己的风险管理能力。概括起来，即目前在征信体系的建设方面，有四个需要解决的问题：征信数据如何汇集，如何开放，如何加工，如何使用。

可以预见，互联网和大数据会是信用管理的一个重要部分，信用管理会与互联网金融相互促进，共同成长。《征信业管理条例》经过十余年的酝酿和修改，2014年终于颁布实施，是利国利民的一件大好事情。

我们的优势是明显的：极强大的市场需求和目前落后的体系的反差，迫使我们利用科技的力量在信用管理领域进行一次真正的创新。在征信管理领域，中国有可能用未来10年时间走完美国过去30年的路。首先，我们没有传统的征信产业，也就没有历史包袱。其次，互联网金融在中国方兴未艾，只要我们有变革的思路，就有弯道超车的可能。

但是我们的基础差，人才和投入都有限。我认为在信用基础设施方面需要政府更加开发，需要政府与企业联动，加快落实《征信业管理条例》，邀请多方力量来共同建设我国的信用管理体系。具体的4个挑战，我上面已经列出了，政府和企业都需要参与进来，信用体系建设是利国利民，大家共赢的事情。

（2013－11－26）

消费者信用风险管理

姜岩松*

一、有信用历史的申请者

（一）消费者信用分析原则

1. 信用申请评估

信用管理过程的整体性取决于授信人正确的商业判断。授信人必须关注细节，了解每个信用申请的强项和弱点。授信人应当评估类似贷款偿还情况及总体债务承受能力。申信人的偿还能力可以通过其相关收入，财产，债务及净资产来进行判断。偿还意向比较难于评估，因为它经常与申信人获取信用的动机相关，需要有充分的信息来验证申请人的可信度。授信人必须明确申请人有能力履行所有当前债务，支付现有月付及新债务月付。

具体评估有以下几个方面：借贷目的、信用历史、债务比率（DBR）、职业及收入稳定性及充分性。

（二）标准借款人条件

合格借款人、最低年龄（18）、居住地、美国公民或移民状况、外交豁免权（不予贷款）。

---

* 姜岩松，摩根大通银行信贷风险管理部 VP。北京大学物理学学士，美国康乃迪格大学市场传播学博士。历任美国普天寿保险公司、TIAA - CREF 保险公司市场营销咨询师，美国大通银行房贷公司营销及信贷风险管理部 VP，大通银行信用卡公司决策管理部 VP，美国花旗银行（纽约）信贷风险管理部 VP，费埃哲信息技术（北京）有限公司高级咨询顾问等职务。具有多年商业银行各领域金融产品之市场营销、风险管理方面的丰富经验，对商业贷款、零售银行、房贷、房屋抵押贷款和信用卡的产品、服务、市场营销及信用风险管理运作流程具有深入了解。

（三）申请人信息验证

系统验证——系统通常采用决策引擎，利用某些程序化算法进行验证，结果会表明有些验证要求满足系统要求而免除验证。

人工验证——信贷员责任：信贷员有义务索取他（她）认为做授信决定所需任何信息。如果手头信息不甚合理，信贷员永远有权利根据自己的判断要求提供额外文件和验证。验证时限：所有用来验证支持顾客信息的文件必须在申请日的三十天之内提交。

1. 必需申请人验证

如果在30天之内申请其他信用产品而且第一个产品所需的验证通过，在申请人住址、电话、工作和身份不变的情况下可免除验证，并直接采用第一个信用产品经过验证的信息。

2. 申请人身份验证

3. 银行商业关系验证

4. 工作验证

5. 收入验证

6. 住所验证

（四）信用局征信报告

该报告提供申请人的信用史（未偿还债务数额，月付，正面信用史，负面信用史，信用额度利用率，信用问询等）。报告提供的信息可以用来验证信用申请报告中的信息。

1. 信用局征信报告获取日期须在信用决策60天之内，如超过60天需重新获取。有异议的信用报告需提供书面证据。

2. 欺诈受害者声明：如果信用报告中所显示的负面信息是遭遇欺诈的结果，申请人需要取得相关证明文件并提交，并签署声明。

（五）收入及债务比率

1. 收入

申请中所声明的所有收入来源都要评估已决定申请人是否有足够的财务能力偿

付其债务。

收入来源：工资、自雇、非工资非自雇。

2. 特别收入来源

资产收益、免税收入、房租收入。

3. 收入稳定性

要求2～3年稳定性。

4. 债务负担比率

评估申请人偿还能力＝申请人每月所有应还债款／申请人美元总计毛收入。

（六）系统性信用申请检查和评分

1. 要点

申请日期

申请人数

纸质申请的改动

完整性

欺诈数据库查对

缺失信息

授信决定通知（完整申请七天之内）

对拒绝决定申请重新考虑

致申请人的信（要求提供缺失信息，批准，拒绝等）

2. 决策者

决策引擎 申请最初由决策引擎检查，分析

信贷员分四级

（0）实习信贷员

（1）初级信贷员

（2）信贷员

（3）资深信贷员

3. 系统信用申请检查过程

第一轮，申请之完整性

审核申请人提交的信息是否完整。

第二轮，信用政策“灾难”

检查申请人是否有破产及其他重大负面信用记录，考虑主要和次要信用损害等，并根据信用政策决定对信贷申请是否拒绝。

第三轮，信用申请评分

考虑信用申请信息，征信局信用评分，银行自有评分等，并根据最低评分线决定是否拒绝信贷申请。

第四轮，判断性评估

考虑申请人所提供信息的验证

判断性拒绝

4. 系统信用政策“灾难”检查

检查项目

无征信报告，只有信用问询，所有账户“时间太短无法评估”（短于一定时间），所有账户逾期，七年之内有破产记录，催收账户，逾期120天，九十天账户超过一定金额，时间在限定范围内，有限信用史等。

5. 系统信用评分

检查类别 贷款申请中提供的信息

本银行客户关系（存款账户），渠道，FICO 信用评分，本银行自行开发评分等。

信用评分类别 四种信用评分类别

A = 可批准类贷款

B = 需要进一步评估

C&D = 建议拒绝

6. 最终信用评分类别

最终信用评分类别整合信用政策“灾难”，信用评分类别，债务负担比率及顾客价值类别（如是否在本银行有储蓄账户，账户数额等）。

二、没有信用历史的申请者

利用大数据来评估信用风险：和以往硅谷的热点一样，“大数据”在很多人眼里是“大忽悠”，但是有一种可能性的确极具潜力——大数据会在将来某一天给那些借贷无门的人们带来他们急需的贷款和信用历史。社交媒体数据是其中一个热点。目前传统银行基本上不采用社交媒体数据作信用风险之用。

利用社交媒体数据对没有信用评分的人群进行信用风险分析：相当数量的新技术公司开始用社交媒体数据来决定那些借贷无门人群的信用风险。对有信用历史和信用评分的人群，银行和贷款公司通常倚重 FICO 信用评分，该信用评分是在还款历史记录上建立起来的。但美国有数百万人没有信用评分。对这个特定人群，一直缺乏有效的风险管理工具。长期以来，由于对无信用评分或历史的人群缺乏可靠的数据，银行没有太多选择，只能在贷款时把这个群体视为高风险群体，贷款给这些人形同赌博，其结果是或者收取极高贷款利率，或者干脆就不贷。

近年来，一些金融借贷公司发现社会联系是人们信用度的一个很好标示。有些公司甚至提出“脸书信用评分”，“社交媒体信用评分”的新概念。这些公司其中之一，伦度公司（LENDDO），利用社交网站脸书（FACEBOOK）来帮助其评估信用风险：如果你在脸书上的朋友在伦度公司的贷款没有按时偿还，那么你的信用风险也随之升高。如果此人是你在脸书上经常互动的朋友，那么你的“脸书信用评分”会进一步下降。

伦度公司还检查申请人在脸书和推特上的社交联系。从伦度公司得到贷款的关键是在你的朋友圈里有几个高信用度的人。如果他们能为你口头担保，你得到贷款，那么你还贷的时候这些朋友也会收到通知（伦度公司以前在借款人还款出现问题时甚至威胁去通知这些朋友）。

与此类似，美国本土的上贷公司（LENDUP）是一家以高利率提供短期贷款的公司，当然在顾客积累一定信用之后它也提供优惠利率的长期贷款。上贷公司的做法是调查申请人的社交媒体活动，确认网上申请中提供的数据与从脸书和推特中得到的信息相符。隐藏在这种做法背后的逻辑是“物以类聚，人以群分”。人类在自己的社区里善于了解哪些人可信，如果你多半和高风险的借贷者们交往，那么你很有可能是他们当中的一员。强大的电脑计算能力使通过社交网络行为计算信用上的可信度成为可能。新一代公司开始开发各种算法用于社交媒体数据，将可信度高的借款人群和易于违约的人群区分开来，按信用风险定价。利用开发社交媒体数据目前看来极具潜力，有很好的前景，连传统信用评分的先驱费埃哲公司（FAIR ISSAC，FICO 公司）都在跃跃欲试。

一家名为“信用技术”（KREDITECH）的德国公司声称它在评估贷款申请时

会用到多达8 000个数据。信用技术公司用的数据包括位置数据，社交网络数据情况（朋友，赞，位置，发帖）、行为分析（网页停留时间，动态）、电商购物行为及硬件数据（所安装应用，操作系统）。除了利用脸书、电子湾、亚马逊账户的数据之外，信用技术公司还搜集顾客填写网上申请表方式的信息。例如，如果你花时间阅读信息技术公司网上有关贷款的信息，得到贷款的可能性便会增加。如果你全部用大写或小写字母填写申请表格，那么在信用技术公司的眼里，你的信用风险就会增加一些。那些单独数据本身可能并没有太多意义，但当汇集在一起时便可能勾勒出一幅良好的申请人轮廓。

另一家名为卡贝吉（KABBAGE）的公司给小企业提供现金贷款，该公司会考虑小企业主的FICO信用评分，但只作为因素之一考虑。具体做法是要求申请人允许该公司检查其PAYPAL，EBAY和其他线上支付账户，披露其实时销售及配送数据。卡贝吉声称可以根据这些数据决定一家小企业的可信度，在很短的时间内便可以把现金打到小企业的账户上。一旦一家小企业从卡贝吉公司获得授信，它还可以将其脸书和推特账户链接到卡贝吉公司网站上，从而提高其“卡贝吉评分”。卡贝吉公司的数据表明，那些进行链接的小企业借款的逾期率比不链接的小企业要低20%左右。研究人员将此归结为企业的同一特性：注重通过脸书和推特渠道处理顾客服务事宜的公司更有可能在它们企业的其他方面，如库存和配送，也领先于其他公司。

目前为止，许多此类新兴公司都着眼于特定借贷人群。卡贝吉公司的目标客户群是在网上销售产品的小企业主，伦度和信用技术公司则侧重信用紧缺的新兴市场的中产阶级人群。伦度目前有大约二十五万会员，但它只在菲律宾、哥伦比亚和墨西哥开展业务。但其他公司的规模更大：信用技术公司号称其平均每天收到一千份申请，每年发放约一千万个贷款。卡贝吉2013年提供约七万五千个金额在五百到五万美元的现金贷款，这个数目是美国小企业管理局2012年提供贷款数目的三倍。

诸如伦度和上贷这样的新兴公司很多都是由当年社交媒体热背后的推手投资的：当年脸书的首批投资者之一阿赛尔合伙人投资成立了伦度公司，上贷公司则是由谷歌风险投资和霍若维茨公司支持的。社交媒体只是冰山一角。位于英国伦敦的风革公司（WONGA）是一家雄心勃勃的网上发薪日贷款公司（指主要贷款给在发工资前些天已经入不敷出的顾客群的短期贷款公司）。风革公司在放贷时甚至把申请人在访问其网站的时间和方式作为是否给予贷款的因素。首次申请者近三分之二被拒绝。用大数据来评估信用风险目前处于进入主流的门槛下。信用技术公司已经开始将其技术出售给俄国和捷克共和国的全国性网上借贷公司。卡贝吉也有望更上一层楼。

所有这些尝试都是基于这样一个理念：目前评估信用申请人可信度的模型局限于很少几个标示，将许多按时还债但没有良好（或根本没有）信用史的人拒之门外。大数据可以将拖欠债务的人与真正值得获得优惠贷款的人群区分开。从这方面来说，利用大数据的目的就是获取尽量多的数据，甚至会施加压力使潜在申请人尽量多地披露自己的相关信息。

谷歌和脸书在这一领域里经常被推崇为仿效楷模。谷歌的前 CIO 创立了热点金融（Zest Financial），一家利用大数据提供信用评分信息的公司。他在不久前接受纽约时报采访时曾说道："我们感觉所有数据都是信用数据，只是不知道如何利用它们而已。这便是我们在谷歌学到的数学。一页纸上的内容固然重要，但是其语法如何，用何种字体，何时写成或编成等所有信息也同样重要。"以此为鉴，热点金融查找汇集了七万余个信号性数据，在此基础上建立了十个不同的核信模型来评估信用风险。这些模型的结果在微秒数量级的时间进行比较，然后生成申请人的信用风险轮廓。

大数据在消费者信用风险领域的应用也不可避免地带来负面影响，首当其冲的便是隐私权保护。这又是另外一个大的话题。金融界的一些专家对基于社交媒体数据和网上行为的另类信用评分持怀疑态度。有专家称社交数据并不见得能表征借款人是否能按时还款。和 FICO 信用评分相比，虽然 FICO 只考虑了有限的几个因素，但这些因素都对信用风险极具预测性。此外还存在操纵系统的可能性。消费者可以很容易地控制脸书朋友数量，发多少条推持。但在 FICO 信用评分上做手脚却不太可能。

个人看法：大数据用于消费者信用风险评估是新事物，其作用仍有待时间检验。对于无信用评分或信用历史的人群，大数据可以帮助决定哪些人值得贷款，但应用需谨慎。

（2014 - 03 - 26）

互联网征信的分析与实现

肖大平*

一、互联网征信建设背景

互联网金融经过短时间的爆发性增长，互联网企业依据自身平台和多年来累积的数据，正创造着一个个崭新的商业模式，极大地冲击着金融、贸易、餐饮等传统行业的既有模式。目前主流互联网金融商业模式包括P2P网贷、众筹、第三方支付及移动支付、金融搜索与比价网站等。其中，以P2P网贷发展尤为迅猛，出于风控需要，其结合线上融资、线下征信审核，日益成为P2P平台的主流运营模式。春节以来品质较好的P2P平台一标难求，人人贷发售2 500万额度的“优先理财计划”2分钟内即满标、红岭创投单项目3小时筹集1亿元资金等；另外，P2P平台收益正普遍逐渐下降，这些均表明P2P正迅速被普通投资者所接受，P2P市场资金日渐充裕。因此，线上吸引资金已不再是P2P平台发展的瓶颈，线下寻找、审核项目对平台的重要性更加凸显。有些主流P2P平台如人人贷、人人聚财等项目审核通过率均在5%以下，意味着近90%的项目征信费用成为沉没成本。因而，能否获取低成本、高效率的征信，从而控制风险，已成为P2P平台乃至整个互联网金融行业进一步发展壮大的必要条件。应该说互联网金融发展的关键是风险控制，风险控制的核心之一是信用。在互联网金融发展大背景下，作为互联网金融中最重要一环——风险控制显得尤为重要，因而基于互联网金融征信业务的发展不可以缺少，不管是主动还是被动，都将会得到相当大的发展，因为其是保障互联网金融发展的重要基石。

---

* 肖大平，现任中诚信资讯科技有限公司总裁，曾任职桑达电子集团信息主管、中山大学计算机应用研究所、深圳国泰安副总裁等，计算机硕士，在金融IT、金融信息服务领域十多年积累，专注于金融大数据、移动互联网资讯、固定收益、评级与征信等领域。

二、互联网金融风险与征信重要性分析

（一）互联网金融产品的风险

互联网金融产品可定义为以互联网为媒介、向互联网用户销售的金融产品，其面临的风险可分为：基于网络信息技术导致的技术风险和基于互联网金融业务特征导致的业务风险。

1. 互联网金融技术风险：互联网金融的业务及大量风险控制均由电脑程序和软件系统完成，因而电子信息系统的技术安全和管理安全成为互联网金融运行的最为重要的技术风险。

2. 互联网金融业务风险

主要包括以下几种：

（1）流动性风险：互联网金融产品的流动性风险较传统金融产品风险更大。其一，互联网金融产品在产品规范性上远不及同类传统金融产品，这为互联网金融产品定价增加了难度；其二，互联网金融产品发行方的偿债能力较传统金融产品发行人低；其三，目前市场上并未形成真正具有广度和深度的互联网金融产品转让平台。

（2）支付和结算风险：由于互联网金融服务方式的虚拟性，金融机构经营活动可突破时空局限，使得互联网金融业务具有较大环境地域开放性，并导致互联网金融中支付与结算系统跨区域化、跨组织化，大大提高结算风险。

（3）法律风险：目前，金融立法框架主要基于传统金融业务，如银行法、证券法、财务披露制度等，缺少有关互联网金融的配套法规。因此，利用网络提供或接受金融服务，签订经济合同就会面临权利与义务等方面相当大的法律风险。

（4）信用风险：除了具备传统金融产品所面临的信用问题外，互联网金融产品面临的信用风险尤为突出。其一，互联网金融产品发行者多为小微企业或个人，偿债能力较传统金融产品发行者更弱；其二，互联网金融产品信用风险除来自于其产品本身外，还来自于因互联金融平台运营不当导致的信用风险；其三，互联网金融产品存在担保机构代偿风险，为互联网金融产品提供担保的大部分担保公司注册资本在 1 亿元以下，其担保实力不强、风控能力良莠不齐；其四，互联网金融产品

销售平台对投资人公布的融资人信息稀少，具有极大的信息不对称风险。

（二）征信的重要性与现况

现代市场经济就是信用经济，市场化程度越高，对社会信用体系的发展程度的要求也越高。此外，就金融行业而言，互联网金融是金融发展的高级形态，风险控制是互联网金融发展的核心基础，而信用是风险控制的核心。但我国由于信用体系发展程度低，信用关系相当混乱，远还没有形成一个完善的社会信用体系。把“信用”作为当今社会企业、个人的“第二张身份证”一点也不为过，毕竟信用是企业、个人获得融资和进行交易的基础。目前国内存在信用体系有央行征信系统和地方政府建设的信用平台系统以及一些电商利用平台累积的用户交易数据和频率开发的信用体系，这两类信用体系均具有较大的局限性。2006 年 1 月开通运行的央行征信系统，至 2013 年初，有大概 8 亿人在其中有档案，在这 8 亿人当中，只有不到 3 亿人有与银行或其他金融机构发生过借贷的记录，其中存在大量没有信贷记录的个人，且目前央行征信系统的开放程度十分有限。电商信用体系的征信范围只限于其平台用户，信用体系构成与央行征信系统也有较大的区别，且不对外开放。因此，目前我国信用体系需要大幅完善，各信用体系之间有待整合，覆盖范围有待扩大，开放程度有待提高。

三、互联网金融主要商业模式下征信切入点分析

互联网金融持续火爆的今天，主流互联网金融模式有 P2P 网贷、第三方支付、大数据金融（如阿里小贷）、众筹、信息化金融机构（众安保险）、互联网金融门户等模式，实际上任何一种模式与征信均密不可分。现对每一种模式的征信切入点进行简单分析：

1. P2P 网贷：P2P 网贷指通过互联网连接借款人和投资人的第三方互联网平台，其运营核心是借、贷资金的匹配，借、贷资金匹配的基础是信用，故担保机构、P2P 平台和投资人均需对借款人征信；还款能力和还款意愿是投资者收回本息的源泉，是担保机构出具保函的前提，是 P2P 平台运行基础。借款人必须提供具有说服力的信息，证明其具备还款意愿和还款能力，借款人提供信息的真伪需经专业征信机构鉴别并出具征信报告，故 P2P 平台需对合作第三方担保机构征信，第三方

担保机构的担保能力是投资人资金安全的最终保障，是P2P平台得以正常运营的关键，因而P2P平台必须对合作担保机构征信，以确定其担保能力是否充分。投资人和担保机构也需对P2P平台进行征信，确保P2P平台信用风险可控。

2. 第三方支付：第三方支付指在收付款人之间作为中介机构提供网络支付、银行卡收单等支付服务的非金融机构，其核心是支付功能和基于沉淀资金做理财业务。平台需要对支付接入方进行征信，以确保支付途径不被恶意使用（如蓄意套取信用卡发卡银行额外信用额度）。此外，第三方支付平台本身也需要被征信，以确定第三方支付运营是否合规。

3. 大数据金融：大数据金融指拥有海量数据的电子商务企业开展的金融服务，平台以自有资金对外贷款。其核心是运用大数据技术，分析和挖掘客户的交易和消费信息掌握客户信用信息，使得金融机构在风控方面有的放矢，其本质即为对融资人征信，以确保本息能够如期收回。

4. 众筹：众筹是指创意人向公众募集小额资金，再将创意实施结果反馈给出资人的平台，其核心逻辑是在互联网上通过大众来筹集新项目或开办企业的资金。因此，平台和投资人均需要对融资人和融资项目征信，以确保融资人所提交商业计划书中所示内容真实、可行、准确，当然从三方公立的角度来说，众筹平台本身也需要被征信，且是持续的。

5. 信息化金融机构：指通过采用互联网技术，对传统运营流程进行改造，实现经营管理全面电子化的银行、保险等金融机构，其核心是通过互联网为客户提供保险、资产管理等金融保险服务，其运营的基础在于解决与客户之间信息不对称的问题。征信是获取客户重要信息的有效途径，是解决平台与客户之间信息不对称的有效途径。

6. 互联网金融门户：指利用互联网进行金融产品销售，并为其提供第三方服务平台，其核心是“搜索+比价”模式，其最大价值在于渠道价值。平台所售金融产品信息真实性是其生存根本，对金融产品征信是保障其真实性的重要途径。同样，从三方公立的角度来说，门户本身也需要被征信，且是持续的。

四、国际征信模式分析

世界最大的四家征信公司均诞生或成长于美国。在美国，商业银行、信用卡公

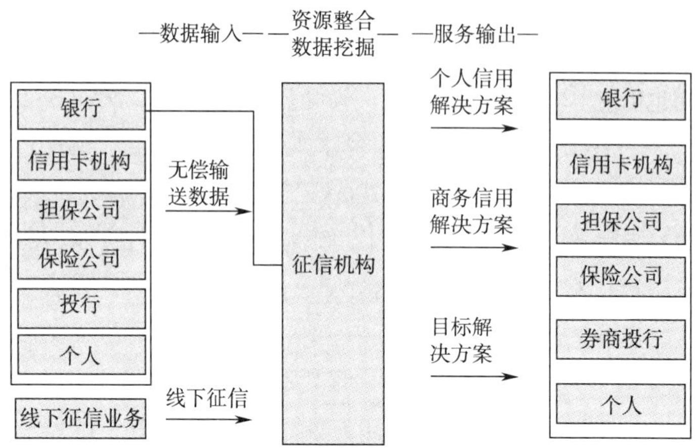

商务解决方案：信用报告、按照行业划分的解决方案（信贷、信用合作、商业欺诈、财政、保险、投资等）。
目标解决方案：资料获得、资料管理、人才辨识、身份证证实和诈骗探查、风险管理等、支票真伪鉴别服务等。
个人解决方案：信用报告、信用评级、争端信用报告、欺诈受害者信息等。

图 1　国际征信公司征信模式

司以及各种金融机构不断将客户信息无偿送到征信公司；征信公司通过这些信息更新客户记录，并将消费者零散的、间断的、甚至前后矛盾的信息进行核对、处理，形成信用报告后再卖给客户。其中，最为主要的是 ZestFinance 公司和 FICO 公司。

ZestFinance 公司作为创新型征信模式领军者，具备极强的数据分析能力，其违约率比行业平均水平低 60% 左右。从本质上讲，ZestFinance 是一家数学企业，精通于数据计算、分析和逻辑。ZestFinance 公司开发了 10 个基于学习机器的分析模型，对每位信贷申请人的超过 1 万条原始信息数据进行分析，并得出超过 7 万个可对其行为做出测量的指标。与传统出借人仅使用的 10 ~ 15 条数据相比，该公司能更精准地评估消费者信用风险。

FICO（美国个人消费信用评估公司）是信用风险管理的领导者，使用预测分析技术帮助企业管理客户信用风险，实现信用决策自动化。公司在全球 80 个国家和地区，与超过 5 000 家企业建立合作关系，大多数世界领先银行和信用卡发行机构都采用了 FICO 的信用风险解决方案。FICO 产品和服务有：Decision Management 应用程序与工具，数据分析预测模型。

五、互联网征信的实现

（一）互联网征信精神

互联网征信同样继承互联网金融“开放、分享、民主、个性化与分布式合作”的精神。互联网征信开放性，使征信不受时间和地域限制，能满足任何人在任何时间任何地点提出的征信需求；互联网征信分享性，使得信用数据不再只局限于某一机构或个人，任何人均可通过确定的途径获得其他机构或个人收集的信用数据；互联网征信民主性，使得任何人均可以对互联网征信系统、征信方法提出自己的意见，并促进系统不断进步；互联网征信个性化，能够满足征信需求者任何个性化的征信需求；互联网征信分布式合作，使得征信需求者、供给者及中间征信机构紧密合作，征信需求者也是征信供给者，中间征信机构负责收集分享、数据挖掘、生成征信产品，从而提高征信效率并降低征信成本。

（二）信用大数据技术＋征信模型是互联网征信的核心

1. 互联网征信平台技术架构

互联网征信平台对各类征信数据进行收集、整理、加工并加以应用，其建立应遵循互联网精神，同时包含大数据技术应用和对外服务。互联网为征信提供大量的数据来源，这些数据蕴含了征信对象全面的信用特征，大数据技术可以高效、批量、实时、精确地处理数据以挖掘信用信息，将企业和个人信用、行为、交易等信息完整地、动态地串联起来，征信的成本、效率、范围也因此上升到全新的高度。

（1）征信数据源交换单元：数据应用层定制标准及数据接口，服务对象按此接口接收数据；

（2）征信数据元数据单元：是对征信数据库中所有表的业务含义相关属性进行综合基础性管理；

（3）征信数据加工单元：主要用于人工录入非结构化数据库；

（4）征信 ETL 调度单元：是解决对数据抽取、转换、装载的调度系统；

（5）征信数据质检单元：是确保信用信息数据质量的控制平台；

（6）征信数据服务单元：有门户网站、移动 APP 应用及数据服务等；

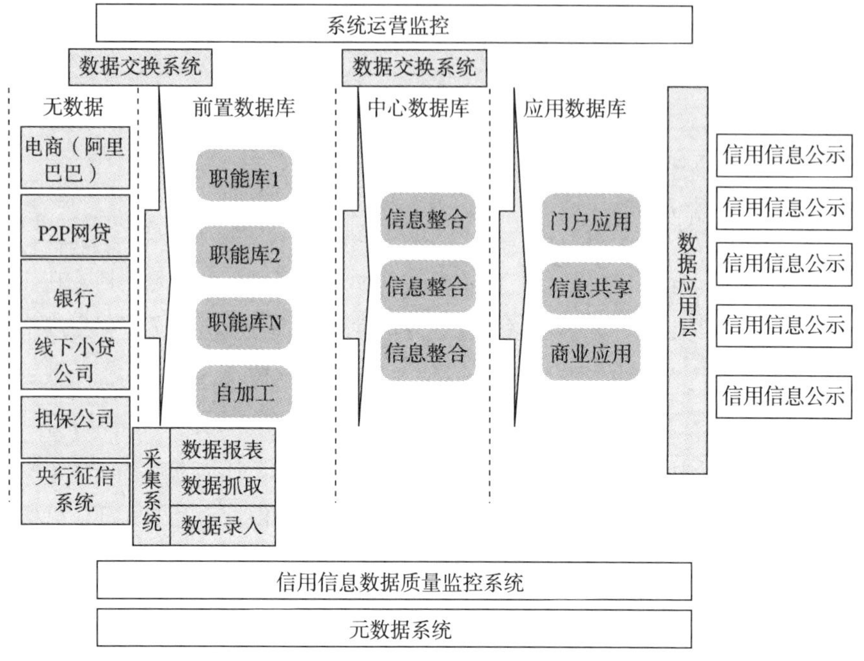

图2　互联网征信平台技术架构

（7）征信数据应用接口单元：提供专用应用接口，主要是服务专门的合作机构。

2. 征信模型说明

（1）评级模型原理。征信系统遵循“以现状为分析基础，以动态信息为参考，不受分值限制，根据数据项变化调整加减分，采取比较性分析”的核心判断标准，构建评级体系。

（2）评级指标与权重。构建评级体系的前提工作是搜集与评级对象关联性较强、价值较高的信息，主要依据“模型参数类别、评级对象信息来源、评级对象信息内容”三套标准，对评级对象信息进行搜集整理。以模型参数类别为例，将评级对象信息划分为“身份识别信息”、“基础数据项”、“变动数据项”三大类。身份识别信息：如个人基础资料，此类基础信息不参与信用评分计算；基础数据项：如个人自住房屋估价、工资收入、职业情况等，此类基础数据项作为相对稳定性数据，一段时间内变化不大，可赋予100%权重；变动数据项：如个人机动车估价、股票估价、投资收入、负债情况、失信情况等，此类数据流动性较大、随时间变动频繁，应考虑到期市场风险、操作风险等，需赋予不同权重。

（3）自动评级流程。评级体系对评级对象信息进行规范、专业的分析，从“数据搜集分析—评分指标设定—数据项分值配置—运算法则设定—影响权重设定—数据演算”等一系列科学分析流程进行评定打分，最终形成专业的信用评级报告。个人评级模型中重点与难点在于对评级指标的分数设置及权重分配。分数设置分为基准分与调整区间，通过变动数据项的不同进行分值调整。事实上，在评分中绝对分值并没有实际意义，需将数据进行分档，不同档位表示不同的信用水平，通过对信用水平的评定最终确定评级对象的信用等级。

六、总结

1. 互联网征信就是以“开放、分享、民主、个性化、分布式合作”为精神，基于互联网和大数据技术下，全面收集征信主体信息，开发信用分析模型，自动生成信用报告，以互联网为媒介实时满足客户征信需求；

2. 在当前信用意识不足、信用体系发育程度低，信用关系比较混乱的情况下，随着互联网金融的兴起，信用的重要性已经越来越被重视，因而互联网征信是极其重要构建信用并使用信用的有效手段；

3. 如何真正利用大数据技术对各种异构信用数据从输入、加工、分析、运算、质检到输出是本文研究和探讨的核心，即真正实现互联网征信的核心是数据处理和模型设计。

（2014－04－01）

征信是 P2P 网贷交易的基础

常　胜*

信用是金融的核心，征信能够有效提高放贷机构信用风险管理水平，减低坏账水平，是现代金融体系运行的基石。互联网金融本质仍是金融，无论采取怎样的创新形式，其核心仍是风控，最终仍需按金融规律办事，构建征信体系是互联网金融发展绕不开的话题。

国内 P2P 作为互联网金融的一种重要形式，对查询借款人征信报告和行业信息共享有着强烈的需求。但我国 P2P 网贷征信体系存在“先天不足”，以美国为例，美国个人信用认证体系相当完善且透明，P2P 网贷平台均可以查询和验证。但是我国整体个人征信体系目前还很不完善，目前国内 P2P 平台尚无法接入央行征信系统，行业数据也未实现共享，而且严重缺乏第三方个人征信服务机构。

国内个人信用体系碎片化现象非常严重，许多个人信用信息散落在各处，即便是央行也缺乏全面的个人信用信息。征信能力和信用评估能力薄弱是当前国内 P2P 机构面临的重大问题，很大程度上决定了 P2P 业务未来的成败。

当前 P2P 机构获取央行征信报告的方式通常是由借款人自行提供，这既降低了效率、增加了成本，又存在中间环节造假的隐患；同时由于 P2P 行业间信息不共享，P2P 平台也难以获知借款人在银行等正规金融机构之外的多重负债状况，不清楚借款人在其他平台上有多少负债，是否逾期等，对借款人多重负债、多家骗贷的情况难以有效防范。虽然 P2P 机构均认识到征信对交易风险管理所起到的重要作用，但 P2P 机构在国内开展有效的个人征信活动、或从第三方征信机构获得满足 P2P 交易需求的征信服务却不容易，这是由当前我国征信环境及征信市场服务体系

---

* 常胜，北京安融惠众征信有限公司总经理。曾任东方金诚国际信用评估有限公司评级总监、副总裁，参与多项国家、省部级征信系统及社会信用体系建设，以及多家银行信用风险评级系统建设工作。2013 年 8 月创建了国内首个会员制、同业个人征信平台——小额信贷行业信用信息共享平台 MSP，为国内各类传统及创新性小额信贷业务提供信息共享、个人征信服务。

的现状所决定的。

一方面，目前国内 P2P 机构信贷交易信息，以及多数小额信贷、担保、典当机构的小额信贷交易信息大都没有纳入央行征信系统，央行个人征信报告无法全面、有效反映借款人在非银行系统的所有借款信用信息；另一方面，国内征信行业规范化管理刚刚起步、《征信业管理条例》2013 年 3 月才颁布实施，国内真正从事个人征信业务的市场化机构寥寥无几、国家公共部门信息公开程度也远未到位，个人征信机构获取个人征信信息具有很大难度，所提供的征信服务产品还难以满足 P2P 机构的实际需求；另外，目前国内处于征信业规范发展的初始阶段，从事小额信贷服务交易的机构无论是将自身信贷交易数据进行行业共享、还是提交第三方个人征信机构，均存在较大顾虑，在观念上还难以接受。虽部分机构主观上非常愿意将数据提交给央行征信机构，但在自身监管地位没有确立的条件下，央行征信中心并不受理。

为了有效进行风险管理，具有一定实力的 P2P 机构只能通过线下调查方式对借款人进行风险防范，这种方式虽符合我国现状，但却无法实现低成本、高效率的个人小额信贷交易特点。同时，线下调查也只能获取部分征信信息，信息不对称问题仍不能有效解决，出借人、P2P 机构仍面临较大信用风险。

也有部分 P2P 机构力图充分利用互联网大数据挖掘及相关统计分析技术，来进行借款人的风险识别，但这目前更多仍处于一种风险管理理念及研究试验阶段，当下的 P2P 机构是否具有以此为放贷重要参考的勇气仍值得怀疑，这与电商依据网络交易数据为核心的小额信贷风控具有较大差异，电商并非单纯以网上交易数据作为信用风险分析的重心，其优势在于对交易的全过程及资金流向可实施全程监控从而降低了风险。

当然互联网大数据也是征信行业本身发展、创新的重要内容，关键在于识别哪些大数据信息对个人信用是有显著影响的，并采取何种统计分析技术将其纳入征信分析中，这与完善传统的征信内容一样具有重要意义。

完善的征信系统能有效地降低平台企业的运营成本，提升企业市场竞争能力，促进行业健康发展。如何提高征信能力、减少信息不对称带来的经营风险，是国内 P2P 机构亟待解决的一个重要难题。

目前 P2P 平台接入央行征信系统的障碍主要有以下两点：一是 P2P 平台的法律地位和行业的监管框架尚未明确，如果定位于信贷机构，按规定需纳入央行征信系统，如果被定位于信息中介服务机构，则无强制要求，其征信内容一定会由市场化的征信机构来实现；二是各P2P平台机构的IT技术实力差异较大，很多机构难以满足央行征信系统对IT系统技术及信息安全的要求等。

未来P2P平台信贷数据有可能通过市场化的第三方征信平台与央行征信系统实现对接。中国的征信市场正处于起步期，央行鼓励征信服务市场的多元化、多层次发展，鼓励个人征信机构积极探索不同行业、不同应用领域的个人征信信息采集与服务应用，希望形成一些在专业领域具有竞争力的个人征信机构及个人信用信息征信系统，同时为接入征信系统预留接口。当第三方征信系统数据质量较高，各方面条件趋于成熟时，有可能实现与央行征信系统的对接。

在我国金融改革不断深化，消费金融、小额信贷业务不断创新发展的背景下，业界对我国征信服务体系建设与完善的呼声和需求日益迫切。2013年3月15日，我国第一部征信法规《征信业管理条例》正式实施，有力地推动我国征信服务体系的迅猛发展，有望形成以央行征信系统为龙头的多层次市场化征信服务行业。

在这样的时代背景下，北京安融惠众征信公司借鉴国际成熟的同业征信服务模式，2013年3月创建了“小额信贷行业信用信息共享服务平台”（英文缩写：MSP），旨在探索我国行业征信服务模式的最佳实践，推动我国个人征信服务体系建设的不断发展与完善。MSP征信平台是央行征信系统的有益补充，主要为P2P机构、小额贷款公司、担保公司、典当、消费金融公司等开展个人小额信贷业务的会员机构提供同业间借款人信用信息共享服务，提供征信支持、减弱信息不对称带来的风险。

MSP提供的征信报告包括8大类、26项具体信息，包括贷款申请情况、申请被拒绝的情况、正常还款明细、最近6个月贷款申请记录明细、异常还款账户明细、最近两年被查询记录明细、行业不良记录等。

目前MSP平台全国会员机构已达200余家，其中大多数为P2P机构，已累计收集近50万借款人在P2P平台的借款信息，日均会员共享查询量约6 000件。目前MSP会员提供的征信服务主要集中在信用信息的提供方面，如反映借款人在会员机构间借贷行为的MSP个人征信报告、借贷黑名单查询、司法查询、身份认证查询等，未来随着数据量的丰富，MSP平台还将提供更多增值类的服务产品，如个人信用评分、申请虚假识别、主动风险预警等。

预计随着国内征信环境的逐步改善、专业机构征信服务支持的增强，当前P2P

机构以人工调查为主的风控模式将发生根本变化，量化风险管理工具将会在P2P行业中逐步得到应用，P2P行业采取的风险管理技术、手段将不断与个人信贷业务的特点及互联网模式相适应。

（2014-04-15）

供应链金融风险管理体系

张鹏飞*

这个平台分享的内容以“干货”著称，给我很大压力，为了完成作业，我索性泄露一点公司机密，以东家厚朴为例，阐述一下供应链金融的风险管理体系，这个题目有点大，可能叫商业保理的风险管理体系更贴切些。我们这个团队目前开展的主要是供应链金融项下的保理业务，厚朴保理的商业模式是三轮驱动，即传统供应链金融、供应链+金融与互联网金融相结合的“三轮驱动”战略。客户普遍以融资为目的与我们开展合作，属贸易自偿性融资，这与传统的贷款业务有很大不同，其特性在于不是以中小企业的传统抵押、担保等企业主体信用为授信融资手段，而是以债级信用为主要参考的交易型融资，旨在弥补借款人较低的主体信用等级。

贸易型融资的风险主要反映在融资的自偿性程度以及出资人对交易进行结构化设计方面的技能，而不仅仅是借款人本身的信用等级。因此，我们的风险管理，而非风险控制，就转为关注企业的债项信用重于关注其主体信用，着重于衡量借款基础的质量、借款人现金流评量，以确定融资比率以及后续的贷后追踪。这就要求针对不同的商业模式设计独立的风管体系，这些体系相互独立又不脱离，异于传统银行风控又以此为基。下面我就以厚朴为例，来分享供应链金融风险管理体系而不仅仅是风险管理手段的五个特点：

一、风管初探——十分钟主体调查

针对拟开展的项目所涉融资主体，市场人员第一次接触就会通知风管部门，风

* 张鹏飞，厚朴供应链金融风险管理总监，北京市资略律师事务所律师，清华大学法学院研究员，北京理工大学法学院研究员。长期致力于以供应链金融为核心的传统金融与互联网金融的风险管理研究与实践工作。

管部门只要知道这个主体的名称，就会利用自有系统在不超过一杯茶的时间将该公司的工商登记信息、股东背景及其出资情况、行政处罚记录、董监高成员信息、运营信息、企业应收账款转让/质押登记信息、担保金额期限、企业地产信息、专利信息、商标信息、涉诉信息、被执行信息，乃至重大事项公告、财务指标等数十项企业基本信息呈现一份主体信用报告。厚朴会根据此报告进行融资主体风险的初探以及风管侧重点把控，出具简要的主体信用风险建议，以便市场人员有针对性地对企业情况进行了解、尽调。

二、风管评估——百分制信用评级模型 + 内部控制测试体系

厚朴针对目前公司开展的传统供应链金融业务和互联网金融业务设计了两套以贸易双方交易稳定性和自偿性为核心，以资金流、物流、信息流三流合一为标准的信用评级体系，与其他评级模型不同的是，厚朴除了具备精准的评级模型之外，还会利用内部穿行测试的方法，利用内部控制测试体系通过关键内部控制、常用控制测试及实质性程序等常量，从三十六个维度测试交易发生以及入账数据的真实性、完整性和准确性。

厚朴的百分制信用评级模型，可以用三大板块、五大项、三十小项、一百个指标来概括。此模型是海内外金融专家、信用管理专家和公司内部来自投资、金融、律所、保险等不同领域团队数十年经验的结合。自试行之日起，每周都在修正完善，以适应日新月异的供应链金融新模式。

三大板块，即系统风险、主体信用评级和债项信用评级。系统风险主要表现为经营制度环境等，主体信用评级指标涵盖授信户资质（一般为卖方）及交易对手资质（一般为买方）两大项，债项信用评级指标包括授信支持性资产特征及操作模式与条件两大项，此谓五大项；三十小项就是五大项不同维度的延展。

厚朴百分制信用评级模型的终端就是直接影响打分结果的一百个指标，这些指标既包括传统的资产负债率、应收账款周转率、高管经验、流动比率、历史交易等传统指标，也包括监管账户、通知确权、瑕疵折扣等业务指标，甚至还包括保安状态、仓库状况、员工着装、私车配置等非常规指标。指标设置涵盖了买卖双方自身经营业绩及买卖双方之间因交易关系而产生的历史交易记录的评判，同时涵盖对政

策风险、行业风险、交易集中度风险，以及双方对业务配合程度等多个方面的考量。

总体来讲，厚朴的百分制信用评级模型力图实现从点到面，见微知著，从多个角度来刻画企业的风险点及风险面，按照满分100分的评分规则，每项指标所占的分数依照其权重在0.1～5分不等。表1为对照不同评级对象的PD值（PD值使用专家模型，为不同等级客户特定时间段内违约的可能性）评级表。

表1　　不同评级对象的PD值

评级（X）	PD%	备注
X>90分	0.26～0.61	承做，无须担保。
80分<X≤90分	0.90～2.04	有条件承做，须实际控制人等提供最高额无限连带责任保证等担保。
70分<X≤80分	3.15～7.82	有条件承做，除软担保外，须另行提供诸如国有出让土地使用权、商铺、房屋、机器设备等担保品。
X≤70分	12.61	不予承做。

这个百分制信用评级模型在运用时主要有以下三个侧重点：

1. 定量分析与定性分析相结合。其中，财务指标基本实现定量分析，考察数据时间跨度要求为三年及三年以上。针对定性分析设置了相应的比对标准，尽可能地实现评分有依据，依据值得推敲。

2. 从买卖双方的自身实力及应收账款交易本身的真实性两方面进行考量。针对买卖双方应收账款交易流程的考察程序要重于对企业财务数据、主体资质和硬性资产本身的评价。力图通过双方的交易习惯、结算习惯及历史来验证双方往来交易的真实性、完整性、准确性。

3. 突出较强的延展性。以针对核心企业立账模式的传统供应链金融为出发点，该评级体系可向供应链平台+金融和互联网金融等融资指标体系拓展。针对供应链融资平台，该指标体系加大了对历史交易数据的审核且关注企业客户的数据从财务数据向生产数据延伸。生产数据包括但不限于：存货进销存、企业费用成本控制制度、现金支付管理、税款缴存管理、员工数量及工资支付、社保计提与支付、产能利用、固定资产管理等多个方面。考虑到众多供应链融资企业对系统平台的依赖性较强，该评级体系设计了针对系统平台利用控制测试原理的穿行测试。另外，系统平台的安全性也是评级的重要指标之一，我们或借助于外部IT审计或通过系统自评的方式实现对系统的测评。

三、风管原则——转移为主、分散为辅、结构性授信

厚朴的风管原则主要是以百分制信用评级结果为基础，对于评级结果不理想的贸易及融资主体，充分利用结构性安排手段，依据将交易项下相关资产产生的可预见的未来现金流，以质押占有或控制等方式纳入结构化体系中来。

对于结构性授信安排不能覆盖的风险敞口，厚朴会通过第三方的担保、信用捆绑、其他技术支持等，将融资风险由借款人转移或分散给其他方（可能是买方、仓储公司、保险公司、担保公司，与优质核心企业的信用捆绑，包括核心企业买方的承诺以及仓储机构协管货物的承诺等），增加交易透明度，提高出资人的控制权或话语权，以便能够从交易项下的相关资产获得自我清偿。这些优先权可以是法定的，可以抗辩第三方，但有些是通过操作流程的控制来实现的，这就需要较高的授信后管理技术和手段支持。

四、风管方法——全员、全面、全程

贸易融资是一个高风险的行业，风险与收益并存，厚朴在经营理念上坚持风险管理第一的原则，必须在风险可控的前提下来谋求业务的发展，因此主要采用了全员、全面、全程的风管方法。

1. 全程风管

全程风管，就是从业务扩展、市场营销、客户信息管理、尽职调查一直到项目授信审批、合同管理、贷后以及合规性管理等业务操作的全过程，风险管理都一环不漏，层层把关。厚朴主要利用信息化手段，通过保理系统以及微信、邮件、手机等移动办公手段，使员工无论身处何地，都能随时参与整个业务的全过程，并借助留痕控制、权限管理等工具，加强过程管理的效果，实现风险管理的全程化和系统化。

2. 全员风管

风险的全程性特性决定了风险管理必须体现在每一个员工的习惯行为中，不仅

中台的风险管理人员、授信审查委员等需要特别进行风险管理，前中后台所有人员，如市场人员、运营人员、财务人员、行政人员，特别是产品设计人员，也会从不同角度、不同的信息渠道关注公司业务经营的风险。厚朴的风管体系与公司组织架构、企业管理制度、业务流程紧密地联系在一起，明确每个部门的具体职责与业务流程，发挥各部门员工的风管意识，将企业的风管理念通过流程内化到每个员工的日常工作中，全体动员，加强风管。

3. 全面风管

供应链金融或者说贸易融资涉及面比较广，是个系统工程，风险管理也是系统工程，需要将所有层次的部门、全部种类的风险进行集中统筹管理。风险管理必须建立在产业链的基础之上，有效整合金融机构、贸易双方、担保、保险、中介等各方优势，资源互补，将事前风险分析、事中项目控制、事后监督管理等过程环环相扣，从财务、业务、资产和收益多视角调研、判断与监督，对各类风险依据统一的标准进行计量并加总，形成立体的、动态的全面风管体系。

五、风管思路——结构化和相对封闭管理

在贸易融资中，厚朴风险管理主要关注的是客户和交易相结合的全面性，虽然建立在客户较强的“交易实力”基础上，仍需关注客户的“三表”，但主要作为考察公司的履约能力、偿债能力和营运资金缺口的依据。相对封闭管理主要是以资金流、物流、信息流三流合一为出发点，选择相对安全的交易，常年稳定的贸易额，较强的履约能力，可占有或控制交易项下物流、资金流的授信对象是风险管理的有效手段。我们寻找合作伙伴时，会突出关注其风险管理能力和内部的风险管理流程，同时会把三流的闭合性作为一个重要的参考指标。

另外，我们会通过结构化缓释风险，降低对客户的信用评级以及抵质押担保要求，监管账户资金流向，不作为企业的营运资金参与到企业的整体运营之中，只针对企业的采购、生产、销售的某个环节或某一特定贸易链提供融资或信用支持，融资期限与交易周期匹配。原则上封闭管理，监控交易进程，货物、资金流向，风险监控动态及时，以特定交易项下的自我清偿作为第一还款来源，在风险管理中更关注哪些风险因素会影响债项实现自偿。我们在系统中也会有专门的预警信息模块来

应对各类异常和准异常状况。

以上是我本次分享的主要内容，看大家有什么问题，多多批评指正。这个体系是厚朴风管系列的一部分，还在不断完善中，另有些个人感觉不错的细节问题或观点，如果各位有兴趣，可等下次有机会进行分享或私下交流学习，同时也欢迎各位大佬莅临厚朴指导、沟通、合作。再次感谢！

（2014－04－23）

浅谈互联网金融中的信息安全

张　风*

我今天想和大家分享的主题是：互联网金融中的信息安全。下面我想从以下几个方面进行表述：

一、当前信息安全面临的挑战

1. 互联网时代下的信息安全

首先我想先简单梳理一下我这里所谈论的信息安全的划分以及包含的内容、范围。在信息安全行业里，我们通常按照不同的技术领域和应用，把信息安全划分为：防病毒、入侵检测和漏洞扫描、密码安全这三大块。防病毒、入侵检测和漏洞扫描都属于网络安全；密码主要是在应用层面解决应用和数据安全。这几年主机系统的安全加固越来越受到重视，因此也有人把操作系统安全（包括可信计算）单独划分出来。

信息安全行业的发展一直是围绕攻和防这条主线展开，所谓魔高一尺，道高一丈。这三部分产品和解决方案的不断形成和完善，实际上也体现信息安全发展的不同阶段。我们都知道，十年前，所谓信息安全公司和产品也就集中在防病毒方面，那时市面上也不过是什么瑞星/王码病毒卡、××防毒软件。后来病毒不新鲜了，进攻的手段改为利用信息系统的漏洞，因此又产生了一个新的安全领域，直到现在，利用漏洞进行入侵和攻击仍然是信息安全中最常用和有效的手段。近期愈演愈

---

* 张风，北京海泰方圆科技有限公司总经理助理。解放军信息工程大学数字信号处理专业，总参三部 19 年军旅生涯，历任作训参谋、业务科长等职，曾四次获全军科技奖。1998 年转业先后在系统集成、通信、芯片设计、信息安全等多个领域从事市场开拓、销售、产品规划及公司管理。其中在信息安全行业从业十余载至今。

烈的中美两国对网络攻击的相互指责，清楚地向我们展示了在这个看不见硝烟的战场上，其中复杂和激烈程度也远远超出一般人的想象。

从防病毒到入侵检测漏洞扫描，到密码安全，是信息安全需求不断变化发展的过程。密码技术的应用则从根本上解决数据安全问题，使得攻击者/非授权者对重要和敏感数据拿不走、看不到、用不了。

2. 基于公钥基础设施（PKI）的密码技术

大家知道，密码技术作为保障通信的安全手段，最早应用于军事。第二次世界大战中被极大利用和发展，甚至成为战争胜败的关键因素之一。历史上山本五十六座机被美军准确拦截并击毁；红军长征途中纵横穿插，巧妙破解几十万国军的围追堵截，都是“解破天书”的结果。

公钥密码学产生于 1976 年，随后基于公钥基础设施（PKI）的密码算法和完整体系建立起来。迄今为止，这套密码体系在理论上被公认为是完整和严密的。随着当前计算机计算能力的日益提高，通过适当提高该体系中对称算法和非对称算法密钥的长度（代表算法的强度），或者替换更为可靠的算法，就能保证整个体系的安全强度，足以经得起攻击和破解。当然今天不是讨论密码技术的场合，我个人也不是这方面的专家，我想表达的是：密码技术是保障互联网信任的核心基石，基于 PKI 的密码技术可以完美地解决互联网世界数据交换中真实、完整、可信的三大问题。

所谓真实，即表示数据的来源是确有其人，有案可查，而没有其他人所冒充；完整，即数据在传输交换过程中没有被截获和篡改；可信，表示不仅说明其真实的身份，且不可抵赖。真实性、完整性和可信性（不可抵赖性）为 PKI 密码技术保障的最为重要的“三性”。

3. 真实的现实

分享两个真实故事。一个发生在国外，另一个在国内。2013 年 12 月21 日，据法国路透社报道，NSA（美国国家安全局，“棱镜计划”炮制者）曾与美国著名的加密技术公司 RSA 达成 1 000 万美元协议，要求在移动终端广泛使用的加密技术中设置后门。只要稍微了解密码学的人都知道，美国 RSA 公司以及 RSA 算法在密码领域的重要地位，由于 RSA 算法是 PKI 体系中进行身份鉴别和数字签名的国际标准算法，一旦算法被设置后门，其后果意味着使用者的身份可能被篡改，数字签名可能被伪造。

正是基于对这种安全隐患的严重担忧，2011 年国家密码管理局下发了《关于做好公钥密码算法升级工作的通知》（国密局字〔2011〕50 号），首次明确要求新研制含公钥算法的商密产品必须支持国产椭圆算法（SM2）以替代 RSA 算法；已审批、在建或拟在建的、已投入运行的使用公钥密码的信息系统都应尽快升级并使用 SM2；政府在建项目中涉及公钥算法的必须采用 SM2；银行要逐步用 SM2 替换 RSA 算法。

另一个国内故事就发生在身边，与你我都有关。作为第二代身份证近来被爆设计上存在严重缺陷。由于设计当初没有采用严密的密码技术，致使身份证一旦丢失即便挂失也无法注销！也就是说如果你的身份证遗失或被盗，即使你已经挂失，你丢失的那张代表你身份的证件仍然可以正常使用。这意味着非法者可以利用你的身份证代开银行卡，信用卡，进行诈骗、洗钱。

第一个故事表明在隐蔽战线上国与国之间的较量，永远不会停止而且其复杂程度和严酷性永远超乎你的想象。第二个故事说明国内一些重要的信息安全系统真的可能令人担忧。

二、互联网金融的安全解决方案

什么是互联网金融？互联网金融是指以依托于支付、云计算、社交网络以及搜索引擎等互联网工具，实现资金融通、支付和信息中介等业务的一种新兴金融。互联网金融是传统金融行业与互联网精神相结合的新兴领域。

理论上任何涉及广义金融的互联网应用，都应该是互联网金融，包括但不限于为第三方支付、在线理财产品的销售、信用评价审核、金融中介、金融电子商务等模式。

由此看来，互联网金融本质就是基于互联网的金融服务。实际上，我们现在已经十分熟悉的网上银行、第三方支付，包括目前如火如荼的个人、企业网上贷款融资等，是互联网金融发展的多个阶段。

1. 网上银行安全需求及保障

金融服务的关键是用户隐私和资金安全。在提供金融服务过程中，对用户账户信息、用户身份的鉴别以及对用户操作的确认，是整个流程中至关重要的。传统的金融服务，是基于银行、券商和其他金融服务中介的内部业务系统进行。对用户来讲，需要前往金融服务机构柜台进行手工操作和确认，由于提供金融服务的机构其业务系统相互独立，各个系统封闭隔离，相对来讲这种柜台方式安全程度比较高，缺点是效率低下且成本昂贵。

随着互联网应用的不断深入，一方面用户对足不出户实现安全便捷的网上银行的需求越来越迫切，另一方面银行、券商、各类金融服务机构的信息系统间广泛的互通互联，虽然使得信息交换高效、便捷，同时，对信息交换的安全性提出更高要求。在这种情况下，利用安全智能芯片（内含 CPU）和基于 PKI 密码技术的结合，实现互联网下的身份鉴别、数据保密及操作确认（利用数字签名完成）的产品便孕育而生并得到广泛应用。我们现在看到最多的就是网上银行的 U 盾（USB key），我猜想在座的各位至少都会拥有一个某银行的 U 盾吧？

由于智能芯片本身具备运算功能，密钥生成和加解密都是在芯片内完成，密钥永远无法导出（除非芯片本身在设计时留有后门，这也就是为什么国家在重要领域里，对智能芯片要求必须采用国产芯片的原因），从而保证了 U 盾拥有者的身份信息无法被篡改和伪造，同时 U 盾用户的网上操作行为也会在系统中留下“数字指纹”而无法抵赖。今天互联网金融完全可以借鉴或直接应用网上银行成熟可靠的安全产品来保证和实现其安全需要。

2. 安全智能电子终端（USB key、蓝牙 key、语音 key、SIM 卡等）是成熟安全的支付产品

安全智能电子终端发展已经经历了大致三代，从最初的为 PC 机 USB 接口的一代智能卡，到有液晶显示和确认按钮甚至键盘功能的所谓二代 key，随着移动互联网的兴起，第三代安全智能电子终端呈现支持多种接口的特征，如蓝牙 key、语音 key、SD/TF 卡、移动安全支付 SIM 卡等。所有这些都是产品不同形态特征的表现，本质上它们还是安全智能芯片与基于 PKI 密码技术结合的产物。

三、互联网金融如何应对信息安全的挑战

个人认为以下三个方面最为重要。不展开说明，简单罗列如下：

1. 加强安全意识。金融安全意识要常抓不懈，切不可轻视。安全圈流行一句话，即“系统只存在两种状态：已经被攻破和即将被攻破”。都说外事无小事，其实应该是金融无小事，如何强调和重视都不过分，一定要有防患于未然的安全意识。

2. 建立完整的安全体系。安全是一个体系，众所周知所谓“水桶的短板效应”其说法虽然有点老套，但确实比喻形象。在整个安全体系中，个人始终认为，密码安全是最为坚固可靠，同时也是最后的技术手段。

3. 让专业公司专业人员做专业事情。这个不需要解释。

最后，总结一下，信息安全是个完整的体系，需要从多方面考虑，互联网金融的信息安全必须要有密码技术来保障。谢谢大家的耐心！

（2014－06－17）

大数据的安全问题和解决方案

王界兵*

大数据的安全是一个很重要的问题。国外和国内，一段时间以来，出现很多数据安全问题，大数据应用往往涉及敏感信息，若数据安全出现问题或被恶用，则危害会非常大！我们都知道大数据的最大特点是：数据量大、速率高、形态多。今天的安全威胁环境存在着和大数据相同的特点，那就是：攻击总量大、攻击速度快、攻击形态多（比如2013年，僵尸程序在数量和隐秘性上都显著增加）。

大数据平台通常把一个个孤立的关系数据库和一些半结构化和非结构化数据整合成一个大的非关系数据库，并从这个大型数据库里找出商务智能和预测未来的信息。比如，大数据平台可以将人力资源的应用数据库、企业资源管理（ERP）数据库、客户资源管理（CRM）数据库、供应链数据库和Oracle交易数据库等融合成一个大数据库。原来的每个孤立数据库有相应的安全策略：认证、授权、加密和审计，现在要把这些数据库融合起来并进行安全管理是有挑战的。

大数据平台的安全大致分以下几个方面：

1. 认证。认证用于证明一个用户、一个服务器、或一个服务软件进程是其所宣称的。用户认证的目的是明确的，我们必须阻止恶意用户登录到大数据平台。服务器的认证是基于大数据平台的分布式以及横向扩展的特点，在大数据平台增加服务器是周期性经常的事，我们不能让没有认证过的服务器变成大数据平台的一部分。服务软件和进程的认证也是必需的，围绕大数据平台可以有很多服务软件和进

---

* 王界兵，深圳前海信息技术有限公司的创始人和董事长。在此之前，王博士自2011年1月任美国Exar的数据管理事业部副总裁，自2009年3月起任Exar中央工程副总裁和中国开发中心总经理。Exar公司之前，王博士自2007年3月起任美国Hifn公司的全球工程副总裁，并自2004年3月起出任Hifn公司的总部设在中国业务总裁。王博士于2002年成立杭州中天微系统并担任首席技术执行官。此前，王博士还曾分别在美国尼山系统，美国飞利浦和美国东芝任技术职务。王博士在大数据、网络、安全和嵌入式系统领域拥有广泛的技术经验。王博士获得了美国内华达大学物理学博士学位和美国斯坦福大学电子工程硕士学位。

程，由于这些软件和进程能够接触到大数据，能够分析和输出大数据，我们必须确保这些服务软件和进程是得到认证过的软件和进程。

目前大数据里比较流行的是 Kerberos 认证系统。Kerberos 是诞生于 20 世纪 90 年代 MIT 的一个研究项目，它是一种第三方认证机制，所有的认证都来自于 Kerberos 服务器，Kerberos 服务器本身被称为密钥分发中心，或 KDC。在高层次上，它由三部分组成：用户和服务的 Kerberos 密码数据库（必须事先配置）；认证服务器（AS），负责执行初始身份验证并发出票证授予票证（TGT）；票证授权服务器（TGS），在初始 TGT 后续发服务票据。具体过程如下：用户主要从 AS 请求认证和票证。AS 返回使用用户主体的 Kerberos 密码加密的 TGT。用户主体在本地使用其 Kerberos 密码解密 TGT，并获得服务票证来得到服务。票证到期时，用户主要可以使用 TGT 来从 TGS 得到更新。

2. 授权。授权用于控制用户或服务软件对大数据资源的使用权利。授权的设计是一个复杂的工程，它可以包括对文件和目录的访问许可（比如 HDFS 文件许可），对服务和资源的访问控制列表（MapReduce ACL），和高度模块化的基于角色的访问控制（比如对数据库的列级安全控制，行级安全控制，或遮盖访问控制）。授权和大数据分析经常是有矛盾的，因为经常有些数据中的一段信息对公司或政府很敏感，但又需要数据科学家能把这些数据拿去分析，这里介绍业界的几种技术来解决这个问题。一种就是数据屏蔽或数据模糊处理技术，它将原始数据用随机字符取代，以保护个人的身份资料，个人敏感数据或商业敏感数据，但是其他的数据还是可以继续为数据分析提供价值的。另一种是基于属性的加密，这种技术让数据库对拥有完全授权的使用者呈现出完整的原文，而对仅有分析授权的使用者呈现出部分的原文和部分的密文。基于属性的加密使得数据库不用为了分析而倒进倒出，便于管理，效率更高，扩展性更强。

3. 数据保护。数据保护分静态数据保护和传输数据保护。静态数据保护主要针对以下几个方面：物理磁盘的盗窃；系统管理员（通常有 root 的访问权限）的偷窥和数据盗窃；恶意代码的侵入。自加密磁盘只能解决物理磁盘被盗窃的问题，而不能解决后面两个问题。数据保护方案通常又牵扯到对分布式系统和多个用户的统一的密钥管理，这也是一个复杂的过程，因为每个密钥从产生到存储、分发、备份、存档、更新、删除有一个管理的生命周期，而且中央密钥管理服务器必须摆脱只存密钥的概念，它还必须存储有关密钥的附属数据，包括目录结构、进程权限、许可次数等。静态数据的加密通常需要在操作系统的内核完成，这样才对所有的应用都能适用。在静态数据的保护粒度上，又分字段级保护和文件系统级保护。为了防止系统管理员的偷窥和数据盗窃，可以让业务员或者业务组设置只有他或他们才知道的口令。没有口令，系统管理员只能看到密文。口令也要定期更换，以防被窃或被攻破。除此之外，为了提高系统性能和进一步提高安全性，系统可以安装插入PCIe总线的加密卡。一方面，加密卡可以加速加密的运算，提高系统的整体性能；另一方面，加密卡把加密模块约束在加密卡内，密钥的明文永远不会出现在系统的内存里，而只能出现在加密卡内，任何对加密卡的非正常操作都会造成卡内所有敏感信息的删除，密钥的初始建立是通过类似迪菲—赫尔曼密钥交换的安全协议，它可以让双方（中央密钥管理服务器和加密卡）在完全没有对方任何预先信息的条件下通过不安全信道建立一个密钥。这样，黑客和系统管理员无法通过内存扫描来发现明文密钥。数据的私密性进一步提高。

国内对商业数据的安全加密保护，实际使用的很少，存在很多安全隐患！此类隐患若在大数据时代，危害更大！到目前为止，Hadoop可以对传输数据提供保护机制，但是Hadoop的生态链里并没有静态数据保护的开源方案，需要我们设计和考虑，否则安全没有得到保障。

4. 审计。审计的目的是提供一个大数据平台使用和访问的记录：谁运行过什么程序？谁动用过什么大数据资源？什么数据被访问过？什么时间数据被访问过？什么方式数据被访问过？对发生的事件，审计模块还通常集成实时监控和报警的功能。所有的审计日志必须签名，以防被篡改。

以上基本上是大数据安全要注意的四个方面。大数据的安全不是一个简单的事，Hadoop的初期研发把重点放在数据流上，这两年才开始真正重视安全，Hadoop的安全方案在这两年发生了很大的变化，但还是不完善，特别是以下几方面还有待改进：

1. 统一的安全管理平台。以上讲到了安全的几个方面，这显然是一个很复杂的管理，如果不能在一个统一的安全管理平台上操作，而是在分立软件各自为政的基础上管理，那么管理的复杂度很大，很容易出现安全的漏洞。系统管理员希望看到的是一个统一的安全管理平台，在一个操作界面配置所有的安全参数，包括认证、授权、数据保护和审计。

2. 统一的安全策略平台。系统管理员还希望有一个策略管理的架构，他希望和业务领导沟通制定安全策略，而不是和业务领导沟通具体的安全配置，在策略的指导下由管理平台协助形成具体的安全配置。

3. 细粒度的授权和统一的授权管理。细粒度的授权在前文提到过。统一的授权管理是指目前的授权现状是分立的，分布式文件系统有一套授权方案和操作方式，每个数据库又各自有一套授权方案和操作方式，这样的授权管理太复杂。系统管理员希望的是一个统一的管理方式。

4. 静态数据保护，前文提到过。

5. 统一的审计控制机制。目前的审计机制是每个大数据的应用组件和分布式文件系统各自产生他们的审计日志，没有统一的格式，而且信息经常相互重叠。要从这些日志里取出连贯的和清晰的信息是非常困难的。

6. 一个大数据平台的安全评估。当系统管理员完成了所有安全的配置，怎么就知道这个大数据系统就安全了呢？业务领导希望定期看到安全策略报告和安全现状报告，第三方监督机构也经常需要检查大数据系统是否合规。

以上基本上讲的是大数据平台的安全。需要指出的是，大数据生态链的安全还不仅仅局限在大数据平台的安全方面，比如说：

1. 大数据的数据源安全。大数据可以从各种数据源接入，包括传感器、网站、移动终端和数据库等等。这些数据源有可能是“恶意”数据源，他们的目的是破坏数据源，破坏数据分析和预测的有效性。如何认证数据源的真实身份，如何通过算法识别和过滤掉这些“恶意”数据源也将是一个大数据安全的领域。

2. 大数据的网络安全。许多大数据平台通过网络搜集各种信息，一旦大数据平台接入网络，必须考虑到网络安全。比如僵尸程序一旦进入并在服务器里建立了根据地，大数据系统的安全得不到保障。

3. 大数据安全的行为分析。如果黑客盗用了合法用户的身份而进入了大数据系统，是不是就没有办法阻止他了呢？还是有。这牵涉对用户的行为分析，大数据系统可以通过机器学习掌握每个用户的一些行为习惯，一旦用户偏离它的使用习惯，大数据系统可以马上报警，向系统管理员预示黑客的可能侵入。

4. 大数据系统架在云端的安全性。由于云技术的发展，大数据系统放在云端将是一个趋势，但是不解决安全的问题，它的发展一定会遇到瓶颈。大数据系统架在云端会遇到许多新的安全挑战，这里就不细讲了。

（2014－06－18）

P2P 平台的风险控制

田昊枢　王　储*

我将向大家做两方面分享。一个是介绍 Lending Club 的数据情况；另一个是介绍我们基于 Lending Club 数据所做的建模工作，包括还款情况预测和借款人分级模型。

Lending Club 的运作模式想必大家已经熟悉。借款人向平台提出借款需求并提交个人信息，平台审批并将合格的借款需求公开发布，最后投资人将资金分散地借给上述借款人。从 2007 年创立至今，其成交量呈指数级增长。目前累计发贷 40 亿美元，支付利息 3.8 亿美元。作为 P2P 信贷平台，Lending Club 的数据主要包括三大部分：1. 借款人基本信息；2. 借款人信用报告；3. 本次贷款情况。具体条目如下：

1. 借款人基本信息

1.1　借款人 ID

1.2　贷款金额

1.3　借款周期

1.4　工作职务

1.5　工作职务是否被验证

1.6　工龄

1.7　年收入

1.8　年收入是否被验证

---

* 田昊枢，普林科技联合创始人。北大数学本科，普林斯顿应用与计算数学博士。2014 年初，与普林斯顿大学教授鄂维南（中科院院士），博士研究生王储联合创立普林科技，为 P2P 平台、银行信用卡部、小额担保公司等提供风控服务。

王储，普林科技联合创始人。北京大学数学系本科，普林斯顿大学应用数学系在读博士。目前研究方向为大数据模型与算法（中科院鄂维南院士），机器学习算法开发及应用（美国工程院院士 Robert Schapire）。

1.9 申请时间

1.10 贷款用途

1.11 所在城市

1.12 所在州

1.13 贷款人自我陈述

1.14 房屋情况

2. 借款人信用报告（从信用局调取）

2.1 第一张信用卡发卡时间

2.2 过去半年申请信用卡/贷款次数

2.3 过去两年的不良贷款记录次数

2.4 不良贷款金额总量

2.5 债务与收入比率

2.6 信用卡总数

2.7 最近一次信用报告提取时间

2.8 总可用额度

3. 本次贷款情况

3.1 放贷额度

3.2 贷款利息

3.3 是否加收保证金

3.4 还款情况（按月）

3.5 还款状态（完成，逾期，冲销等）

数据类型包括数字（如年收入），布尔（如性别），分类（如所在城市）以及非结构化数据（如自我陈述）等。

这些数据有没有价值？有没有可能利用这些数据帮助P2P平台控制风险，增加业务量呢？答案是肯定的。只要建立了合理的还款情况预测模型以及准确稳定的借款人分级模型，我们就能够通过上述数据把坏账率控制住，并提高平台业务量。

下面我们先谈还款情况预测模型，再谈分级模型。

还款情况预测模型

还款情况预测可抽象为简单的数学关系：Y = F（X），其中Y是预测值；X是数据；而 F 是模型。模型架构搭建好后，用观测到的 X 和 Y 值对模型进行训练，之后便可根据新输入的数据 X 来预测尚未观测到的 Y。

预测值 Y

对于历史数据中的还款情况，一个自然的办法是用 0～1 变量来表示付清和坏账（若按时付款，则 Y1＝0；若坏账，则 Y1＝1）。然而，每一笔坏账的严重程度是不同的。全部赋值为 1 丢失了此类信息。更好的办法是令 Y2＝未还款期数/总借款期数。若借款人付清借款，则未还款期数为 0，于是 Y2＝0；若借款人借款后立即产生坏账，则未还款期数等于总借款期数，于是 Y2＝1，是最坏的情况；而借款人还款若干月后坏账的情况则对应 0 到 1 之间的数。此种方法将坏账的记录根据严重程度均匀地分布在 0 与 1 之间，如图 1 所示。

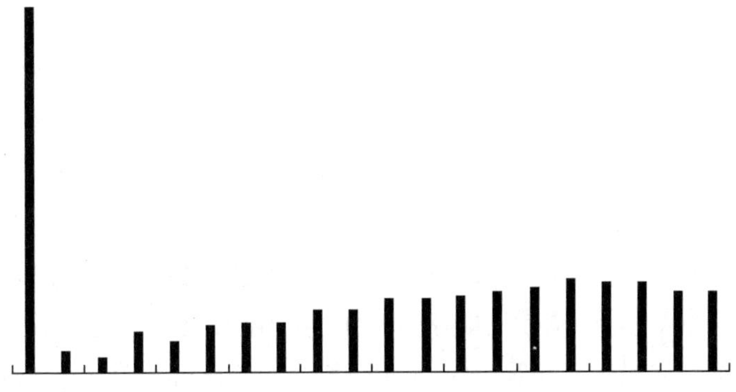

图 1　Y2 的密度分布（已取对数）

然而，此种办法中的 Y2 存在一个问题：对于付清和坏账的区分度太低。Y2 将“付清”“坏账且未付款期数为 1”和“坏账且未付款期数为 2”这三种情况等距排列，而事实上“付清”和另两种情况有质的差别。这种尺度上的混淆会给模型的效果带来负面影响。我们采用的 Y 值是通过分层贝叶斯模型对借款人每月还款模式学习得来的。此种方法给出了每个借款人后验的坏账概率 Y3。Y3 既能够将“付清”与“坏账”明确区分，又能够进一步区分“坏账”的严重程度。如图 2 所示。

在数据 X 和模型 F 给定的前提下，仅仅对因变量 Y 的这一处理，就能大幅提高模型效果。在坏账总人数完全相同的情况下，使用 Y2 的模型比使用 Y1 的模型

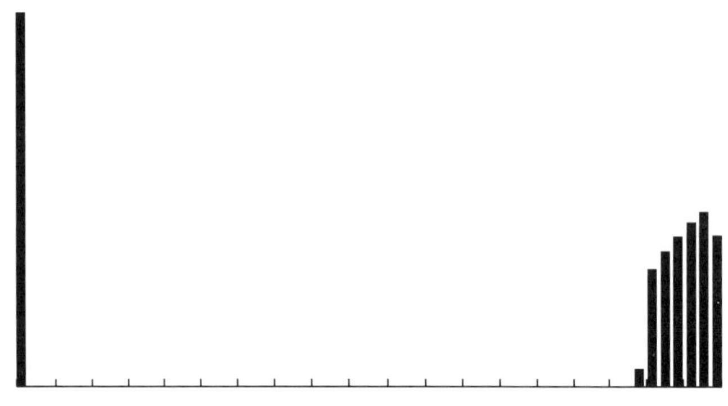

图 2　Y3 的密度分布（已取对数）

多发放 11% 的贷款；使用 Y3 的模型比使用 Y1 的模型多发放 13% 的贷款。由于坏账总人数相同，多发放贷款意味着更低的坏账率。同时，若以坏账人数作为风险控制条件，则仅仅通过对因变量 Y 的分析和优化，我们就能在相同风险敞口下，为企业提高 13% 的业务量。

数据 X

Lending Club 的数据按强弱可分为两类，一类是具有强指示性的变量，例如历史不良记录、工资收入等等；另一类是与坏账与否这一指标关系不明朗的数据，例如性别年龄、个人陈述、借款周期等等。由于我国征信体系目前并不完善，因而强指示变量数量少质量差；相反地，可以得到的弱指示变量数量和质量都超过了 Lending Club。

用户的各类背景信息维度巨大，但有效信息维数有限。一个重要且必要的步骤是对这类数据进行非线性降维。举个简单的例子，一个人在宇宙中的位置需要三个坐标来描述，但这三个坐标本身没有任何价值，也不可能用于对这个人进行定位。真正有价值的信息是这三个坐标所诱导出的地球上的经度和纬度的信息。所以这个三维坐标中真正有价值的信息是两维的。

我们采用非线性 auto - encoder 降维方法，利用一个对称深度学习神经网络将这些数据中的特征提取出来。一方面，这样的降维保留了数据中真正有价值的部分；另一方面冗余的信息以及噪声可以在这个过程中被剥离掉。

模型 F

传统的坏账概率预测以及更一般的风险测控等方法都是基于对数据本身的简单假设。例如，如果我们假设还款情况 Y 与用户信息 X 呈简单的线性关系，那么可以使用线性回归或者逻辑回归等方法来预测还款情况。如果 X 与 Y 是简单的非线性判断关系，那么决策类的方法可以奏效。但是，由于大量金融弱变量的存在，Y 与 X 是高度复杂的完全非线性关系。因而这些简单普适的方法虽然可以直接运用，其表现却无法令人满意。表现不好是很容易理解的，因为模型对数据本身的结构做了错误的假设，模型结果理应不会太好。那么如何才能对数据的结构做出正确的假设呢？由于我们事先并不知道数据本身究竟是什么样的结构，所以人为地做出任何假设都有可能是不合理的。

借助机器学习领域的相关算法，自动地根据数据自身的结构进行学习，进而避免不合理假设导致的模型系统性失败，这是一条合理的途径。简单的比较可以发现机器学习的相应方法可以对传统风控和风险预测方法有很大的改善。例如，机器学习方法可以在保证优秀借款人拒绝率与传统方法一致的前提下，多发现 40% 左右的坏账借款人。对于不同的目标（如还款与否，理论拖欠额度，欺诈风险等等），我们都可以通过类似的方法得到借款人相应的评分。这些评分又可以根据需求进行组合，得到我们最终需要的变量（例如利率、保费等等）。

借款人分级系统

下面我们谈谈借款人分级系统的构建。基于我们的还款情况预测模型，可以对借款人进行分级。我们在“准”和“稳”两个方面与 Lending Club 旧的分级系统进行了比较。图 3 是按照 Lending Club 分级系统计算的各级坏账率，坏账率随着级别降低而升高。

对于分级系统的第一个要求是“准”，即级别低的组应该有更高的坏账率。Lending Club 并未在网站上展示其 35 级分级系统。图 4 可以看到其中多次出现了低级别的坏账率不增反降的情况，且坏账率波动极大。Lending Club 的 35 级系统没能很好地预测借款人的坏账率。而我们 35 级分级模型的各级坏账率波动极小且极少

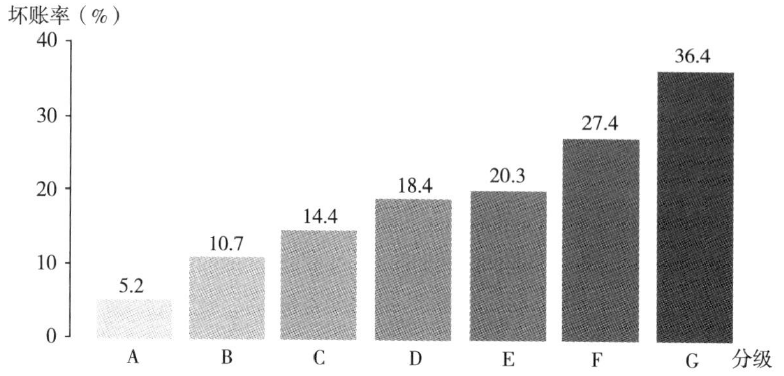

图 3　各级借款人坏账率

出现坏账率不增反降的情况。

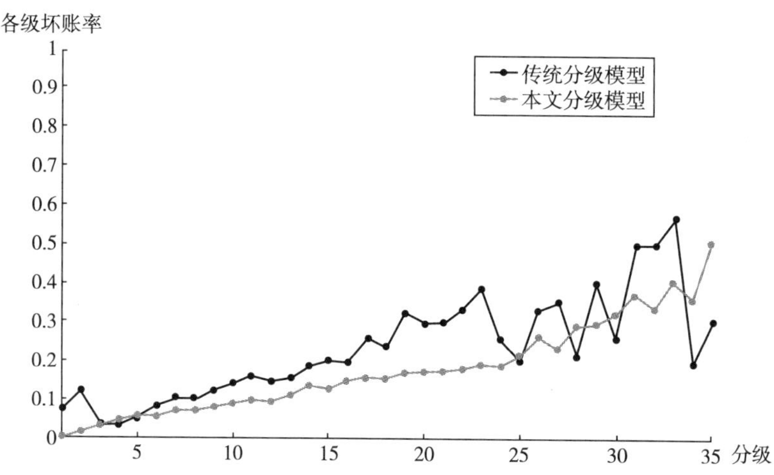

图 4　本文分级模型与传统分级模型的准确性比较

对于分级系统的另一个要求是"稳"。例如，历史数据中 C 级坏账率为 14.4%，则当前被评为 C 级的借款人在未来的坏账率应保持在 14.4% 附近，不应偏离过多。投资人通过网站给出的分级来选择符合自己风险偏好的借款人并建立投资组合，目前选择 C 级的投资人风险偏好聚焦在 14.4% 的坏账率及对应利息。若未来坏账率偏离这一比例，则影响投资人的回报，并使其对网站的风险评估能力丧失信心，造成投资人的流失。

图5中灰色部分标出了Lending Club的35级分级系统在训练数据（对应于历史部分）和测试数据（对应于未来部分）中坏账率的差别。此误差越大表示分级系统越不稳定。可以看出，我们分级系统产生的误差（黑色）远小于Lending Club分级系统产生的误差（灰色），表现更加稳定。

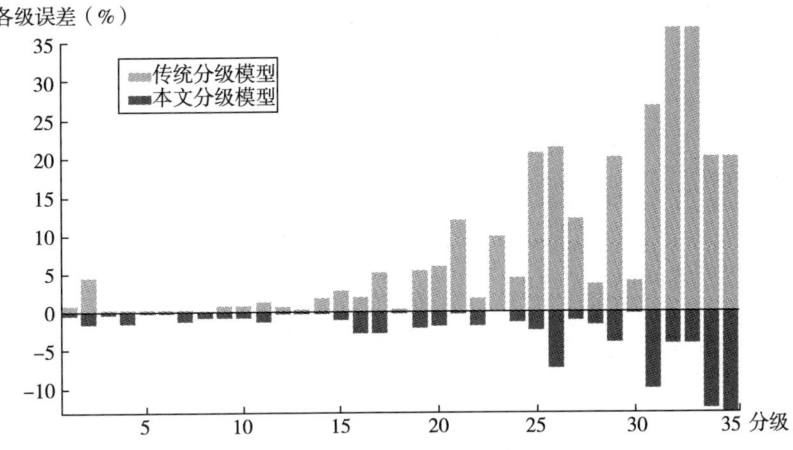

图5　本文分级模型与传统分级模型的稳定性比较

（2014-06-20）

互联网金融的案例

互联网金融如何影响小微贷款，以及小微贷款的文化特点和发展变迁

李明顺*

今天的话题主要分为四个部分，我先列一下，分别包括：

第一，什么是小微贷款？为什么需要小微贷款，而不是中小企业贷款？

第二，小微贷款以前靠什么渠道解决的？为什么小微贷款与家庭和血缘关系密切？为什么要反对亲友借贷？

第三，小微贷款的主流是什么？主要特点是什么？小微贷款与“高利贷”是什么样的关系？

第四，小微贷款为什么需要互联网？互联网思维究竟解决了小微贷款的哪些问题？又对小微贷款的发展有什么深远的影响？

什么是小微贷款？关于这个问题的答案，在我做好贷网之前和之后，得到的是两个完全不同概念。在入这个行业之前，其实我听到的更多的是中小企业贷款，然后进入行业之后才真正听说小微贷款的概念。据说这个概念也是近两年才有的。

在之前工作的十多年里，我一直听到各种渠道都在喊支持“中小企业”贷款，帮助他们获得资金支持。我理解的中小企业，就是我印象中，在身边的那些随处可见的“小”企业们。事实上，当我真正进入互联网金融行业，半个脚步跨入金融行当之后，才真正了解到这个行业所定义的中小企业：“小”是指低于5亿元人民币年收入规模的，而“中”企业则是年收入规模在5亿~50亿元人民币。我彻底晕菜，原来我以往对于中小企业的理解与政府、金融行业真正对此的定义，是多么的天壤之别。

---

* 李明顺，好贷网CEO、创始人。拥有14年互联网经验的李明顺是互联网创业者，前康盛创想董事、副总裁，成功将Discuz，打造成为了全球市场占有率最高的社区建站平台，连续创办五届中国互联网站长年会，并将其打造成为了中国最具影响力的站长年度盛会，后康盛联想被腾讯收购。作为资深互联网人及媒体人，其还曾服务过网易、CBSi、中国青年报等网站和媒体。李明顺还同时担任了互联网金融千人会的执行秘书长一职。

我看到的很多做小微的银行，比如，民生银行做小微，我看到他们做了 100 多万家，平均贷款额大概是 160 万元；建设银行也说做小微，做了 6 万多家，居然每笔贷款都是 1 000 万元以上。我再一次彻底晕菜了。后来我看平安做小微，他们每笔几十万元，甚至十几万元，这才比较接近我理解中的小微贷款。

所以，什么是小微贷款，是第一个非常有意思的话题。我不知道大家是怎么理解的。我后来自己定义了一个“小小微”贷款的概念，就是认为年收入规模 500 万元以内的企业，这个才是现在绝大多数企业的真实状况、是塔基、是蓝海，才是最需要我们去解决的。

我所定义小小微企业贷款非常困难，基本上被今天的大多数传统金融机构和银行抛弃了，屏蔽了。

小小微企业的困难，一方面确实是因为这批企业无法提供银行认可的抵押物，另一方面，则很多因为他们无法获知市场上最全面的贷款产品，信息不对称。这些年收入规模 500 万元以下的小业主们，没有专业融资的 CFO 或财务总监，甚至连专职会计都没有。很多人根本不知道有哪些机构可以为他们贷款，而选择了亲友借贷和一些不够正规的民间借贷，导致了各种社会问题的发生，这是我下一步要讲的借贷文化的问题。

可惜的是，由于现在的统计口径不完全，一直以来，我很想有人做一件事情，究竟如我所说的真正的小小微贷款，国家各种正规贷款机构究竟每年放多少？我几乎不能找到这个市场的规模和借贷人的真实数字。我估算每年发生在小小微企业之间的贷款至少在 4 万 ~5 万亿元。

现在谈第二个问题，正因为这些小小微企业无法从银行等传统渠道获得贷款，而且根据经验，如果你是一家小小微企业，你要去一些传统主流银行贷款的话，你非但不能成功获得贷款，甚至还可能是迎来白眼。在这种情况下，目前小小微贷款的渠道，大多数不是正规的社会金融机构，而是亲友之间、民间的借贷。

在中国，至少有很多地方，今天依然把“贷款”当作是一个贬义词。所以，如果你与身边人提到你有贷款或正在贷款，很可能被认为是“实力不够”。正因为如此，很多人不愿意贷款，或透露自己有贷款或借款。他们理所当然地认为，更合适和方便的是跟亲近的人借款，而往往这种带着血缘关系的家族成员又不好意思拒绝。于是，大多数小小微贷款都发生在有血缘关系的家族之间。

问亲友借贷看上去不错，效率很高、又有人情味、还不需要抵押，但事实上，我看到的身边大多数破碎的家庭、闹矛盾的亲戚、闹掰的最亲密的朋友，都与借贷、金钱有着密切的关系。“如果你想毁掉一个朋友，你就借钱给他吧”，事实的确如此。

为什么我反对这一类的借贷呢？这是因为看似没有抵押物的借贷，抵押的却是血缘信任，是看不到摸不着的亲情、友情，让纯粹的感情变得不那么纯粹。不知道大家是不是有所感触？

我们这一代接受的是，西方人不讲感情，父母在孩子 18 岁时就把他们扔出去了，不管了，意味着他们在财务上要独立了，朋友之间也很少借钱之类。现在想想，人家这种才是真正讲感情，因为感情关系更简单了，而不是错综复杂的各种经济问题。让经济问题和感情问题彻底分开，才是人类理性的选择。由此，我非常希望推崇和宣传全新的借贷问题，向社会借贷，而不是向亲友借贷，能让中国人之间的感情更纯粹。我看到，现在民间的家庭文化非常势利，很多家庭里面，不是以辈分和威望来互相之间尊敬，而是看谁更有钱更有权来定义一个人在家庭和家族中的地位。这是一个非常变态的社会关系。

我认为真正应该崇尚的文化是，或者希望看到的场景是，人与人之间、尤其是家庭家族成员在一起，不提钱，大家只谈感情，开开心心的。我反对家庭借贷亲友借贷，反对各种感情把钱扯进去。所以，我希望有更多的借贷关系发生在个人与社会之间，让借贷真正公众化社会化。因为家庭和家族之间的借贷，没有任何稳定的契约约定，一般不会明确什么时候还钱，更不会提到利息。在某种程度上，让借款人滋生很多惰性，如放弃本来在社会借贷中所承担的契约责任、约束，让借款人觉得这个钱来得很容易，不需要什么代价，丧失了积极性。这样的现象，在北京上海这些大城市里在减少，反而在很多二三线城市和农村，亲友借贷更普遍。总结就是，越穷的地方家庭和亲友之间的借贷越普遍，如果要致富改变穷困面貌，就要发展小小微贷款，发展社会正规的小小微贷款。一个不正常的社会借贷关系，不但会毁掉一些和睦的家庭关系，也会毁掉一些年轻人的斗志，会毁掉一个地方的更上进的经济发展，于是会毁掉我们的未来，套用现在流行的话就是，还会毁掉我们的中国梦。

第三个问题，现在小小微贷款的主流是什么？主要特点是什么？小小微贷款与“高利贷”又是什么样的关系？

我认为小小微贷款的主流特点是经营，通俗地讲就是“钱生钱”，也就是说，大家拿这个钱更多是赚钱去的，而不是去消费，去玩的。大多数家庭和个人都喜欢靠这个本钱去养活自己、给家人更好的生活和发展，改变命运。

我看到身边很多开小公司小店铺的老板们都很辛苦，靠着小本钱慢慢滚大，每天都在想着怎么样做好一点小生意，让自己的家人活得更好一点，让下一代不像自己这么辛苦，每次想到这些，和这些人聊起来，我都有一种想哭的感觉，会想到我的父母……银行不给这些小商贩贷款，这些人就会通过各种渠道借款，不得不接受所谓的民间贷款、所谓的“高利贷”。之前，在我心里，高利贷是一个非常贬义的看法。现在，我认为这是一个中性词，究竟高与低是以什么来判断的？不是以某一个数字来看待的，我认为是以经营的回报能力来看待的，如果我借 10 万元进货，2 个月之后我能卖掉货，赚一倍最后卖 20 万元。这种情况下，即便是 2 个月内 1 万元的利息都不算贵。针对 10 万元，1 万元相当于月息 5 分，在这一数字上，这算是高利贷，但如果不能借到这笔钱，我根本无法赚另外的 9 万，这个角度又不算了。

消费性的小小微贷款也有，但现在还比较少，一般都是信用卡解决了，因为这些人往往是白领，有银行正常流水，办信用卡比较简单。但经营性的人，往往流水不稳定或不在银行提现而是使用现金。现在，我认为一般的二三线城市的老百姓，还没有真正建立起消费贷款的习惯，目前的小小微贷款主流是经营，而不是消费。至少我认为在一个相当长的时间内，大家是为了钱生钱，而不是借钱去 Happy、去消费。但是，我们看到，有些人消费贷款去装修去留学去结婚等，这些说实话我觉得也是变相的一种长期投资。当然，这些贷款，他们对承担利息的水平是更保守的。

小小微不发达是因为毛细血管不发达。那么怎么建设毛细血管呢。有两点关键——建设这些毛细孔，就需要一个发达的金融体系，而且这些金融体系在商业的角度是可持续的，就是有利可图的，现在的传统银行体系认为做这个事情风险高又无利可图，所以做得很少。

第一，必须引入民间资本，或主导或参与小小微信贷，鼓励设立微型贷款机构，越小风险越小，给予税费优惠。

因为目前的银行体系，还是以计划经济时代的经济特征而设置的，并非是以真正的市场经济建立的，大多数银行机构的设置还是以解决大型企业、中型企业以及地方政府的融资为主要特征的，即使做一些小额的业务，也是以个人消费为目标的，以小小微经营为目标的很少。而且内部很多的流程和 KPI 机制无法保证这些。

第二，畅通主动脉和毛细血管的输血机制，建立再贷款机构。

第三，建立行业协会自律监管。因为机构太多，监管机构精力不够，只能通过协会的手。建设这种毛细孔，互联网其实是一个无规则的多对多体系，它不是直线形的，也不是树状形，其实它是立体的无规则的，类似细胞运动。我看现在每个P2P就有点那种各种细胞都在动的感觉。

第四，微贷机构协会建立坏账担保基金，避免出现系统风险。

我做了14年互联网，在不同类型的互联网公司都做过，包括网易、腾讯等这样的大公司，也包括一直以来的创业。

互联网我非常熟悉，金融行业刚刚接触，对我来说，如果让我进行比较的话，我认为互联网讲究高效、透明和扁平，很多东西都希望简单化，而金融行业很多东西都故意搞得比较复杂，比如银行的一个等额本息和等额本金，就把很多老百姓糊弄了。比如前者，如果你从银行贷款100万，分20年还，哪怕最后一个月，你所还的银行利息都是100万本金的利息，对老百姓来说就很亏，会比等额本金多还不少利息。很多老百姓不知道以为这样算起来方便，每个月都还同样数字的款，实际上，还是被金融行业的各种算法给糊弄了。互联网在追求越来越简单的文化的时候，金融行业还在玩文字游戏。到今天，金融对于很多人来说，仍然不是一个通俗易懂的东西，不是容易让人亲近的概念。互联网今天已经在深深地影响我们生活中的方方面面，我们的衣食住行因为互联网的存在而变得越来越好、需求解决更简单、体验更舒服。相应地，互联网是不是也可以让金融业更亲近呢，让借贷关系更简单更美好呢？

互联网重构金融，首先将重新建立信任的问题。信任不是靠强制，不是靠牌照，不是靠钱多，而是靠自主选择、靠体验、靠满意度。我一直喜欢打个比方，你现在去吃饭，你用大众点评，你去买机票，去携程，你住个酒店去7天如家。这是卫生部、交通部的要求吗？是因为他们有牌照吗？还是他们钱多？这都是靠用户自然选择的满意度、靠体验。互联网时代，体验是这个时代最要命、最关注的东西。我做好贷网之后，发现金融行业的人最大的特点是逻辑性好，理性强，但中小贷笔数多、涉及人数多、面宽、尽职调查成本高，每个客户信息又非常零碎多样。上述情况决定了用传统金融手段难度大效益低风险大，耗时耗人，众多非准信息实质价值却不大。互联网的特质与精神正是为解决这些问题应运而生的。

关于体验究竟是什么，做了一个比方，我觉得体验就像男人找女人希望找美女，女人找男人希望找帅哥一样，大家互相找不是为了“功能正常”这个逻辑，而为了双方是不是真正感觉到爽。生育等性别功能不是最重要的，每天看上去爽才是最重要的，这就是体验，这就是人性。

再基于此，重新谈信任谈体验，然后再到小小微贷款如何依赖互联网谈价值，我觉得这才可行。这个理念首先得拐过弯来。互联网就是一个自下而上的力量，它既是一个技术手段，更是一个思维模式。从技术角度来说，互联网有更强的覆盖用户的能力，无地域限制成本更低；从思维的角度来说，互联网公司更强调用户体验，通过体验去留住用户，哪怕是免费的用户互联网公司也会全心全意服务得特别好。反之你看银行，如果你没钱，就给你白眼；如果你有钱，你就 VIP，可以享受私人银行服务。

同样，今天的消费者越来越愿意自主选择，以自己的体验来决定信任的取舍，效率更高体验更好的金融企业才会更受欢迎。然而，目前而言，传统的金融机构如银行还没完全从过去的以自我感觉 OK 的状态扭转过来，仍然以自己为中心，而不是以用户为中心，加上传统银行接触客户的效率还比较低，反之互联网接触用户的频率可以更高，所以，互联网可以改变很多。

关于效率的问题，银行在接触客户大多数还是靠在城市最豪华的闹市区建立网点，有敞亮的大厅和专业的工作人员，帮助用户加强对银行的信任度。然而，随着互联网的发达，大多数用户已经不再去银行网点办业务，小小微企业更少去的，所以银行本来的这些优势将逐渐降低的，所以，从覆盖用户角度，互联网比传统金融体系更容易，成本也低很多。而且，小小微企业什么时候需要钱，往往是一个很急的过程，它往往希望第一时间的响应就被满足，互联网就带来了这样的机会，第一时间满足小小微企业的需求的响应。事实上，银行就是一个媒介和中介，也不是真正有钱的，它的钱也是来自储户而不是属于银行本身的，既然以前传统银行不愿意贷款给小小微企业，那么，在互联网时代，小小微一定是可以抛弃他们的，所以才有了 P2P，因为互联网成了比传统银行更好的一个中介和媒介。当然，如果银行认为小小微有价值，就应该用互联网的思维去做小小微贷款，所以，互联网不是仅仅属于互联网企业，也可以被传统的金融行业所利用。今天，互联网金融将让互联网企业与传统金融有机会重新在一个新的业态下展开竞争。

我认为，互联网仅仅是一个传统金融行业的鲶鱼，搅动传统金融行业的玩法，一方面重新打破规则，给更多人带来小小微金融的创业机会；另一方面，也在帮助传统的银行等金融机构提高竞争力提升用户体验。最终，谁的体验好，谁就会在这个市场中找到自身的价值，探索到一条全新的互联网金融服务之路。

（2013－10－21）

互联网金融下传统银行应对

柳二月*

引子：未来 10 年是金融行业迎来制度红利变革最大的十年。

目前金融业近 90% 的资产是在银行业，其他证券、信托、基金保险的总和与银行还差了很多。未来这个产业结构将发生巨大的变化。在美国市场上，银行业的资产占金融业资产大概 30% 的水平，我们可以想一下，如果国内从占到 90% 降到 30%，中国的金融资产结构将发生怎样的变化？这会是很耐人寻味的过程。

金融业的产业结构变局将由以下五个方面决定：一是利率市场化进入实质阶段；二是金融脱媒持续发展；三是大资管时代的到来，其他的金融业态将在金融资产的争夺上产生巨大力量；四是金融机构综合化经营；五是互联网成为金融热点。在这五个方面的促进下，整个金融资产的结构，不论是在增量上，还是在存量上，我们认为未来十年，制度红利都将使金融领域成为中国成长和变化最快的产业之一，这个产业结构的变化将是难以想象的。

由于第五点，新进入者的加入，让金融业的格局变化增加了很多不确定性和更加激烈。这种格局有金融业整体的格局，比如金融资产结构；也有内部格局，比如银行收入结构等等。

我们今天就谈谈，互联网带来的变革及传统银行应对。

一、互联网、移动互联网给金融带来的改变

1. 客户行为改变

从消费方式开始改变，人们的消费方式从线下挪到了线上，有一个比较生动的

---

* 柳二月，千人会执委，和君咨询合伙人。

比喻，就是互联网领域有原住民和移民，实际上我们大都是互联网时代的移民，1995年以后出生的才是原住民，因为他们从出生开始接触的就是互联网，三岁的孩子就可以拿着苹果手机学习各种知识。所以，在未来不论媒体宣传，还是传统金融创新，一定不能以“70后”、“80后”的观念来思考，而是要多考虑“90后”们是什么样的消费方式，他们的消费方式产生了哪些行为方式，人们生活方式会发生什么变化？当消费、行为和生活方式发生改变的时候，整个社会形态毋庸置疑也会发生改变。我们可以看到农耕时代和现在信息化时代的社会形态是截然不同的，现代人完全不能想象过去的生活。这种变化一定会让金融产生巨变。

2. 数据性质改变

第二个给金融带来的影响就是活性和海量的数据。我们有一次参加人行的研讨会，银行信息部负责人就说，我们银行从来都不缺数据的，银行就是一个大数据库，银行各个方面的数据很多，数据存储占了很大的空间。

但是，如果问问这些数据是活性的吗？能在线吗？所有银行都会沉默。在银行，6个月以上的数据需要费很大劲才能翻出来，而且还是信息孤岛。而活性数据是互联网带给金融的改变。活性数据的存在，将比传统的风险控制方式有所变化，不能再是传统的风险控制模型。而应该建立起基于在线的活性数据的新的风控手段和方法。

由于在线的活性数据的存在，让精准营销成为现实，活性、海量数据带来的结果首先就是实现精准营销。当然，还有产品设计，产品设计可能来自于你的客户，来自于你的供应商，客户需求才是最重要的。服务方式也会变化。

3. 更加透明的信息

相对过去来说，信息对等程度有了很大的提高。银行不能再通过信息不对称赚取额外收入、客户也不会因为信息不对称失去贷款机会。

4. 成本下降，效率提升

互联网上获得一个客户的成本要远远低于传统手段，这也是成本下降带来的直接效益。同时，互联网让风控形式发生变化，基于网上的金融服务也将是金融的运行效率得以提升，所以互联网将使传统金融业改变过去的客户判断与服务方式及产品设计流程，让普惠金融便捷地走入寻常百姓中。

5. 跨界竞争者

互联网公司携数据以令银行，他们成了金融门口的“野蛮人”，他们是激情与野心的跨界竞争者，典型的就是阿里巴巴。在几个月时间内，余额宝让天弘基金获得2 500亿元的资金规模，成为中国第一大货币基金公司。他们首先抓住了二八原则造成的银行过去不愿服务的那80%用户，这是增量的市场空间，传统金融的空白市场。除了增量空间还有存量空间，这些跨界竞争者给传统金融机构敲响了警钟。

二、互联网重新定义银行

客户行为、习惯、生活方式乃至整个社会结构的变化，使得金融业态也要发生变化，从产业为本的角度看，银行业要被重新定义。

传统银行的信用中介将被重新定义为信源、信用和信息中介。银行由一个中介变为了三个中介，这是银行在互联网的影响下所带来的变化。

在信源方面，应该做哪些工作，运用什么样的商业模式，信息方面运用什么样的商业模式，原来的信用中介运用什么样的模式，传统金融机构都要从战略的高度，基于资源、机会和理想做一个重新的选择。

三、传统银行应对

银行业被重新定义后，金融的格局将发生改变、金融的业态将发生变迁。在这个过程中，传统银行业既要回归资金融通的传统、在资金管理上做文章，又要始终贯彻互联网观念和思维，在对公上将发展为产业银行、零售上将向消费银行转变。

而这种转变，主要体现在以下四度方面的思考上：

1. 广度上，从银行的价值链角度看。就是表示银行服务的价值链要足够的广，不能停留在原来的存、贷、汇上，要扩大银行服务的价值链。比如说，银行原来在零售业务上，客户来借款，银行考虑符合风控后贷给他就行了，由银行的线下服务网点服务，但是现在不一样，有了互联网之后，你要掌握他的大数据资源，这个大数据的入口在哪里要找到。挖财网就将草根的资金管理需求作为入口，给了客户一个记账系统，客户会把自己的信息输入进去，这是自组织的，挖财有了客户相关数据之后，挖财帮客户进行理财。而这些服务、这种入口银行应该更有机会。但银行是说的多，做到的少，而让客户有参与度、体验好的产品几乎没有。重估价值链，不管对公还是零售都该做这样的转型。

2. 高度上，从银行的商业模式角度看。原来存、贷、汇的商业模式，在前述五大方面冲击下盈利能力会越来越弱。银行业由一个中介变为三个中介，盈利模式一定会不一样的。所以，银行的盈利模式需要创新。这个创新的发力点在哪里？要考虑哪些是你的中间业务，哪些在对公、零售上成为你的盈利点？但是一定要注意考虑客户的体验和参与感，不能什么都收费，银行每个服务都要收费，会减少客户的黏度，给竞争对手提供机会。举例来说，家长在给上大学的孩子汇钱的时候，在银行来说是跨区、跨行转账，都会按比例收费，很多家长就通过支付宝来做，在淘宝上开个网店就能解决这种问题。可以说这时，银行的客户是被自己赶走的，所以，互联网给资金的存、贷、汇提供了另外的实现形式，这种形式是去中心的、自组织的。互联网金融时代，竞争更加激烈，有了跨界竞争者，商业模式设计上要注意客户的感受，注重客户体验及参与度，用免费等手段增加客户的感受，提高客户黏性。

3. 深度上，从银行的服务链角度看。在互联网技术的引领下，我们要进行技术的创新，思考去IOE（即替代IBM、ORACLE、EMC技术）之后的技术支持的创新是怎么实现的，服务模式的创新是怎么实现的，使变革后的服务模式让客户更能接受，让客户更有参与感，让客户体验更好。比如网上银行，一连串信息输入后，进入下一页，因为一个信息没输对，前面输入的信息又都得重新输入，这种感觉是最让人沮丧的。支付宝一键支付的体验，不用像传统银行那样就直接输了。所以，从服务链的角度看，深度就体现在各种服务的微创新，前、中、后台的微创新。注重体验和参与，相信，银行在这样的竞争形势下，以客户为中心不再是喊出去的口号，而应该体现在服务流程上。

这个可以学学海底捞，以前都知道海底捞是一家火锅店，卖的是服务。大家有没有注意，现在海底捞已经不仅仅是火锅店了，一些大一点的店，餐饮的面积小，留下大的面积用来玩，原来修指甲、擦皮鞋的服务点扩大了面积，基于儿童的、家庭的……海底捞在往娱乐上变，微创新的模式变得很快，这是基于客户的需求及竞争形式而变的。

4. 力度上，从金融创新的角度看。当广度、高度、深度上建立起护城墙后，深挖你的力度，把杠杆做足，把金融的作用放大。还有，有了活性的、在线的大数据，信息更加透明了，风控模型也是不一样的，这也需要创新。真正实现普惠金融，金融为人民服务。

这才体现出在互联网的时代我们所做到的应对和转型。这个时间窗口，给了中小银行一个难得的转型期，当你布局完成，有效性得到验证后，这个弯道超车的机会是影响产业格局的。

提到互联网金融意味着跨界，跨界意味着产业边界模糊，企业边界自定义。目前，中国的很多产业是动态的，随时变化的状态，这是欧美发达国家所没有的，这给了我们一个大好时机。

针对上述四度，还可以用四句话简单概括：渠道转媒、产品的创新、服务自组织及模式的自定义。

从把互联网作为工具到以互联网思维设计产品，进而运营企业。每家银行不管规模大小，都要结合自身资源、能力对接你的互联网，面对互联网，有人看到的是冲击，但更有人看到的是机会。

在新一轮的变革抑或颠覆面前，你看到了什么？新的格局里，你是领跑者还是出局者？

（2013－10－29）

融 360 模式和金融搜索改变生活

叶大清[①]

朋友们，早上好！今天我给大家介绍融 360 并谈谈互联网金融搜索和推荐如何影响和改变中小企业主和消费者的生活。我是叶大清。我的汇报分五个部分：（1）融 360 简介；（2）金融垂直搜索和推荐模式；（3）对搜索的看法；（4）互联网金融搜索和推荐改变生活；（5）来自用户的真实案例。

第一部分：融 360 简介

融 360 成立于 2011 年 10 月，定位于金融产品的搜索、推荐和服务平台，是全国最大的金融垂直搜索网站。融 360 的业务范围主要有贷款（包括中小企业经营贷、个人消费贷、房贷、车贷）、信用卡和理财。用户可通过 PC 和移动端访问融 360，进行以上三类金融产品的搜索、比较和申请。

融 360 所做的，就是通过互联网和移动互联网拉近金融产品提供方（金融机构）与需求方（消费者和中小、小微企业）的距离，为金融产品的需求方提供个性化的在线搜索、推荐和服务。在互联网金融的几大模式中，融 360 是一个完全中国式的创新，在欧美并没有现成的商业模式借鉴。

1. 商业模式

融 360 平台的一端是近 3 亿的目标人群，包括 4 300 万中小企业、3 000 万个体经营者、2 亿多有金融需求的消费者，这些白领、屌丝、小微企业主、个体户等分

① 叶大清，融 360（www. Rong360. com）联合创始人、CEO，在中国和美国的互联网公司和零售金融机构有 16 年的运营和管理经验。在创立融 360 以前，叶大清曾任 PayPal 中国区市场总经理，并在美国运通（American Express）、美国在线（AOL），美国第五大零售银行第一资本金融公司（Capital One）从事风险战略分析、信用风险管理、互联网营销方面的工作，获湖南大学工学士和乔治华盛顿大学金融硕士学位，目前是清华大学五道口金融学院金融 EMBA 三期班学员。

散而微小的人群，是融360的“用户”；另一端是银行（国有银行、股份制银行、外资银行、城市银行）、小贷公司、担保公司、典当行等各类国家认可的金融机构，是融360的“客户”。

2. 业务发展数据

经过近3年的高速成长，融360已经成长为能够服务80%目标用户的金融产品搜索平台。业务范围从单一的信贷搜索扩展到贷款、信用卡和理财并行的综合金融搜索服务。

截至2014年6月，用户累计申请金额近9 000亿元。贷款搜索和申请覆盖108个城市，信用卡和理财的搜索覆盖200多个城市。与融360合作的银行和其他金融机构数量增加到10 000家，可供搜索和推荐的贷款、信用卡、理财产品的数量近50 000款。

公司的人数，也有创业初期的不足20人，发展到200余人。

3. 公司发展历史

2011年10月融360创立，创业初期以贷款为切入口。

2012年3月网站上线，当月获得光速（Lightspeed）、凯鹏华盈（KPCB）、清科（Zero2IPO）的A轮投资。

2012年12月，移动端上线，发展至今移动用户量超过50%。

2013年7月信用卡业务上线。当月获得由红杉中国基金领投的B轮投资，A轮三家投资机构继续追加了投资，该次融资金额3 000万美元，为2013年互联网金融行业最大一笔融资。

2014年6月，理财业务上线，涵盖银行理财产品、互联网理财产品、网贷平台。

2014年7月完成淡马锡集团旗下兰亭投资领投的C轮融资。三轮融资总金额过亿美元。

第二部分：金融垂直搜索和推荐的机遇

2011年创业时，融360定位于做金融产品的搜索、推荐与服务平台，创业团队基于几个判断：(1) 中国过去三十年经济高速发展，中小、小微企业和消费者的金融需求在过去几年快速增长。80% ~90% 的大众人群有融资贷款的刚性需求存在，但传统的金融体系并未服务好大众人群。(2) 随着利率市场化和“构建多元化、多层次的金融服务体系”金融改革的推进，未来将是一个金融机构的种类、数量不断丰富，金融产品足够多样化、差异化的市场。(3) 金融搜索是个大市场。在美国，Google 是最大的广告平台，金融行业是贡献最大的行业。(4) 金融产品的搜索 + 推荐的模式是解决需求和供给方信息不对称、需求和风险错配的最好模式，这个模式自己不直接承担风险，只是间接参与金融产品的“风险定价”。相对于其他模式如“P2P”，几乎没有政策风险，是个很好的模式。(5) 中国的互联网和移动互联网飞速发展，过去 10 年互联网已经改变了我们的生活的诸多方面，我们认为，金融消费即将成为下一个被改变的领域。在中国未来 10 年“互联网金融”会像过去 10 年电商崛起那样获得迅猛发展。(6) 2011 年我们经过深入的调研和考虑，认为中国金融垂直搜索的创业时机已经到来，中国的金融垂直搜索会是一个前景很好的事业。

10 月 8 日，融 360 公司正式在北京成立。公司简称“融 360”，这个名字寓意是“360 度全方位的金融产品平台”。

融 360 成立首要解决的痛点是在金融机构和消费者之间长期存在的信息不对称问题。中国最主流的金融机构——银行，习惯上倾向于服务“大户”。对于分散、微小但能贡献高利润率的大众用户，银行近年一直是心有余而力不足。其痛点在于，如何高效找寻低风险目标用户。以往最常见的方式是通过信贷员人工推销，费时费力效率低，明显不适合互联网和移动时代的主旋律。现在融 360 通过互联网技术、信用评估和风险管理技术，帮金融机构把最累的活做了。本质上，融 360 为金融机构提供的是互联网数字营销及信用预审方面的服务，则最终的审批和放款，必须由金融机构自己做。用一个比喻就是，银行找客户的过程好比“淘金”，融 360 做的是从卵石泥沙中筛选金沙的过程，而从金沙中提出黄金的过程则交给金融机构来做。

因此，融 360 对于银行业不是颠覆，因为平台不会自己做金融产品，不会涉及资金的归集、往来（存、贷、汇）。融 360 与阿里金融不一样的是，阿里金融与银行直接竞争，融 360 不与金融机构竞争。融 360 是协助金融机构适应互联网和移动时代。

第三部分：对搜索的看法

什么是搜索？远古时代，我们的祖先搜寻猎物、食物。以前上过图书馆的朋友都记得用索引来检索书籍。随着电商近十年改变我们的生活，人们养成了网上搜索商品和服务的习惯。11 月在纳斯达克上市的旅游垂直搜索“去哪儿”，已经改变了人们买机票、订酒店的习惯，下一阶段，金融垂直搜索将改变很多人寻找金融产品和服务的习惯。在欧美市场，在线搜索金融产品已经成为主流行为。近 80% 的网民愿意在线搜寻金融产品，并且不用借助任何人工交流，直接在线咨询或者下单申请。随着年轻网民正在成为消费主体，金融产品电商化正在全球加速，我们看到，在线搜索金融产品的用户行为变迁在中国发生的速度是同步的。

融 360 金融搜索和推荐系统的特点：（1）智能化：不同于传统的“大”搜索，金融搜索和推荐系统不只是“信息”中介，而是协助金融机构“给风险定价”（Credit Risk Based Pricing）的智能系统，这是融 360 的一大技术壁垒。（2）个性化：不同需求、不同信用资质的用户在融 360 平台搜索金融产品，搜索和推荐的结果都是独特的。（3）高效率，更方便：用户在融 360 平台花几分钟时间，胜过在线下花几个小时甚至几天时间去寻找、比较和申请贷款。可以在线了解多个金融机构的成百上千种金融产品，做客观的比较，直接在线申请并接受服务。（4）产品的丰富和差异化：满足用户多元化、多层次的融资贷款和理财需求，在利率市场化的竞争环境下，全面丰富和差异化的产品能满足更多用户的需求。帮助老百姓和小企业降低融资成本，提高理财投资的收益，更好地教育和引导他们在收益和风险之间做出理性的选择。

中国的网民表现出强烈的在线搜索金融产品意向。在线搜索会成为人们获取金融产品的主要渠道之一；意味着在线金融搜索比较和推荐模式将会每年促成上万亿元人民币的理财和保险交易。由于贷款产品的非标准化，简单的信息抓取不能满足用户的真实需要，用户需要能找到具体为他提供服务的那个信贷经理，并最终通过审批拿到贷款。所以说金融搜索是一个 O2O 的业务，线上申请，线下审批、放款。这对信息的准确、及时、全面有很高要求，对服务的落地和响应速度有很高要求，而金融垂直搜索加专业推荐可以做到。

第四部分：互联网金融搜索改变生活

金融与钱相关，是一个大众的、生活化的需求。从摇篮到坟墓，人生的每个阶段都离不开金融。以往老百姓感觉金融离自己远，其实金融需求是被忽视的，也没有被传统金融机构所服务。互联网与金融的融合，最终将给普通老百姓带来好处。

互联网金融搜索是高效率解决用户个性化需求的手段：（1）每个人的融资贷款、理财和其他金融需求都是独一无二的。（2）互联网成为对小客户（小微、小白、小融）进行大规模聚集和整合的重要平台。利用网络和移动端实时、全时、全天候、多样的特性，提供方便、安全、高效、专业甚至免费的金融服务。（3）如果说过去30年中国在解决实体经济发展问题，今后肯定要解决金融服务业低效率、不能满足大众需求的问题。菜篮子丰富之后，是该丰富金融篮子的时候了。老百姓的金融篮子里，有房子、车子、子女教育基金、存款、保险、理财、40岁还是60岁退休……退休金管理等。篮子里的每一种金融产品，都与生活息息相关。（4）金融搜索比较是解决信息不对称的最好方式。能帮企业和老百姓降低融资成本、提高理财投资收益，尽可能地降低风险。（5）互联网金融，本质是金融。互联网的速度要和金融的稳健结合，大数据技术能提高风险管理水平、服务客户的效率和质量。互联网与金融的结合，是大势所趋。需要每一位从业者共同努力，降低和控制金融风险，引导市场健康、良性发展。我相信，互联网金融即将迎来数十年的黄金发展期。

第五部分：来自用户的真实案例

现在已经有很多小企业主、个体户、上班族在融360平台找到资金解决之道，通过互联网、移动设备几分钟就能轻松完成一个金融产品的挑选与申请。上海一家小型外贸企业主吴女士去年底向开户的工商银行申请100万元短期贷款，但是根据银行的要求，必须抵押两套房产，由于她仅有一套自住房产，被工商银行拒之门外。在北京工作3年的小何，是一个普通的私营企业行政人员。今年打算买车，向银行申请4万元贷款作为首付款，由于银行卡流水不够，没有得到贷款审批。上述两位普通居民在银行贷款所遭遇到的困难，十足反映了中国金融行业和大众消费者金融需求之间强烈的不匹配。融 360 专门对用户的线下贷款行为进行了数据分析，发现有贷款需求的客户 90% 在传统的金融体系中得不到满足。

近两年来蓄势待发的利率市场化也为金融搜索服务提供了腾飞的燃料。如今主流金融机构、小贷公司、P2P 网贷等所提供的产品之多、种类之繁、条件之差异化，已经使普通用户深感眼花缭乱。比如，对小微企业而言，有的贷款利率可能高达 20% 以上，有的却可能低至 6%，用户养成贷款之前先搜索、比价的习惯，节省下来的贷款成本将是相当可观的。

融 360 并不打算做一个简单意义上的信息搜索网站。在金融产品搜索和推荐领域，产品、流程和风险管理上，具有强烈的行业特性，都需要进行独一无二的创新。对于融 360 这样的金融垂直搜索来说，搜索到合适的产品、在线申请，不是提供给用户的唯一价值，融 360 希望往前多走一步，成为直接在平台上进行申请的在线金融超市，同时协助金融机构做信用风险的预审、做到价值链的深处、更好地给风险定价。在金融机构高收益、低风险的追求和资金需求方低风险、低成本的追求中做撮合。

（2014－01－02）

新形势下航空商旅类授信业务风控心得

马洪亮*

大家早上好。我今天要跟大家分享的是在新的形势下，航空商旅类授信业务风控心得。

商旅行业进入壁垒不高，有一定的上游资源就可以开展业务，例如目前大量的小型票务代理和旅行社门市即提供简单的差旅管理服务。但商旅企业成长难度较大，正规的差旅管理服务商需要具备完善的服务网络、提供最优价格、帮助企业执行差旅政策、垫付资金并提供合适的账期、提供差旅管理报表等。资金、人才和技术壁垒是TMC行业成长的三大壁垒。

资金门槛是最大的壁垒，对上游一周两结（如机票），对下游一月一结，甚至更长。结算期限的不匹配导致资金占用程度较高。携程的调研显示，大部分的客户企业还是倾向于和TMC公司采用定期结算的方式进行资金的结算。因此，资金实力的大小直接决定了TMC能否迅速成长。但在传统金融模式下，TMC求贷无门。在结合互联网与保理业务之后，传统的TMC打开了融资的空间，特别是在形成商旅产业链以后，见图3，找到了融资的路径。

在传统的风控模式下，会为优质的不缺钱的企业来提供资金服务，对于真正缺少资金的企业往往却不能提供真正意义上的资金服务，这就导致以销售为核心的TMC找不到有效的资金来源，也大大限制了企业的发展，如图1所示：

保理业务的出现，特别是保理与互联网结合后，像航空这种小额多笔但又有很强的追溯性的行业打开了融资的空间（保理又称保付代理、托收保付，是贸易中

---

* 马洪亮，北京身边惠商务服务有限公司、天津溢美国际保理有限公司董事长。先后在深圳航空有限责任公司、易宝支付等公司担任高管，负责过销售、战略规划、金融创新等部门工作，对企业差旅管理、第三方支付、中小企业融资有着深刻的理解与实践，在航空领域累计帮助企业、中小代理商发放融资额过百亿元。

溢美金融主要聚焦于企业差旅，全国首创底价+服务费模式，结合航空公司、酒店等航旅产品，是与企业自签管理形成的专业金融增值服务商。

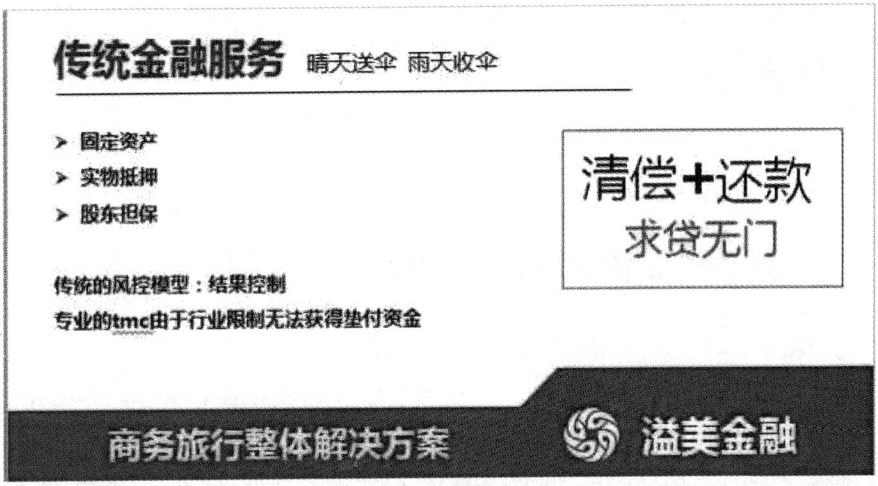

传统金融服务 晴天送伞 雨天收伞

➤ 固定资产
➤ 实物抵押
➤ 股东担保

传统的风控模型：结果控制
专业的tmc由于行业限制无法获得垫付资金

清偿+还款
求贷无门

商务旅行整体解决方案 溢美金融

图 1 传统的 TMC 融资难题

以托收、赊销方式结算贷款时，出口方为了规避收款风险而采用的一种请求第三者（保理商）承担风险的做法）。保理业务是一项集贸易融资、商业资信调查、应收账款管理及信用风险承担于一体的综合性金融服务。与传统结算方式相比，保理的优势主要在于融资功能：

保理 融入生态链融入

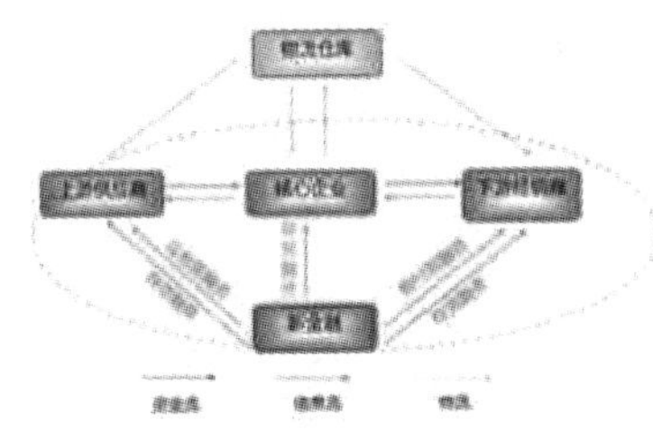

背书与可追溯
被信任-可信任

保理—新金融 溢美金融

图 2 基于保理 T 业务的融资示意

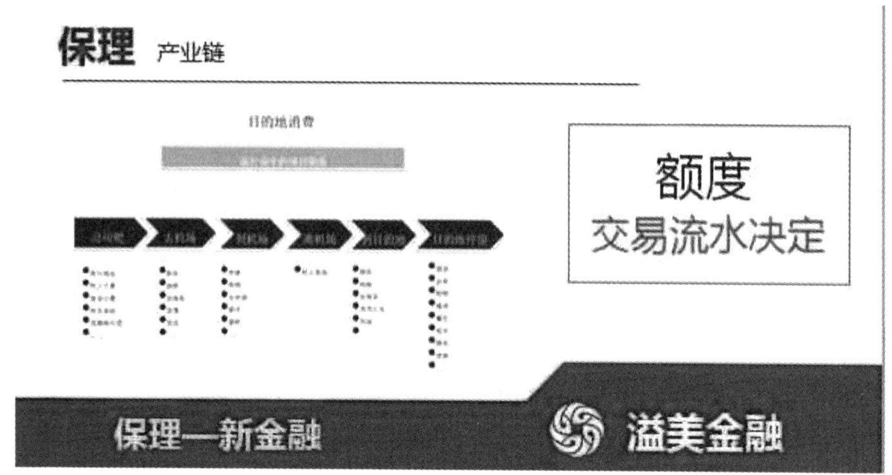

图 3　在产业链的基础上形成闭环

以上的模型看上去是非常美好的一个模型，也确实打开了融资的空间，但在实际执行的过程中，却很难找到资金。主要是：

1. 商旅款需要 100% 垫付，保理商不愿意 100% 垫付。

商旅行业的一个巨大的特色是见费出单，TMC 必须全额付款给航空公司，才可以完成出票流程，但保理业务往往是 100% 的应收账款，最后支付的是 70% ~ 80% 的款项，对 TMC 来讲还是无法有效地完成融资。

2. 信用风险比较难以购买。主要是在买断与债券的关系上理解有一定差异。

信用保险（Credit Insurance）是指权利人向保险人投保债务人的信用风险的一种保险，是一项企业用于风险管理的保险产品。其主要功能是保障企业应收账款的安全。其原理是把债务人的保证责任转移给保险人，当债务人不能履行其义务时，由保险人承担赔偿责任。目前在国内还是一个比较新的产品，在各个行业应用都是摸着石头过河，航空商旅的授信是一个全新的产品，保险公司在理解时，会认为不属于信用保险的范畴之内。

3. 大多是金融机构对这块业务感兴趣，但实际放款的很少。归根结底认为风险过大。

航空商旅授信除了以上原因外，客户的延期还款也是一个很大的原因，导致企业无法有效地获得资金支持，这也是国内做业务的企业遇到的最多的问题。据我们了解，目前市场上真正在做商旅类金融业务的企业主要是在做超短期的资金业务，而且是面向 B2B 领域来做，为企业真正提供月结或更长期资金垫付的公司少之又少。

结合我们的实战情况和行业分析，溢美金融创造性地提出了：622 风控模型。

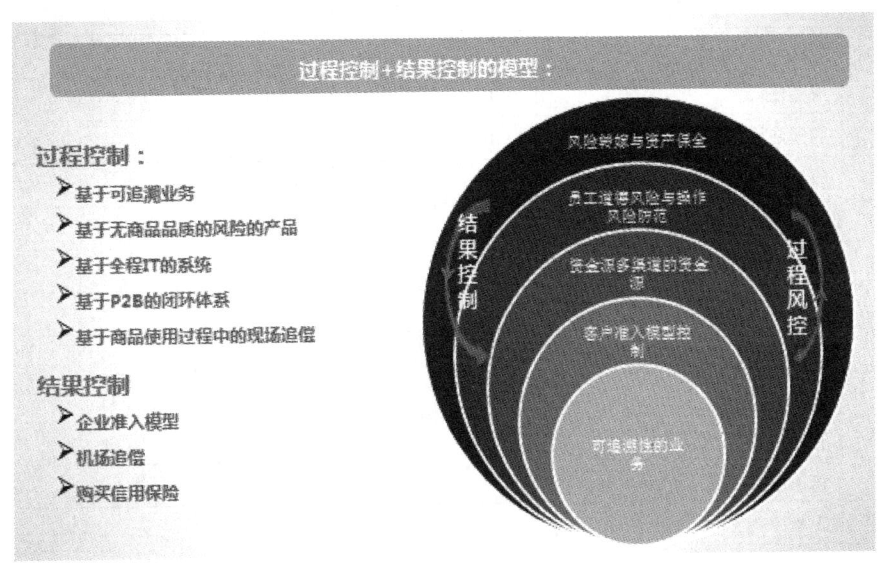

图 4　过程 + 结果的闭环风控体系

在风控体系上，我们主要是基于贸易本身的特性和行业特性来制定风控模式，在实际的运营中，还未产生过坏账。考量三个因素：

第一是企业的行业属性，这个是最容易被忽略的，在我们的风控模型中也是极为重要的因素，占 60% 的权重，也是溢美能够做好航空领域的授信最大的因素。第二是企业的社会属性，这个权重占 20%，这个也很有意思，如我们把政府类的企业和纯国企的得分定义为零，不是它不好，而是这类企业经常会出现延期付款的情况，对于像差旅这样对流动性要求极高的行业来说，延期付款就是致命伤。第三是通用的财务属性占 20%。我一会儿截屏给大家看我们主要的权重指标。以这三个为基础，形成的风控我们定义叫过程风控。这个是我们整个风控模型的示意图。下面我会把溢美的行业属性风控的因子与社会属性的部分因子截图给大家。

行业属性：

表 1　　综合行业属性表

序号	项目	赋值	得分	加权系数	实际得分（得分×加权系数）
一、	行业				
1	成熟性	10		1	10
2	与经济周期的关系	10		0.3	3
3	行业的资金壁垒	10		0.3	3
4	行业的政策、技术壁垒	10		0.3	3
5	政府政策	10		0.5	5
二、	企业产品在市场上的竞争力				
1	差异	10		1.1	11
2	供求关系	10		1.1	11
3	顾客依赖性	10		0.3	3
4	供应商依赖性	5		0.3	1.5
5	上下游企业评价	5		0.3	1.5
三、	企业经营				
1	行业中地位	10		1.1	11
2	管理层素质	10		0.5	5
3	科研开发能力	10		0.5	5
4	销售稳定性	10		1.2	12
5	团队稳定性	10		0.5	5
6	产品或服务消费率/收获率	10		0.5	5
7	成立年限	10		0.5	5
8	公司性质	10		0.5	5
四、	重大法律纠纷	-5		1	-5
五、	特殊调整（需要附上明确的证明材料）				
1	加分	5		1	5
2	减分	-5		1	-5
	合计				100

实际得分	调整系数 0.4				40
六、	业务关键指标				
1	企业差旅管理政策	10		1	10
2	差旅管理政策执行率	10		1	10
3	退改签率	10		1	10
4	与原来的供应商合作时间	10		1	10
5	差旅量增长或减少是否异常	10		1	10
6	差旅量增长与收入增长是否匹配	10		1	10
合计					60
总分					100

社会属性：

表 2　　社会属性表

一级项目	二级项目	三级指标	评价内容	评分标准	得分
行业属性 20		行业分类	上市公司季度盈利 2 000 万元以上	30	
			tmt 领域细分行业排名前十	20	
			金融行业取得各类政府许可	20	
			投资领域已投资企业至少 5 家上市	15	
			会计师事务所、律师事务所在北上广深必须有分支机构	—	
			IT 领域未上市企业在细分行业排名前十或资产规模超过 5 000 万元	30	
			能源领域在细分行业排名前十或资产规模超过 5 000 万元	20	
			其他领域在细分行业排名前十或资产规模超过 3 000 万元	10	
一票否决		行业分类	各级政府与下属的事业单位	—	

上面是我们核心风控模型中的行业属性的定性与定量因子。总结一下在这个行业中的风控核心思路：

1. 开车的人来控制风险，而不是维修站、保险公司、教练等等。只有借助大数据，在运营与风险同步的情况下进行全程风控，才可以实现不完全基于财务数据的风险审批。

2. 抛弃原有的思维习惯，帮助要融资的企业发现其核心价值。这样会快速地推动获得融资。

3. 树立风险就是业务核心思想。哪里有风险，哪里就有业务，没有风险的地方都被银行吃完了。不会轮到互联网金融的企业去做的，经营风险，提高对风险的定价能力，这个思想是比较重要的。关于今天分享的，我们还有一些其他的文件，但没有成体系，在实战中总结出来的，有需要沟通的我们可以私下沟通。

（2014－01－02）

作者寄语

中国最前沿的互联网金融跨界交流，互联网金融从业人员每天必备的知识早餐。

——徐红伟

一起在互联网金融的浪潮中学习交流分享，共同进步。

——尹飞

营养早餐，知识风暴。

——万颖玲

探讨移动互联、互联网金融等新模式改造、服务传统行业的理论高地。

——吴立

早餐会是互联网金融各路精英众筹智慧、分享经验的平台，祝早餐会越办越好。

——赖易峰、李娜

一群有激情有活力的人的思维碰撞，精神早餐，思想之源。

——姜国平

通过这种建立再移动互联网平台上早餐会讨论的形式，使我们保持行业的最敏锐的直觉。

——郭辉

专家云集，各领风骚，祝互联网金融千人会越来越好！

——周宇航

互联网一定能够极大地改变金融行业的竞争格局。

——李海燕

愿千人会的正能量能够影响更多人，帮助更多人。

——蔡晓辉

深具活力与新意的金融前沿信息汇集与分享的平台。

——吴凌翔

创新与务实的融合，成为互联网金融界每天必备的知识早餐。

——颜阳

临渊羡鱼，不如退而结网。扪蚤论道，乃知学也无涯。

——杨澍

众志成城千人会，开启金融新时代。

——徐锋

互联网金融与资产证券化的创新，必将改变中国！

——林华

互联未改名，金融无更芯。谁知微信页，竟有千人情！才子创富勤，佳人普惠行。莫道有跑路，监管更征信。

——程涣清

希望千人会的影响力越来越大，互联网金融能在中国更阳光、更正规、更自信的大发展！

——李先文

一天之计在于晨，千人会每天的早餐会就是我们思想上的营养早餐，给我们提供了非常多的行业干货和养分。

——唐健庄

互联无边界，金融有底线；千人齐携手，创业在今天！

——顾晨炜

一起做点事，帮老百姓资产保值。

——何俊

理念与实务，干货与真知——通过移动互联网，世界各地的专家和企业家每天在早餐会相遇，执着于互联网金融，兴奋于智慧的碰撞，创新如斯，挂之念之。

——谢尔曼

祝互联网金融千人会推动互联网金融发展，服务好中小微企业！

——余晨

互联网金融早餐会，创业者的精神早餐，行业动态早知道早行动。

——李明顺

最具活力和创造力的互联网金融讨论前沿，互联网金融界每天必备的知识早餐。

——蔡凯龙

希望早餐会继续定位开放平台的理念，鼓励百花齐放，学术争鸣，激荡思维，启迪智慧。

——陈宇

互联网金融是具有革命性的伟大事业，早餐会是其开创性的一步，助推金融强国的中国梦的实现！

——杨东

早餐会开创了分享、知识、智慧、协作的众筹模式，是新时代创新的源泉和发动机。早餐会各位同仁这里也里学到了激情，坚持，理想和价值。我愿意继续向大家学习，并且随着早餐会的节奏感悟着这个时代。

—— 曾光

在今天的移动互联网时代，互联网金融发展大有前途，大有空间。祝有志投身于互联网金融的各位青年才俊“欲穷千里目，更上一层楼”！大胆创新，脚踏实地，创造辉煌。

——张旭光

祝愿早餐会每天输入的前沿、跨界、创新的思想和方案，能够在未来因为早餐会成员的实践，创造出卓越的社会价值！

——孔令博

让千人会走向全球。

——赵国栋

互联网金融千人会本身就是一个众筹的公益群体，通过众筹智慧、众筹影响、众筹人员、众筹行动，大力推动了互联网金融在中国的发展，必将记入史册。

——易欢欢

跨越时间空间的互联网金融必备早餐。

——李祎、兰宁羽

“众筹与互联网金融的先进属性，赋予了她们颠复华尔街模式的金融潜质。然而，重塑金融格局，任重且道远”。

——羌笛

筹智，筹知，筹资，所谓众筹。本书集诸多精英智慧于一体，多为实战之谈，值得拥有。

——张栋伟

金融、互联网和大数据相互交织融合的高端知识社区，激发新思想的圣地。

——陈新河

千人会已经完成了为中国互联网金融启蒙的使命，前路雄关漫道，需要千人才俊用想象力、试错、开拓精神和智慧众包绘就中国互联网金融明天的蓝图。

——吴甘沙

分享观点，众筹智慧，早餐会的营养早餐开启每天的精彩。

——赵珂

智慧众筹，成己达人，这是DT时代的大智慧！

——刘晨

千人会引领互联网金融中国潮流。

——邵宇

众筹时间、众筹智慧、众筹成长，早餐会引领互联网金融发展，有营养的互联网金融大餐。

——柳二月

互联网金融第一站从金融搜索开始，每天获取互联网金融资讯从微信早餐会开始。

——叶大清

众筹智慧 分享智慧 期待千人会持续引领中国互联网金融创新。

——马洪亮

祝愿互联网金融千人会持续引领新兴产业风范，推动金融变革与升级，开创中国新未来！

——邓建鹏

《智慧众筹》是互联网金融早餐会的结晶，愿她为您开启新思维、新天地。

——沈鸿

互联网金融早餐会，是互联网的精神早餐，是以互联网社群组织形态来推进互联网金融发展的有益形式，是互联网时代的智慧众筹。

——霍学文

在互联网金融日新月异的创新大潮中，千人会日拱一卒，早餐会的思想分享绽放互联网精神的光芒！

——黄震

互联网金融星星之火，可以燎原。

——陆琪

金融创新精神食粮，引领互联网金融新思潮。

——肖飒

你活在理想里，现实对你肯定很残酷；你活在现实里，理想肯定离你很遥远。祝互联网金融千人会在理想与现实间，坚持初心，收获梦想！

——戴庚

希望早餐会继续定位开放平台的理念，鼓励百花齐放，学术争鸣，激荡思维，启迪智慧。

——唐彬

互联网金融千人会首先吹响了中国金融改革和进步的号角，为金融现代化发展探索一条大道，而中华大地风起云涌，一片相应。谢涛令作为千人会一分子，愿为互联网金融思想和技术的推动发展和实践贡献自己的最大力量。

——谢涛令

智慧只有在分享中才能增值。

——韩锋

一个最具有朝气活力魅力、注重分享和学习以及最注重实干的千人会，未来定是充满光荣和美景！

——张宇东

跨越太平洋，涵盖传统金融与互联网金融；乘风破浪，驶向21世纪新金融蓝色海洋。

——丁大庆

互联网金融行业从业者的营养早餐，金融行业监管者的时代内参。

——涂志云

希望早餐会能凝聚起一批对互联网金融有热情并具有专业知识的人齐心协力推动互联网金融在中国的发展！

——姜岩松

互联网金融早餐会汇纳业内精英智慧，每天阅读，收获颇多，祝越办越好！

——肖大平

极具创新、开拓、实践精神的互联网金融论坛、是了解行业发展新趋势的有效窗口，祝愿越办越好！

——常胜

内容以干货著称，经典与创新激荡，理论与实务结合，互联与金融同享。

——张鹏飞

互联网金融欲扬帆远航，信息安全当保驾护航。

——张风

很活跃的一个论坛，可以从中学到很多东西。

——王界兵

早餐会分享的经验接地气、有内容、有价值。

——田昊枢、王储

互联网金融早餐会介绍

2013年6月在一场北京大雨后，24位著名企业家、学者、政府官员齐聚一堂。讨论过程中，大家都不约而同地感受到一场大的变革即将开始，互联网和金融融合之旅即将启程，当时就准备要成立中国第一个互联网金融俱乐部。随即，互联网金融千人会于2013年7月24日正式揭牌成立。在霍学文先生的倡议和帮助下正式启动了一次实体早餐会。在这次实体早餐会中，各种观点火星撞地球，从直觉到实际问题，越来越感受到互联网金融有太多的问题需要探讨，太多的新模式需要研究，每月一次的实体早餐会还远远无法解除这些从业者、研究者、监管者对这一领域的求知若渴。

我们一起创新性地推出了微信在线早餐会：周一到周五，每天早上7：30－9：30，在微信群上邀请互联网金融领域里的专家或者实践者，来分享独到见解和亲身实战。互联网金融微信早餐会以她的创新和独特的魅力以及极强的传播力，迅速吸引众多互联网金融各界有识之士，成为业界每天必不可少的互联网金融精神早餐，被誉为"互联网金融精神食粮"。早餐会从十余人的常态研讨，到上百人的深度研究，再到数万微信群员的高端政产学研投的共同激荡，由此拉开一场波澜壮阔的互联网金融思想交流碰撞活动的序幕。

微信早餐会的第一篇2013年10月1日开始，经过10个月不间断的坚持，早餐会积累了217期的干货，280多名演讲解答嘉宾，5万条微信，80万字材料。早餐会从发散讨论到主题演讲，最后演变成每周一个主题，进行专题研究和探讨。从理性到激情，从理论到实践，从境内到境外。早餐会的蓬勃发展，突出体现互联网金融平等和分享精神。在这里，没有对错，没有高下，没有权威，只有思想和智慧的碰撞和激荡。

总结起来，有七个特点：

一、有主题。紧紧围绕互联网金融发展这个大主题开展交流、讨论，并且每天确定一个细化主题，中心明确，主题突出，保持对互联网金融热点密切跟踪。

二、有水平。群里藏龙卧虎，有霍学文、黄震、易欢欢、江南愤青，蔡凯龙等一大批互联网金融领袖级人物，也有一批专家、业界翘楚，讨论层次和水平遥遥领先；还有一批有激情、有热情的群友，在积极关注和参与互联网金融的发展；同时早餐会每日邀请一名新的群员进来，保持了早餐会的活力和包容性。

三、有深度。每一位进群的群员都是经过资格评审委员会统一严格把关。同时欢迎群员积极推荐优秀人才入群。每一位分享嘉宾都要提前做好充分准备；每一次分享都代表行业最高水平，最深的见解。早餐群创造一切可能条件让大家互动，几百个大群实时直播，穿插问答，O2O 线上和线下互动等。群里的提问的也是行业内最尖锐和最难回答。避免了泛泛而谈，干货不断，拒绝注水，拒绝平庸；价值决定凝聚力，享受饕餮大餐已经逐渐成为大家的习惯。

四、有广度。每次讨论不仅是从业人员，还包括政产学研投这个行业中只要有所真知灼见的都全部汇集，而且境内、境外互动不断，华尔街、硅谷、香港的精英也每日关注，成为互联网金融届每日不得不翘首以盼的精神大餐！一旦发出很快被上千微信群同步转发，发表的文章同时出现在包括互联网金融千人会等众多公号上。开完会做当天座谈合集并做成链接，每个月或者季度，定期发布统计总结。

五、有组织。早餐会有优秀的管理组织结构，大家各司其职，共同精心维护早餐会的健康发展。霍学文先生作为本群的顾问指导本群讨论。管理委员会由沈鸿、易欢欢、黄震、蔡凯龙、刘军担任。秘书长蔡凯龙负责群的日常事务。最引人注目的是两位群秘书徐筱耘和群主师蕾，一位温柔善良负责邀请群员入群，一位铁面无私负责请群员出群。早餐会的申请进入也是有严格程序，曾经有一位主要发起人，私自拉入群员，而被批评改正，重新走申请流程。早餐会的主题安排也是管理组精心规划，严格按照预定的程序，由于受到大家热情的支持，报名参加分享的嘉宾经常要排队数月以上才能有发言机会。甚至管理者和发起人，自己要发言，都无法插队，只能慢慢排队，如果插队，两位群秘书给予无情的批判！

六、有压力。早餐会有一套独特的通过实践验证出来的，行之有效的管理制度。为了提高群活跃度和相互交互性，主要群人数严格控制群人数 150 左右，采用“竞争上岗”的动态淘汰制。利用群秘书长蔡凯龙研发的独特微信大数据统计，定期对群员的发言数量，发言长短做科学的统计。以统计数据结果作为依据，不管职位高低、名气大小，排名靠后的将被请出早餐会群。让后面排队进来的群员能有分享的机会，同时让群里保持新鲜的血液和激情。在这种竞争机制下，也给群里的人无形的压力，只有和大家分享你的看法，交流你的思想，才有资格呆在群里，只获得不付出的人，不符合早餐会思维众筹的特性，只能请出群。这造成一个很有趣的现象，每当出统计之前，就有很多群员，打电话到负责统计的蔡凯龙那里，询问是否排名靠后，如果得到肯定答案，就会看到某群员突然一阵子特别活跃，积极发言。

七、有实效。我们是效果导向型。早餐会有实体，有虚拟；有主持，有嘉宾；有讲述，有互动；有线上，有线下。我们不但探讨理论、思路，还实地考察、参观，包括推动互联网金融千人会俱乐部的发展，全球高峰论坛的筹备等等。早餐会巨大影响力得到业界认可，成为互联网金融企业的自我展示平台，互联网金融企业竞相借此平台亮相新产品，新创意。

中国互联网金融的发展绝对离不开互联网金融千人会，其中思想的盛宴更在早餐会！在这里才聚集了一群拥怀中国新金融梦，无私公益推动普惠、包容、草根金融！每天早上7：30新的互联网新金融思想从这里，通过移动互联网 微信迅速传递到世界各个角落，成为决策依据、投资判断、创业指导！

在此感谢霍学文先生数月如一日的指导、督促和建议；感谢微信早餐会管理组的沈鸿、黄震、易欢欢、蔡凯龙、刘军、徐筱耘、师蕾的无私付出。特别感谢此次出版的专家组：谢尔曼、徐红伟、曾光、李祎、陈新河、唐彬、刘循序、唐健庄、吴立、姜国平、林华、陈肇隆、邓建鹏、丁大庆、柳二月，在百忙之中，提出宝贵的意见，也感谢张博组织志愿者协助编辑。同时感谢互联网金融千人会的每一位执委和秘书处成员：唐彬、叶大清、廖双辉、李明顺、王思聪、汤浔芳、曾光、杜传文、闻学臣、邓海英、庞特特。同时也感谢中国金融出版社张智慧主任和王雪珂编辑，网信CEO盛佳，网信旗下众筹网出版项目总监刘庆余的大力支持。

在这里要特别感谢徐筱耘，在她繁忙的工作之余，义务为早餐会默默无闻的付出宝贵的时间和精力。她负责联系新进群群员，每天晚上确认和准备第二天早上早餐会，每天7：30之前早早起床主持，开完会后，她整理早餐会文稿，群员介绍和通讯录。自始自终无私的坚持，推动我们早餐会不断发展。我代表早餐会的管理组和全体群员，表达对徐筱耘最真挚的感谢。

附1 【互联网金融早餐会群规】

20140101 互联网金融早餐会微信群（下称本群）：

1. 形式：以微信群专题研讨为主，时间为早上7：30－9：30am，同时鼓励不定期举办线下研讨，电话会议研讨。

2. 人数：保持100限额，每月定期统计，不发言少发言不定期调离本群，好让给新加进来的人，统一由群主师蕾实施，大家见谅。

3. 昵称：群ID要求实名制，在微信里群设置里，可以为每个群定制你要在群里显示的昵称，统一用原名或者原名＋职位，比如“蔡凯龙”，或者“蔡凯龙－千人会”都可。

4. 群员名单：本群统一整理群员名单（附下），资料不全的，需要更正的请跟秘书长蔡凯龙或者群秘书徐小耘联系。格式为：姓名，加40个字以内简短介绍（超过40个字自动截断，请不要超过），比如“蔡凯龙，互联网金融千人会华尔街秘书长”。

5. 群员加入：统一由千人会委员会和北京市金融局负责加人入群，有优秀顶尖人才需要加入群的，请和千人会委员，本群管理委员会或者北京金融局人联系。新群员要做详细自我介绍，并向群秘书徐小耘登记群员名单，同时会收到本份群规和群员名单一份。

6. 讨论内容：讨论结束后，请群秘书整理讨论内容，删除一些不合适的信息，除非作者特殊要求，否则讨论成果会在千人会公共号上发布，并存档以便今后出版杂志或者合集。

7. 管理组：本群顾问霍学文指导本群讨论。管理委员会：沈鸿，易欢欢，黄震、蔡凯龙，刘军。群主持人：沈鸿、易欢欢，秘书长：蔡凯龙，群秘书徐小耘，群主师蕾。

附 2 早餐会统计资料

早餐会累计历史发言排名（总发言4万多条）

2013.12-1—2014.8.13

排名 Rank	名称 nickname	发言数 Post	长度 en	总字数 SumTxtLen
1	郭大刚-胡子比头发长	2 127	21.7	46 249
2	徐小耘	1 800	100.9	181 597
3	五道口保理学院-鲁顺	1 577	25	39 391
4	江南愤青	1 435	34	48 808
5	易欢欢互联网金融	1 170	69.7	81 507
6	老牛	1 149	33	37 944
7	曾光光	864	48.8	42 168
8	蓝天	839	54.9	46 103
9	蔡凯龙	616	67.7	41 707
10	三随先生	614	31.8	19 508
11	师蕾	602	47.9	28 831
12	黄震	560	79.2	44 334
13	林华	525	101.5	53 269
14	翼龙贷王思聪	500	9.4	4 699
15	阿杜	492	24.7	12 147
16	汤浔芳	469	43.2	20 256
17	谢尔曼	463	40.2	18 596
18	颜阳	449	17.6	7 882
19	东方卡尔张志成	424	39	16 544
20	资本之鹰吕志刚	415	12.8	5 311
21	重剑无锋	405	16.2	6 561
22	柳二月	332	25.5	8 453
23	吴立	306	62.9	19 234
24	William Ding	305	47.5	14 490
25	金麟	305	32.9	10 023
26	蔡晓辉	300	21.2	6 363
27	胡伟东	277	43.5	12 049
28	郭杰群	277	44.9	12 431
29	张昌利	272	33.5	9 121
30	陆琪	265	45.3	12 011

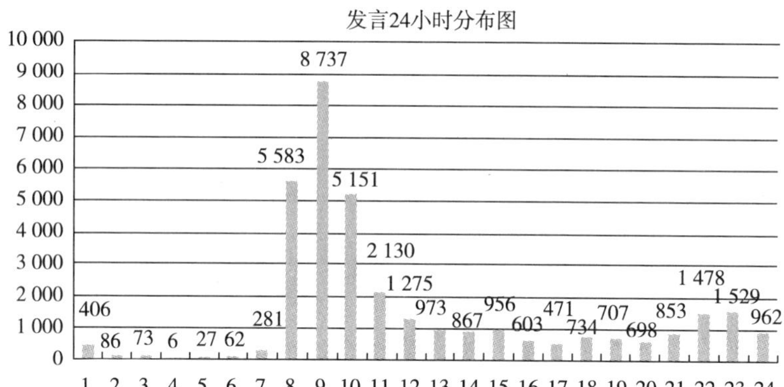

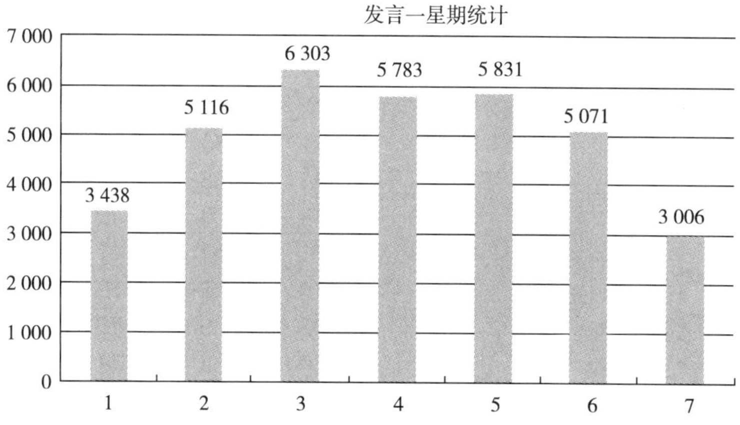

早餐会讨论关键词

排名	关键词	出现次数	排名	关键词	出现次数
1	金融	8 376	11	平台	1 918
2	互联网	5 962	12	发展	1 889
3	数据	3 823	13	问题	1 885
4	企业	2 947	14	中国	1 856
5	服务	2 474	15	产品	1 719
6	风险	2 421	16	行业	1 677
7	银行	2 288	17	市场	1 606
8	公司	2 183	18	支付	1 573
9	业务	2 085	19	信息	1 555
10	管理	2 015	20	机构	1 548